Langenscheidt
Praxiswörterbücher

Langenscheidt

Praxiswörterbuch **Energie- und Kommunikationstechnik**

Englisch–Deutsch
Deutsch–Englisch

von
Prof. Dr. sc. techn. Dr. h.c. Peter-Klaus Budig
Renate Ketzscher

Langenscheidt

Berlin · München · Wien · Zürich · New York

Bibliografische Information Der Deutschen Bibliothek
Die Deutsche Bibliothek verzeichnet diese Publikation in der Deutschen Nationalbibliografie; detaillierte bibliografische Daten sind im Internet über http://dnb.ddb.de abrufbar.

ISBN 3-86117-221-6

1. Auflage 2004
gekürzte Ausgabe des Langenscheidt Fachwörterbuchs Kompakt Elektrotechnik und Elektronik

Printed in Germany
Gesamtherstellung: Druckhaus Langenscheidt, Berlin

Vorwort

Durch die Globalisierung werden Fremdsprachenkenntnisse erforderlich, das zeigt sich in allen Berufssparten. Aus diesem Grund entstand das vorliegende Praxiswörterbuch „Energie- und Kommunikationstechnik“, dessen Anwendung vor allem im Bereich Auszubildender und Facharbeiter zu suchen ist.

Für die Weiterentwicklung vieler Wirtschaftsbereiche sind die Fachgebiete der Elektrotechnik und der Kommunikationstechnik von zunehmender Bedeutung.
Es werden die folgenden Gebiete behandelt:

- Elektrische Energieerzeugung, -übertragung und -verteilung
- Regelungstechnik und Prozessautomatisierung
- Mikroelektronik, Rechentechnik und Datenverarbeitung
- Elektrische Maschinen und Antriebe
- Kommunikations- und Nachrichtentechnik
- Kommunikationstechnik – Automobiltechnik
- Medizintechnik, Elektrochemie und Akustik

Die Auswahl der Begriffe erfolgte in enger Zusammenarbeit zwischen einer Berufsschulpädagogin der Elektrotechnik/Elektronik und einem Ingenieurwissenschaftler. Damit ist Sorge getragen, dass die besonderen Erfordernisse der Berufsausbildung berücksichtigt wurden. Die Wortstellen müssen sich auf die Grundbegriffe beschränken. Aus mehreren Begriffen zusammengesetzte Wortstellen konnten nur in geringem Umfang aufgenommen werden. Wie schon bei anderen Wörterbüchern unseres Fachgebietes werden die Wortstellen in Nestern zusammengestellt, so dass das Auffinden eines gesuchten Begriffes gleichzeitig in eine Wortfamilie einführt.

Den Nutzern wünsche ich Erfolg bei der Arbeit. Dem Langenscheidt Fachverlag möchte ich für die gute Zusammenarbeit danken. Hinweise und Anregungen, die sich ergeben, nimmt der Langenscheidt Fachverlag GmbH, Postfach 40 11 20, D-80711 München, gern entgegen.

Peter-Klaus Budig

Benutzungshinweise

1. Beispiele für die alphabetische Ordnung

anode
anode-end
antenna
anti-hole storage circuit f
anti-pumping device
anti-tracking
anticlockwise
antifading device
antihunting circuit
antinoise capacitor
antiparallel connection [coupling]
antiresonance
aperiodic component
apparent component
apple-shaped diagram
applet
appliance
application

Anbindung
ändern
ändern/sich ständig
ändern/sich zeitlich
Änderung
Änderung/sprunghafte
Änderungsgeschwindigkeit
anfahren

Ersatzschaltung
π-Ersatzschaltung
Ersatzspannungsverfahren
Ersatzteil
Ersatzwiderstand
Erstkurve
Erstmagnetisierung
Erwärmung
Erwartungswert

2. Bedeutung der Zeichen

/	legen/eine Leitung = eine Leitung legen
[ ]	FET mit isoliertem Gate [Tor] = FET mit isoliertem Gate *oder* FET mit isoliertem Tor
( )	Impulsantwort(funktion) = Impulsantwort *oder* Impulsantwortfunktion
( )	Klammern mit kursivem Text enthalten Erklärungen
•	kennzeichnet Wendungen

Schreibvarianten zwischen BE und AE werden **nicht** doppelt dargestellt, sofern sie sich verklammern lassen: z. B. level(l)ing, armo(u)red etc.

3. Abkürzungen

(*AE*)	amerikanisches Englisch
(*BE*)	britisches Englisch
f	Femininum
fpl	Femininum Plural
m	Maskulinum
mpl	Maskulinum Plural
n	Neutrum
npl	Neutrum Plural
pl	Plural
sl	Slang
v	Verb
z. B.	zum Beispiel

4. Fachgebietskürzel

Ak	Akustik / Acoustics
An	Schaltanlagentechnik / Switchgear technology
Ap	Elektrische Apparate / Electrical apparatus
Ch	Elektrochemie / Electrochemistry
Dat	Rechentechnik & Datenverarbeitung / Computer engineering & data processing
EE	Elektrische Energieerzeugung, -übertragung und -verteilung / Electrical power generation, transmission & distribution
EMV	Elektromagnetische Verträglichkeit / Electromagnetic compatibility
Et	Elektrotraktion / Electric traction
FO	Funkortung / Radiolocation
Fs	Fernsehtechnik / Televison technology
Galv	Galvanotechnik / Electroplating engineering
Hsp	Hochspannungstechnik – Isoliertechnik/High-voltage engineering – insulation engineering
If	Informatik – künstliche Intelligenz / Computer science – artificial intelligence
Ka	Kommunikationstechnik – Automobiltechnik / Telecommunications engineering – motor-vehicle technology
Km	Kommunikationstechnik – Mobilfunk / Telecommunications engineering – mobile radio
Kn	Kommunikationstechnik – Internet / Telecommunications engineering – Internet
Ko	Kommunikationstechnik / Telecommunications engineering
Ku	Kommunikationstechnik – Unterhaltungselektronik / Telecommunications engineering – consumer electronics
Laser	Lasertechnik / Laser engineering
LE	Leistungselektronik / Power electronics
Licht	Lichttechnik / Lighting engineering

MA	Elektrische Maschinen und Antriebe / Electrical machines and drives
Mb	Mikroelektronik – Halbleiterbauelemente / Microelectronics – semiconductor components
ME	Mikroelektronik / Microelectronics
Mess	Messtechnik / Metrology
Mh	Mikroelektronik – Herstellung / Microelectronics – manufacturing
Mk	Akustik – Maschinenakustik / Acoustics – machinery acoustics
Mo	Mikroelektronik – Optoelektronik / Microelectronics – optoelectronics
Ms	Mikroelektronik – Schaltungen / Microelectronics – circuitry
Mss	Elektrische Maschinen und Antriebe – Antriebssysteme / Electrical machines and drives – drive systems
Nrt	Kommunikationstechnik – Nachrichtentechnik / Telecommunications engineering – telephony
Ph	Elektrophysik / Electrophysics
Pk	Akustik – Physiologische Akustik / Acoustics – physiological acoustics
Qu	Qualitätssicherung / Quality assurance
Qv	Qualitätssicherung – Verfahren / Quality assurance – techniques
Rt	Regelungstechnik / Control engineering
Wä	Wärmetechnik / Heat engineering

Englisch–Deutsch

A

"a"-contact Öffner *m*
AB method (*Nrt*) AB-Betrieb *m*
abampere absolutes Ampere *n* (*Einheit der Stromstärke des elektromagnetischen cgs-Systems*)
abduct *v* ableiten (*z. B. Ladung, Wärme*)
aberrant device behaviour (*ME*) Fehlverhalten *n* von Bauelementen
aberration Aberration *f*, Abweichung *f*
ability Vermögen *n*, Fähigkeit *f*, Leistungsfähigkeit *f*
ability to be magnetized Magnetisierbarkeit *f*
ability to withstand short circuit Kurzschlussfestigkeit *f*
abort *v* (*Dat, Nrt*) abbrechen (*von Programmen*)
abrasion Abnutzung *f* (*durch Abrieb*); Verschleiß *m*, Reibungsverschleiß *m*
absolute code (*Dat*) Maschinencode *m*
absolute maximum ratings (*ME*) *absolute Grenzdaten *pl* (*von Bauelementen*)
absolute value of (an) error (*Mess*) Betrag *m* des Fehlers
absolute zero absoluter Nullpunkt *m* (*der Temperatur = –273,1 °C = 0 K*)
absorb *v* absorbieren, aufsaugen, aufnehmen; annehmen, ansaugen (*z. B. Elektronen*); abfangen (*z. B. Stöße*); entnehmen (*z. B. Energie von einem Elektron*); verbrauchen (*z. B. Energie*)
absorbed power aufgenommene Leistung *f*
absorber circuit Absorptionskreis *m*, Saugkreis *m*
absorption coil Löschspule *f*; Nullpunktdrossel *f*
absorption of heat Wärmeaufnahme *f*
absorption of vibration Schwingungsdämpfung *f*
abstract *v* abführen, ableiten, entnehmen (*z. B. Energie*); entziehen, entfernen
abuse Bedienungsfehler *m*, falsche Behandlung *f*, falscher Gebrauch *m*
a.c., ac, A.C., a-c (*alternating current*) Wechselstrom *m*
a.c. adapter Wechselspannungsadapter *m*, Netzadapter *m*
a.c. behaviour Wechselstromverhalten *n*
a.c. circuit Wechselstromkreis *m*
a.c. component (of current) Wechselstromkomponente *f*, Wechselstromanteil *m*
a.c. converter Wechselstromumrichter *m*
a.c.-d.c. converter Wechselstrom-Gleichstrom-Stromrichter *m*, Wechselstrom-Gleichstrom-Umsetzer *m*, Wechselstrom-Gleichstrom-Wandler *m*; A/D-Umsetzer *m* (*bei digitalen Regelungen*)
a.c.-d.c. receiver Allstromempfänger *m*
a.c. dynamo Wechselstromgenerator *m*
a.c. engineering Wechselstromtechnik *f*
a.c. gain Wechselspannungsverstärkung *f*
a.c. generator Wechselstromerzeuger *m*, Wechselstromgenerator *m*, Drehstromgenerator *m* (*3-Phasen-System*)
a.c. hum Netzbrummen *n*, Netzbrumm *m*
a.c. line filter Netzdrossel *f*, Netzfilter *n*
a.c. mains Wechselstromnetz *n*
a.c. network analyzer Wechselstromnetzmodell *n*
a.c. power controller Wechselstromleistungssteller *m*
a.c. power converter Wechselstromumrichter *m* (*Stromrichter*)
a.c. resistance 1. Wechselstromwiderstand *m*, Scheinwiderstand *m*; 2. innerer Röhrenwiderstand *m*, Innenwiderstand *m* (*einer Röhre*)
a.c. root-mean-square voltage rating Nennwert *m* [Bezugswert *m*] des Effektivwerts der Wechselspannung
a.c. series(-wound) motor Wechselstromreihenschlussmotor *m*
a.c. shunt motor Wechselstromnebenschlussmotor *m*
a.c. side voltage *Netzspannung *f*; Anschlussspannung *f*
accelerate *v* beschleunigen, die Geschwindigkeit erhöhen; hochlaufen (*Motor*)
accelerated aging test Alterungsprüfung *f*, beschleunigter Alterungsversuch *m*, Schnellalterungsprüfung *f*
accelerating contactor Anlassschütz *n*, Anlassschalter *m*
accelerating torque Beschleunigungsdrehmoment *n*
acceleration of free fall Erdbeschleunigung *f*
acceleration of gravity Schwerebeschleunigung *f*, Erdbeschleunigung *f*
acceleration-rate control Beschleunigungsregelung *f*, Sanftanlaufregelung *f*

accentuator (*Nrt*) selektiver Verstärker *m*; Netzwerk *n* zur Tonanhebung
accept *v* empfangen, annehmen; akzeptieren; abnehmen (*z. B. bei Abnahmeprüfungen*); aufnehmen (*z. B. Elektronen oder Signale*)
acceptance 1. Annahme *f*, Aufnahme *f*; 2. (*Qu*) Abnahme *f*
acceptance cone Öffnungswinkel *m* (*z. B. Sensoroptik*)
acceptance power (mögliche) Leistungsaufnahme *f*
acceptance sampling inspection statistische Abnahmeprüfung *f*
acceptance test (*Qu*) Abnahme *f*, Prüfung *f*, Abnahmeprüfung *f* (*IEC 50-811-10-01*)
access 1. (*Dat*) Zugriff *m*; Zugang *m*; 2. (*Nrt*) Anschluss *m*
access circuit (*Nrt*) Ansteuerungssatz *m*
access enable (*ACEN*) Freigabe *f* des Zugriffes, Zugrifffreigabe *f*
access fitting Verbindungsdose *f*, Abzweigdose *f*
access line Anschlussleitung *f*
access panel Abdeckung *f*
access provider (*Dat*) Internet Service Provider *m*
accessible (leicht) zugänglich; verfügbar
accessible part berührbarer Teil *m*
accessory 1. Zubehör *n*; Zusatzgerät *n*; 2. Garnitur *f*
accessory drive Hilfsantrieb *m*
accident 1. Zufall *m*; 2. Unfall *m*; 3. Störung *f*, Betriebsstörung *f*
accident hazard Unfallgefahr *f*
accident report Unfallbericht *m*
accidental 1. zufällig, stochastisch; 2. nebensächlich
accidental earth Erdschluss *m*
accidental failure Unterlassung *f* (*unbeabsichtigtes Auslassen*)
accident(al) prevention Unfallverhütung *f*
accommodate *v* 1. anpassen, angleichen, in Übereinstimmung bringen; akkommodieren (*Auge*); 2. aufnehmen, unterbringen
accompanying sound (*Fs*) Eigenton *m*
accordion (*ME*) Z-förmiger Anschlusskontakt *m*
accumulate *v* (auf)speichern; akkumulieren, (an)sammeln; anhäufen, anreichern; sich summieren, auflaufen
accumulated number of failures Summe *f* aller Fehler
accumulated operating time akkumulierte Betriebszeit *f*, Gesamtbetriebszeit *f*
accumulated value Endwert *m*
accumulation of energy Energie(auf)speicherung *f*
accumulator 1. (*Et*) Akkumulator *m*, Akku *m*, Sammler *m*; 2. (*Dat*) (zentraler) Speicher *m* (*z. B. eines Rechenwerkes*); Zwischenspeicher *m*; Register *n*
accuracy 1. Genauigkeit *f*; 2. (*Rt*) Regelgenauigkeit *f*; Messgenauigkeit *f*
accuracy in reading Ablesegenauigkeit *f*
accuracy-scaled representation (*ME*) maßstäblich genaue Darstellung *f*
acid bath (*Galv*) Säurebad *n*, saures Bad *n*
acknowledgement (*Dat*) Quittung *f*, Bestätigung *f* (*positive Rückmeldung*; *DIN ISO 7498-1*)
acknowledgement key Betätigungstaste *f*, Auslösetaste *f*, Auslöser *m*
acoustic flowmeter Ultraschall-Durchflussmesser *m*
acoustic frequency Tonfrequenz *f*, Hörfrequenz *f*
acquire *v* erfassen (*Daten*)
acquire *v* **static electricity** sich elektrostatisch aufladen, elektrisch werden
across-the-line starter Motorschalter *m* zum Direkteinschalten (*Motor wird ohne Vorwiderstand oder Transformator durch Schalter an das Netz geschaltet*)
act *v* (ein)wirken; arbeiten, funktionieren, laufen, in Betrieb sein
act *v* **in opposite phases** phasenverkehrt wirken, in Phasenopposition arbeiten
action chart (*Dat*) Funktionsdiagramm *n*
action control (*Rt*) Stellgröße *f*
action current Aktionsstrom *m*, Wirkstrom *m*
activate *v* 1. laden; unter Strom setzen; an Spannung legen; 2. aktivieren; aktiv [radioaktiv] machen; anregen; 3. in Betrieb setzen, betätigen, auslösen
active 1. Strom führend; Spannung führend; belastet, unter Last; 2. aktiv, wirksam; 3. in Betrieb befindlich, arbeitend; 4. Wirk...
active component 1. Wirkkomponente *f*; Wattkomponente *f*; 2. aktives Bauelement *n*

active input Wirkleistungsaufnahme *f*
actual efficiency (**power**) Wirkleistung *f*, wirkliche [effektive] Leistung *f*, Nutzleistung *f*
actual value 1. Effektivwert *m*, tatsächlicher Wert *m*; 2. (*Rt*) Istwert *m* (*z. B. der Regelgröße*); tatsächliche Größe *f*; 3. (*Dat*) aktueller Wert *m*
actuate *v* betätigen; einschalten, auslösen; antreiben; in Betrieb setzen; erregen; steuern
actuating variable (*Rt*) Regeldifferenz *f*, Regelabweichung *f*
acyclic machine Unipolarmaschine *f*
adapter 1. Zwischenstecker *m*, Zwischensockel *m*, Adapter *m*; Zwischenstück *n*; Anpassstück *n*, Einsatzstück *n*, Übergangsstück *n*; 2. Anpassungsglied *n*; Anpassungsschaltung *f*
adjust *v* abgleichen, ausgleichen, angleichen, anpassen; justieren; einstellen, einrichten, einregeln, (ein)regulieren; ausrichten
admit *v* einlassen, zulassen; aufnehmen
admittance 1. Admittanz *f*, Scheinleitwert *m*; Wellenleitwert *m*; 2. (*Rt*) Admittanz *f* (*Teilübertragungsfunktion*)
ADSL 1. *siehe* asymmetric digital subscriber line [loop]; 2. *siehe* asynchronous digital subscriber line
advanced fortgeschritten, modern, erweitert
aerial (*BE*) Antenne *f*
AFC *siehe* automatic frequency control
afterglow duration Nachleuchtdauer *f*, Nachleuchtzeit *f*
age *v* altern; (aus)härten; ablagern
aggregate 1. Anhäufung *f*, Ansammlung *f*; 2. Maschinensatz *m*, Aggregat *n*, Gerät *n*
agree *v* **in phase** gleichphasig sein, in gleicher Phase sein
ah *siehe* ampere-hour
air *v* 1. (be)lüften, entlüften, ventilieren; 2. (*AE*) senden (*Rundfunk*)
air duct Kühlschlitz *m*, Kühlkanal *m*; Luftleitung *f*, Luftkanal *m*; Lüftungskanal *m*; Windkanal *m*
air gap Luftspalt *m* (*bei elektrischen Maschinen*); Luftstrecke *f*; Luftzwischenraum *m*, Aussparung *f*, Kernspalt *m*
airborne 1. luftübertragen; 2. im Flugzeug eingebaut; Bord...
alarm system Alarmeinrichtung *f* (*in Steuerwarten*); Alarmanlage *f*
aliasing 1. (*Dat*) Rückspiegelung *f*, Rückfaltung *f*, Aliasing *n*; 2. (*Nrt*) Aliasing *n*, Rückfaltung *f* (*Überlappung im Spektralbereich durch Undersampling*)
align *v* 1. abgleichen, ausrichten, in eine Richtung [Linie] bringen; justieren; eintaumeln; eintrimmen; 2. eichen
alive stromdurchflossen, Strom führend, Spannung führend, unter Spannung (befindlich), unter Spannung stehend
all-around efficiency Gesamtwirkungsgrad *m*
all-mains receiver Allstromempfänger *m*, Allstrom(empfangs)gerät *n*
all Watt motor phasenkompensierter Motor *m*
allocation of frequencies Wellenverteilung *f*, Wellenplan *m*, Frequenzzuteilung *f*, Zuteilung *f* von Frequenzen
allowable zulässige Abweichung *f*, Toleranz *f*, Spielraum *m*; Maßabweichung *f*
alterable ROM (ver)änderbares ROM *n*, änderbarer Festwertspeicher *m* [Nurlesespeicher *m*]
alternate *v* abwechseln, alternieren; wechseln (*z. B. Strom*); (periodisch) verändern
alternating circuit Wechselstromkreis *m*
alternating flux machine Wechselfeldmaschine *f*, Wechselpolmaschine *f*
alternation 1. Wechseln *n*, Alternieren *n*, Abwechseln *n*; 2. Stromwechsel *m*, Polwechsel *m*; Lastwechsel *m*; 3. Halbwelle *f*; Halbperiode(ndauer) *f*; 4. Disjunktion *f* (*logische Verknüpfung*)
alternator Synchrongenerator *m*, Wechselstromgenerator *m*, Wechselstrommaschine *f*, Drehstromgenerator *m*
altitude Höhe *f*; (absolute) Höhe *f* (*über Normalnull*); Aufstell(ungs)höhe *f*
ALU *siehe* arithmetic-logic unit
AM, A.M. *siehe* amplitude modulation
ambient air temperature Umgebungstemperatur *f* (*IEC 50-811-13-32*)
American National Standards Institute Amerikanisches Institut *n* für Normung [Standardisierung] (*ANSI-Standards, vergleichbar mit DIN-Standards*)
ammeter Amperemeter *n*, Strommesser *m*
amortisseur Dämpferkäfig *m*, Anlaufkäfig *m* (*bei Synchronmaschinen*)

amount Menge *f*; Betrag *m*, Summe *f*, Höhe *f*, Größe *f*, Anteil *m*, Gehalt *m*, Wert *m*; Ausmaß *n*
ampacity Strombelastbarkeit *f* (*Leiter, Kabel*)
amperage Stromstärke *f* (in Ampere), Amperezahl *f*
ampere-hour Ah, Amperestunde *f*
ampere turns Amperewindungszahl *f*, Amperewindungen *fpl*
Ampere's law [**principle**] amperesches Gesetz *n*, Durchflutungsgesetz *n*
amplification Verstärkung *f*, Leistungserhöhung *f*
amplifier (elektrischer) Verstärker *m*
amplifier gain Verstärkungsfaktor *m*, Verstärkung *f*
amplitude 1. Amplitude *f*, Schwing(ungs)weite *f*, Ausschlagsweite *f*; Wellenhöhe *f*; 2. Scheitelwert *m*, Größtwert *m*; 3. Größe *f*, Weite *f*
amplitude-distortion factor Amplitudenverzerrungsfaktor *m*, Klirrfaktor *m*
amplitude factor Scheitelfaktor *m*; Überschwingfaktor *m*
amplitude(-frequency) characteristic Amplituden(frequenz)gang *m*, Amplitudenkennlinie *f*
amplitude keying (*Nrt*) Amplitudentastung *f*
amplitude modulation (*AM, A.M.*) AM *f*, Amplitudenmodulation *f* (*analoges HF-Trägermodulationsverfahren*; *A3E nach VO Funk*)
amplitude response Amplituden(frequenz)gang *m*, Amplitudenverlauf *m*, Amplitudentreue *f*
analogous electric circuit elektrische Ersatzschaltung *f*
analogue signal (*Nrt*) Analogsignal *n*, analoges Signal *n* (*wert- und zeitkontinuierliches Signal*)
analogue-(to-)digital converter Analog-Digital-Wandler *m*, A/D-Wandler *m*, A-D-Umsetzer *m*
analysis technique Analyseverfahren *n* (*z. B. von Systemen*); Analysierverfahren *n* (*z. B. von Zeitfunktionen*)
analyzer 1. Analysator *m*, elektronisches Vielfachmessgerät *n*, Prüfgerät *n*, Analysenmessgerät *n*; 2. (*Dat*) Modell *n*
anchor Anker *m*, Mastanker *m*
ancillary circuit Hilfsstromkreis *m*, Zusatzstromkreis *m*
ancillary equipment (*Dat*) Zusatzgeräte *npl*, Hilfsgeräte *npl*, externe [periphere] Geräte *npl*
angle Winkel *m*; Neigung *f*
angle modulation Winkelmodulation *f*
angle of a sine wave Phasenwinkel *m*
angle of phase difference [**displacement**] Phasen(verschiebungs)winkel *m*
angular frequency Kreisfrequenz *f*, Winkelgeschwindigkeit *f*
angular velocity Winkelgeschwindigkeit *f*; Kreisgeschwindigkeit *f*, Kreisfrequenz *f*
anion Anion *n*, negativ geladenes Ion *n*
annular coil Ringspule *f*, ringförmige Spule *f*
anode (*BE*) Anode *f*
anode-end anodenseitig
antenna (*AE*) Antenne *f*
anti-hole storage circuit Trägerstaueffektbeschaltung *f*, TSE-Beschaltung *f*
anti-pumping device (*EE*) Wiedereinschaltsperre *f*
anti-tracking kriechstromfest
anticlockwise gegen den Uhrzeigersinn, linksdrehend, linksläufig
antifading device Schwundausgleich(er) *m*, Schwundminderer *m*
antihunting circuit 1. Beruhigungskreis *m*, Dämpfungsschaltung *f*; Stabilisierungsschaltung *f*; Eigenschwingungsunterdrücker *m*; 2. (*Rt*) Beruhigungsschaltung *f*, Dämpfungsglied *n*
antinoise capacitor Funkentstörkondensator *m*, Störschutzkondensator *m*
antiparallel connection [**coupling**] Antiparallelschaltung *f*, Gegenschaltung *f*, Gegenparallelschaltung *f* (*IEC 50-811-28-18*)
antiresonance Parallelresonanz *f*, Stromresonanz *f*
aperiodic component Gleichglied *n*; Gleichstromkomponente *f* im Stoßkurzschlussstrom, aperiodische Komponente *f*
apex Gipfel *m*, Spitze *f*, Scheitel(punkt) *m*
apparent component Scheinkomponente *f*
apple-shaped diagram (*Ak*) nierenförmige Richtcharakteristik *f*, Nierencharakteristik *f*
applet (*Dat*) (nicht eigenständig benutzte) Softwarekomponente *f*

appliance 1. *Betriebsmittel *n*; Vorrichtung *f*, Gerät *n*; 2. (elektrisches) Haushaltsgerät *n*
application 1. Anwendung *f*, Verwendung *f*, Einsatz *m*, Gebrauch *m*; 2. Anwendbarkeit *f*; 3. Anwendungsgebiet *n*, Verwendungszweck *m*, Anwendungsbereich *m*, Einsatzmöglichkeit *f*
application specific IC [**integrated circuit**] (*ASIC*) anwendungsspezifische integrierte Schaltung *f*, ASIC
applied angewandt; angelegt (*z. B. Spannung*)
applied current eingeprägter Strom *m*
approach 1. Annäherung *f*, Nahekommen *n*, Näherung *f*; 2. Lösungsweg *m*, Lösung *f*, Herangehen *n*
arc Lichtbogen *m*, Bogen *m*
arc chute Löschkammer *f*, Funkenkammer *f*; Lichtbogenlöschkammer *f* (*Löschrohrableiter*)
area of turn Wicklungsfläche *f*, Windungsfläche *f*
arithmetic average arithmetisches Mittel *n*
arithmetic-logic unit (*ALU*) (*Dat*) Arithmetik-Logik-Einheit *f*, ALE; Rechenwerk *n* (*des Mikroprozessors*); Rechen- und Steuerwerk *n*
arithmetic mean arithmetisches Mittel *n*, arithmetischer Mittelwert *m*
arm Arm *m* (*z. B. von Maschinen*); Zweig *m*, Abzweigung *f* (*z. B. im Netzwerk*); Zeiger *m*
armature (*MA*) Anker *m* (*IEC 50-811-16-07*); Läufer *m*, Rotor *m*
armature reaction (*MA*) Ankerrückwirkung *f*
Aron meter Aron-Zähler *m*, Amperestundenzähler *m*, Leistungsmesser *m* in Aron-Schaltung
array 1. Anordnung *f*, Ansammlung *f*, Gruppe *f*; 2. (*Dat*) Feld *n*, Matrix *f*, Matrixfeld *n*
arrester Ableiter *m*, Überspannungsableiter *m*; Blitzschutz *m*
arrow Pfeil *m*, Richtungspfeil *m*
artificial neutral point künstlicher Nullpunkt *m* (*eines Netzes*)
artwork (grafische) Vorlage *f* (*Schaltkreisentwurf*); Druckstock *m*, Druckvorlage *f*, Kopiervorlage *f* (*Leiterplattenfertigung*)
ascending aufsteigend, ansteigend
assemble *v* zusammenbauen, montieren; assemblieren
assembler (*Dat*) Assembler *m*, Assemblerprogramm *n*, Übersetzungsprogramm *n*
assign *v* anweisen, zuteilen, zuweisen (*z. B. Frequenzen*); zuordnen
assigned current Nenn(betriebs)strom *m*
assignment Anweisung *f*, Zuweisung *f*, Zuordnung *f*; Bestimmung *f*; Belegung *f*
associated equipment Zubehör *n*
asymmetric digital subscriber line [**loop**] (*ADSL*) asymmetrische digitale Anschluss-(Abonennten-)Kundenleitung *f*
asynchronous asynchron, nicht im Gleichlauf
asynchronous digital subscriber line (*ADSL*) asynchrone digitale Anschlussleitung *f*
asynchronous machine Asynchronmaschine *f*
atomic nucleus Atomkern *m*
atomic power plant [**station**] Kernkraftwerk *n*, Atomkraftwerk *n*
atomic shell Elektronenhülle *f* des Atoms, Atomhülle *f*
attachment 1. Befestigung *f*, Anbringung *f*, Verbindung *f*; Anschließen *n*; 2. Anbaugerät *n*, Zusatzgerät *n*, Zubehörteil *n*; 3. (*Nrt*) Anschluss *m*; 4. (*Dat*) *Computerdatei als elektronischer Anhang einer E-Mail*
attack time Ansprechzeit *f*; Reaktionszeit *f*; Einregelzeit *f*
attenuation characteristic Dämpfungsverlauf *m*, Dämpfungskennlinie *f*, Dämpfungsgang *m*; Amplitudenkennlinie *f* (*Teil der Frequenzkennlinien*); Frequenzgang *m*
attenuation-frequency presentation Bode-Diagramm *n*
attenuator Dämpfungsglied *n*, Abschwächer *m*, Dämpfungsregler *m*; Spannungsteiler *m*; Lautstärkeregler *m*; Stellglied *n*
attune *v* abstimmen
audio hörfrequent; Hör..., Ton...
audio(-frequency) oscillator Niederfrequenzgenerator *m*, NF-Generator *m*, Tonfrequenzgenerator *m*
audio mixer Mischpult *n*, Tonmischeinrichtung *f*
audio range Hör(frequenz)bereich *m*, Tonfrequenzbereich *m*
aural signal Tonsignal *n*

auto automatische ..., selbst..., eigen...
auto-converter Umrichter *m*
auto-reclosing (*EE*) automatische Wiedereinschaltung *f*, AWE(-Schaltung) *f*
auto store (*FH*) automatische Speicherung *f* (*z. B. von Sendereinstellungen*)
auto-transformer Spartransformator *m* (*IEC 50-811-26-03*); Autotransformator *m*
automatic automatisch
automatic control equipment Regeleinrichtung *f*
automatic cut-out 1. selbsttätige Ausschaltung *f* [Abschaltung *f*]; 2. Sicherungsautomat *m*, Leitungsschutzschalter *m*, Selbstschalter *m*, Automat *m*
automatic frequency control (*AFC*) AFC, Frequenzregelung *f*
automatic volume control automatische Aussteuerung(sregelung) *f*, Lautstärkeregelung *f*, selbsttätiger Schwundausgleich *m*
automation Automatisierung(stechnik) *f*, Automation *f*
auxiliary (*Ku*) AUX, zusätzlich; Zusatz..., Hilfs..., Behelfs..., Neben..., Eigenbedarfs... (*Bezeichnung von Anschlüssen, Kanälen an Heimelektronikgeräten*)
auxiliary pole Wendepol *m*, Hilfspol *m*
avalanche effect (*ME*) Avalanche-Effekt *m*, Lawineneffekt *m*
avometer *Universal-Messgerät für Stromstärke, Spannung und Widerstand*
axle Achse *f*, Welle *f*

B

b-contact Öffner *m* (*VDE 0660*); Öffnungskontakt *m*, Ruhekontakt *m*
"b"-contact Schließer *m*
B-ISDN *siehe* broad-band integrated services digital network
back 1. Rückseite *f* (*eines Gerätes*); Untergrund *m*; 2. (*MA*) Kupplungsseite *f*, Antriebsseite *f*, A-Seite *f* (*z. B. eines Generators*)
back contact (*Ap*) Ruhekontakt *m*
back direction Sperrrichtung *f*
back iron magnetischer Rückschluss *m*
back noise Rauschen *n*, Eigenrauschen *n*
back *v* **off** 1. zurückdrehen (*z. B. einen Regler*); kompensieren; 2. Gegenspannung anlegen (an)
back resistance (*ME*) Sperrwiderstand *m*
back-to-back connection Antiparallelschaltung *f*
back-up 1. Bereitschaftsausrüstung *f*, Reserve(ausrüstung) *f*; 2. Datensicherung *f*
back-up battery Stützbatterie *f*; Pufferbatterie *f*
back-up capacitor Stützkondensator *m*, Pufferkondensator *m*
backing material Trägermaterial *n*, Grundmaterial *n*
backlash 1. toter Gang *m*; 2. Spiel *n* (*im Getriebe*); mechanische Hysterese *f*; 3. Schwellwertabstand *m*
backspace *v* schrittweise zurückschalten [zurücksetzen]
backward wave Rückwärtswelle *f*, rücklaufende Welle *f*
baffle shield Abschirmblech *n*
balance *v* abgleichen, ins Gleichgewicht bringen, ausgleichen; im Gleichgewicht halten; symmetrieren (*z. B. Gegentaktverstärker*); abstimmen; angleichen, kompensieren; auswuchten; sich einspielen (*z. B. Zeiger*)
balanced 3-phase network symmetrisches Drehstromnetz *n*
balanced push-pull amplifier symmetrischer Gegentaktverstärker *m*
balanced to earth symmetrisch gegen Erde, erdsymmetrisch
balancing 1. Abgleichen *n*, Abgleich *m*, Nullabgleich *m*; 2. Symmetrierung *f*; 3. Ausgleichen *n*, Kompensierung *f*; 4. Auswuchtung *f*; 5. (*Nrt*) Nachbildung *f*, Leitungsnachbildung *f*
balancing battery Pufferbatterie *f*, Ausgleichbatterie *f*
balancing resistor Abgleichwiderstand *m*; Symmetrierwiderstand *m*
ball lightning Kugelblitz *m*
ballast 1. Ballast *m*; 2. (*Licht*) Vorschaltgerät *n*
ballast resistor Vorschaltwiderstand *m*, (selbstregelnder) Vorwiderstand *m*, Lastwiderstand *m*, Belastungswiderstand *m*, Ballastwiderstand *m*, Stabilisierungswiderstand *m*
banana jack Bananenbuchse *f*, Buchse *f* für Bananenstecker

banana pin [plug] Bananenstecker *m*
band 1. Band *n*, Energieband *n*; Frequenzband *n*; 2. Bande *f*; 3. Gebiet *n*, Bereich *m* (*Spektrum*)
band-edge frequency Grenzfrequenz *f*
band-elimination filter Bandsperre *f*, Sperrfilter *n*
band filter Bandfilter *n*, Siebkette *f*
band-pass (filter) (*Nrt*) BP(F) *n*, Bandbreite *f*, Durchlassbreite *f*, Bandpass *m*, Bandpassfilter *n*
band-passed (*Ak*) frequenzbeschnitten, höhen- und tiefenbeschnitten
band-stop filter Bandsperre *f*, Bandsperrfilter *n*
bandwidth (*Nrt*) Bandbreite *f* (*in Hz*)
bang-bang control Zweipunktregelung *f*, Ein-Aus-Regelung *f* (*Relais*); bang-bang-Regelung *f* (*spezielle Erregerregelung beim Schlüpfen der Synchronmaschine*)
bank 1. Reihe(nanordnung) *f*, Satz *m*, Anordnung *f*, Gruppe *f*; 2. Kontaktbank *f*, Bank *f*; 3. Einheit *f* je Phase (*Leiter*)
bar Schiene *f*, Leiter(stab) *m*, Stab *m*; Traverse *f*; Lamelle *f* (*des Stromwenders elektrischer Maschinen*); Stange *f*, Balken *m*; Strich *m*
bare *v* abisolieren, abmanteln (*Kabel*)
bare bloß, ungeschützt, blank (*Draht*)
barometric- sensor Druckaufnehmer *m*, Druckfühler *m*
barrel Tonne *f*, Zylinder *m*
barrel switch Walzenschalter *m*
barrier 1. Barriere *f*, Schranke *f*, Sperre *f*, Grenze *f*; Potenzialwall *m*, Wall *m*; 2. (*ME*) Sperrschicht *f*, Grenzschicht *f*, Randschicht *f*; 3. Isolierung *f*, Wicklungsisolation *f*; Isoliersteg *m*, Isolierplättchen *n*; Isolierstoffschirm *m*
barrier capacitance (*ME*) Sperrschichtkapazität *f*
barrier frequency Grenzfrequenz *f*
base 1. Basis *f*, Grundlage *f*; 2. Fundament *n*, Grundplatte *f*; Unterteil *n*; 3. Sockel *m*, Fuß *m* (*von Elektronenröhren*); Fassung *f*, Halter *m* (*von Sicherungen*); Fußpunkt *m* (*Mast*); 4. Träger *m*, Unterlage *f*, Schichtträger *m*; 5. Grundmaterial *n*, Trägermaterial *n*, Trägerwerkstoff *m*; 6. (*Ch*) Base *f*; 7. Grundlinie *f*, Grundfläche *f*; Grundzahl *f*; 8. Basiswert *m*, Bezugswert *m*
base frequency Grundfrequenz *f*
base-load Vorbelastung *f*; Grundlast *f*
baseband transmission Basisbandübertragung *f* (*Verfahren*)
baseboard Grundplatte *f*
basic circuit diagram Grundschaltbild *n*, Prinzipschaltbild *n*
basic load Grundlast *f*
basic transistor circuit Transistorgrundschaltung *f*
basic value Bezugswert *m*, Grundwert *m*, Nennwert *m*
bass boost(ing) Bassanhebung *f*, Tiefenanhebung *f*
bass compensator Tiefenentzerrer *m*, Bassentzerrung *f* (*Einrichtung*)
batch 1. Los *n*; 2. (*Dat*) Stapel *m*
batch fabrication Serienfertigung *f*
battery 1. Batterie *f*, Sammler *m*, Akku(-mulator) *m*; 2. Gruppe *f*, Serie *f*, Batterie *f*
bay 1. Fach *n*, Feld *n*, Gruppe *f*; Stockwerk *n*, Ebene *f* (*einer Antenne*); 2. (*Nrt*) Bucht *f*, Gestell *n*
bayonet catch Bajonettverschluss *m*, Bajonettkupplung *f*
beacon 1. Leitstrahlsender *m*; 2. Funkfeuer *n*, Funkbake *f*; Leuchtfeuer *n*; Bake *f*; Verkehrsampel *f*
bead of solder Lötperle *f*
beam *v* ausstrahlen, aussenden; mit Richtstrahler senden
beam deflection Strahlablenkung *f*
beam narrowing Strahlbündelung *f*, Strahleinschnürung *f*, Strahlverengung *f*
beam splitting Strahl(en)teilung *f*
bearer circuit (*Nrt*) Grundstromkreis *m*
bearing 1. Tragen *n*, Stützen *n*; 2. Lager *n*, Lagerung *f*, Auflager *n*; 3. Führungsschiene *f*, Führung(sbahn) *f*; 4. Peilung *f*, Funkpeilung *f*; Richtung *f* (einer Peilung), Peilwinkel *m* • **to take a bearing** (an)peilen
beat frequency Schwebungsfrequenz *f*, Überlagerungsfrequenz *f*
beat receiver Überlagerungsempfänger *m*
bedding 1. Einbettung *f*; Schichtung *f*; Lagerung *f* (*von Maschinen*); 2. Zwischenschicht *f* (*Kabel*)
begohm 1.000 Meg(a)ohm, 10^9 Ohm
bell 1. Glocke *f*, Klingel *f*; 2. (*Nrt*) Wecker *m*; 3. Konus *m* (*einer Bildröhre*); 4. Schallbecher *m*
bell ringing transformer Klingeltransformator *m*

bell system Klingelanlage *f*
bench test Prüfstandversuch *m*
bendable printed circuit (*ME*) flexible gedruckte Schaltung *f*
bending vibrator Biegeschwinger *m*
BH characteristic Magnetisierungskennlinie *f*
B(H) loop B(H) Schleife *f* (*Magnetisierung*)
bias 1. (*Mess*) systematische Abweichung *f*; 2. Vorspannung *f*, Vorbelastung *f*, Gittervorspannung *f*; Vormagnetisierung *f*, Vorverzerrung *f* (*Photolithographie*); 3. systematische Abweichung *f*; 4. Überhang *m*
bias point Arbeitspunkt *m*
bidirectional in zwei Richtungen (leitend), zweiseitig gerichtet
bidirectional connection Wechselwegschaltung *f*
BIFET *siehe* bipolar field-effect transistor
bifilar cable Zweileiterkabel *n*, Zwillingskabel *n*, zweiadriges Kabel *n*
bilateral bilateral, zweiseitig, doppelseitig
bill of material Stückliste *f*
bimetal contact Bimetallkontakt *m*
binary 1. (*Dat*) binär, dual; 2. (*Ch*) Zweistoff... (*z. B. bei Leitermaterial*)
binary post Polklemme *f*, Klemmschraube *f*, Anschlussklemme *f*, Verbindungsklemme *f*
binary signal Binärsignal *n*, Zweipunktsignal *n*
biphase rectifier Zweipulsgleichrichter *m*, Zweiphasengleichrichter *m*
bipolar bipolar, zweipolig, doppelpolig, mit zwei Polen
bipolar CMOS (*ME*) BICMOS-Schaltung *f* (*monolithische Verbindung von Bipolar- und CMOS-Strukturen*)
bipolar field-effect transistor (*BIFET*) Bipolar-Feldeffekttransistor *m*, BIFET *m*
bipolar transistor Bipolartransistor *m*
biquinary-coded decimal notation biquinär verschlüsselte Dezimaldarstellung *f*
birdies (*Nrt*) Pfeifstellen *fpl*, Zwitschern *n* (*Störungen*)
bistable circuit bistabile Schaltung *f* [Kippschaltung *f*], Schaltung *f* mit zwei stabilen Lagen, Flipflop-Schaltung *f*
bit Bit *n* (*Maß für den Informationsgehalt*); bit (*Kurzzeichen*); Informationselement *n*, Wortelement *n*; Zweierschritt *m*, Zähleinheit *f* für Binärentscheidungen • **in bit mode** bitweise
bit error rate BER *f*, Bitfehlerrate *f* (*Bitfehlerhäufigkeit, Bitfehlerquote*)
bit rate Bitrate *f*, Bit(übertragungs)geschwindigkeit *f*, Bit(folge)frequenz *f*
bits per second (*BPS*) bit/s, Bit *n* pro Sekunde (*Bitrate*)
black box (*Rt*) Blackbox *f* (*Glied mit unbekannter Struktur*)
blackout 1. Verdunk(e)lung *f*; 2. (*Nrt*) Abschirmung *f*, Sperre *f*; Totalschwund *m*; 3. (*EE*) Gesamtausfall *m*, Totalausfall *m*; 4. (*Fs*) Austastung *f*
blank board Leerplatte *f*, Standardplatte *f* (*halb fertige durchkontaktierte Leiterplatte*)
blanking circuit (*Rt*) Abschaltkreis *m* (*Ablaufsteuerung*)
blanking voltage Sperrspannung *f* (*Gleichrichter*)
bleeder Ableiter *m*, Ableitwiderstand *m*, Schutzwiderstand *m*
blind current Blindstrom *m*
block 1. Sperre *f*, Blockierung *f*; Anschlag *m*; 2. (*ME*) Baustein *m*; Block *m*; 3. (*Dat*) Datenblock *m*, Informationsblock *m*, Wörterblock *m*, Block *m*; Satz *m* (*Einheit transportierter Informationsmenge*); 4. (*Rt*) Übertragungsglied *n* (*im Signalflussplan*); 5. Leiste *f*, Klemmleiste *f*
block diagram (*Dat, Rt*) Blockdiagramm *n*, Schemadiagramm *n*, Blockschaltbild *n*; Signalflussbild *n*
block symbol Blockschaltbild *n*
blocking capacitor Sperrkondensator *m*, Blockkondensator *m*, Trennkondensator *m*; Koppelkondensator *m*, Kopplungskondensator *m*
blocking diode Sperrdiode *f*
blocking oscillator Sperrschwinger *m*; Kippgenerator *m*
blocking relay (*Rt*) Halterelais *n* (*bei Abtastungen*)
blow *v* 1. durchbrennen (*Sicherung*); 2. blasen
blow(-out) magnet Blasmagnet *m* (*Schalter*)
blown fuse durchgebrannte Sicherung *f*
blue-tooth (*Dat*) „Blauzahn“ *m*, offenes Normsystem *n* (*für drahtlose Übertragung von Daten über kurze Strecken*)

blur Unschärfe *f*, verwischte Stelle *f*; undeutlicher [verwischter] Eindruck *m*
blur factor Klirrfaktor *m*
board 1. Tafel *f*, Platte *f*; 2. Schalttafel *f*, Schaltfeld *n*; 3. Leiterplatte *f*, Leiterkarte *f*, Platte *f*, Platine *f* (*siehe auch*: *p.c. board*)
bobbin 1. Spule *f*, Wicklung *f*; Spulenkörper *m*, Spulenträger *m*, Wicklungsträger *m*, Wickelkern *m*; 2. (*LE*) Kondensatorwickel *m*
body 1. Körper *m*; Stoff *m*, Substanz *f*; 2. (*Et*) Isolierteil *m*(*n*); Halteteil *m*(*n*)
body contact Masseschluss *m*, Körperschluss *m*
bond *v* 1. (*Et*) verbinden, anschließen; 2. (*ME*) bonden, kontaktieren; 3. (*Ch*) binden; 4. aufkleben (*z. B. Dehnungsmessstreifen*); verkleben, zusammenkitten
boost *v* verstärken (*z. B. Signal*); erhöhen (*z. B. Druck, Spannung*); steigern; aufladen (*Batterie*)
booster Verstärker *m*, Zusatzverstärker *m*, Spannungsverstärker *m*, Spannungserhöher *m*; Zusatzgenerator *m*, Zusatzmaschine *f*, Beschleunigungsgenerator *m*
bootstrap circuit Bootstrap-Schaltung *f*, Schaltung *f* mit mitlaufender Ladespannung
both-way 1. wechselseitig (betrieben); 2. (*Nrt*) doppelt gerichtet
bounce *v* (rück)prallen, springen; prellen (*Kontakt*)
bracket 1. Träger *m*, Unterlage *f*; Ausleger *m* (*Konsole*); Halterung *f*, Halter *m*; 2. (*Et*) Isolatorstütze *f*, Winkelstütze *f*; Strahlerkopf *m* (*Antenne*)
braided lead geflochtene Litze *f*
braided wire umflochtener Draht *m*
brake circuit Bremsschaltung *f*; Bremsstromkreis *m* (*IEC 50-811-25-04*)
brake operation Bremsbetrieb *m*
branch 1. Verzweigung *f*, Abzweigung *f*, Abzweig *m*, Ast *m*, Abzweigleitung *f*, Zweig *m* (*z. B. eines Netzwerkes*); 2. (*Dat*) Programmverzweigung *f*; 3. Sparte *f*, Branche *f*
branch box Abzweigdose *f*, Abzweigmuffe *f*
branched resonant circuit Parallelresonanzkreis *m*
branching device (*Mo*) LWL-Faserkoppler *m*, LWL-Koppler *m*, Koppler *m*, Verzweiger *m* (*IEC 50-731-05-10*)
branching jack 1. Parallelvielfachklinke *f*, Abzweigklinke *f*; 2. (*Nrt*) Mithörklinke *f*
breadboard 1. Brettschaltung *f*, Versuchsaufbau *m* (einer Schaltung); 2. Steckplatte *f*
break *v* abschalten, ausschalten; unterbrechen, öffnen; aussetzen (*Strom*); auseinander laufen (*Kurven*)
break-before-make contact (*Ap*) Umschaltekontakt *m* [Wechselkontakt *m*] mit Unterbrechung, Wechsler *m* mit kurzzeitigem Öffnen beider Kreise
break contact 1. Ruhekontakt *m*, Unterbrecherkontakt *m*, Öffnungskontakt *m* (*IEC 50-811-31-04*); Trennkontakt *m*; 2. (*Rt*) Öffner *m* (*als logisches Glied*); Öffner *m* (*VDE 0435*)
break time Ausschaltzeit *f*, Abschaltdauer *f*; Abfallzeit *f* (*Relais*); Öffnungszeit *f* (*Kontakt*)
breakaway torque Anlaufmoment *n*, Losbrechmoment *n* (*IEC 50-811-05-08*); Anfahrmoment *n*
breakdown 1. Durchschlag *m*, Lichtbogendurchschlag *m* (*Isolation*); Durchbruch *m* (*elektrische Spannung*); 2. Unterbrechung *f*, Zusammenbruch *m* (*z. B. Übertragungsstrecke, elektromagnetisches Feld*); 3. Ausfall *m*, Versagen *n*, Betriebsstörung *f*; Bruch *m*; 4. (*Ch*) Zersetzung *f*, Zerlegung *f*
breakover diode Kippdiode *f*
breakover voltage Kippspannung *f*, Kniespannung *f*, Überschlagspannung *f*
bridge 1. (*Mess*) Brücke *f*, Messbrücke *f*; 2. (*Dat*) Netzverbinder *m* (*für zwei gleiche lokale Datennetze*) • **in bridge** in Nebenschluss, in Parallelschaltung
brilliance modulation Helligkeitsmodulation *f*, Intensitätsmodulation *f* (*Oszilloskopmesstechnik*)
broad band Breitband *n*, breites Frequenzband *n*
broad-band integrated services digital network (*B-ISDN*) B-ISDN *n*, Breitband-ISDN *n* (*Bitraten* > *2 Mbit/s*; *betrieben im ATM*)
broad pulse 1. breiter Impuls *m*, Impuls *m* langer Dauer; 2. (*Fs*) Halbzeilenimpuls *m*
broadcast 1. Senden *n*, Übertragung *f* (*Fernsehen oder Rundfunk*); 2. Sammelruf *m*; 3. Sendeprogramm *n*, Programm *n*
broken wire Drahtbruch *m*

brownout Spannungsabfall *m* (*der Versorgungsspannung*)
brush 1. (*MA*) Bürste *f* (*IEC 50-811-14-19*); Schleifbürste *f*, Kontaktbürste *f*, Abtastbürste *f*; Stromabnehmer *m*; Kohlebürste *f*; 2. Lichtbündel *n*, Strahlenbündel *n*
brush discharge Bürstenfeuer *n*; Büschelentladung *f*
buck chopper (*LE*) Tiefsetzsteller *m* (*Gleichstromsteller*)
buck out kompensieren, aufheben, auslöschen; auf null reduzieren
bucking voltage Kompensationsspannung *f*, Ausgleichsspannung *f*
buffer 1. Puffer *m*, Entkoppler *m*; Trennkreis *m*, Trennstufe *f*; 2. (*Dat*) Puffer *m*, Pufferstufe *f*, Zwischenkreis *m*; Pufferspeicher *m*, Zwischenspeicher *m*; 3. Schwingungsdämpfer *m*, Stoßdämpfer *m*; 4. Polierscheibe *f*, Poliermaschine *f*
build in einbauen; anfachen; bilden
bulb Kolben *m*, Birne *f*, Ballon *m*; Gefäß *n*; Kugel *f* (*beim Thermometer*); Lampenkolben *m*, Röhrenkolben *m*; Glühlampe *f*
bulk resistance (*ME*) Volumenwiderstand *m*, Materialwiderstand *m*, Bahnwiderstand *m*

C

C-R oscillator Kippschwingungserzeuger *m*, Kippschwinger *m*
C-wire 1. Messleitung *f*, Prüfleitung *f*, Prüfdraht *m*; 2. (*Nrt*) C-Ader *f*, Prüfader *f*, Ader *f* zum Stöpselkörper
cab cable (*Rt*) Steuerleitung *f*, Steuerkabel *n* (*IEC 50-811-25-20*)
cabinet Gehäuse *n*; Schrank *m* (*für Instrumente*)
cable *v* 1. verkabeln; verdrahten; 2. kabeln, telegrafieren, drahten
cable 1. Kabel *n*, Leitungskabel *n*, Leitung *f*; 2. Drahtnachricht *f*, Kabel *n*, Telegramm *n*; 3. Seil *n*, Drahtseil *n*, Stahlseil *n*
cable channel Kabelkanal *m*, Kabelrinne *f*
cable core Kabelader *f*, Kabelseele *f*
cable end box [piece, sleeve] Kabelendverschluss *m*
cable fault locator Kabelfehlersuchgerät *n*
cable form wiring Kabelbaumverdrahtung *f*
cable harness Kabelbaum *m*, Gestellverkabelung *f*, Gestellverdrahtung *f*
cable-joining box Kabelverbindungskasten *m*
cable jointing sleeve Kabelmuffe *f*; Verbindungsmuffe *f*; Abzweigmuffe *f*
cable junction cabinet Kabelverteilerschrank *m*
cable-layout (plan) Kabel(lage)plan *m*, Kabelführungsplan *m*
cable lug Kabelschuh *m*, Kabelklemme *f*, Kabelöse *f*
cable run Kabelführung *f*, Kabelverlauf *m*, Kabelbahn *f*, Kabeltrasse *f*, Kabelweg *m*
cable service box Kabelhausanschlusskasten *m*
cable sheave Kabelrolle *f*
cable stripping knife Kabelmesser *n*
cadence speed Taktgeschwindigkeit *f*
CAE *siehe* computer-aided engineering
cage Käfig *m*
cage motor Käfig(läufer)motor *m*
cage ring Kurzschlussring *m*
calculating performance rechnerische Ausführung *f*
calibrate *v* (*Mess*) kalibrieren, graduieren, (ein)teilen; justieren; eichen
call *v* anrufen, telefonieren; aufrufen (*z. B. Programm, Funktion*)
call acceptance Rufannahme *f*
call diversion Rufumleitung *f*
call-forwarding Anrufumleitung *f*, Rufweiterschaltung *f*
call wait (*Nrt*) Makeln *n*, Umschalten *n* zwischen zwei Gesprächen (*das jeweils nicht aktive Gespräch wird gehalten*)
caloric capacity Wärmekapazität *f*
caloric conductibility Wärmeleitfähigkeit *f*, Wärmeleit(ungs)vermögen *n*
calorimetric power meter Hitzdraht-Leistungsmessgerät *n*, Hitzdrahtleistungsmesser *m*
cam-controlled nockenbetätigt
cam disk switch Paketschalter *m*
can *v* kapseln, umhüllen, ummanteln
cancel *v* 1. auflösen; auslöschen; aufheben, annullieren, ungültig machen; 2. (*Nrt*) streichen (*Anmeldung*)
cancellation Kürzung *f*, Streichung *f*; Aufhebung *f*, (gegenseitiges) Aufheben *n*, Auslöschung *f* (*z. B. durch Interferenz*); Unterdrückung *f*

cap *v* 1. bedecken, mit Deckel [Kapsel] versehen; 2. sockeln (*z. B. Röhren*)
capacitance Kapazität *f*, kapazitiver Widerstand *m*
capacitance diode Kapazitätsdiode *f*
capacitance gauge kapazitiver Geber *m* [Aufnehmer *m*]
capacitance per unit length Kapazitätsbelag *m*, Kapazität *f* je Längeneinheit
capacitance potential divider kapazitiver Spannungsteiler *m*
capacitance to earth Kapazität *f* gegen Erde, Ableitkapazität *f*, Erdkapazität *f*
capacitance to frame Gehäusekapazität *f*
capacitive kapazitiv
capacitor Kondensator *m*
capacitor back-up power supply Kondensatorstromversorgung *f*
capacitor bank Kondensatorbatterie *f*; Kondensatorenblock *m*, Mehrfachfestkondensator *m*, Kondensatorbank *f*
capacitor bushing (*Hsp*) Kondensatordurchführung *f*; gesteuerte Durchführung *f*, Durchführung *f* mit Potenzialsteuerung
capacitor microphone Kondensatormikrofon *n*
capacitor motor Kondensatormotor *m*
capacitor voltage divider kapazitiver Spannungsteiler *m*
capacity 1. Kapazität *f* (*IEC 50-811-20-03*); Leistungsfähigkeit *f*, Leistungsvermögen *n*, Belastbarkeit *f*; 2. Vermögen *n*; Speichervermögen *n*, Aufnahmefähigkeit *f*; 3. (*Dat*) Zahlenbereich *m*; maximale Stellenzahl *f*; Speicherfähigkeit *f*
capacity to earth Kapazität *f* gegen Erde, Erdkapazität *f*, Ableitkapazität *f*
capillary wire Haardraht *m*
capstan Antriebswelle *f*, Tonrolle *f*, Antriebsrolle *f*, Treibrolle *f*, Bandantriebsachse *f* (*Magnetbandgerät*)
capture *v* 1. (ein)fangen (*z. B. Elektronen*); 2. erfassen (*z. B. Messwerte*)
carbon 1. Kohlenstoff *m*; 2. Kohleelektrode *f*, Kohle *f*; Bogenlampenkohle *f*
carbon-film resistor Kohleschichtwiderstand *m*
carbon holder Kohlehalter *m*
card 1. (*Dat*) Karte *f*, Lochkarte *f*; 2. (*ME*) Platine *f*, Karte *f*
cardiac fibrillation Herzflimmern *n* (*E-Unfall*)
cardioid characteristic Nierencharakteristik *f*
carriage 1. Wagen *m*, Schlitten *m*; Laufwerk *n*; Fahrgestell *n*; 2. Transport *m*, Beförderung *f*
carrier 1. Telefongesellschaft *f* (*engl.*); 2. Träger *m*, Trägersignal *n*, Basissignal *n* (*Datenfernübertragung*); 3. Body *m* [Körper *m*] einer E-Mail; 4. Träger *m*, Ladungsträger *m*; 5. (*MA*) Mitnehmer *m*; 6. Trägersubstanz *f* (*z. B. Harzträger*)
carrier amplifier Träger(frequenz)verstärker *m*
carrier depletion Trägerverarmung *f*, Ladungsträgerverarmung *f*, Ladungsträgerverdrängung *f*
carrier frequency (*Nrt*) Trägerfrequenz *f*, TF
carrier sense multiple access/collision detection CSMA/CD *n*, Zugangsprotokoll *n* zum Ethernet-LAN (*Vielfachzugriffsverfahren mit Abtasten des Trägers*)
cartridge 1. Patrone *f*; 2. Kassette *f*, Magnetbandkassette *f*; 3. Tonabnehmereinsatz *m*; Kapsel *f* (*Mikrofon*)
cascade Kaskade *f*; Kaskadenschaltung *f*, Stufenschaltung *f*, Hintereinanderschaltung *f*; Kettenschaltung *f*, Reihenschaltung *f*; Verstärkerstufe *f*
case Gehäuse *n*, Behälter *m*, Kapsel *f*; Papphülse *f*, Batteriekarton *m*
case capacitance Querkapazität *f* (*DIN 41856*)
case of resonance Resonanzfall *m*
casseiver Radiorekorder *m*, Rundfunkgerät *n* mit Kassettenteil
casting 1. Gussteil *n*, Gussstück *n*; 2. Gießen *n*, Guss *m*; 3. Gießharz *m*
cathode Katode *f*, negative Elektrode *f*, Minuselektrode *f*; negativer Pol *m*, Minuspol *m*
cathode filament Glühkatode *f*
cathode-ray indicator magisches Auge *n*
cathode-ray oscillograph Katodenstrahloszillograph *m*, Elektronenstrahloszillograph *m*
cause of failure Fehlerursache *f*, Ausfallursache *f*
cavity 1. Hohlraum *m*, Hohlkammer *f*, Höhlung *f*; Lufteinschluss *m* (*z. B. in Isoliermaterial*); 2. (*Laser*) Resonator *m*; 3. (*ME*) Aufnahmeraum *m* (*für einen Chip*); versenkter Bondraum *m* (*im Chipträger*)

CCD array CCD-Anordnung *f*, CCD-Zeile *f*
CCD imager CCD-Bildaufnehmer *m*, CCD-Bildwandler *m*
CCD-R bespielbare Digital(schall)platte *f*
CCITT high level language (*Nrt*) CHILL *f* (*entspr. ITU-T-Empfehlung Z.200*); Programmier-Hochsprache *f* für die Nachrichtentechnik (*Echtzeithochsprache für parallele Prozesse in der Nachrichtentechnik*)
CD Compact-Disk, CD *f*, CD-Platte *f*, Kompaktspeicherplatte *f*, Digital(schall)platte *f*
CD-recordable bespielbare [beschreibbare] Compact-Disc *f* [CD-R *f*, Digital-(schall)platte *f*]
CD-rewriteable wiederbeschreibbare Compact-Disc *f* [CD-RW *f*]
ceiling fitting Deckenleuchte *f*
ceiling voltage Spitzenspannung *f*, maximale [höchste] Spannung *f*, Deckenspannung *f*
cell 1. Zelle *f*, Element *n*; galvanische [elektrolytische] Zelle *f*; 2. Schaltungseinheit *f*, Schaltzelle *f*, Zelle *f* (*in integrierten Schaltungen*); 3. Speicherzelle *f*
CENELEC (*European Commission for Electrotechnical Standardization*) Europäische Kommission *f* für elektrotechnische Standardisierung
center tap Mittelanzapfung *f*
centigrade heat unit *englische Einheit für Arbeit und Energie; 1 chu = 1, 899 J*
centigrade range Celsiusskalenbereich *m*
central carrier wire Innenleiter *m* (*eines Koaxialkabels*)
central power-factor compensation Zentralkompensation *f*
centralized multi-endpoint connection Mehrpunktverbindung *f*
centre *v* zentrieren, zentrisch [auf Mitte] einstellen, einmitten
centre frequency Mittenfrequenz *f*, mittlere Frequenz *f*, Abstimmfrequenz *f*
centre leg [**limb**] Trafomittelschenkel *m*, Mittelschenkel *m*
centre loudspeaker Mittenlautsprecher *m*
centre tap connection Mittelpunktschaltung *f*
centre zero relay polarisiertes Relais *n*, Wechselrelais *n*
ceramic-based circuit gedruckte Schaltung *f* (*nach der Einbrennmethode hergestellt*)
ceramic capacitor Keramikkondensator *m*, keramischer Kondensator *m*
ceramic microphone keramisches [piezoelektrisches] Mikrofon *n*
cermet (*ceramic-metal*) 1. Metallkeramik(masse) *f*, Cermet *n*, metallkeramischer Werkstoff *m*; 2. Metall-Keramik-Technik *f*
certain triggering (*LE*) sichere Zündung *f*
chain Kette *f*, Gliederkette *f*; Kettenleiter *m*
chain winding (*MA*) Korbwicklung *f*
change Änderung *f*, Veränderung *f*, Wechsel *m*; Austausch *m*; Übergang *m*; Umschaltung *f*
change in load Belastungsschwankung *f*
change in pole combinations Polumschaltung *f*
change *v* **over** umschalten, überschalten; die Schaltstellung ändern (*Relais*)
change-over contact Wechselkontakt *m*, Umschaltkontakt *m*, Umschalter *m*, Wechselkontakt *m*, Wechsler *m*, Doppelkontakt *m*
changing effect Halbleiterleckstrom *m*
changing filter Kanalfilter *n*, Kanalblende *f*, Trennfilter *n*
changing resistance Kanalwiderstand *m*
changing selector key Kanalwahltaste *f*, Kanalwählertaste *f*, Kanalwahlschalter *m*
changing separating filter Kanalweiche *f*
channel 1. Kanal *m*, Rohr *n*, Schacht *m*; 2. (*Nrt*) Nachrichtenkanal *m*, Übertragungskanal *m*, Frequenzkanal *m*, Fernsehkanal *m*, Kanal *m*; 3. (*Dat*) Kanal *m*, Spur *f*
characteristic 1. (charakteristisches) Merkmal *n*, Eigenschaft *f*; 2. Kennlinie *f*, Kurve *f*; 3. Kennziffer *f*
characteristic frequency Eigenfrequenz *f*
characteristic impedance charakteristischer Leitungswiderstand *m*; Wellenwiderstand *m*; charakteristische Impedanz *f*, Kennimpedanz *f* (*eines Mediums*)
characteristic line 1. Kennlinie *f*; 2. Feldlinie *f*
characteristic resistance Wellenwiderstand *m*

characteristic response (*Rt*) Übergangsverhalten *n*
characteristic time 1. Eigenschwingungsdauer *f*; 2. (*Rt*) Zeitkonstante *f*, Sollzeit *f*
characteristic under load Lastkennlinie *f*
characteristic value charakteristischer Wert *m*, Eigenwert *m*, Kennwert *m*
charge 1. Ladung *f*, Aufladung *f* (*z. B. einer Batterie*; *IEC 50-811-20-06*); 2. Ladung (*eines Ions*); 3. Charge *f*, Füllung *f*; 4. Gebühr
charge carrier recombination Ladungsträgerrekombination *f*
charge conservation Ladungserhaltung *f*
charge-controlled ladungsgesteuert
charge-coupled device ladungs(träger)gekoppeltes Bauelement *n*, CCD-Element *n*, Ladungsspeicherbaustein *m*
charge dissipation Ladungsableitung *f*, Kriech(strom)entladung *f*
charge-mass ratio Verhältnis *n* Ladung-Masse, spezifische Ladung *f*
charge of electricity Elektrizitätsmenge *f*
charge retention Ladungserhaltung *f*
charge separation Ladungstrennung *f*
charged conductor Strom führender [geladener] Leiter *m*
charger (unit) Ladegerät *n*, Ladeeinrichtung *f*, Ladevorrichtung *f*
chatter *v* 1. stark vibrieren; rattern; 2. prellen (*Kontakte*)
chatter effect Brummeffekt *m* (*des Kerns*)
chatter-proof prellsicher (*Schalter*)
chattering of contacts Flattern *n* der Kontakte, Kontaktflattern *n*
check *v* 1. kontrollieren, (über)prüfen, nachprüfen, nachmessen; 2. hemmen, aufhalten, (ab)bremsen; 3. platzen, rissig werden (*z. B. Isolierlacke*)
checkout energy chemische Energie *f*
checkout (test) Kontrolle *f*; Gesamtprüfung *f*
chip (*ME*) Chip *m*
chip enable Chipfreigabe *f*, Schaltkreisfreigabe *f*
chip select(ion) Chipauswahl *f*
choke 1. Drossel(spule) *f* (*IEC 50-811-26-19*); 2. Sperre *f*; 3. Drosselventil *n*
choke coil Drossel(spule) *f*; Schutzdrossel *f*; Antennenableitdrossel *f*
chop *v* (zer)hacken; pulsen
chopped current Abreißstrom, gepulster Strokm
chopped direct current zerhackter [gepulster] Gleichstrom *m*
chopper (*LE*) Chopper *m*, Gleichstromsteller *m* (*IEC 50-811-19-11*); Zerhacker *m*, Unterbrecher *m*; elektromechanischer Modulator *m* [Zerhacker *m*]; elektronischer Zerhacker *m*, Pulser *m*, Pulssteller *m*
chopper-type regulator Schaltregler *m*
chrominance signal Farbartsignal *n*, Chrominanzsignal *n*, Buntsignal *n*
cinch connector Cinchstecker *m*
circle coefficient (*ME*) Streufaktor *m*
circle diagram Kreisdiagramm *n* (*Leitungs-Transformations-Diagramm für verlustlose Leitungen*); Kreisdiagramm *n* (*der Asynchronmaschine*)
circuit Stromkreis *m*, Kreis *m*; Schaltung *f*
• **in circuit** angeschlossen
circuit analysis Schaltkreisanalyse *f*, Schaltungsanalyse *f*
circuit angle (*LE*) Phasenwinkel *m*
circuit arrangement Schaltung *f*, Schalt(ungs)anordnung *f*, Schaltungsstruktur *f*
circuit board Leiterplatte *f*, Schaltkreisplatte *f*, Schaltkarte *f*
circuit board conductor (gedruckte) Leiterbahn *f*
circuit breaker Leistungsschalter *m* (*IEC 50-811-29-01*); Schalter *m*, Ausschalter *m*, Unterbrecher *m*, Stromunterbrecher *m*
circuit-breaking transient Ausgleichsvorgang *m*, Einschwingen *n* (*beim Ausschalten*)
circuit closing Einschaltung *f*, Stromschluss *m*, Einschaltvorgang *m*
circuit commutated recovery time (*LE*) Freiwerdezeit *f*
circuit diagram Schaltplan *m*, Schaltbild *n*, Schaltschema *n*; Stromlauf *m*, Stromlaufzeichnung *f*
circuit noise 1. Leitungsrauschen *n*, Kreisrauschen *n*; 2. (*Nrt*) Leitungsgeräusch *n*, Leitungsgeräusche *npl*
circuit non-repetitive peak off-state voltage (nicht periodische) Vorwärtsspitzensperrspannung *f*

circuit non-repetitive peak reverse voltage (nicht periodische) Rückwärtsspitzensperrspannung *f*
circuit of holding coil Haltestromkreis *m* (*Relais*)
circuit repetitive peak reverse voltage periodische Rückwärtsspitzensperrspannung *f* (*IEC 50-551-05-48*)
circuit schematic Schaltbild *n*
circuit simulation Schaltungssimulation *f*
circuit symbol Schaltsymbol *n*, Schaltzeichen *n*
circuit voltage Leiterspannung *f* (zwischen Phasen), Phasenspannung *f*
circuitry Schaltungsanordnung *f*, Schaltungsaufbau *m*, Schalt(ungs)system *n*, Schaltungstechnik *f*
circular frequency Kreisfrequenz *f*
circular shift register Ringschieberegister *n*
circulating current Kreisstrom *m* (*Stromrichter*)
citizens band CB *n*, Bürgerfunkband *n* (*Funkfrequenzbereich um 27 MHz für private Anwendungen*)
ckw clockwise
clamp *v* klemmen, klammern, festklemmen, befestigen, einspannen, festspannen
clamp ammeter Anklemmamperemeter *n*, Zangenamperemeter *n*
clamping diode Klemmdiode *f*, Pegelhaltediode *f*
class-A amplifier A-Verstärker *m*
class-A operation A -Betrieb *m*
class of accuracy Genauigkeitsklasse *f*
class of protection Schutzklasse *f*
clean *v* 1. reinigen, säubern; 2. löschen (*Magnetband*); 3. abschalten
clean room (*ME*) staubfreier Raum *m*, Reinraum *m*; Clean-room *m*
clean situation sauberer Zustand *m* (*ohne leitfähige Verschmutzungen*)
clear *v* 1. entstören; 2. trennen, unterbrechen; 3. (zu)rückstellen (*z. B. einen Zähler*); 4. löschen (*z. B. Speicher*); 5. reinigen, säubern (*z. B. Röhren*)
clear-down (*Nrt*) Freischalten *n*
clearance 1. Abstand *m*, Zwischenraum *m*; Spielraum *m*, Spiel *n*; Luft *f*; 2. lichte [freie] Höhe *f*; lichte Weite *f*; 3. (*Ap*) Luftstrecke *f*; 4. (*Hsp*) Elektrodenabstand *m*, Schlagweite *f* • **no clearance** keine Auslösung
clearance to earth (*Ap*) Strecke *f* zwischen Spannung führenden und geerdeten Teilen
clearing time Abschaltzeit *f*, Abschmelzzeit *f*, Ausschaltzeit *f* (*Sicherung*)
click-stop device Rastvorrichtung *f*
climatic category Klimaprüfklasse *f*
clip Klammer *f*, Klemme *f*; Leitungsschelle *f*, Schelle *f*; Kabelschuh *m*
clip-on ammeter Zangenstrommesser *m*
clipper Begrenzer *m*; Signalbegrenzer *m*
clipping diode (*LE*) Begrenzungsdiode *f* (*Hochvoltzenerdiode*)
clock 1. Taktgeber *m*, Zeitgeber *m*, Taktimpuls *m*; 2. (*Nrt*) Taktgenerator *m*, Standardimpulsgenerator *m*
clock cycle Taktzyklus *m*, Taktzeit *f*, Takt *m*
clock-skewed flipflop zweiflankengesteuertes Flipflop *n*
clocked power supply getaktetes Netzteil *n*
clocking scheme Taktdiagramm *n*, Taktplan *m*, Taktschema *n*
clockwise im Uhrzeigersinn (drehend), rechtsdrehend, rechtsläufig
close a circuit einen Stromkreis einschalten [schließen]
close coil current Haltestrom *m*
closed circuit 1. geschlossener [eingeschalteter] Stromkreis *m*, Ruhestromkreis *m*; 2. (*Rt*) geschlossener Regelkreis *m*; 3. (*Nrt*) Vorabhörweg *m*; 4. geschlossener Kreislauf *m*
closed-circuit current Ruhestrom *m*
closed-end line am Ende kurzgeschlossene Leitung *f*; abgeschlossene Leitung *f*
closed loop 1. geschlossene Masche *f*; geschlossene [endlose] Schleife *f*; 2. (*Rt*) (geschlossener) Regelkreis *m*; geschlossener Zyklus *m* (*im Signalflussplan*)
closed-loop gain (*Rt*) Kreisverstärkung *f*
closer Schließer *m*, Schließkontakt *m*
closing lock out Einschaltsperre *f*
closing snap action Sprungeinschaltung *f*
closure 1. Schließen *n* (*z. B. eines Kontakts*); 2. Verschlussvorrichtung *f*, Verschluss *m*; 3. Schluss *m*, Abschluss *m*
cluster 1. Cluster *m*, Schwarm *m*, Anhäufung *f* (*z. B. von Molekülen*); 2. (*Nrt*) Bündel *n*, Zellenbündel *n*; 3. Rechner-

cluster *m*, Parallelrechner *mpl*, 2 KByte-Speicherplatz *m* auf der PC-HD; 4. Thyristor *m* (*aus mehreren Scheiben*)
clutch Kupplung *f*, Ausrückkupplung *f*, Schaltkupplung *f*
clutter (*FO*) Störung *f*, Störflecke *mpl*
CMOS (*complementary metal-oxide semiconductor*) komplementärer Metall-Oxid-Halbleiter *m*, CMOS
co-channel interference (*Km*) Gleichkanalstörung *f* (*gegenseitige Störung zweier Sender im gleichen Frequenzbereich*)
coarse setting Grobeinstellung *f*
coated fibre ummantelte Faser *f* [Lichtleitfaser *f*], Lichtleiter *m* mit Schutzmantel
coaxial koaxial, gleichachsig, konzentrisch
code 1. (*Nrt*) Code *m*, Schlüssel *m*, (*speziell*) Telegrammschlüssel *m*; 2. (*Dat*) Code *m* (*als eindeutige Zuordnung der Zeichen eines Zeichenvorrats*)
code converter 1. Code(um)wandler *m*, Codeumsetzer *m*, Codekonverter *n*; 2. (*Nrt*) Schrittumsetzer *m*
coefficient Koeffizient *m*, Beiwert *m*, Kennzahl *f*
coefficient of harmonic distortion Klirrfaktor *m*
coefficient of inductive coupling (induktiver) Kopplungsfaktor *m*
coefficient of loss (*Hsp*) Verlustfaktor *m*, Verlustziffer *f*, Verlustzahl *f*
coefficient of mutual induction Gegeninduktionskoeffizient *m*, Gegeninduktivitätskoeffizient *m*, Koeffizient *m* der gegenseitigen Induktion, Gegeninduktivität *f*, Gegeninduktion *f*
coercivity Koerzitivkraft *f*, Koerzitivfeldstärke *f*
cogging torque Rastmoment *n*
coherence radiation kohärente Strahlung *f* (*IEC 50-731-01-15*)
coil 1. Spule *f*; Windung *f*; 2. Rohrspirale *f*, Schlange *f*
coil amplification factor Gütefaktor *m* einer Spule
coil base [**form**] Spulenkörper *m*
coil-driven loudspeaker dynamischer Lautsprecher *m*
coil Q [**quality**] Gütefaktor *m* einer Spule, Spulengüte *f*
cold (**solder**) **joint** kalte Lötstelle *f*
collector 1. Kollektor *m*, Stromwender *m*, Kommutator *m* (*siehe auch*: *commutator*); 2. Sammelelektrode *f* (*Röhre*); 3. Kollektor *m* (*Transistor*)
collector motor Kollektormotor *m*, Stromwendermotor *m*, Kommutatormotor *m*
collector ring (*MA*) Schleifring *m* (*IEC 50-811-14-22*)
collision ionization Stoßionisation *f*
colour 1. Farbe *f*; 2. Farbeffekt *m*, Farbwirkung *f*; 3. (*Ak*) Tonfärbung *f*, Klangfarbe *f*
colour code Farbkennzeichen *n*, Farbcode *m* (*z. B. auf Widerständen*)
colour response Farbempfindlichkeit *f*, spektrale Empfindlichkeit *f*
Colpitts oscillator Colpitts-Oszillator *m*
combination isolating earthing switch Erdungstrenner *m*, Trennerdungsschalter *m*
combinational [**combinatory**] **circuit** Schaltnetz *n*, kombinatorische Schaltung *f*
combined effect Gesamtwirkung *f*, resultierende Wirkung *f*
come *v* **into step** in Tritt fallen (*z. B. eine Synchronmaschine*)
command reference Bezugsgröße *f*, Vergleichsgröße *f*
command variable Führungsgröße *f*
commissioning Inbetriebnahme *f*
common-channel operation (*Nrt*) Gleichkanalbetrieb *m*
common emitter configuration (*LE*) Emitterschaltung *f*
common-mode gleich laufend, gleichphasig, vielfach
common-mode gain Gleichtaktverstärkung *f*
common-mode rejection ratio Gleichtaktunterdrückung *f*
communication 1. Übertragung *f*, Nachrichtenübermittlung *f*, Mitteilung *f*; Informationsaustausch *m*; Verbindung *f*; Verkehr *m*; 2. Nachricht *f*, Mitteilung *f*
communication signal (*Rt*) Nutzsignal *n* (*Gegensatz*: *Störsignal*)
commutate *v* kommutieren, wenden, umpolen (*Strom*)
commutating capacitor Löschkondensator *m*
commutating pole Wendepol *m* (*IEC 50-811-14-07*)

commutation 1. (*LE, MA*) Kommutierung *f* (*IEC 50-811-28-19*); Stromwendung *f*; 2. Umschaltung *f*; 3. (*LE*) Stromübernahme *f*; 4. Vertauschung *f* (*Mathematik*)
commutator Kommutator *m* (*IEC 50-811-14-15*); Stromwender *m*, Kollektor *m*
commutator series motor Gleichstromreihenschlussmotor *m*
commutator sparking Bürstenfeuer *n*
compact disk Compact-Disk *f*, CD *f*, CD-Platte *f*, Kompaktspeicherplatte *f*, Digital(schall)platte *f*
comparator Vergleicher *m*, Komparator *m*, Differenzverstärker *m*, Vergleichseinrichtung *f*, Vergleichsvorrichtung *f*
compatibility Kompatibilität *f*, Anpassungsfähigkeit *f*, Verträglichkeit *f* (*z. B. von Systemen*)
compensate *v* kompensieren, ausgleichen
compensation network Stabilisierungseinrichtung *f* (*in Regelkreisen*)
compiler (*Dat*) Compiler *m*, Kompiler *m* (*Übersetzungsprogramm*)
complementary pair of transistors (*ME*) komplementäres Transistorpaar *n* (*pnp- und npn-Transistor*)
complementary transistor Komplementärtransistor *m*
complete path geschlossener Umlaufweg *m*
complex analysis komplexe Rechnung *f*
complex conjugate konjugiert komplex
complex harmonic oscillation zusammengesetzte Schwingung *f*
complex harmonic quantity sinusförmige Größe *f* in komplexer Schreibweise
complex quantity notation [**representation**] komplexe Darstellung *f* [Schreibweise *f*]; symbolisches Rechenverfahren *n*
component 1. Komponente *f*, Bestandteil *m*; 2. Bauelement *n*, Bauteil *n*; Einzelteil *n*; 3. (*Rt*) Regelkreisglied *n*
component side Bestückungsseite *f*
compound action 1. Summenwirkung *f*; 2. (*Rt*) kombiniertes Verhalten *n* (*z. B. eines PI-Gliedes*)
compound characteristic Doppelschlussverhalten *n*, Doppelschlusscharakteristik *f*
compound-impregnated cable Massekabel *n*
compound strip Bimetallstreifen *m*
compressed-air circuit breaker Luftdruckschalter *m*
compression-type vibrator (*Nrt*) Dickenschwinger *m*
computer-aided rechnergestützt, rechnerunterstützt, computergestützt
computer-aided engineering (*CAE*) CAE, rechnergestützte Ingenieurtätigkeit *f*, technische Arbeiten *fpl* mit Rechnerunterstützung
concealed installation [**wiring**] Leitungsverlegung *f* unter Putz, Unterputzverlegung *f*
concentration line (*Nrt*) Sammelleitung *f*
concentric cable konzentrisches [koaxiales] Kabel *n*, Koax(ial)kabel *n*
concentric coil 1. Zylinderspule *f*; 2. (*MA*) konzentrische Spule *f*; Spule *f* ungleicher Weite
concurrent operation (*Dat*) Parallelbetrieb *m*, gleichzeitiges Arbeiten *n*
condensance Kondensanz *f*, kapazitiver Blindwiderstand *m*, kapazitive Reaktanz *f*
condition for ignition Zündbedingung *f*
condition of balance Gleichgewichtsbedingung *f*; Abgleichbedingung *f*
condition of insulation Isolationszustand *m*, Isolationsbeschaffenheit *f*
condition of resonance Resonanzzustand *m*; Resonanzbedingung *f*
conductance Konduktanz *f*, Wirkleitwert *m*; reeller [ohmscher] Leitwert *m*
conducting angle Durchlasszeit *f*, Durchlasswinkel *m* (*Zeit, in der ein Ventil Strom führend ist*)
conducting capacity Leitfähigkeit *f*
conducting condition leitender Zustand *m*, Durchlasszustand *m*
conducting direction (*LE*) Durchlassrichtung *f* (*eines Halbleiterelementes; IEC 50-811-28-28*)
conducting track Leiterbahn *f*
conduction current Leitungsstrom *m*, Leiterstrom *m*
conduction loss 1. Leitungsverlust *m*; 2. (*LE*) Durchlassverlust *m*
conductive coupling galvanische [ohmsche] Kopplung *f*
conductivity (spezifische elektrische) Leitfähigkeit *f*
conductor Leiter *m* (*für Strom oder Wärme*); Leitungsdraht *m*, Ader *f* (*Kabel*); Leiterbahn *f*, Leiterzug *m* (*Leiterplatten*)

conductor joint Leitungsverbinder *m*
conductor rail (*Et*) Stromschiene *f* (*IEC 50-811-34-01*)
conduit 1. Röhre *f*, Rohrleitung *f*, Kanal *m*; 2. (*Et*) Schutzrohr *n*, Isolierrohr *n*, Kabelrohr *n*; Kabelkanal *m*
conduit box Abzweigdose *f*, Dose *f*; Klemmkasten *m*, Verteilerkasten *m*
confluent link (*Nrt*) Zuleitung *f*
conjugate complex quantities konjugiert-komplexe Größen *fpl*
connect *v* verbinden, anschließen; (ein)schalten; anklemmen; Verbindung [Kontakt] herstellen; koppeln
connect *v* **across** überbrücken
connect *v* **in delta** [**mesh**] in Dreieck schalten
connected in parallel parallel geschaltet
connected in series in Reihe geschaltet
connected in star in Stern geschaltet
connected load Anschlusswert *m*
connecting terminal plate Klemmbrett *n*
connection 1. (elektrische) Verbindung *f*, Anschluss *m*, Verknüpfung *f*; Schaltung *f*; Anschalten *n*; 2. (*Rt*) Verkettung *f*
connection diagram Schaltplan *m*, Schaltbild *n*, Verbindungsplan *m*, Verdrahtungsplan *m*
connection strip Klemmleiste *f*
connection to earth Erdung *f*
connector 1. Stecker *m*, Steckverbinder *m*, Verbinder *m*; Steckverbindung *f*; Gerätestecker *m*; 2. Anschlussteil *n*, Anschlussstück *n*; 3. Leitungsverbinder *m*; Konnektor *m* (*Flussdiagramm*); 4. (*Nrt*) Anschaltesatz *m*; Leitungswähler *m*; 5. (*Et*) Verbindungsklemme (*IEC 50-811-33-25*)
consequent pole Folgepol *m*, Folgepunkt *m*
consequential fault Folgefehler *m* (*IEC 50488*)
conservation of charge Erhaltung *f* der Ladung, Ladungserhaltung *f*
console Schaltpult *n*, Steuerpult *n*; Bedieneinheit *f*; Spieltisch *m* (*Orgel*)
constant-current charging Konstantstromladung *f*, Ladung *f* bei konstantem Strom (*Batterie*)
constant-current d.c. link Gleichstromzwischenkreis *m*
constant-current equivalent circuit Kurzschlussersatzschaltbild *n*
constant-current transformer Streutransformator *m*; Konstantstromtransformator *m*
constant load Dauerbelastung *f*, gleichförmige [konstante] Belastung *f*
constant magnet Dauermagnet *m*
constant potential supply Gleichspannungsquelle *f*, Urspannungsquelle *f*
constant-voltage d.c. link Gleichspannungszwischenkreis *m*
constant-voltage equivalent circuit Leerlaufspannungsersatzschaltbild *n*
constant-voltage regulator Spannungsstabilisator *m*, Spannungsgleichhalter *m*, Spannungsregler *m*, Stabilisator *m*
constrained-current operation Stromeinprägung *f*
constraint Begrenzung *f* (*z. B. eines Signals*)
consumption Verbrauch *m*, Leistungsaufnahme *f*; Verzehrung *f*, Aufzehrung *f*; Abbrand *m* (*z. B. Elektroden*)
contact 1. Kontakt *m*, Berührung *f*, Anschluss *m*, (leitende) Verbindung *f*; 2. Kontaktstück *n*, Schaltstück *n*, Kontaktelement *n*
contact current Berührungsstrom *m*
contact current-breaking capacity Abschaltvermögen *n*
contact series (elektrochemische) Spannungsreihe *f*
contact sticking Kontaktkleben *n*
contactor coil Schützspule *f*
contactor equipment Schützsteuerung *f*, Einrichtung *f* für Schützsteuerung, Schaltausrüstung *f* (*IEC 50-811-30-03*)
contaminating signal (*Nrt*) Schmutzsignal *n* (*z. B. Verzerrungen*); Rauschsignal *n*
continuation lead Verlängerungsleitung *f*
continuity check (*Nrt*) Durchgangsprüfung *f*
continuity condition Stetigkeitsbedingung *f*, Kontinuitätsbedingung *f*
continuity-preserving contact Schleifkontakt *m*, unterbrechungsloser Kontakt *m* (*Relais*)
continuous controller (*Rt*) stetiger Regler *m*
continuous current 1. Dauerstrom *m*; 2. Gleichstrom *m*
continuous duty Dauerbetrieb *m* (mit konstanter Belastung)

continuous electrophorous machine Influenzmaschine *f*
continuous rating 1. Dauer(nenn)-leistung *f*, Nenndauerlast *f*; 2. Bemessungsdaten *pl* für Dauerbetrieb (*IEC 50-811-11-05*)
contrast control 1. Kontrastausgleich *m*, Kontrastregelung *f*; 2. (*Nrt*) Dynamikregelung *f*
control 1. Regelung *f*, Regulierung *f*; Regelvorgang *m*; Steuerung *f*; 2. Kontrolle *f*, Überwachung *f*; 3. Regler *m*, Regelvorrichtung *f*, Bedien(ungs)element *n*
control-circuit transformer Stelltransformator *m*
control deviation Regelabweichung *f*
control engineering Regelungstechnik *f*; Steuerungstechnik *f*; Automatisierungstechnik *f*
control gear 1. *Steuergerät *n*; 2. Steuergetriebe *n*, Stellgetriebe *n*; 3. *Schaltgerät *n*
control motor Stellmotor *m*; Regelmotor *m*
control offset Regelabweichung *f*
control point Bezugspunkt *m* (*der Regelung*); Sollwert *m* (*der Regelung*)
control resolution Ansprechschwelle *f*, Auflösung *f*
controlled rectifier gesteuerter Gleichrichter *m* (*IEC 50-811-28-04*); Kipptriode *f*, Vierschichttriode *f*
controlled value [**variable**] (*Rt*) Regelgröße *f*
controller 1. Regler *m*, Regelgerät *n*; Steuereinheit *f*; Steuergerät *n*; 2. Programmschalter *m*; Steuerschalter *m*; 3. (*MA*) Kontroller *m*, Fahrschalter *m*, Walzenschalter *m*; Steuerwalze *f*
controller action [**response**] Reglerverhalten *n*, Verhalten *n* des Reglers
controlling variable Führungsgröße *f*
convection coefficient Wärmeübergangszahl *f*
convenience receptacle Steckdose *f*, Gerätesteckdose *f* (*z. B. für Haushaltgeräte*)
conversion adapter Umformadapter *m*, *Zwischenstecker *m* (*für unterschiedliche Steckerarten/Normen*)
conversion efficiency Umwandlungsleistung *f*, Umwandlungswirkungsgrad *m*, Wirkungsgrad *m* der Energieumwandlung; Überlagerungswirkungsgrad *m* (*eines Klystronoszillators*)
conversion of energy Energieumwandlung *f*, Energieumformung *f*
converter 1. (*Et*) Umformer *m* (*IEC 50-811-19-01*); *Stromrichter *m*, Umrichter *m*, Wandler *m*; selbstschwingende Mischröhre *f*; 2. (*Dat*) Konverter *m*, Wandler *m*, Umsetzer *m*, Umcodierer *m*; 3. (*FO, Fs*) Mischstufe *f*; 4. (*Rt*) Signalwandler *m*
convey *v* **current from** Strom abführen von
cooling attachment Kühler *m*, Kühlkörper *m*
cophasal gleichphasig, in gleicher Phasenlage
copper *v* verkupfern, mit Kupfer überziehen
copper factor (*Ap*) Füllfaktor *m*
cord 1. *Leitung *f*; 2. Schnur *f*, Verbindungsschnur *f*; Leitungsschnur *f*, Anschlussschnur *f*; Verlängerungsschnur *f*
cord fastener Zugentlastung *f* (*Vorrichtung*)
cord switch Zugschalter *m*
cordless schnurlos; ohne Netzanschluss
core 1. Kern *m*; Spulenkern *m*; Magnetkern *m*; 2. Ader *f*, Leiter *m*, Seele *f* (*Kabel*); Glasfaserkern *m* (*IEC 50-731-02-04*)
core duct Luftschlitz *m* (*im Rotor*)
core identification Aderkennzeichnung *f*
core lamination Kernblech *n*, Transformatorblech *n*, gestanztes Trafoblech *n*
core length Eisenlänge *f*, Eisenbreite *f*
core loss Ummagnetisierungsverlust *f* im Eisenkern, Eisenverlust *m*
core space factor Eisen(kern)füllfaktor *m*
corkscrew rule Korkenzieherregel *f*, Rechte-Hand-Regel *f*
correcting circuit (*Nrt*) Entzerrerschaltung *f*
correcting element Korrekturglied *n*
correcting range (*Rt*) Stellbereich *m*
correcting rate (*Rt*) Regelabweichung *f*
correction 1. Berichtigung *f*, Korrektur *f*, Fehlerbeseitigung *f*; 2. (*Mess*) Korrektion *f*; Entzerrung *f* (*z. B. eines Signals*); Zeichenkorrektur *f* (*Telegrafie*); Ausgleich *m*
correction lag (*Rt*) Totzeit *f* (*z. B. zur Korrektur eines Signals*)
corrective maintenance Instandsetzung *f*, Wartungsreparatur *f*, korrigierende [fehlerbehebende] Wartung *f*
cos-φ-meter Leistungsfaktormesser *m*
Coulomb law coulombsches Gesetz *n*

counter Zähler *m*; Zählwerk *n*; Zähleinrichtung *f*; Zählgerät *n*; Zählrohr *n* (*z. B. für Radioaktivität*)
counterclockwise gegen den Uhrzeigersinn, im Gegenuhrzeigersinn, linksläufig
countercurrent braking (*MA*) Gegenstrombremsung *f*
counterpoise 1. künstliche Erde *f*, Gegengewicht *n* (*Antennen*); 2. Erdseil *n*, Bodenseil *n* (*Freileitung*); 3. (*MA*) Gegengewicht *n*
countervoltage Gegenspannung *f*
coupled 1. (an)gekoppelt, verkoppelt; 2. gekuppelt
coupler 1. Steckvorrichtung *f*, Gerätesteckvorrichtung *f*, Kopplung *f*; 2. Stecker *m*, Gerätestecker *m*; 3. Koppler *m*, Kopplungsspule *f*; 4. (*Ak*) Kuppler *m*; 5. (*Licht*) LWL-Koppler *m*, LWL-Faserkoppler *m* (*IEC 50-731-05-10*)
coupler factor Kopplungsfaktor *m* (*IEC 50-161-03-18*); Kopplungsgrad *m* (*auftretender Effekt eines Lichtleiters*); LWL-Ankoppeldämpfung *f* (*IEC 50-731-05-28*)
coupling capacitor Kopplungskondensator *m*
coupling factor Kopplungsfaktor *m*, Kopplungsgrad *m*
coupling transformer Koppeltransformator *m*, Anpassungstransformator *m*
cover *v* 1. bedecken; überziehen, umhüllen, ummanteln; umwickeln, umspinnen; 2. erfassen; umfassen, einschließen; 3. (*Nrt, FO, Mess*) überstreichen, bestreichen (*einen Bereich*); 4. (*Licht*) ausleuchten
covibration Resonanzschwingung *f*
crackle *v* knistern, knattern
crane magnet Hubmagnet *m*
crawling speed (*MA*) Schleichdrehzahl *f*
create a magnetic field ein Magnetfeld aufbauen
creep *v* kriechen (*Strom, Werkstoffe*); sich dehnen (*in Längsrichtung*); wandern
creep resistance Kriech(strom)festigkeit *f*; Dauerstandfestigkeit *f*
crest 1. Höchstwert *m*, Scheitel(wert) *m*; Spitze *f*; Schwingungsbauch *m*; Wellenberg *m*; 2. Krone *f*, Gipfel *m*
crest factor *Scheitelfaktor *m*, Spitzenwertfaktor *m*
crest frequency kritische Frequenz *f*, Grenzfrequenz *f*
crevice Riss *m*, Spalt *m*, Sprung *m*
crimped connection (*Ap*) Quetschverbindung *f*
critical gradient (*Ap*) Durchschlag(s)-festigkeit *f*
critical stress Knickspannung *f*
crocodile clip Krokodilklemme *f*
cross 1. Kreuzung *f*; Kreuzungsstelle *f*, Kreuzungspunkt *m*; 2. (*Et*) Leitungsberührung *f*, Leitungsschluss *m*; 3. Kreuzstück *n*
cross-bar selector [**switch**] (*Nrt*) Koordinatenschalter *m*, Koordinatenwähler *m*, Kreuzschienenwähler *m*, Crossbar-Wähler *m*
cross-feeding gegenseitige Beeinflussung *f* (*z. B. in vermaschten Systemen*)
cross field Querfeld *n*
cross-over 1. Kreuzungspunkt *m*; Überkreuzung *f* (*z. B von Leitern*); Weiche *f*; Achsenschnitt *m*, Nulldurchgang *m*; 2. (*ME*) Übergang *m*
cross-over frequency Grenzfrequenz *f* (*z. B. einer elektrischen Weiche*); Übergangsfrequenz *f*, Überschneidungsfrequenz *f*; Isotropiefrequenz *f* (*Flüssigkristalle*)
cross section Querschnitt *m*, Wirkungsquerschnitt *m*
crossed-coil instrument Kreuzspulinstrument *n*
crowding effect (*ME*) Einschnüreffekt *m*
cryogenic conduction Supraleitung *f*
crystal 1. Kristall *m*; 2. Quarz *m*
crystal-controlled oscillator quarzgesteuerter Oszillator *m*
crystal resonator Quarzschwinger *m*
cubicle 1. Schaltschrank *m*, Schrank *m*, Gehäuse *n*; 2. Schaltzelle *f*; Schaltanlage *f* (*Einheit*); 3. Kabine *f*, Zelle *f*
cumulative compound motor Schlupfmotor *m*
cup core Topfkern *m*
current 1. (*Et*) Strom *m*; Stromstärke *f*; 2. Strom *m*, Strömung *f*, Fluss *m*
current balance circuit breaker Fehlerstromschutzschalter *m*
current-balance equation Strombilanzgleichung *f*, Knotenpunktsatz *m*
current bar Stromschiene *f*
current bias Differenzstrom *m*
current branching Stromverzweigung *f*
current capacity Strombelastbarkeit *f*, Belastbarkeit *f* (*z. B. eines Kabels*)

current-carrying conductor Strom führender Leiter *m*
current converter Stromrichter *m*
current cut-out Sicherungsautomat *m*
current delay angle (*LE*) Verzögerungswinkel *m* (*IEC 50-811-28-23*); Einschaltverzögerungswinkel *m* (*Triac*)
current density Stromdichte *f* (*im Leiter*)
current displacement Stromverdrängung *f*
current equation Stromgleichung *f*, Knotenpunktsatz *m*
current failure Stromausfall *m*
current-fed stromgekoppelt
current flow Stromfluss *m*, Stromdurchgang *m*, Strombahn *f*, Stromverlauf *m*
current intensity Stromdichte *f*, Stromstärke *f*
current leakage path Kriechweg *m*, Kriechstrecke *f*, Ableitweg *m*
current-limit acceleration Stromanstiegsbegrenzung *f*
current-limiting strombegrenzend
current of dielectric convection dielektrischer Verschiebungsstrom *m*
current-operated earth-leakage circuit breaker (*Ap*) Fehlerstromschutzschalter *m*
current passage Stromdurchgang *m*
current path Strombahn *f*, Strompfad *m*, Stromweg *m*, Stromverlauf *m*
current pointer Stromzeiger *m*
current probe Stromzange *f* (*IEC 50-161-04-35*)
current source d.c.-link converter Strom-Zwischenkreis-Stromrichter *m*
current supply 1. Stromversorgung *f*, Stromzuführung *f*, Stromlieferung *f*, Stromzufuhr *f*, Speisung *f*; 2. Stromquelle *f*
current-to-frequency converter Strom-Frequenz-Wandler *m*, frequenzanaloger Stromwandler *m*
currentless stromlos, ohne Strom
curve of cyclic magnetization Magnetisierungsschleife *f*
curve of normal magnetization Kommutierungskurve *f*
custom circuit Kundenschaltkreis *m*, kundenspezifischer Schaltkreis *m*, Schaltung *f* nach Kundenwunsch
customer Abnehmer *m*, Verbraucher *m* (*von Energie*)
cut 1. Schnitt *m* (*Film*; *Kristall*); 2. (*Fs*) scharfe [harte] Überblendung *f*; 3. Durchbruch *m*, Öffnung *f*; 4. Schnittfläche *f*; 5. Absenkung *f* (*z. B. eines Frequenzbereichs*)
cut *v* **in** einschalten (*z. B. Motor, Batterie*)
cut *v* **off** abschalten, ausschalten, unterbrechen (*Strom*)
cut-off frequency kritische Frequenz *f*, Grenzfrequenz *f*; Abschneidefrequenz *f* (*Mikrowellentechnik*)
cut-off state Sperrzustand *m*
cut-off voltage Endspannung *f*, Entladeschlussspannung *f*, Entladegrenzspannung *f* (*Batterie*); Einsatzspannung *f*, kritische Anodenspannung *f* (*Elektronenröhren*)
cut *v* **out** 1. abschalten, ausschalten; 2. (*MA*) auskuppeln
cycle duration Periodendauer *f*, Periodenlänge *f*
cycle rate Umlaufgeschwindigkeit *f*
cyclic field Wirbelfeld *n*
cyclic frequency Kreisfrequenz *f*
cyclic magnetization Ummagnetisierung *f*; zyklische Magnetisierung *f*
cycloconverter Direktumrichter *m*
cylinder capacitor Zylinderkondensator *m*
cylindrical coil Zylinderspule *f*, zylindrische Spule *f*

D

D action (*Rt*) D-Verhalten *n*, Differenzialverhalten *n*, differenzierendes Verhalten *n* (*Zusammensetzungen siehe unter: derivative action*)
D-latch D-Latch *n*, D-Auffangflipflop *n*
dagger function NOR-Funktion *f*, peircesche Funktion *f*
Dahlander pole-changing circuit Dahlander-Schaltung *f*
daily load Tagesbelastung *f*
damp *v* 1. (*Et, Ph*) dämpfen (*z. B. Schwingungen*); (ab)schwächen; abklingen; 2. befeuchten, anfeuchten, benetzen
damp out abklingen; unterdrücken (*Schwingungen*)
damp room feuchter Raum *m*, Feuchtraum *m*

dampen *v* 1. dämpfen; puffern; 2. anfeuchten, befeuchten, benetzen; feucht werden
damping factor 1. Dämpfungsfaktor *m*, logarithmisches Dekrement *n*, Dämpfungsexponent *m*; Abklingkonstante *f*; 2. (*Mess*) (*AE*) Überschwingung *f*
damping treatment (*Mk*, *Bk*) Bedämpfung *f*
dark resistance Dunkelwiderstand *m* (*z. B. eines photoelektrischen Empfängers*)
Darlington circuit Darlington-Schaltung *f*
d'Arsonval movement Drehspulmesswerk *n*
dashboard Instrumentenbrett *n*, Armaturenbrett *n* (*Kraftfahrzeug*)
dashpot relay gedämpftes Relais *n*, Relais *n* mit Bremszylinder
data (**remote**) **transfer** Datenübertragung *f*
data transmission link Datenübertragungsverbindung *f* (*Leitung*)
datum gegebene Größe *f*, Bezugsgröße *f*
daughterboard Tochterleiterplatte *f*, Zusatzleiterplatte *f*
dazzling Blenden *n*, Blendung *f*
d.c., dc, D.C., DC, d-c (*direct current*) Gleichstrom *m*
d.c.-a.c. Allstrom *m*
d.c.-a.c. converter Gleichstrom-Wechselstrom-Umsetzer *m* (*bei digitalen Regelungen*); Stromrichter *m*
d.c.-a.c. inverter Wechselrichter *m*
d.c. bias, **d.c. magnetic biasing** Gleichstromvormagnetisierung *f*
d.c. braking Gleichstrombremsung *f* (*Drehstrommotor*)
d.c. bushing Gleichspannungsdurchführung *f*, Gleichstromdurchführung *f*
d.c. characteristic Gleichstromcharakteristik *f*, Gleichstromkennlinie *f*
d.c. chopper Gleichstromsteller *m*, Chopper *m*
d.c. component 1. Gleichstromkomponente *f*, Gleichstromanteil *m*, Gleichwert *m*; Gleichspannungskomponente *f*; 2. (*Fs*) mittlere Bildhelligkeit *f*
d.c. converter Gleichstromumformer *m* (*IEC 50-811-19-10*)
d.c. coupled amplifier gleichspannungsgekoppelter Verstärker *m*, Gleichstromverstärker *m*
d.c. energized gleichstromgespeist
d.c. keying (*Nrt*) Gleichstromtastung *f*
d.c. link Gleichstromverbindung *f*, Gleichstromzwischenkreis *m* (*Stropmrichter*)
d.c. link reactor Zwischenkreisdrossel *f* (*beim Wechselrichter*)
d.c. machine Gleichstrommaschine *f* (*Generator oder Motor für Gleichstrombetrieb*)
d.c. mains Gleichstromnetz *n*, Gleichstromsystem *n*
d.c.-operated [**powered**] gleichstromgespeist, mit Gleichstrom betrieben [gespeist]
d.c. (**power**) **supply** 1. Gleichstromversorgung *f*; 2. Gleichstromversorgungsgerät *n*, Gleichstromquelle *f*
d.c. ripple factor Oberwellengehalt *m*
d.c.-to-a.c. conversion Gleichstrom-Wechselstrom-Umwandlung *f*
d.c.-to-a.c. converter Wechselrichter *m*
d.c. value (*Rt*) Gleichglied *n* (*als Teil eines periodischen Signals*)
d.c. voltage controller Gleichspannungssteller *m*
de-energize *v* abschalten, stromlos machen; aberregen
dead 1. stromlos, spannungslos, tot; 2. (*Ak*) trocken; 3. matt, glanzlos (*z. B. metallische Oberflächen*)
dead band tote Zone *f*, Totzone *f*
dead-beat aperiodisch (*gedämpft, ausschwingend*); überschwingungsfrei, eigenschwingungsfrei, beruhigt
dead-centre position Mittelstellung *f* (*z. B. der Bürsten*)
dead earth völliger [vollkommener, satter] Erdschluss *m*
dead-end *v* totlegen, tot abschließen; (*AE*) abspannen (*Leitungen*)
dead short (**circuit**) metallischer [vollständiger] Kurzschluss *m*
dead spot (*Nrt*, *FO*) Funkschatten *m*, Empfangsloch *n*; tote Zone *f*, toter Punkt *m*, Punkt *m* stärkster Auslöschung
dead time 1. (*Rt*) Totzeit *f*, Laufzeit *f*, Zeitverzögerung *f* (*z. B. bei der Signalübertragung*); 2. Sperrzeit *f*, Totzeit *f* (*Zähler*); 3. Abklingzeit *f*
deaden *v* 1. dämpfen, (ab)schwächen; 2. (*Ak*) schalldicht machen; entdröhnen; 3. mattieren (*Metalle*)
deadlock gegenseitiges Sperren *n*; Blockierung *f*

deadly embrace Systemblockade *f*
debias *v* die Vorspannung aufheben [vermindern]
debug *v* 1. (*AE*) Fehler [Störstellen] beseitigen, entstören; 2. (*Dat*) ausprüfen; suchen
decade resistor Dekadenwiderstand *m*, Stufenwiderstand *m*
decadic dekadisch; Dezimal...
decay *v* abklingen, abnehmen
decelerate *v* abbremsen
decentrally controlled dezentral geregelt; dezentral gesteuert
decibel (*db*, *dB*, *d.b.*) (*Ak*) Dezibel *n*, dB (*Pegelmaß*)
decibel meter Pegelmesser *m*, Dämpfungsmesser *m*
decimal-to-binary conversion Dezimal-Binär-Umwandlung *f*, Dezimal-Binär-Konvertierung *f*, Dezimal-Binär-Umsetzung *f*
decimate *v* (digital) untersetzen
decision circuit Entscheidungsschaltung *f* (*Logikschaltung*)
declarator Vereinbarungssymbol *n*, Vereinbarungszeichen *n*
decoder 1. Decod(ier)er *m*, Entschlüsselungsgerät *n*, Decodiergerät *n*; 2. (*Nrt*) Übersetzer *m*, Umrechner *m*
decompose *v* 1. zerlegen (*z. B. in Harmonische*); spalten; 2. (*Ch*) zersetzen, abbauen; sich zersetzen, zerfallen
decouple *v* entkoppeln
decrease exponentially exponentiell abnehmen [abfallen]
decrement Dekrement *n*, Abnahme *f*, Verringerung *f* (*z. B. der Amplitude*)
default vorgegeben; Standard...
deflecting electrode Ablenkelektrode *f*, Ablenkplatte *f* (*Elektronenstrahlröhre*)
deflection shape Schwingungsform *f*, Form *f* der Auslenkung (*z. B. einer Membran*)
degauss *v* entmagnetisieren
degree of enclosure Schutzgrad *m* (*Berührungsschutz*)
delay *v* verzögern; verschieben, aufschieben
delay equalizer Laufzeitentzerrer *m*
delay flop monostabile Kippschaltung *f*
delay fuse träge Sicherung *f*
delete *v* (*Dat*) löschen, streichen; tilgen, entfernen
deliver *v* liefern, abgeben (*z. B. Leistung*); hergeben; zustellen, überbringen
delivery charge Grundpreis *m*
delta arrangement Dreieckanordnung *f*
delta-star transformation (*Et*) Stern-Dreieck-Umwandlung *f*
delta-wye switch Stern-Dreieck-Schalter *m*
demagnetization Entmagnetisierung *f*
demand Bedarf *m*; Belastung *f* (*z. B. Netzbelastung, Leistungsbedarf des Netzes*)
demand limiter Strombegrenzer *m*
demodulator Demodulator *m*, Gleichrichter *m* (*im Empfänger*); Hochfrequenzgleichrichter *m*
demount *v* zerlegen, ausbauen, herausnehmen
demultiplex *v* (*Nrt*) entschachteln
denoiser 1. (*Ak*) Rauschminderungsprogramm *n*, Rauschminderungseinrichtung *f*; 2. (*Ak*) Rauschminderung *f*, Rauschbeseitigung *f*
denude *v* abisolieren, Isolierung entfernen
dependable-in service betriebssicher
dependency notation Abhängigkeitsnotation *f*
dephased condition Phasenverschiebung *f* (*zwischen Strom und Spannung*)
depletion region Verarmungs(rand)schicht *f*, Verarmungsgebiet *n*, Elektronenverarmungszone *f*; Sperrschicht *f*
depth adjustment Tiefeneinstellung *f*
derating Unterlastung *f*; Lastminderung *f*, Lastdrosselung *f* (*zur Vermeidung von Fehlern und Ausfällen*)
derivative action (*Rt*) D-Verhalten *n*, Differenzialverhalten *n*, differenzierendes Verhalten *n*, Vorhaltwirkung *f*
derivative unit 1. Differenzierer *m* (*Ausgangsgröße ist proportional dem dx/dt der Eingangsgröße x*); 2. abgeleitete Einheit *f*
derived current Abzweigstrom *m*
dermal resistance Widerstand *m* bei Stromverdrängung [Auftreten des Skineffekts]
design 1. Entwurf *m*, Skizze *f*, Plan *m*; Konstruktion *f*; Konzeption *f* (*einer Regelung*); 2. Bauform *f*, Baumuster *n*, Ausführung *f*; Aufbau *m*
desired law vorgegebene Gesetzmäßigkeit *f* (*z. B. für eine Regelung*)

desk Schaltpult *n*
destabilizing stabilitätsmindernd, stabilitätsverschlechternd; entstabilisierend
destruction-free detecting zerstörungsfreie Prüfung *f*
detachable part abnehmbares Teil *n*
detectivity Rauschempfindlichkeit *f* (*IEC 50-731-06-41*)
detector 1. Detektor *m*, Hochfrequenzgleichrichter *m*, Signalgleichrichter *m*; 2. Nachweisgerät *n*, Suchgerät *n*, Spürgerät *n*; 3. Anzeiger *m*, Anzeigevorrichtung *f*; Messfühler *m*, Strahlungsempfänger *m*; Lichtempfänger *m*
detune *v* verstimmen
development cost(**s**) Entwicklungskosten *pl*
deviation 1. Abweichung *f*, Abmaß *n*; Ablenkung *f*; Ausschlag *m*, Auslenkung *f* (*des Zeigers*); 2. (*Rt*) Regelabweichung *f*; 3. (*Nrt*) Hub *m*, Frequenzhub *m*
device 1. Vorrichtung *f*, Einrichtung *f*; Gerät *n*, Apparat *m*; 2. (*Et*, *ME*) Bauelement *n*; Glied *n*, Block *m* • **"device clear"** „Gerät löschen", „Gerät rücksetzen" (*Interface*) • **"device trigger"** „Gerät auslösen" (*Interface*)
diac *siehe* diode alternating-current switch
diagnosis (*Dat*, *Mess*) Fehlerdiagnose *f*, Fehlersuche *f*
diagram Diagramm *n*, grafische Darstellung *f*, Schaubild *n*, Kurvenbild *n*; Schema *n*, Rechenschema *n*
diagrammatic representation grafische Darstellung *f*
dial *v* 1. (*Nrt*) wählen (*eine Nummer*); die Nummernscheibe betätigen; 2. anzeigen (*auf einer Skale*); 3. einstellen (*z. B. Sender*)
dial illumination Skalenbeleuchtung *f*
die 1. (*ME*) Chip *m*, Plättchen *n*, Scheibchen *n*; Chip *m* (*Bauelement*; *siehe auch*: *chip*); 2. Matrize *f*, Form *f*; Düse *f* (*für Kunststoff*); 3. Zieheisen *n* (*Draht*)
die *v* **away** 1. (*Ak*) ausklingen, verhallen, verklingen; 2. ausschwingen, abklingen (*Schwingungen*)
dielectric constant Dielektrizitätskonstante *f*, DK, dielektrische Konstante *f*, elektrische Feldkonstante *f*, Influenzkonstante *f*
dielectric current Verschiebestrom *m*, Verschiebungsstrom *m*, dielektrischer Strom *m*
dielectric flux density dielektrische Flussdichte *f*, Verschiebungsflussdichte *f*, elektrische Induktion *f*
dielectric gauge kapazitiver Messfühler *m*, Messwandler *m* (*mit Dielektrikumänderung*)
dielectric medium Dielektrikum *n*, Nichtleiter *m*
dielectric property dielektrische [isolierende] Eigenschaft *f*
dielectric strength dielektrische Festigkeit *f*, Durchschlag(s)festigkeit *f*
dielectric test(**ing**) **voltage** Prüfspannung *f*
Diesel generating set Dieselaggregat *n*, Dieselgeneratoranlage *f*
difference amplifier Differenzverstärker *m*, Differenzialverstärker *m*
differential compound excitation Gegenverbunderregung *f*
differential-current tripping Differenzstromauslösung *f*
differential element 1. Differenzialglied *n*; 2. Komparator *m*
differential gap (*Rt*) Schalthysterese *f*
differential method of measurement Differenzmessmethode *f*
differential mode voltage (*Et*) Gegentaktspannung *f*, symmetrische Spannung *f* (*IEC 50-161-04-08*)
differential pulse-code modulation Differenz-Pulscodemodulation *f*
differential relay Differenzial(schutz)relais *n* (*IEC 50-811-31-16*); Fehlerrelais *n*
differential resistance differenzieller Widerstand *m*
differentiator 1. Differenziergerät *n*, Differenziereinrichtung *f*; 2. differenzierendes Glied *n*, D-Glied *n*
diffusion voltage Diffusionsspannung *f*
digit 1. Ziffer *f*; Stelle *f*; 2. (*Nrt*) Digitalelement *n*
digital-analogue data conversion Digital-Analog-Datenumsetzung *f*, Digital-Analog-Datenumwandlung *f*
digital communication network [**system**] digitales Nachrichtennetz *n*
digital data processing digitale Datenverarbeitung *f*; digitale Messwertverarbeitung *f*
digital display Digitalanzeige *f*, Ziffernanzeige *f*, Zahlenwertanzeige *f*

digital European cordless telephony (*DECT*) europäischer Übertragungsstandard *m* für digitale schnurlose Telefone
digital line (*Nrt*) Digitalanschluss *m*
digital multimeter Digitalmultimeter *n*, digitales Vielfachmessgerät *n*, Vielfachmessgerät *n* mit Ziffernanzeige
digital signal processor DSP *m*, digitaler Signalprozessor *m* (*zur Bearbeitung von Sprach- und Bildsignalen und Filterung*)
digital-to-analogue converter DAU *m*, Digital/Analog-Umsetzer *m*, Digital/Analog-Wandler *m*, D/A-Wandler *m*, D-A-Umsetzer *m*
digital versatile disk [**disc**] DVD, digitale Audio-Video-Platte *f*, Scheibenspeicher *m* (*mehrfaches Speichervermögen wie CD*)
digital video disk DVD *f*, digitale Videodiskette *f*
digitization Digitalisierung *f*, digitale Umsetzung *f*
digitizer tablet Digitalisiertisch *m*; Digitalisiertafel *f*, Digitalisiertablett *n*
DIL *siehe* dual-in-line package
dimmer Dimmer *m*, Helligkeitsregler *m*, Lichtsteuergerät *n*; Verdunkelungsvorrichtung *f*; Abblendvorrichtung *f*
diode Diode *f*
diode alternating-current switch (*diac*) Diac, bidirektionale Triggerdiode *f*
diode photodetector (*Licht*) Photodiode *f*, Photodetektor *m* (*IEC 50-73106-28*)
dip 1. Tauchen *n*, Eintauchen *n*; 2. Einsattelung *f*; Sattelpunkt *m* (*Drehmomentsattel*); 3. Tauchbad *n*, Eintauchflüssigkeit *f*
diplexer Diplexer *m*, Frequenzweiche *f*
dipole 1. Dipol *m*, Zweipol *m*; 2. Dipolantenne *f*, Dipol *m*
direct access memory Speicher *m* mit Direktzugriff
direct component 1. (*Licht*) direkte [direkt einfallende] Komponente *f*; 2. (*Et, Rt*) Gleichanteil *m*
direct-connected exciter Eigenerregermaschine *f*
direct connection 1. galvanische Verbindung *f*; 2. (*Nrt*) direkte [unmittelbare] Verbindung *f*
direct current Gleichstrom *m*
direct forward voltage Durchlassspannung *f*
direct ray (*Nrt*) Bodenwelle *f*
direct voltage Gleichspannung *f*
direction of current (**flow**) Stromrichtung *f*
directional gerichtet, Richt...
director 1. Wellenrichter *m*, Direktor *m* (*Antenne*); 2. (*Nrt*) Speicher *m*
disable *v* abschalten, sperren
disc armature (*MA*) Scheibenläufer *m*
discharge *v* 1. (*Et*) entladen; sich entladen; 2. ablassen, ausströmen lassen; ablaufen, ausströmen
disconnect *v* 1. (*Et*) trennen, unterbrechen; abschalten, ausschalten; freischalten (*z. B. Register*); 2. (*MA*) (aus)lösen; ausrücken (*Kupplung*)
disconnecting link (*Ap*) Auslöseglied *n*; Trennschalter *m*, Trennlasche *f*
disconnection Trennung *f*, Unterbrechung *f*; Abschalten *n*, Ausschaltung *f*; Auftrennung *f* (*Systemanalyse*)
discontinuous control unstetige Regelung *f*, Impulsregelung *f*
discontinuous operation Aussetzbetrieb *m*
discrete component diskretes Bauelement *n*
discrete controller Abtastregler *m*
discriminate *v* unterscheiden, einzeln erkennen; sich (voneinander) unterscheiden
disk 1. Scheibe *f*, Platte *f*; 2. Schallplatte *f*; 3. (*Dat*) Magnetplatte *f*; 4. (*Nrt*) Wählscheibe *f*
disk coil Scheibenspule *f*, Flachspule *f*
disk-seal thyristor Scheibenthyristor *m*
disk-type capacitor Scheibenkondensator *m*
dismantle *v* demontieren, zerlegen, auseinander nehmen; abmanteln (*Kabel*)
dispersion coefficient 1. Streukoeffizient *m*, Streufaktor *m*; 2. Dispersionskoeffizient *m*
displace *v* 1. versetzen, verschieben, verlagern; verdrängen; 2. (*Ak*) auslenken
displacement flux Verschiebungsfluss *m*
displacement pick-up (*Ak*) Wegaufnehmer *m*
displacement series elektrochemische Spannungsreihe *f*
display 1. (optische) Anzeige *f*, Sichtanzeige *f*; Darstellung *f*; 2. Anzeigeeinrichtung *f*, Display *n*, Bildschirm *m*, Datensichtgerät *n*

disruptive discharge Durchbruch *m*, Durchschlag *m*
disruptive strength Durchschlagfestigkeit *f*, Spannungsfestigkeit *f*
dissipate *v* zerstreuen, zerteilen; abführen, ableiten (*z. B. Wärme*); verbrauchen (*Leistung*); umwandeln (*Energie*); verschwenden
dissipative impedance Wirkkomponente *f* des Scheinwiderstandes
dissipative resistance Dämpfungswiderstand *m*, Verlustwiderstand *m*, ohmscher Widerstand *m*
distortion analyzer 1. Verzerrungsmessgerät *n*, Verzerrungsmesser *m*, Klirrfaktormesser *m*; 2. (*Ak*) Analysator *m* mit durchstimmbarer Bandsperre
distortion factor Klirrfaktor *m*, Verzerrungsfaktor *m* (*Oberwellengehalt*)
distributed communications architecture verteilte Netzwerkarchitektur *f*
distribution amplifier Trennverstärker *m* (*Antennen*)
distribution box Verteilerkasten *m*, Verteilerdose *f*, Abzweigdose *f*, Dose *f*
distribution station Umspannwerk *n*
disturbance 1. Störung *f*; Funkstörung *f*; 2. (*Rt*) Störgröße *f*; 3. (*Hsp*) Störstelle *f*
disturbance suppression (*EMV*) Entstörung *f* (*IEC 50-161-03-22*)
disturbance variable Störgröße *f* (*Regelkreis*)
divided circuit verzweigter Stromkreis *m*
divider 1. Teiler *m*, Spannungsteiler *m*; 2. (*Dat*) Dividiereinrichtung *f*
divider chain Teilerkette *f*, Teilerschaltung *f* (*zur Frequenzteilung*)
division 1. Division *f*, Teilung *f*; 2. Verteilung *f*; Einteilung *f*; 3. (*Mess*) Unterteilung *f*, Skalenteilung *f*; 4. Teilstrich *m*, Skalenstrich *m*
dog-controlled nockenbetätigt
domestic für den Hausgebrauch bestimmt; Haushalt(s)...
dominant mode 1. Haupt(schwingungs)typ *m*, Grundschwingung *f*, Grundtyp *m*, vorherrschender Wellentyp *m*; 2. (*ME*) Hauptmode *f*
donor element Donatorelement *n*
door intercom(munication) system Türsprechanlage *f*, Wechselsprechanlage *f*
dope *v* 1. (*ME*) dotieren; 2. (*Ch*) Additive beigeben, mit Zusätzen versehen (*z. B. Isolierstoffe*)
dot component Punktbauelement *n* (*scheibenförmiges Bauelement*)
dot matrix display Punktmatrixanzeige *f*
double-break circuit breaker Schalter *m* mit Doppelunterbrechung
double coil Doppelspule *f*
double commutator motor (*MA*) Doppelkommutatormotor *m* (*IEC 50-811-12-04*)
double-conductor zweiadrig (*Kabel*)
double converter Doppelumrichter *m*
double-ended sideband (*Nrt*) Zweiseitenband *n*
double-frequency ripple Brummfrequenz *f* (*bei Zweipulsgleichrichtung*)
double-pole single-throw switch zweipoliger Ein-/Ausschalter *m*
double-spiral coil Spule *f* mit bifilarer Wicklung
double strip Bimetallstreifen *m*
double-throw switch Umschalter *m*, Wechselschalter *m*
double-way connection Zweiwegschaltung *f* (*IEC 50-811-28-10*)
doubler Verdoppler *m*, Doppler *m*, Frequenzverdoppler *m*
doublet 1. (*Et*) Elementardipol *m*; Dipol *m*, Dipolantenne *f*; hertzscher Dipol *m*, HD; 2. (*Ph*) Dublett *n*, Doppellinie *f* (*Spektrum*); 3. Doppelquelle *f*, Dipolquelle *f*
down counter Rückwärtszähler *m*, Abwärtszähler *m*
drag torque Leerlaufdrehmoment *n*
drain 1. Ablass *m*, Ableitung *f*, Abflussöffnung *f*; 2. (*ME*) Drain *m*, Senke *f*, Abzugselektrode *f* (*eines Feldeffekttransistors*)
draw *v* **current** (**from**) Strom ziehen [entnehmen]
drift 1. Drift *f*, Abweichen *n*, Weglaufen *n*; (allmähliche) Abweichung *f* (*vom Nullpunkt*); 2. (*Ak*) Schlupf *m*
drip-proof screen-protected mit Tropfwasser- und Berührungsschutz
drive 1. (*Et*) Aussteuerung *f*, Steuerung *f*; Ansteuerung *f*; 2. (*MA*) Antrieb *m*, Trieb *m*; 3. (*Dat*) Laufwerk *n*
drive amplifier Treiberverstärker *m*
driver 1. Treiber *m*, Ansteuerelement *n*; Steuersender *m*; 2. (*Dat*) Steuerprogramm *n* (*zum Ingangsetzen von Hard-*

warekomponenten oder anderen Programmen)

driving power Antriebsleistung *f*; Steuerleistung *f*

droop 1. Abfallen *n*, Absinken *n*; 2. Dachabfall *m*, Dachschräge *f* (*Rechteckimpuls*); 3. (*Rt*) Regelabweichung *f* (*beim P-Regler*)

drop *v* 1. (ab)fallen, sinken, abnehmen (*z. B. Spannung, Temperatur*); 2. tropfen, tröpfeln

drop *v* **off** abfallen, abnehmen (*Spannung*)

drop *v* **out** ausfallen; abfallen (*Relais*)

drop-out circuit Freigabeschaltung *f*

dropping resistance Vorwiderstand *m*

drum rotor Trommelrotor *m*, Trommelanker *m*

dry 1. trocken; 2. (*sl*) unbearbeitet (*Signal*); 3. stromlos

dry impulse-withstand voltage test(**ing**) Stehstoßspannungsprüfung *f* (*im trockenen Zustand*)

dry joint kalte Lötstelle *f*

dry run Leerversuch *m*, Leerlaufprüfung *f*; Testlauf *m* (*eines Programms*)

dual-beam oscilloscope Zweistrahloszilloskop *n*

dual board Doppelleiterplatte *f*, Doppelplatine *f*

dual-channel oscilloscope Zweikanaloszilloskop *n*

dual-in-line package (*DIL*) DIL-Gehäuse, Dual-in-line-Gehäuse *n*, DIP-Gehäuse *n*, Dual-in-line-Verkappung *f* (*Verkappung mit zwei Reihen Anschlusskontakten*)

dual lamp circuit Duoschaltung *f* (*z. B. von Leuchtstofflampen*)

dual receiver (*Nrt*) Reflexempfänger *m*

dual-slope A-D converter Zweirampen-A-D-Wandler *m*, A/D-Wandler *m* nach dem Zweirampenprinzip

dubbing 1. (*Ak*) Nachsynchronisation *f*; Überspielen *n*, Kopieren *n*; 2. (*Ak*) Tonmischung *f*

duct 1. Rohr *n*; Kabel(schutz)rohr *n*; Kanal *m*, Schacht *m* (*z. B. für Heizung, Lüftung*); Kabelkanal *m*; 2. (*MA*) Luftkanal *m*

dummy load Blindlast *f*

duplex doppelt; doppel...; Duplex...

duration coding (*Nrt*) Pulslängencodierung *f*

duration of pulse Impulsdauer *f*, Pulsdauer *f*

dust core Massekern *m*, Hochfrequenzeisenkern *m*, HF-Eisenkern *m*

dust-free staubfrei

dust-iron core Pulvereisenkern *m*, Hochfrequenzeisenkern *m*, HF-Eisenkern *m*

DUT (*device under test*) (*Hsp*) Prüfobjekt *n*, Prüfling *m*

duty 1. Nutzleistung *f*, Wirkleistung *f*, Auslastung *f* (*Maschinen*); 2. (*Et*) Betriebsweise *f*, Betriebsart *f*

duty classification (*Ap*) Betriebsart *f*

duty cycle mode Taktbetrieb *m*

dv/dt-suppression du/dt-Begrenzung *f* (*Spannungssteilheit*)

dwell time 1. Verweilzeit *f*; 2. (*LE*) Ruhezeit *f*, Auszeit *f*

dying-out of the oscillation Abklingen *n* der Schwingung

dynamic bass boost dynamische Bassanhebung *f*, DBB

dynamic behaviour (*Rt*) dynamisches Verhalten *n*, Zeitverhalten *n*

dynamic braking (*MA*) dynamisches Bremsen *n*, Nutzstrombremsen *n*, Widerstandsbremsen *n*

dynamic RAM dynamischer RAM(-Speicher) *m*, DRAM (*Speicher mit periodischem Wiedereinlesen der Daten*)

dynamic response (*Rt*) Übergangsverhalten *n* (*eines Gliedes zwischen zwei stationären Zuständen*); Zeitverhalten *n*

dynamicizer Parallel-Serien-Konverter *m*, Parallel-Serien-Wandler *m*

dynamo Gleichstrommaschine *f*, Gleichstromgenerator *m*, Dynamomaschine *f*, Dynamo *m*

dynamo sheet Dynamoblech *n*

E

ear piece Hör(er)muschel *f*, Hörer *m*

earphone Kopfhörer *m*

earth *v* erden

earth 1. Erde *f*, *Masse *f*; 2. Erdleitung *f*, *Erdung *f*, Erdschluss *m*; 3. Erde *f*, Erdboden *m* • **in contact with earth** erdfühlig (*Kabel*)

earth conductor 1. *Erdleiter *m*; 2. (*EE*) Erdseil *n*

earth-connected geerdet; mit (der) Erde verbunden

earth electrode Erder *m*, *Erd(ungs)-elektrode *f*
earth fault *Erdschluss *m*
earth-leakage trip (*Ap*) Erdschlussautomat *m*, Schutzschalter *m*, Fehlerspannungsschutzschalter *m*
earth wire 1. Erdleiter *m*; 2. (*EE*) Erdseil *n* (*oben*; *IEC 50-811-35-12*)
earthed geerdet
earthing contact socket *Schukosteckdose *f*
earthing isolator (*Ap*) Erdungstrennschalter *m*
earthing transformer Sternpunkttransformator *m*; Sternpunktbildner *m*
easy-axis direction Vorzugsrichtung *f*
ebone (*Kunstwort aus Europe und Backbone*) (*Dat*) Europa-Rückgrat *n* (*ein Verbund von Netzwerk-Computern zur Verwaltung der Europa-Internet-Datenströme*)
Eccles-Jordan (**bistable**) **circuit** Eccles-Jordan-Schaltung *f*, bistabile Kippschaltung *f*
economical lamp Sparlampe *f*
eddy current Wirbelstrom *m*
edge Kante *f*, Rand *m*; Saum *m*; Flanke *f* (*Impuls*); Ende *n* (*eines Linearmotors*)
edge board (*ME*) Leiterkarte *f*, Platine *f*
edge frequency Grenzfrequenz *f*; Eckfrequenz *f*
edge steepness Flankensteilheit *f* (*von Pulsen*)
edge-triggered (takt)flankengesteuert
edutainment, EduTainment (*Kunstwort aus Education und Entertainment*) unterhaltsame Darstellung *f* von Lerninhalten
EEPROM *siehe* electrically erasable programmable read-only memory
EEROM *siehe* electrically erasable read-only memory
effective effektiv, wirksam; nutzbar
effective a.c. resistance Wechselstromwirkwiderstand *m*
effective call (*Nrt*) zustandegekommene Verbindung *f*
effective capacity 1. (*MA*) Nutzleistung *f*, Wirkleistung *f*; 2. (*Et*) wirksame Kapazität *f*
effective component Wirkkomponente *f*
effective output Nennleistung *f*
effective power Wirkleistung *f*, effektive Leistung *f*; Nutzleistung *f*, Nutzeffekt *m*
effector 1. (*Rt*) Effektor *m*, Stellglied *n*, Stellorgan *n*; 2. (*Ak*) Effektgerät
efficiency factor 1. Wirkungsgrad *m*, Gütegrad *m*; 2. Wirkungsfaktor *m*, Ausnutzungsfaktor *m* (*z. B. bei Stoßanlagen*); 3. (*Ak*) Übertragungsfaktor *m*
e.h.f., EHF *siehe* extremely high frequency
e.h.p., electrical horsepower *Einheit der Leistung im englischen Einheitensystem: 1 e.h.p. = 746 Watt*
eigenmode Eigenmode *f* (*in einem Lichtleiter*)
eigenvalue Eigenwert *m*
eigenvibration Eigenschwingung *f*
either-way communication (*Nrt*) wechselseitiger Informationsfluss *m*
eject *v* emittieren, ausstoßen (*Teilchen*); auslösen; auswerfen, ausstoßen
elapse *v* ablaufen (*zeitlich*)
elapse time (*Et*) Zeitfolge *f*, Ablaufzeit *f*
electret Elektret *n*(*m*) (*Ferrodielektrikum*)
electric(**al**) elektrisch
electric charge elektrische Ladung *f*, Elektrizitätsmenge *f* (*SI-Einheit: Coulomb*)
electric circuit (elektrischer) Stromkreis *m*, Kreis *m*
electric coupler plug Netzstecker *m*
electric displacement density elektrische Verschiebungsstromdichte *f*
electric domestic appliances elektrische Haus(halt)geräte *npl*
electric field intensity [**strength**] elektrische Feldstärke *f*
electric flux Verschiebungsfluss *m*, (elektrische) Verschiebung *f*
electric force elektrische Feldstärke *f*
electric power engineering Starkstromtechnik *f*
electric quantity 1. Elektrizitätsmenge *f*, Ladung *f*; 2. elektrische Größe *f*
electric resistivity spezifischer (elektrischer) Widerstand *m*
electric screen elektrische Abschirmung *f*
electric shock elektrischer Schlag *m*; gefährliche Körperverletzung *f*
electric strength Spannungsfestigkeit *f*, Durchschlagfestigkeit *f*, dielektrische Festigkeit *f*
electric-supply failure Stromausfall *m*, Netzausfall *m*
electric unit charge elektrische Elementarladung *f*
electric welding Elektroschweißen *n*

electrical appliances Elektrogeräte *npl*
electrical clearance (*Hsp*, *Et*) Schutzabstand *m*
electrical connection 1. elektrischer Anschluss *m*; 2. galvanische Verbindung *f*
electrical distribution mains Starkstromnetz *n*
electrical equipment elektrische Ausrüstung *f*, elektrische Betriebsmittel *npl*; Elektrogeräte *npl*
electrical image Ladungsbild *n*, Potenzialbild *n*, Spiegelbild *n* der Ladung
electrical steel (*Et*) weichmagnetischer Stahl *m*
electrically alterable read-only memory elektrisch (ver)änderlicher Festwertspeicher *m*, elektrisch änderbarer ROM *n*, EAROM *n*, EAROM-Speicher
electrically erasable programmable read-only memory (*EEPROM*) EEPROM *n*, elektrisch löschbarer programmierbarer Festwertspeicher *m*
electrically erasable read-only memory (*EEROM*) elektrisch löschbarer programmierbarer Festwertspeicher *m*, EEROM
electricity meter Elektrizitätszähler *m*
electricity supply Elektrizitätsversorgung *f*
electrify *v* 1. elektrifizieren, elektrisch betreiben; 2. elektrisieren, (elektrisch) laden, aufladen
electrochemical cell galvanisches [elektrochemisches] Element *n*, galvanische Zelle *f*
electrode Elektrode *f*
electroless (*ME*) stromlos
electrolyte 1. Elektrolyt *m*; Elektrolytlösung *f*; 2. (*Galv*) Bad *n*, Badflüssigkeit *f*
electrolytic capacitor Elektrolytkondensator *m*, Elko *m*
electromagnet Elektromagnet *m*
electromagnetic compatibility (EMC) elektromagnetische Verträglichkeit *f* (*EN 50081*, *VDE 0839*)
electromagnetic flowmeter induktiver Durchflussmesser *m*
electromagnetic induction elektromagnetische Induktion *f*
electromagnetic instrument Dreheisen(mess)instrument *n*, Weicheiseninstrument *n*
electromotive force (elektrische) Urspannung *f*, elektromotorische Kraft *f*, EMK
electron Elektron *n*
electron beam Elektronenstrahl *m*, Elektronenbündel *n*
electron collector Auffangelektrode *f* (*Ultrahochfrequenztechnik*)
electron volt Elektronenvolt *n*, eV
electronic component elektronisches Bauelement *n*
electronic contactor elektronischer Schalter *m*
electronics Elektronik *f* (*IEC 50-811-28-01*)
electroplate *v* elektroplattieren, elektrochemisch [galvanisch] beschichten, galvanisieren
electropneumatic elektropneumatisch
electrostatic charge elektrostatische Ladung *f* [Aufladung *f*]
electrostatic discharge (*ESD*) elektrostatische Entladung *f*
electrostatic flux density Verschiebungsflussdichte *f*
electrostatic induction Influenz *f*, elektrostatische Induktion *f*
electrostatic sensitive device (*ESD*) elektrostatisch empfindliche Bauelemente *npl*
element 1. Element *n* (*Batterie*); Einheit *f* (*einer Dipolanordnung*); 2. Baustein *m*, Bauelement *n*, Bauteil *n*; Schaltelement *n*, Schaltorgan *n*; 3. Glied *n* (*eines Regelkreises*); 4. Element *n*, (chemischer) Grundstoff *m*
elementary circuit diagram Schaltbild *n* der Elementarschaltung, Grundschaltbild *n*
elementary electric [electronic] charge elektrische Elementarladung *f*, elektrisches Elementarquantum *n*, e, Elektronenladung *f*
eliminate *v* **distortion** entzerren
emergency-off switch Notausschalter *m*
emergency power generating set Notstromaggregat *n*
emission of light Lichtemission *f*, Ausstrahlung *f* von Licht, Leuchten *n*
emitter 1. (*ME*) Emitter *m*, Emissionselektrode *f* (*Transistor*); 2. Strahlungsquelle *f*, Strahler *m*; Geber *m*
emitter follower 1. Emitterfolger *m*; 2. Kollektorbasisstufe *f*; 3. Kollektorverstärker *m*

emphasis (*Ak*) Anhebung *f* (*von Tonfrequenzbereichen*); Hervorhebung *f*, Betonung *f*
enable *v* freigeben, aktivieren
enamel finish Emaillierung *f*; Lackierung *f*, Lacküberzug *m*
encoder Codiergerät *n*, Codierer *m*, Koder *m*, Verschlüsselungsgerät *n*, Verschlüssler *m*
encoding/decoding device (*Nrt*) CODEC *m*, Codier/Decodier-Baustein *m* (für PCM) (*A/D-D/A-Wandlung und PCM-Codierung*)
end-point voltage Endspannung *f* (*Batterie*)
end ring Kurzschlussring *m*
energize *v* erregen, speisen (*mit Energie*); unter Strom [Spannung] setzen
energizing coil Erregerspule *f*
energy 1. Energie *f*; 2. Arbeit *f*, Arbeitsvermögen *n*
energy balance Energiebilanz *f*, Energiehaushalt *m*, Energiegleichgewicht *n*
energy conservation law Energieerhaltungssatz *m*, Energiesatz *m*
engaged tone Besetztton *m*
engine Maschine *f*; Motor *m*
enhancement mode (*ME*) Anreicherungsbetrieb *m* (*selbstsperrend*)
enter *v* einfügen, einsetzen, einführen; eingeben *(z. B. Daten)*; eintreten, eingehen
entry (*Dat*) Eingang *m*; Eingabe *f*; Eingangsbefehl *m* • **"clear entry"** „Eingabe löschen“
envelope 1. Hüllkurve *f*, Umhüllende *f*, Einhüllende *f* (*Mathematik*); 2. Kolben *m* (*Röhrenkolben*); 3. Umhüllung *f*, Ummantelung *f*
environment Umgebung *f*; Umwelt *f*
EPROM *siehe* erasable PROM [programmable read-only memory]
EQ *siehe* equalizer
equalize *v* 1. ausgleichen, kompensieren; abgleichen; 2. (*Et*) entzerren
equalizer (*EQ*) 1. (*MA*) Ausgleichsverbinder *m*, Ausgleicher *m*; 2. (*Rt*) Korrekturfilter *n*; 3. (*Ak*) Entzerrer *m*, Frequenzgangentzerrer *m*; Spektrumsformer *m*
equation of continuity Kontinuitätsgleichung *f*; Stetigkeitsbedingung *f*
equilibrate *v* 1. ausbalancieren, ins Gleichgewicht bringen, auswuchten; 2. (*Et*) abgleichen
equilibrium state Gleichgewichtszustand *m*, stabiler Zustand *m*
equiphase gleichphasig
equipment Ausrüstung *f*, Ausstattung *f*; Einrichtung *f*, Anlage *f*; Apparatur *f*; Gerät *n*; Zubehör *n*
equipment maintenance Gerätewartung *f*
equipotential bonding Potenzialausgleich *m*
equivalent äquivalent, gleichwertig
equivalent circuit äquivalente (gleichwertige) Schaltung *f*, Ersatzschaltung *f*
equivalent core-loss resistance (*MA*) Eisenverlustwiderstand *m*
equivalent network diagram Ersatzschaltbild *n*
erasable PROM [programmable read-only memory] (*EPROM*) EPROM, löschbarer und (wieder) programmierbarer Festwertspeicher *m*, lösch- und programmierbares ROM *n*, löschbares PROM *n*
erasable read-only memory (*EROM*) EROM, löschbarer Festwertspeicher *m* [ROM *n*]
erase *v* löschen (*Speicher, Bandaufzeichnung*); auslöschen, tilgen
erg Erg *n (SI-fremde Einheit für Arbeit, Energie und Wärmemenge; 1 erg =* 10^{-7} *J)*
EROM *siehe* erasable read-only memory
error diagnostics Fehlerdiagnose *f*
ESD 1. *siehe* electrostatic discharge; 2. *siehe* electrostatic sensitive device
ESD sensitive part ESD-empfindliche Bauteile *npl* [Baugruppen *fpl*]
establish *v* **a connection** (*Nrt*) eine Verbindung herstellen
establish *v* **the characteristics** die Kennwerte einstellen
etch bath (*Mh*) Ätzbad *n*
ETHERNET *Bussystem für Übertragungsgeschwindigkeit von 10 bis 100 Mbps*; *IEEE 802.3*; *Netzwerkstandard für lokale Netzwerke*
Europe card Europaplatte *f*, Europakarte *f* (*genormte Leiterplatte*)
evaluation of measuring errors (*Mess*) Fehlerbetrachtung *f*
evanescent mode abklingender Schwingungstyp *m*
excess voltage Überspannung *f*
excessive-stress failure Ausfall *m* bei unzulässiger Beanspruchung

excitation coil Erregerspule *f*
excitation electrode Zündelektrode *f*
excite *v* anregen; erregen; aussteuern; (an)treiben
exciter 1. Erreger *m*, Erregermaschine *f* (*IEC 50-811-18-06*); 2. (*Nrt*) Steuersender *m*; 3. (aktiver) Strahler *m* (*Antenne*); 4. Treiber *m* (*Elektronenröhrentechnik*)
executing device (*Rt*) Stellglied *n*
exhausted erschöpft, verbraucht; entladen (*Batterie*)
expansion instrument Hitzdrahtinstrument *n*
expectancy [**expectation**] **value** Erwartungswert *m*, zu erwartender Wert *m*, mathematische Erwartung *f*
experimental plant Versuchsanlage *f*; Experimentiereinrichtung *f*
exponential function Exponentialfunktion *f*, e-Funktion *f*
expose *v* 1. belichten, exponieren (*Foto*); 2. aussetzen (*z. B. einer Strahlung*); 3. freilegen
extender board (*ME*) Adapter *m*
extension 1. Ausdehnen *n*, Ausdehnung *f*, Erweiterung *f*; Verlängerung *f*; 2. (*Nrt*) Nebenstelle *f*; 3. Verlängerungsschnur *f*
external äußerer, außen (befindlich); Außen...; äußerlich
external commutation (*LE*) natürliche Kommutierung *f*, Zwangskommutierung *f* (*Fremdkommutierung*; *IEC 50-811-28-20*)
external power supply Fremdversorgung *f*, Stromversorgung *f* von außen
externally operable von außen zu betätigen
extinction Extinktion *f*, Löschung *f* (*IEC 50-811-28-31*); Auslöschung *f*
extraneous field Streufeld *n*
extranet (*Dat*) internes Kommunikationsnetzwerk *n* (*erweitertes Intranet, Verbindung nach außen durch Nutzung von Internetprotokollen*)
extremely high frequency (*e.h.f., EHF*) EHF *f*, Mikrowellenfrequenz *f* (*Millimeterwellen, 30 GHz - 300 GHz, nach DIN 40015 und VO Funk*)
extrinsic 1. äußerlich; von außen wirkend; 2. (*ME*) nicht eigenleitend, störstellenleitend
eyelet Öse *f*, Masche *f*; Lötauge *n*

F

fabric Gewebe *n*, Stoff *m*
fabric tape Gewebeband *n* (*für Isolierungen*)
fabrication line Fertigungslinie *f*
face 1. Vorderseite *f*, Stirnfläche *f*; Frontplatte *f*; 2. Schirm *m*, Bildschirm *m* (*einer Elektronenstrahlröhre*); 3. Fläche *f* (*Geometrie*)
face plan (*Nrt*) Belegungsplan *m*
face value Nominalwert *m*, richtiger Wert *m* (*einer Messgröße*)
facility 1. Einrichtung *f*; Anlage *f*; 2. (*Nrt*) Leistungsmerkmal *n*, Dienstmerkmal *n*
factor of merit Gütefaktor *m*, Kreisgüte *f*; Leistungsfaktor *m* (*z. B. eines Strahlungsempfängers*)
factor of quality (elektrische) Kreisgüte *f* (*Resonanzschwingkreis*)
factory instrumentation protocol FIP, Feldbus *m* (*französische Norm*)
fade *v* 1. schwinden, Schwund haben, schwächer werden (*Funkwellen*); 2. verblassen (*Farbe*)
fade *v* **down** ausblenden (*Ton*); abschwächen (*Funkwellen*)
fade *v* **in** aufblenden, einblenden (*Film, Ton*)
fail-safe eigensicher, störungssicher, fehlersicher, betriebssicher; zuverlässig
failure Ausfall *m* (*z. B. in E-Anlagen*)
fall delay time Ausschaltverzögerungszeit *f*; Abfallverzögerungszeit *f* (*Relais*)
fall in tension Spannungsabfall *m*, Abnahme *f* der Spannung
fall-off Abfall *m*, Absinken *n* (*z. B. der Spannung*)
fall *v* **out of step** außer Tritt fallen, aus dem Gleichlauf [Synchronismus] geraten
false firing Fehlzündung *f* (*z. B. beim Thyristor*)
fan 1. Ventilator *m*; Lüfter *m* (*IEC 50-811-22-01*); Gebläse *n*; 2. Leitrad *n* (*Turbine*); 3. Fächer *m*
fan-out Ausgangslastfaktor *m*, Ausgangs(auf)fächerung *f*, Fan-out *n*
farad Farad *n*, F (*SI-Einheit der elektrischen Kapazität*)
Faraday screen [**shield**] faradayscher Käfig *m*
fast access memory Schnell(zugriffs)speicher *m*, Speicher *m* mit kurzer Zugriffszeit

fast-acting schnell ansprechend, schnell wirkend
fast recovery diode (*LE*) Diode *f* mit harter Abschaltcharakteristik
fast response 1. schnelles Ansprechen *n* (*z. B. Relais*); 2. (*Ak*) Zeitbewertung *f* „schnell"
fatigue *v* ermüden (*z. B. Werkstoffe, Teile*); (stark) beanspruchen
fault 1. Defekt *m*, Fehler *m*, Störung *f*; Kurzschluss *m*; *Fehlzustand *m*, Fehlerzustand *m* (in E-Anlagen); 2. Störstelle *f*; Isolationsfehler *m*
fault bus Erdschiene *f*
fault-current circuit breaker Fehlerstromschutzschalter *m*
fault to frame Körperschluss *m*
feature 1. Merkmal *n*, Charakteristikum *n*, Leistungsmerkmal *n*; 2. Grundelement *n*, Strukturelement *n* (*beim Schaltungsentwurf*)
feed *v* speisen, zuführen; anlegen (*z. B. Spannung*); vorschieben (*z. B. Registrierstreifen*)
feed-through 1. Durchführung *f*, Durchführungselement *n*; 2. Durchkontaktierung *f* (*Leiterplatten*)
feedback *v* rückkoppeln, zurückführen (*z. B. Signale*)
feeder 1. Speiseleitung *f* (*IEC 50-811-36-08*); Speisekabel *n*, Versorgungsleitung *f*, Energieleitung *f*; Antennenzuleitung *f*; 2. Vorschubeinrichtung *f* (*z. B. für Lochstreifen*)
feedforward Mitkopplung *f*, positive Rückkopplung *f*
feedforward control 1. (*Rt*) offene Steuerung *f*; 2. (*Rt*) Regelung *f* mit Störgrößenaufschaltung
feeding system (*EE*) Stromversorgungssystem *n*
female connector Buchse *f*
Ferraris instrument (*Mess*) Drehfeld(leistungs)messer *m*, Drehfeldinstrument *n*, Ferraris-Instrument *n*, Ferraris-Messgerät *n*
ferrite 1. Ferrit *m*, α-Eisen *n*; 2. Ferrit *m* (*keramischer Magnetwerkstoff*)
ferrite-core memory Ferritkernspeicher *m*
ferrite pot core Ferritschalenkern *m*
ferrite rod Ferritstab *m*
ferrodynamic instrument (*Mess*) ferrodynamisches [eisengeschlossenes elektrodynamisches] Instrument *n*, Dreheiseninstrument *n*
ferromagnetic circuit Eisenkreis *m*, ferromagnetischer Kreis *m*, Eisenweg *m*
FET (*field-effect transistor*) FET *m*, Feldeffekttransistor *m*
FFT (*fast Fourier transformation*) (*Rt*) schnelle Fouriertransformation *f*, FFT *f*
fibre 1. Faser *f*, Fiber *f*; Glasfaser *f*, Lichtleitfaser *f*, Licht(wellen)leiter *m*, LWL, LL; 2. Faserstoff *m*
fibre buffer Faserhülle *f*, Faserummantelung (*Lichtwellenleiter*; *IEC 50-731-02-56*)
fibre glass reinforced plastic Glasfaserkunststoff *m*
fibre-optic pigtail Lichtwellenleiteranschluss *m*, Anschlussfaser *f*
fictitious power Blindleistung *f*
fidelity 1. genaue Übereinstimmung *f* (*mit dem Original*); Genauigkeit *f*; 2. (*Ak*) Wiedergabetreue *f*
fiducial mark Justiermarke *f*
field 1. Feld *n* (*elektrisch oder magnetisch*); 2. Feldgröße *f*; 3. (*Fs*) Teilbild *n*, Teilraster *m*, Halbbild *n*; 4. (*Dat*) Speicherfeld *n*, Datenfeld *n*; Lochkartenfeld *n*; 5. Gebiet *n*; Fachgebiet *n*; Anwendungsgebiet *n*; Einsatzgebiet *n*
field area network Feldbussystem *n*
field break(-up) switch Feldtrenner *m*, Feldtrennschalter *m*; Magnetfeldausschalter *m*
field configuration Feldbild *n*, Feldform *f*, Feldverteilung *f*, Feldverlauf *m*
field divider (*Fs*) Frequenzteiler *m*
field intensity Feldstärke *f*, Feldintensität *f*
field measurement Außenmessung *f*; Messung *f* unter Betriebsbedingungen
field neutralizing coil (*Fs*) Abschirmspule *f*
field-programmable gate array (*FPGA*) (*ME*) frei programmierbares Verknüpfungsfeld *n*
field-programmable logic array vom Anwender programmierbare Logikmatrix *f*, anwenderprogrammierbares Logikfeld *n*
field shunting Feldschwächung *f* durch Nebenschluss (*Parallelwiderstand*; *IEC 50-811-30-21*)
field spool Spulenträger *m*, Spulenkasten *m*

field strength Feldstärke *f*, Feldintensität *f*, Felddichte *f*
field system (*MA*) Errergerfeld *n* (*IEC 50-811-14-11*)
field tapping (*MA*) Feldschwächung durch Anzapfung *f* (*IEC 50-811-30-22*)
field weakening (*MA*) Feldschwächung *f*
FIFO, first in first out FIFO *m*, Zuerst-rein-zuerst-raus-Speicher *m* [Speicherorganisation *f*]
fishpole (*Ak*) Angel *f* (*für Mikrofon*)
fit *v* 1. ausrüsten, ausstatten; 2. einpassen, anpassen; einbauen; aufstellen, montieren
fitting 1. Einpassen *n*, Anpassen *n*; Montage *f*, Installation *f*; 2. Zubehör(teil) *n*; Fitting *n*(*m*); Armatur *f*; 3. Beleuchtungskörper *m*, Leuchte *f*
fixed festgelegt; von vornherein bestimmt; stabil; bestimmt angeordnet; unbeweglich
fixed-cycle operation Taktgeberbetrieb *m*, Zeitgeberbetrieb *m* (*Betrieb in konstanten Zyklen*)
fixed memory Fest(wert)speicher *m*, Konstantspeicher *m*, Auslesespeicher *m*
flag 1. Markierungszeichen *n*; 2. (*If, Dat*) Flag *n*, Kennzeichen *n*, Markierungszeichen *n*; Steuerzeichen *n*; 3. (*Nrt*) Begrenzungszeichen *n*, Rahmenbegrenzung *f*, Blockbegrenzung *f*; 4. Lichtabdeckschirm *m*, Linsenschirm *m* (*z. B. für Fernsehkameras*)
flash *v* 1. aufleuchten, (auf)blitzen, aufflammen; blinken (*Signale*); feuern (*elektrische Maschinen*); 2. teilweise laden, abschnittsweise öffnen (*z. B. Audiodatei bei Wiedergabe*)
flash current Kurzschlussstrom *m* (*Batterie*)
flash memory (*Mb*) blockweise löschbarer Speicher *m*
flash-over Überschlag *m*, Funkenüberschlag *m*, Rundfeuer *n* (*IEC 50-811-13-38*)
flashing circuit Schaltung *f* für einen Blinkkreis, Blinkschaltung *f*
flashlight 1. Blitzlicht *n*; 2. Taschenlampe *f*
flat 1. flach; eben; 2. matt, stumpf (*Farbton*); kontrastlos, flau (*Fotografie*); 3. erschöpft (*Batterie*)
flat pack Flachgehäuse *n*
flat(e)-rate (*Dat*) Pauschaltarif *m* (*bei zeitlich unbegrenztem Zugang zum Internet*)
flat ribbon cable Flachbandkabel *n*
flat-topped curve Rechteckkurve *f*
flat tuning Grobabstimmung *f*, unscharfe Abstimmung *f* [Einstellung *f*]
flattening 1. Abflachung *f*; 2. Dämpfung *f* (*eines Schwingkreises*)
flex Litze *f*, Anschlussschnur *f*, Verbindungsschnur *f*
flex wire Litze *f*, Litzendraht *m*
flexible lead Zuleitungsschnur *f*, Anschlusskabel *n*, Anschlussschnur *f*
flexible network Schaltnetz *n*
flick contactor Wischkontakt *m*, Wischrelais *n*
flicker *v* flackern; flattern; flimmern (*IEC 50-161-08-13*)
flip *v* (um)kippen (*Multivibrator*)
flip chip Flip-Chip *m* (*Bauelement mit nach unten gerichteter aktiver Seite*)
flip-flop, flipflop Flipflop *n*, bistabiler Multivibrator *m*, bistabiler Trigger *m*, bistabile Kippschaltung *f*
floating 1. erdfrei, ungeerdet; 2. schwimmend; schwebend
floating controller (*Rt*) Integralregler *m*, I-Regler *m*, integral wirkender Regler *m*
floating-gate avalanche(-injection) MOS transistor FAMOS-Transistor *m*, FAMOST *m*
floating-ground erdfrei, massefrei
floating neutral nicht geerdeter Nullleiter *m* [Mittelleiter *m*]
floating rate (*Rt*) Stellgeschwindigkeit *f* (*I-Regler*)
floating zero freier Nullpunkt *m*
floor 1. Fußboden *m*, Boden *m*; 2. (*sl*) Grundpegel *m*, Störsignalniveau *n*
flow chart Flussdiagramm *n*, Flussplan *m*, Ablaufdiagramm *n*; Datenflussplan *m*, Rechenplan *m*
flow control Durchflussregelung *f*
flow diagram Ablaufdiagramm *n*, Flussdiagramm *n*, Flussbild *n*
flow pattern 1. Feldbild *n*, Stromlinienbild *n*, Strömungsbild *n*; 2. Flussbild *n*; Ablaufschema *n*
flow transducer (*Mess*) Flusswandler *m*
fluorescent lamp Leuchtstofflampe *f*
flush device box Unterputzdose *f*

flush-mounted eingebaut, versenkt; Einbau...
flutter 1. Flattern *n*, Unruhe *f*; Vibrieren *n*; 2. (*Ak*) (schnelle) Tonhöhenschwankungen *fpl*
flux 1. Fließen *n*, Fluss *m*; 2. (*Et*, *Ph*) (magnetischer) Fluss *m*, Strom *m*; 3. Flussmittel *n*, Schmelzmittel *n*; Lötmittel *n*
flux converter Flusswandler *m*
flux density magnetische Flussdichte *f*, Induktion *f*
flux displacement Flussverdrängung *f*
flux interlinking (magnetische) Flussverkettung *f*
flux linkage (magnetische) Flussverkettung *f*; induktive Kopplung *f*
flux reversal Flussumkehr *f*, Magnetflussumkehr(ung) *f*
flyback Rücklauf *m*, Strahlrücklauf *m* (*Elektronenstrahlröhre*)
f-m, f.m., FM, F.M. (*frequency modulation*) Frequenzmodulation *f*, FM
focus scharf [richtig] eingestellt • **out of focus** unscharf, nicht scharf (eingestellt)
foil strain gauge (*Mess*) Dehnungsmessstreifen *m*, Foliendehn(ungs)-messstreifen *m*
folder 1. Aktendeckel *m*, Informationsblatt *n*; 2. (*Dat*) Archiv *n*, Unterteilung *f* des Datenträgers, Bereich *m* zur Speicherung von Dateien
follow-up control Folgeregelung *f*, Nachlaufregelung *f*
footcandle *englische Einheit der Beleuchtungsstärke: 1 fc = 10,76 lx*
force *v* 1. (er)zwingen, gewaltsam anregen; (an)treiben; 2. (*Dat*) eingreifen (*Programmablauf*)
force sensor Kraftsensor *f*
forced commutation 1. (*MA*) beschleunigte Stromwendung *f*; 2. (*LE*) erzwungene Kommutierung *f*, Zwangskommutierung *f*
forced field (*MA*) Feldverstärkung *f* (*IEC 50-811-13-23*)
foreign excitation Fremderregung *f*
forked terminal [**tongue**] offener Kabelschuh *m*
form 1. Form *f*, Gestalt *f*; 2. Formular *n*, Vordruck *m*; 3. Spulenkörper *m*
form factor Formfaktor *m*
former Spulenkörper *m*, Wickelkörper *m*
forward-acting regulator Vorwärtsregler *m*
forward breakover voltage positive Kippspannung *f*, Zündspannung *f*
forward characteristic Durchlasskennlinie *f*; Strom-Spannungs-Kennlinie *f* in Durchlassrichtung
forward direction Durchlassrichtung *f*, Vorwärtsrichtung *f*
forward resistance Durchlasswiderstand *m*, Flusswiderstand *m*
Foucault current Wirbelstrom *m*, Foucault-Strom *m*
foundation Fundament *n*, Unterbau *m* (*für Maschinen*); Grundlage *f*, Basis *f*
four-arm network Vierpol *m*
four-core cable Vierleiterkabel *n*, vieradriges Kabel *n*
four-layer diode Vierschichtdiode *f*
four-pole equivalent circuit Vierpolersatzschaltbild *n*
four-quadrant converter Vierquadrant(en)stromrichter *m*
four-quadrant drive (*MA*) Vierquadrantenantrieb *m*
four-terminal network Vierpolschaltung *f*, Vierpol *m*
Fourier analysis Fourier-Analyse *f*, fouriersche Zerlegung *f*, harmonische Analyse *f*
FPGA *siehe* field-programmable gate array
fractional horsepower machine Kleinmaschine *f* (*Leistung* <*750 W*)
frame 1. Rahmen *m*; Leitungsrahmen *m*; 2. (*Et*) Stator *m*; 3. (*Fs*) Halbbild *n*, Teilbild *n*; Bild *n* (*Display*); 4. Gestell *n*, Gerüst *n* (*z. B. Schaltgerüst*); Gehäuse *n* (*IEC 50-811-14-02*); Sockel *m*; Montageplatte *f*; 5. Datenblock *m*
frame connector Steckerleiste *f*
frame frequency (*Fs*) Bild(wechsel)frequenz *f*, Rasterwechselfrequenz *f*
framework 1. Gitterwerk *n*; 2. Gestellrahmen *m*; 3. Gestell *n*, Gerüst *n*; Gehäuse *n*; 4. Stator *m*
free angle connector Kabelwinkelstecker *m*
free component 1. freie Komponente *f*; 2. (*Rt*) flüchtiger Anteil *m* (*eines Signals*)
free-current operation Betrieb *m* [Arbeiten *n*] mit natürlicher Erregung
free-field space feldfreier Raum *m*

free-running circuit Freilaufkreis *m*; frei schwingende Schaltung *f*
free-running multivibrator (selbsterregter) Multivibrator *m*, frei schwingende Kippschaltung *f*
free transmission range Durchlässigkeitsbereich *m* (*eines Filters*)
freewheeling arm Freilaufarm *m*, Freilaufzweig *m*, Freilaufkreis *m*
freewheeling diode Freilaufdiode *f*, O-Anode *f*
freeze *v* 1. gefrieren, (ein)frieren, frosten; erstarren, fest [starr] werden; 2. (*MA*) sich festfressen; 3. halten (*Anzeigewert, Messwert*)
freezing of contacts Zusammenschmoren *n* von Kontakten
frequency 1. Frequenz *f*, Schwingungszahl *f*, Periodenzahl *f*; 2. Häufigkeit *f*
frequency changer 1. Frequenzwandler *m*, Frequenzumsetzer *m*, Frequenzumformer *m* (*IEC 50-811-19-07*); 2. Mischröhre *f*
frequency changer set Frequenzwandler(motorgenerator) *m*
frequency composition Frequenzspektrum *n*, Frequenzgemisch *n*
frequency converter Frequenzumsetzer *m*, Frequenzumformer *m* (*IEC 50-811-19-07*); Frequenzwandler *m*, Umrichter *m*
frequency cross-over Frequenzweiche *f*
frequency divider Frequenzteiler *m*, Frequenzuntersetzer *m*
frequency-independent frequenzunabhängig
frequency modulation FM *f*, Frequenzmodulation *f* (*analoges Trägermodulationsverfahren*; *F3E nach VO Funk*)
frequency response 1. Frequenzkennlinie *f*, Frequenzcharakteristik *f*; 2. (*Ak*) Übertragungsfrequenzgang *m*, Übertragungsfunktion *f* (*IEC 50-731-01-53*); Frequenzwiedergabe *f*; 3. (*Licht*) Kontrastübertragung *f*
frequency response characteristic Frequenzgang *m*, Frequenz(gang)-kennlinie *f*
frequency spectrum Frequenzspektrum *n*; Frequenzgemisch *n*
frequency sweep Frequenzhub *m*, Frequenzdurchlauf *m*
friction tape Isolierband *n*
frictional electricity Reibungselektrizität *f*
front Front *f* (*z. B. von Wellen*); Frontseite *f*, Stirnseite *f*, Vorderseite *f*
frosted lamp Mattglaslampe *f*, mattierte Lampe *f*
fry *v* prasseln, knistern (*Störgeräusche*)
fuel cell Brennstoffelement *n*, Brennstoffzelle *f*
full-controllable converter connection (*LE*) voll gesteuerte Umrichterschaltung *f*
full load Volllast *f*, Vollbelastung *f*, Dauerbelastung *f*
full scale 1. (*Mess*) Skalenvollausschlag *m*, Vollausschlag *m*; 2. (*Dat*) Vollaussteuerung *f*; 3. natürliche Größe *f*
full wave Vollwelle *f*
full-wave bridge circuit Graetz-Schaltung *f*
full-wave rectifier Vollweggleichrichter *m*, Doppelweggleichrichter *m*, Zweiweggleichrichter *m*
fullness factor (*MA*) Füllfaktor *m*
fully controlled voll gesteuert
functional block diagram (logisches) Blockschaltbild *n*, Funktionsdiagramm *n*, Signalflussplan *m* (*mit Darstellung der Gliedfunktionen*)
functional earth Funktionserde *f*, Betriebserde *f*
fundamental circuit Grundstromkreis *m*, Grundschaltung *f*
fundamental component Grundwellenanteil *m*, Grund(wellen)komponente *f*, Grundschwingung *f* (*IEC 50-161-02-17*)
fundamental harmonic (oszillation) Grundwelle *f* (*eines periodischen Signals*); Grundschwingung *f*
fuse 1. Sicherung *f*, Schmelzsicherung *f*; 2. Zünder *m*
fuse base Fassung *f*, Sockel *m*, Unterteil *n* (*einer Sicherung*)
fuse box Sicherungskasten *m*
fuse holder Sicherungshalter *m*, Sicherungsfassung *f*
fusible link Schmelzverbindung *f*, durchbrennbare Strombrücke *f*, Schmelzbrücke *f* (*zerstörbare Leiterbahn*)
fusion splice (*Licht*) LWL-Schmelzspleiß *m* (*IEC 50-731-05-06*)
fuzzy unscharf, verschwommen, undeutlich, fuzzy

G

gain 1. Gewinn *m*, Zunahme *f*; 2. Verstärkung *f*, Leistungsverstärkung *f*, Leistungsgewinn *m*; Antennengewinn *m*; Pegelanstieg *m*; 3. Verstärkungsgrad *m*, Verstärkungsfaktor *m*; 4. Übertragungsfaktor *m*
gain and frequency response Verstärkungs- und Frequenzgang *m*
gain cross-over frequency (*Rt*) Schnittfrequenz *f* (*bei grafischen Frequenzgangverfahren*)
gain factor (*Rt*) Gewinnfaktor *m*; Verstärkungsfaktor *m*
gain-phase characteristic (*Rt*) Ortskurve *f*, Amplitudenphasengang *m*
galvanic cell galvanische Zelle *f*, galvanisches Element *n*
galvanic coupling galvanische Kopplung *f*
gap 1. Spalte *f*, Lücke *f*, Fuge *f*, Spalt *m*, Luftspalt *m*; 2. (*ME*) Energielücke *f*, verbotenes Energieband *n* [Band *n*]; 3. (*Rt*) Unstetigkeit *f* (*einer Funktion*)
gap arrester Funkenableiter *m*, Hörnerableiter *m*
gap clearance Spaltbreite *f*, Luftspaltbreite *f*, Luftspalt *m*
gap reluctance (magnetischer) Luftspaltwiderstand *m*
gap sensor Abstandssensor *m*, berührungsloser Wegaufnehmer *m*
gapped magnetic circuit luftspaltbehafteter magnetischer Kreis *m*, magnetischer Kreis *m* mit Luftspalt
gas-discharge lamp Gasentladungslampe *f*
gassing Gasen *n* (*einer Batterie*)
gate *v* 1. einblenden, durchlassen (*z. B. Impuls*); 2. gattern, durch ein Gatter verknüpfen; 3. ansteuern (*Elektronenröhre*)
gate array Gate-Array *n*, Gatteranordnung *f*, Schaltkreis *m* mit vom Kunden verbindbaren Logikgattern; Master-Slice *n*
gate-assisted thyristor GAT-Thyristor *m*
gate circuit Torschaltung *f*, Torkreis *m*, Gateschaltung *f*, Gatterschaltung *f*; Auftastschaltung *f*
gate-controlled rise time (*LE*) Ansteuerungszeit *f* (*beim Einschalten eines Thyristors*); Durchschaltzeit *f*, Einschaltzeit *f*
gate turn-off thyristor (*GTO*) (vom Gate her) abschaltbarer Thyristor *m*, gitterabschaltbarer Thyristor *m*, GTO-Thyristor *m*
gateway Netzübergangseinheit *f*, Netzkoppler *m*, Vermittlungsrechner *m* (*zwischen verschiedenen Datennetzen*); Protokollumsetzer *m*, Buskoppler *m*
gating multivibrator monostabiler Multivibrator *m*
gating period Durchlassperiode *f*
gauge 1. Eichmaß *n*, Normalmaß *n*, Maß *n*; 2. Messgerät *n*, Messer *m*; Messelement *n*, Messfühler *m*; Druckmesser *m*, Manometer *n*; 3. Pegel *m*; 4. Eichung *f*; 5. Drahtdurchmesser *m*; 6. (*Et*) Begrenzungslinie *f* (*IEC 50-811-09-01*)
gauge piece Passeinsatz *m*
geared motor Getriebemotor *m*
gearless drive (*MA*) Direktantrieb *m* (*IEC 50-811-15-19*)
general access profile allgemeines Zugangsprofil *n* (*Kompatibilitätsstandard für schnurlose Telefone*)
general-purpose Allzweck..., Mehrzweck..., Universal...
generate *v* erzeugen; bilden; entwickeln; entstehen
generator 1. Generator *m*, Stromerzeuger *m*; 2. Schwingungsgenerator *m*, Schwingungserreger *m*; 3. Generator *m* (*Programm, das Anweisungen generiert*)
geomagnetism Geomagnetismus *m*, Erdmagnetismus *m*
get *v* **through** (*Nrt*) Anschluss [Verbindung] bekommen, verbunden werden
ghost image Geisterbild *n*, überlagertes Fernsehbild *n*; Reflexbild *n*, Nebenbild *n*, Phantombild *n* (*Optik*)
Giorgi system (of units) giorgisches Einheitensystem *n* [Maßsystem *n*], MKSA-System *n*, Meter-Kilogramm-Sekunde-Ampere-System *n*, absolutes elektrisches Einheitensystem *n*
give *v* **back energy** rückspeisen
give *v* **quick response (to)** schnell ansprechen (auf)
glare protection Blendschutz *m*
glass-enclosed fuse Röhrchensicherung *f*
glass fibre local area network lokales Lichtwellenleiternetz *n* [Glasfasernetz *n*]
gliding contact Gleitkontakt *m*
glitch Störimpuls *m*; unerwünschter Signalsprung *m*

global positioning system (operated by US-DoD) (*GPS*) (*FO, KA*) GPS *n* (betrieben vom US-DoD), globales Positionsbestimmungssystem *n* (*satellitengestützte Positionsbestimmung; 24 Satelliten; bei 1,5 Ghz; 10 m Genauigkeit*)
global system for mobile communications (*Km*) globales Mobilfunksystem *n* nach GSM-Standard, digitales paneuropäisches Mobilfunksystem *n* (*ursprünglich: Groupe Spéciale Mobile des ETSI*)
globe 1. Kugel *f*, kugelförmiger Körper *m*; 2. (*Licht*) Leuchtenglocke *f*; 3. (*MA*) Rollengabel *f*; 4. (*EE*) Rollengabel *f* (*IEC 50-811-32-10*)
glow-discharge lamp Glimmlampe *f*
glow starter (switch) Glimmstarter *m*, Glimmzünder *m* (*für Leuchtstofflampen*)
go-and-return line Hin- und Rückleitung *f*
gold-plated contact vergoldeter Kontakt *m*
GPS *siehe* global positioning system (operated by US-DoD)
grading 1. Abstufung *f*, Stufung *f*; 2. (*Nrt*) Staffelung *f*; Mischung *f*; 3. Klassieren *n*, Trennen *n* (*nach der Korngröße*); 4. (*Hsp*) Steuerung *f* (*gesteuerte Potenzialverteilung*)
grain-oriented kornorientiert
graph 1. grafische Darstellung *f*, Diagramm *n*, Kurve *f*, Kurvenbild *n*; 2. Graph *m* (*z. B. zur Darstellung von Signalflüssen*)
graphic (re)presentation grafische Darstellung *f*
graphic solution grafische [zeichnerische] Lösung *f*
graphic symbol Schaltzeichen *n* (*z. B. in Stromlaufplänen*)
graphite brush Graphitbürste *f*
Greinacher circuit Greinacher-Verdopplerschaltung *f*, Greinacher-Vervielfacherschaltung *f* (*zur Erzeugung hoher Gleichspannung*)
grid 1. Gitter *n* (*Elektronenröhre*); Intensitätsgitter *n* (*Klystron*); 2. (*EE*) Netz *n*, Verbundnetz *n*; 3. Raster *m*, Gitternetz *n*; 4. Schutzgitter *n*, Rost *m*
grid leak resistance Gitterableitwiderstand *m*
grid system 1. (*EE*) Verbundsystem *n*; 2. Rastersystem *n* (*gedruckte Schaltung*)
grille Schutzgitter *n*, Schutzverkleidung *f* (*z. B. für Lautsprecher, Mikrofon*)
gross output Bruttoleistung *f*
ground 1. Boden *m*; Grund *m*; Erde *f*, Erdoberfläche *f*; 2. (*Et*) (*AE*) Erde *f*, Masse *f*; Erdleitung *f*, Erdung *f*, Erdschluss *m* (*Zusammensetzungen siehe unter: earth*) • **above ground** oberirdisch • **above ground** level über Erde • **to be at ground** auf Erdpotenzial liegen
grow *v* 1. (auf)wachsen, entstehen; ziehen, züchten (*Kristalle*); 2. wachsen, ansteigen
GTO *siehe* gate turn-off thyristor
guard *v* sichern, schützen; mit Schutzvorrichtung(en) versehen
guide 1. Leiteinrichtung *f*, Führung(svorrichtung) *f*; 2. Hohlleiter *m*, Wellenleiter *m*; 3. Handbuch *n*, Leitfaden *m*
guy (*Et, EE*) Halteseil *n*, Führungsseil *n*; Abspannseil *n*, Spannseil *n*, Ankerseil *n* (*eines Mastes*); Verankerung *f* (*IEC 50-811-33-47*)

H

H-parameter H-Parameter *m*, Hybridparameter *m*
hack knife Kabelmesser *n*
half-controlled bridge halbgesteuerte Stromrichterbrücke *f*
half-cycle Halbperiode *f*; Halbwelle *f*, Halbzyklus *m*
half-duplex operation (*Nrt*) Halbduplexbetrieb *m*, Wechselschreiben *n*
half-life (period) Halbwert(s)zeit *f*, Halbwert(s)dauer *f*
half-micron circuit (*ME*) 0,5 mm-Schaltkreis *m*
half-period Halbperiode *f*; Halbwelle *f*
half power cut-off frequency Grenzfrequenz *f* für 3 dB Abfall
half-time Halbwert(s)zeit *f*
half-wave Halbwelle *f*
half-wave dipole Halbwellendipol *m*, $\lambda/2$-Dipol *m*
half-wave rectifier Halbwellengleichrichter *m*, Einweggleichrichter *m*
Hall-effect pick-up Hall-Effekt-Aufnehmer *m*, Hall-Element *n*

Hall generator Hall-Generator *m*
hammer break wagnerscher Hammer *m*, Hammerunterbrecher *m*
hand lever Handhebel *m*, Betätigungshebel *m*
hand rule Handregel *f*, Dreifingerregel *f*
hands-free talking Freisprechen *n*
handset Handgerät *n*; Handapparat *m*; Telefonhörer *m*
handshake bus Handshake-Bus *m*, Quittungsbus *m*
hard disk digitale magnetische Speicherplatte *f*, Festplatte *f* (*PC-Speicher, Speicherkapazität von 100 MB bis 100 GB*)
hard magnetic material hartmagnetischer Werkstoff *m*, Dauermagnetwerkstoff *m*
hard-solder *v* hartlöten
hardware 1. (*Dat*) Hardware *f*, Gerätetechnik *f*, Geräte *npl*; 2. Kleinteile *npl*; Metallteile *npl* (*z. B. Armaturen*)
harmonic 1. (*Et*) Oberschwingung *f*, Harmonische *f*; 2. harmonische Komponente *f*, Fourier-Komponente *f*
harmonic component harmonische Komponente *f* [Teilschwingung *f*], Harmonische *f* (*IEC 50-161-02-18*)
harmonic content Oberwellengehalt *m*, Oberwellenanteil *m*
harmonic distortion factor Klirrfaktor *m*, Klirrkoeffizient *m*; Verzerrungsfaktor *m*
Hartley oscillator (*Ms*) induktive Dreipunktschaltung *f*, Hartley-Schaltung *f*
hash Störsignale *npl*
HDSL *siehe* high-speed digital subscriber
head 1. Kopfteil *n*, Kopf *m*; 2. Druckhöhe *f*; Säule(nhöhe) *f* (*z. B. Wasser oder Quecksilber*); 3. Fallhöhe *f*, Gefälle *n* (*Wasserkraftwerk*)
head gear (receiver) Kopfhörer *m*, Kopftelefon *n*
header 1. Kappe *f*, Deckel *m*; Gehäuse *n*; Sockel *m* (*Transistor*); 2. (*Dat*) Dateianfangssatz *m*, Kopfsatz *m*, Dateiheader *m*
headphone Kopfhörer *m*, Hörer *m*
headset (*Km*) Hör-/Sprechgarnitur *f*, Freisprechgarnitur *f* (*für Handy bei Benutzung vom Fahrer während der Fahrt*)
heat abduction Wärmeableitung *f*
heat absorptivity Wärmekapazität *f*
heat coil 1. Heizspule *f*, Heizwicklung *f*, Hitzdrahtspule *f*; 2. Feinsicherungseinsatz *m*
heat conductivity Wärmeleitfähigkeit *f*
heat dissipation Wärmeabfuhr *f*, Wärmeabführung *f*, Wärmeableitung *f*
heat load Wärmebelastung *f*, thermische Belastung *f*
heat resistance Wärmebeständigkeit *f*, Wärmefestigkeit *f*, Hitzebeständigkeit *f*; Temperaturbeständigkeit *f*; Wärmewiderstand *m*
heat-transfer coefficient Wärmeübergangskoeffizient *m*, Wärmeübertragungskoeffizient *m*
heating capacity Wärmekapazität *f*; Heizfähigkeit *f*
heating effect Wärmewirkung *f*, Heizwirkung *f*
heating filament Heizfaden *m*, Heizdraht *m*, Glühdraht *m*
heating resistor Heizwiderstand *m*, Heizleiter *m*
heating wire Heizdraht *m*, Hitzdraht *m*
Heaviside current Starkstrom *m*
helical potentiometer Wendelpotenziometer *n*
heterodyne *v* überlagern
heteropolar 1. (*Et*) heteropolar, wechselpolig; 2. (*Ch*) heteropolar
hexagonal field-effect transistor DMOS-Transistor *m* mit hexagonaler Kanalform, HEXFET *m*
Heyland diagram Heyland-Diagramm *n*, Kreisdiagramm *n* der Asynchronmaschine
HF *siehe* high frequency
hi-fi, Hi-Fi, HiFi (*Ak*) High Fidelity *f*, Hi-Fi, hohe Klangtreue *f* [Wiedergabetreue *f*]
high-duty hoch beanspruchbar; Hochleistungs...
high-efficiency hochleistungsfähig, von hohem Wirkungsgrad
high fidelity (*hi-fi, Hi-Fi, HiFi*) (*Ak*) High Fidelity *f*, Hi-Fi, hohe Klangtreue *f* [Wiedergabetreue *f*]
high frequency (*HF*) HF *f*, Hochfrequenz *f*, Kurzwellenfrequenz *f* (*Dekameterwellen, 3 MHz - 30 MHz, nach DIN 40015 und VO Funk*)
high-frequency cut-off obere Grenzfrequenz *f* [Frequenzgrenze *f*]
high-frequency emphasis (*Ak*) Höhenanhebung *f*
high-impedance hochohmig
high level H-Pegel *m* (*logischer Pegel*)
high-level data-link control procedure (*Nrt*) HDLC *f*, Rahmen-, Block-, Paket-

Bildung *f* (*legt Paketformat fest; realisiert OSI-Schicht 2*)
high-level operating point Arbeitspunkt *m* für große Aussteuerung
high-low control (*Rt*) Zweipunktregelung *f* (*Grenzwertregelung*)
high-pass (*Ak*) Hochpass *m*, Hochpassfilter *n*
high-passed (*Ak*) tiefenbeschnitten
high-potential line Hochspannungs(frei)leitung *f*; Höchstspannungsleitung *f*
high-pressure (discharge) lamp Hochdrucklampe *f*, Hochdruck(gas)-entladungslampe *f*
high-pressure mercury vapour lamp Quecksilberhochdrucklampe *f*, Hg-Hochdrucklampe *f*, Hochdruckquecksilberdampflampe *f*
high-side voltage Oberspannung *f*
high-speed digital subscriber (*HDSL*) digitale Teilnehmer(anschluss)leitung *f* hoher Geschwindigkeit (*für Bildübertragung*)
high-speed fuse (link) überflinke Sicherung *f*
high tension Hochspannung *f*
high-velocity propagation line (*Nrt*) Leitung *f* mit hoher Fortpflanzungsgeschwindigkeit
high voltage Hochspannung *f*
highly conductive gut leitend
highway (*Nrt*) Sammelschiene *f*, Vielfachleitung *f*, Multiplexweg *m*, Highway *m*
hinged armature Klappanker *m*
hinged-frame construction Schwenkrahmenbauweise *f*
hold *v* 1. (fest)halten; 2. (*Dat*) belegt halten; 3. (*Nrt*) fangen (*Teilnehmer*); 4. beibehalten, einhalten
hold current Haltestrom *m*
hold *v* **off** 1. sperren; 2. lüften (*Bremse*)
hold-off interval (*LE*) Schonzeit *f*, Freiwerdezeit *f*
holding magnet Haltemagnet *m*
holding time 1. Haltezeit *f*, Verweilzeit *f*; 2. (*Nrt, Dat*) Belegungszeit *f*, Belegungsdauer *f*, Speicherzeit *f* (*Sichtspeicherröhre*)
hole 1. Loch *n*, Öffnung *f*; 2. (*Dat*) Lochung *f*, Stanzstelle *f*; Durchführung *f*; 3. (*ME*) Loch *n*, Defektelektron *n* (*beweglicher positiver Ladungsträger*)
hollow conductor Hohlleiter *m*, Hohlrohr *n*; Hohlseil *n*
home Ausgangsstellung *f*, Grundstellung *f*
homogeneous (magnetic) field homogenes (Magnet)feld *n*
homopolar 1. (*Et*) unipolar, gleichpolig; 2. (*Ch*) homopolar, kovalent
homopolar machine Unipolarmaschine *f*
hook *v* **up** zusammenstellen, zusammenbauen (*Gerät*); anschließen
horizontal deflection (*Fs*) Horizontalablenkung *f*, Zeilenablenkung *f*
horizontal sweep (*Fs*) Horizontalablenkung *f*, Zeilenablenkung *f*
horn 1. (*Ak*) Horn *n*, Lautsprechertrichter *m*, Schalltrichter *m*; 2. (*Et*) Auflaufhorn *n* (*IEC 50-811-32-07*)
horn-gap arrester Hörnerableiter *m* (*Überspannungsableiter*)
horsepower Pferdestärke *f*, PS
hose Schlauchleitung *f*, Schlauch *m*, Anschlussleitung *f* (*bei wassergekühlten Maschinen*)
hot 1. heiß; 2. Spannung führend, unter Spannung stehend; 3. hochaktiv, stark radioaktiv
hot carrier diode (*Mb*) Schottky-Diode *f*
hot line (*Nrt*) Direktleitung *f*
hot-wire instrument Hitzdrahtinstrument *n*
http *siehe* hypertext transfer [transport] protocol
hub 1. (*MA*) Ring *m*, Kranz *m*, Rotorring *m*; 2. (*Dat*) Knotenpunkt *m*, Verteiler *m* [Repeater *m*] zur Signalverstärkung und Weiterleitung
hum *v* brummen, summen
hum component Brummanteil *m*
human body model Modell *n* des menschlichen Körpers (*z. B. zur Untersuchung des Einflusses elektrischer Größen auf den Menschen*)
hunt *v* 1. (*Nrt*) (ab)suchen; 2. pendeln (*z. B. um einen Mittelwert*); 3. (über-)schwingen; 4. rütteln, rattern (*Maschine*)
hydraulic control hydraulische Steuerung *f*
hydroelectric cell Nasselement *n*, hydroelektrisches Element *n*
hydrogen iron resistance Eisenwasserstoffwiderstand *m*
hyperfrequency engineering Höchstfrequenztechnik *f*
hypersonic Überschall..., Hyperschall...

hypertext transfer [transport] protocol (*http*) (*Dat*) Hypertext-Übertragungsprotokoll *n* (*Methode, mit der World-Web-Seiten im Internet übertragen werden; IEC 50-811-25-01*)
hysteresis curve Hysteresiskurve *f*
hysteresis energy Hysteresearbeit *f*, Hystereseenergie *f*; Ummagnetisierungsarbeit *f*
hysteresis loop Hystereseschleife *f*; Magnetisierungsschleife *f*

I

I-V characteristics IU-(Strom-Spannungs-)Kennlinie *f*
icon (*Dat*) kleines Bild *n* [Symbol *n*] (*stellt Datei oder Programm in grafischer Benutzeroberfläche dar*)
identification 1. Identifizierung *f*, Erkennung *f*; 2. (*Nrt, FO*) Kennung *f* (*Signal*); 3. (*Rt*) Kennwertermittlung *f*; 4. Gleichsetzung *f*
idle 1. in Ruhe, außer Betrieb, stillstehend, leer (laufend); 2. (*Et*) wattlos; Blind...; 3. (*Nrt*) unbesetzt; frei
idle component Blindkomponente *f*
idle condition 1. Leerlaufzustand *m*; 2. (*Nrt*) Freizustand *m*
idle line freie Leitung *f*
idling Leerlauf *m*
idling speed (*MA*) Leerlaufdrehzahl *f* (*IEC 50-811-17-14*)
IEC bus byteserielles bitparalleles Interface *n*, IEC-Bus *m*
IFFT *siehe* inverse fast Fourier transformation
IGBT *siehe* integrated gate bipolar transistor
IGFET *siehe* insulated-gate field-effect transistor
ignite *v* zünden; anzünden; (sich) entzünden
ignition lag Zündverzögerung *f*, Zündverzug *m*
ignition pulse Zündimpuls *m*, Zündstoß *m*; Auslöseimpuls *m*
illuminance Beleuchtungsstärke *f*
illumination Beleuchtung *f*, Ausleuchtung *f*; Beleuchtungsstärke *f*
image 1. Bild *n*, Abbildung *f*; Spiegelbild *n*; Schirmbild *n*; 2. symbolische [bildliche] Darstellung *f*
image attenuation constant [factor] Dämpfungsmaß *n*, Vierpoldämpfungsfaktor *m*, Vierpoldämpfung *f*
image frequency Bildfrequenz *f*; Spiegelfrequenz *f*
image impedance Wellenwiderstand *m*, Leitungswellenwiderstand *m*; Kennwiderstand *m*
image propagation factor Übertragungsfaktor *m*
image resolution Auflösung *f*, Bildauflösung *f* (*1. Bildpunktanzahl bei Bildschirmen: X x Y; 2. Bildpunktanzahl bei digitalen Kameras: Pixel*)
immediate processing mitlaufende Verarbeitung *f*
immunity Störfestigkeit *f*
impact avalanche and transit-time diode Lawinenlaufzeitdiode *f*, IMPATT-Diode *f*
impact load Stoßbelastung *f*
impedance Impedanz *f*, Scheinwiderstand *m*, Wechselstromwiderstand *m*
impedance angle Phasenwinkel *m*
impedance drop Kurzschlussspannung *f* (*Transformator, Drossel*)
impedance operator Widerstandsoperator *m*
impedance transformer Impedanzwandler *m*
impedance voltage Kurzschlussspannung *f*, Nennkurzschlussspannung *f* (*Transformator*)
imperfect contact schlechter Kontakt *m*
impulse (*Et*) Impuls *m*, Stromstoß *m*, Spannungsstoß *m*
in-band gain (*ME*) Verstärkung *f* innerhalb des Durchlassbandes
in-line 1. in Reihe geschaltet; 2. mitlaufend; 3. einzeilig
in-phase phasengleich, in Phase, gleichphasig, konphas, phasenrichtig
in-phase amplifier Gleichtaktverstärker *m*
in-phase component gleichphasige Komponente *f*, Wirkkomponente *f*
in phase quadrature um $\pi/2$ phasenverschoben
inactive component passives Bauelement *n*
incandescent lamp Glühlampe *f*

inception voltage Anfangsspannung *f*, Einsetzspannung *f*, Einsatzspannung *f*
inching kurzes (wiederholtes) Einschalten *n*, Tastbetrieb *m*, Tippbetrieb *m*
incoming call (*Nrt*) ankommendes Gespräch *n*
incoming feeder Einspeisung *f* (*Leitung*)
incompatible inkompatibel, unverträglich, unvereinbar
incomplete circuit offener Stromkreis *m*
increment Zuwachs *m*, Schrittweite *f*
independent actuating variable (*Rt*) unabhängige Einflussgröße *f* (*z. B. Führungsgröße oder Störgröße*)
independent power supply Eigenversorgung *f* (*Energie*)
independent system operator (*ISO*) unabhängiger Netzbetreiber *m* (*im Internet*)
index 1. Index *m*, Kennziffer *f*; 2. Zeiger *m*, Anzeiger *m*; Anzeigevorrichtung *f* (*Zeiger und Skalenmarke*); 3. Inhaltsverzeichnis *n*, Register *n*
index dot Einstellpunkt *m*, Einstellmarke *f*
indicating device Anzeigeeinrichtung *f*, Anzeigegerät *n*
indicator 1. Indikator *m*, Anzeiger *m*; Anzeigeeinrichtung *f*, Anzeigegerät *n*, Sichtgerät *n*; Anzeigetafel *f*; Schauzeichen *n* (*IEC 50-811-31-05*); 2. (*Nrt*) Fallklappe *f*
indirect commutation (*LE*) erzwungene Kommutierung *f*
indirect rectifier (*LE*) Pulswechselrichter *m*
individual component Einzelbauelement *n*
induce *v* induzieren, hervorrufen, auslösen
inductance 1. Induktivität *f*, induktiver Blindwiderstand *m*; 2. Selbstinduktivität *f*
inductance coil Induktionsspule *f*, Drosselspule *f*, Induktivität *f*
induction (elektromagnetische) Induktion *f*, Induzieren *n*; Spannungserzeugung *f*
induction motor Induktionsmotor *m*, Asynchronmotor *m*
induction motor generator asynchroner Umformer *m*
inductive coupling induktive [magnetische] Kopplung *f*; induktive Beeinflussung *f*
inductive loop Induktionsschleife *f*
inductive reactance induktiver Widerstand *m*; Induktanz *f*, induktiver Blindwiderstand *m*
inductivity 1. Induktivität *f*; 2. Spule *f*
inductor 1. Induktionsspule *f*, Drossel(-spule) *f* (*IEC 50-811-26-19*); 2. Induktor *m*, Induktionsheizspule *f*
industrial alternating current technischer Wechselstrom *m*
industrial electronics Industrieelektronik *f*, industrielle Elektronik *f*
infinitely variable stufenlos [stetig] regelbar
influence 1. (*Et*) Influenz *f*; 2. Einwirkung *f*, Einfluss *m*
information Information(en *fpl*) *f*, Daten *pl*; Nachricht(en *fpl*) *f*; Angaben *fpl*, Unterlagen *fpl*
infrared infrarot, ultrarot; Infrarot..., Ultrarot...
infrared-emitting diode (*IRED*) IRED *f*, Inrarot-LED *f*
infrasonic frequency Infraschallfrequenz *f*, unhörbar tiefe Frequenz *f*
inherent Eigen..., natürlich
inherent characteristic data Kennwerte *mpl*
inherent feedback 1. innere Rückführung *f* [Rückkopplung *f*]; 2. (*Rt*) Ausgleichsvermögen *n* (*ohne Regler*)
inhibit *v* 1. hemmen, hindern, zurückhalten, unterbinden, inhibieren; 2. (*Dat*) sperren
inhibiting input Sperreingang *m*
inhomogeneous field inhomogenes Feld *n*
initial anfänglich, ursprünglich; Anfangs..., Ausgangs...; Null...
initial load Vorbelastung *f*, Vorlast *f*
initial magnetization curve Neukurve *f*
initial transient Einschwingvorgang *m*, Einschwingung *f*
initiate *v* einleiten, in Gang bringen, auslösen; einsetzen, beginnen
inlet plug Gerätestecker *m*
inlet temperature Eintrittstemperatur *f*, Eingangstemperatur *f*
input 1. (*Et*) zugeführte Leistung *f*, Eingangsleistung *f*; Antriebsleistung *f*; aufgenommene Leistung *f*, Aufnahme *f*; 2. (*Dat*) Eingabe *f*, Input *m*; 3. Eingang *m* (*z. B. eines Geräts*); 4. (*Rt*) Eingangsgröße *f*; Eingangssignal *n*

input-output board Eingabe-Ausgabe-Baugruppe *f*, E/A-Baugruppe *f*
inrush load Einschaltspitze *f*
insensitive time Totzeit *f*, Sperrzeit *f*
insert *v* 1. einfügen, einsetzen, einschieben; einblenden; 2. (*ME*) zwischenschalten, einschalten
inside Innen..., innen
inside-out motor Außenläufermotor *m*
inspect *v* untersuchen, prüfen; besichtigen
install *v* installieren, aufstellen; einrichten, anbringen; legen (*eine Leitung*)
installation 1. Installation *f*, Aufstellung *f*, Montage *f*, Einrichtung *f*, Einbau *m*; 2. (installierte) Anlage *f*, Betriebseinrichtung *f*, (technische) Ausrüstung *f*
installed load Anschlusswert *m*, Anschlussleistung *f*
instant response sofortiges Ansprechen *n*
instantaneous augenblicklich, momentan, unverzögert
instantaneous value 1. Augenblickswert *m*; Momentanwert *m*; 2. (*Rt*) Istwert *m*
instruction 1. Anweisung *f*, Gebrauchsanweisung *f*, Vorschrift *f*; 2. (*Dat, Rt*) Befehl *m*
instrument Instrument *n*, Apparat *m*, Gerät *n*, Vorrichtung *f*; Messinstrument *n*, Messgerät *n*
instrument lead Messschnur *f*, Messzuleitung *f*
instrument movement Messwerk *n*
instrument transformer Messwandler *m*
instrumentation Ausrüstung *f* [Bestückung *f*] mit Geräten, Geräteausstattung *f*
insulant 1. (*Et*) Isoliermaterial *n*, Isolierstoff *m* (*Zusammensetzungen siehe unter: insulation*); 2. (*Ak, Wä*) Dämmstoff *m*
insulated cable isoliertes Kabel *n*
insulated from earth gegen Erde isoliert
insulated-gate field-effect transistor (*IGFET*) IGFET, Feldeffekttransistor *m* mit isolierter Gate-Elektrode [Torelektrode]
insulated pliers [tongs] Isolierzange *f*
insulating isolierend, Isolier...; nicht leitend; dielektrisch (*siehe auch: insulation*)
insulating layer 1. Isolierschicht *f*, Isolationsschicht *f*; 2. (*Ak*) Dämmschicht *f*
insulation 1. (*Ak, Wä*) Dämmung *f*, Isolierung *f*; Kapselung *f*; 2. (*Et*) Isoliermaterial *n*, Isolierstoff *m*
insulation breakdown Isolationsdurchschlag *m*
insulation power factor Isolationsleistungsfaktor *m*, Verlustfaktor *m*
insulativity spezifischer Isolationswiderstand *m*
insulator 1. Isolator *m*, Nichtleiter *m*; 2. Isolator *m*, Isolierkörper *m*; 3. insulant
intake 1. Einlass *m*, Eintritt *m*; 2. Aufnahme *f* (*z. B. von Energie*); 3. Ansaugen *n*; 4. Einlassöffnung *f*
integral-action controller Integralregler *m*, I-Regler *m*, integrierender Regler *m*
integrally ballasted fluorescent lamp Leuchtstofflampe *f* mit integriertem Vorschaltgerät
integrated circuit integrierte Schaltung *f*; integrierter Schaltkreis *m*, IC *m*
integrated device equipment (*Dat*) Schnittstellenstandard *m* zum Anschluss von Speichereinheiten (*Diskettenlaufwerke, Festplattenspeicher; auch AT-Bus genannt*)
integrated digital network (*Nrt*) IDN *n*, Integriertes Digitales Netz *n* (*integriertes Sprach- und Datennetz mit digitaler PCM-Übertragungs- und Vermittlungstechnik*)
integrated gate bipolar transistor (*IGBT*) IGBT, Bipolartransistor *m* mit integriertem Gate
integrated power module (*LE*) integrierter Leistungsbaustein *m*, integriertes Leistungsmodul *n*
integrated services digital network (*ISDN*) (*Nrt*) ISDN *n*, Dienste integrierendes digitales Netz *n* (*Digitalsignal-Netzwerk, Übertragung bis zum Teilnehmer mit PCM; integrierte Dienste*)
integrated switch eingebauter Schalter *m*
integrating circuit integrierende Schaltung *f*, Integrierschaltung *f*, Integrationsschaltung *f*, integrierendes Netzwerk *n*
integrating period Integrationszeit *f*
intensity Leistung *f*, Intensität *f*, Stärke *f*
interaction Wechselwirkung *f*, gegenseitige Beeinflussung *f*, wechselseitige Einwirkung *f*, Zusammenwirken *n*
intercarrier intermediate-frequency stage Zwischenträger-Zwischenfrequenz-Stufe *f*, Zwischenträger-ZF-Stufe *f*

intercarrier (sound) system Differenzträgerverfahren *n*, Intercarrier-Verfahren *n*
intercept *v* 1. abfangen, auffangen; abhören; aufhalten; 2. unterbrechen; 3. (*Nrt*) sperren
interchangeable contact piece auswechselbarer Kontakt *m*, Abbrennkontakt *m*
interconnect *v* zusammenschalten, zwischenschalten; miteinander [untereinander] verbinden, koppeln; vermaschen (*Regelkreise*)
interconnected network of transmission lines (*EE*) Verbundnetz *n*, Verbundsystem *n*
interface *v* anschließen; anpassen
interface 1. Grenzfläche *f*, Berührungsfläche *f*; Zwischenschicht *f*; 2. (*ME*) Schnittstelle *f*, elektronische Anpassungsschaltung *f*, Interface *n*; 3. Anschlussbedingung *f* • **"interface clear"** „Schnittstellenfunktion zurücksetzen“
interference 1. (*Et*, *Ph*) Interferenz *f*, Überlagerung *f*; 2. Störung *f*, Behinderung *f*
interference guard band Sicherheitsband *n*, Sicherheitsabstand *m* (*zwischen Frequenzbändern*)
interference inverter (*Fs*) Entstördiode *f*
interference-proof störungssicher, entstört
interference suppression Störungsunterdrückung *f*, Entstörung *f*
interior wiring Inneninstallation *f*
interlayer Zwischenschicht *f*, Zwischenlage *f*, Einlageschicht *f*
interlinking Verkettung *f*, Verbindung *f* (*von Systemen*)
interlock *v* sperren; verriegeln; verblocken, blockieren; abriegeln (*z. B. einen Signalfluss*)
intermediate amplifier Zwischenverstärker *m*
intermediate circuit Zwischenkreis *m*
intermediate distributor Zwischenverteiler *m*
intermediate frequency Zwischenfrequenz *f*, ZF
intermediate-high-voltage system (*EE*) Mittelspannungsnetz *n*
intermittence (zeitweiliges) Aussetzen *n*, (zeitweilige) Unterbrechung *f*
intermittent contact Wackelkontakt *m*, intermittierender Kontakt *m*
intermittent input (*Rt*) diskontinuierliches Eingangssignal *n*
intermittent operation Aussetz(er)-betrieb *m*, aussetzender [intermittierender, diskontinuierlicher, periodischer] Betrieb *m*, Impulsbetrieb *m*
intermittent rating 1. Leistung *f* bei Aussetzbetrieb; 2. (*Et*) Bemessungsdaten *pl* für Aussetzbetrieb (*IEC 50-811-11-07*)
internal resistance Innenwiderstand *m*, innerer Widerstand *m*, Eigenwiderstand *m*
internal service operator (*ISO*) abhängiger Netzbetreiber *m* (*im Internet*)
International Organization for Standardization Internationale Organisation *f* für Normung, ISO *f* (*entwickelt und empfiehlt international anerkannte Normen*)
International System of Units Internationales Einheitensystem *n*, SI
internet access provider Internet-Anbieter *m*, Internetservice-Provider *m*
interphase reactor (*LE*) Zwischenkreisdrossel *f*, Ausgleichsdrossel *f*
interrelation Koppelbeziehung *f* (*Mehrgrößensystem*)
interrupt *v* unterbrechen, trennen, ausschalten
interrupter Unterbrecher *m*; Ausschalter *m*
interruption 1. Unterbrechung *f*, Trennung *f*; 2. Störung *f*, Betriebsstörung *f*
intersystem interference elektromagnetische Beeinflussung *f* zwischen verschiedenen Systemen, externe Systembeeinflussung *f* (*IEC 50-161-01-15*)
intertripping Mitnahmeschaltung *f* (*Relais*)
interturn capacitance Windungskapazität *f* (*Spule*)
interval Intervall *n*; Zwischenraum *m*, Abstand *m*; Pause *f*; Unterbrechung *f*
intraconnection Verbindung *f* (*innerhalb einer Einheit*)
intrinsic 1. eigentlich, wirklich; Eigen...; inner...; 2. (*ME*) eigenleitend, gittereigen, materialeigen; Eigen(leitungs)...
intrusion device Aufschalteeinrichtung *f*
inverse diode Sperrdiode *f*; Freilaufdiode *f*

inverse fast Fourier transformation (*IFFT*) inverse schnelle Fouriertransformation *f*, IFFT
inverse feedback Gegenkopplung *f*
inverse-parallel connected antiparallel geschaltet
inverted rectifier Wechselrichter *m*
inverter 1. (*LE*) Wechselrichter *m* (*IEC 50-811-19-13*); Gleichstrom-Wechselstrom-Konverter *m*; 2. (*Nrt*) Inverter *m*
inverter [**inverting**] **amplifier** Umkehrverstärker *m*
ionization Ionisation *f*, Ionisierung *f*
IRASER, iraser Infrarotlaser *m*, Iraser *m*
IRED *siehe* infrared-emitting diode
iron 1. Eisen *n*; 2. Bügeleisen *n*; 3. Lötkolben *m*
iron circuit Eisenkreis *m*
iron core Eisenkern *m*
iron curve Magnetisierungskurve *f* des Eisens
iron-dust core Eisenpulverkern *m*, Massekern *m*
iron filings Eisenfeilspäne *mpl*
iron-free eisenlos
iron loss Eisenverluste *mpl*, Ummagnetisierungsverluste *mpl*, Verluste *mpl* im Eisenkreis
iron-vane instrument [**movement**] Dreheisenmesswerk *n*
ironless eisenlos
irrotational field wirbelfreies Feld *n*
ISDN *siehe* integrated services digital network
ISDN subscriber module ISDN-Teilnehmer(anschluss)modul *n*
ISO *siehe* 1. internal service operator; 2. independent system operator; 3. International Organization for Standardization
ISO-multilayer-system ISO-Schichtenmodell *n*, OSI-Referenzmodell *n* (*für die Vereinheitlichung von Schnittstellen und Protokollen*; *legt in sieben Schichten die Informationsübertragung fest*)
isolate *v* 1. (*Et*) isolieren, vom Stromkreis trennen; unterbrechen (*einen Stromkreis*); abschalten; 2. (*Ak*, *Wä*) isolieren, dämmen
isolated operation Inselbetrieb *m*
isolating air gap Lufttrennstrecke *f*
isolating [**isolation**] **amplifier** Trennverstärker *m*
isolating distance Trennstrecke *f*
isolating [**isolation**] **transformer** Trenntransformator *m*, Trenntrafo *m*
item 1. Betrachtungseinheit *f* (*z. B. eine Anlage*); 2. (*Dat*) Posten *m*; Datenelement *n*; Informationseinheit *f*
iterative impedance Kettenwiderstand *m*, Kettenimpedanz *f*; Wellenwiderstand *m* (*Kettenleiter*)
iterative network Kettenschaltung *f*, Kettenleiter *m*

J

jack 1. Dose *f*; Buchse *f*; 2. (*Nrt*) Klinke *f*, Abfrageklinke *f*
jam *v* 1. stören (*Rundfunk*); 2. sich verklemmen, blockieren (*Maschine*)
jet 1. Strahl *m*; 2. Düse *f*, Strahldüse *f*; Strahlrohr *n*
jitter 1. Zittern *n*, Wackeln *n*; Jitter *m*, zeitliche Instabilität *f*, Impulsphasenverzerrung *f*, Signalschwankung *f*; 2. (*Fs*) Bildinstabilität *f*, Synchronisationsfehler *m*; 3. (*Ak*) Tonhöhenschwankung *f*; 4. (*Hsp*) Streuung *f* der Zündverzögerung (*bei getriggerten Schaltfunkenstrecken*)
job entry Jobeingabe *f*, Auftragseingabe *f*
jogging Tastbetrieb *m*, Tippbetrieb *m*
Johnson effect Johnson-Effekt *m*, thermisches Widerstandsrauschen *n*
joining piece Verbindungsstück *n* (*Kabelstecker*)
joint 1. Verbindung(sstelle) *f*; Klebestelle *f*; Lötstelle *f*; 2. Knotenpunkt *m*; 3. (*Licht*) Faserverbinder *m* (*IEC 50-731-05-03*)
Joule heat joulesche Wärme *f*, Stromwärme *f*
juice (*sl*) Strom *m*, „Saft" *m*
jump 1. Sprung *m*, Übergang *m*; 2. Unstetigkeit *f* (*Mathematik*); 3. (*Dat*) Sprungbefehl *m*, Sprunganweisung *f*
jumper *v* verbinden, überbrücken (*durch Schaltdraht*); durchschalten (*Kabeladern*)
junction 1. Verbindung *f*, Zusammenfügen *n*; 2. Verbindung(sstelle) *f*; Lötstelle *f*; Verzweigung(sstelle) *f* (*Wellenleiter*); Knoten(punkt) *m* (*Netzwerk*); 3. Verbindung(sleitung) *f*; 4. (*ME*) (pn-)Übergang *m*, Grenzschicht *f*

K

Karnaugh map (*Rt*) Karnaugh-Plan *m*, Karnaugh-Diagramm *n*
keeper Magnetanker *m*
key *v* 1. (*Nrt*) geben, tasten, morsen; 2. verkeilen, festkeilen
key 1. Taste *f*, Handtaste *f*, Drucktaste *f*; 2. Schlüssel *m*; Codeschlüssel *m*, Chiffrierschlüssel *m*; 3. Keil *m*, Splint *m*; Passfeder *f*; 4. (*Ak*) Tonart *f*
key lock Tastensperre *f*
keying frequency Tastfrequenz *f*
kilometric wave Langwelle *f*
kilowatt-hour meter Kilowattstundenzähler *m*, Wirkverbrauchszähler *m*, Elektrizitätszähler *m*, Energiezähler *m*
Kirchhoff's current law erstes kirchhoffsches Gesetz *n*, Verzweigungspunktregel *f*, Stromteilerregel *f*
Kirchhoff's voltage law zweites kirchhoffsches Gesetz *n*, Maschen(punkt)regel *f*, Spannungsteilerregel *f*
kit Ausrüstung *f*, Bausatz *m*, Baukasten *m*; Werkzeugtasche *f*
klirr factor Klirrfaktor *m*
knob Knopf *m*, Bedienungsknopf *m*, Drehknopf *m*

L

label 1. Kennzeichen *n*, Zeichen *n*; 2. (*Dat*) Identitäts(kenn)zeichen *n*, Kennsatz *m*; 3. (*Nrt*) Nachrichtenkopf *m*
lace a cable Kabel abbinden
lacquer coating Lacküberzug *m*, Lackschicht *f*
ladder diagram Kontaktplan *m*
ladder network Kettenleiter *m*; Kettenschaltung *f*, Kettennetzwerk *n*
lag *v* 1. nacheilen; zurückbleiben; sich verzögern; 2. (*Wä*, *Ak*) verschalen, verkleiden, isolieren (*mit Dämmstoff*)
lag element (*Rt*) Verzögerungsglied *n*, Laufzeitglied *n*
laminated 1. laminiert, beschichtet; 2. lamelliert, geschichtet; mehrschichtig; geblecht (*z. B. Eisenkerne*)
lamp cap [**socket**] Lampenfassung *f*, Lampensockel *m*, Sockel *m*
lamp holder Lampenfassung *f*
LAN *siehe* local area network
land 1. Steg *m*, Grat *m* (*Schallplatte*); lichtreflektierende Schicht *f* (*CD*); 2. Lötauge *n*, Kontaktsteg *m*, Steg *m* (*in gedruckten Leiterbahnen*)
lap Überlappung *f* (*z. B. in der Isolierwickeltechnik*)
lap winding Schleifenwicklung *f*
last in first out LIFO *m*, Zuletzt-rein-zuerst-raus-Speicher *m* [Speicherorganisation *f*] (*Kellerspeicher, Stapelspeicher, Stack, auch FILO*)
latch *v* einklinken; verriegeln; sich verriegeln; einrasten
latch 1. Klinke *f*, Schaltschloss *n*, Sperre *f*; Verriegelung *f*; 2. Latch *n*, Auffangspeicher *m*, Zwischenspeicher *m*, Pufferspeicher *m*
latch circuit Verriegelungsschaltung *f*
latency Verzögerungszeit *f*, Wartezeit *f*
lattice circuit Kettenleiter *m*
lattice plane Gitterebene *f*, Netzebene *f*
launching fibre LWL-Anschlussfaser *f*, Einkoppelfaser *f* (*IEC 50-731-05-08*)
law of conservation of energy Satz *m* von der Erhaltung der Energie, Energie(erhaltungs)satz *m*, Energieprinzip *n*
lay *v* **out** 1. verlegen, auslegen (*Kabel*); 2. entwerfen; aufreißen (*Zeichnung*)
layer 1. Lage *f*, Schicht *f* (*z. B. Wicklung, Isolierung*); 2. Strahlerebene *f* (*Antenne*)
layout 1. Anordnung *f*; Plan *m*; Entwurf *m*; 2. (*Et*) Schaltungsanordnung *f*; 3. (*ME*) Layout *n*, Auslegung *f*; 4. Ausstattung *f*, Ausrüstung *f*; Aufbau *m*
LC circuit [**network**] LC-Schaltung *f*, Induktivitäts-Kapazitäts-Schaltung *f*
LCD *siehe* liquid-crystal display
lead 1. Leitung *f*, Zuleitung *f*; Leiterstift *m*, Sockelstift *m*; 2. Voreilung *f*; 3. Vorhalt *m*; 4. Blei *n*
lead and return Hin- und Rückleitung *f*
lead-lag circuit Duoschaltung *f* (*z. B. von Leuchtstofflampen*)
leading (of) phase Phasenvoreilung *f*
leaf Blatt *n*; Folie *f*; Lamelle *f* (*z. B. einer Irisblende*)
leak *v* 1. ableiten (*Strom*); kriechen; streuen; durchschlagen; 2. lecken, undicht sein

leakage 1. Streuung *f*, Lecken *n*; Ausströmen *n*; Abfließen *n*, Abfluss *m* (*z. B. von Ladungen*); Ableitung *f*; 2. Leckverlust *m*, Streu(ungs)verlust *m*, Stromverlust *m*; 3. Leck *n*, Leckstelle *f*; Undichtigkeit *f*
leakage coefficient [**factor**] Streufaktor *m*, Streukoeffizient *m*
leakage [**leakance, leak**] **current** 1. Fehlerstrom *m*; Ableitstrom *m*, Leckstrom *m*, Irrstrom *m*; Kriechstrom *m*; Isolationsstrom *m*, Verluststrom *m*; 2. Rückstrom *m*, vagabundierender Strom *m*
leakage inductance Streuinduktivität *f*
leakage resistance Ableit(ungs)widerstand *m*; Isolationswiderstand *m*
leased connection [**line, wire**] Standverbindung, Standleitung *f* (*Mietleitung*)
least significant bit niederwertigstes Bit *n*, Bit *n* mit niedrigstem Stellenwert, LSB
LED (*light-emitting diode*) LED *f*, Leuchtdiode *f*, Lumineszenzdiode *f*
left-hand rule Linke-Hand-Regel *f*, Dreifingerregel *f* der linken Hand
left-handed linksdrehend; linksläufig, linksgängig
leg 1. Schenkel *m*; Zweig *m*, Schaltungszweig *m*; 2. Gerätefuß *m*, Fuß *m*
Lenz's law [**rule**] lenzsches Gesetz *n*, lenzsche Regel *f*
let-through current Durchlassstrom *m*
level 1. Niveau *n*, Pegel *m* (*IEC 50-161-03-01*); Höhe *f*, Stand *m*, Standhöhe *f*, Füllstand *m*; 2. Energieniveau *n*, Term *m*; 3. (*Ak*, *Ko*, *FH*) Pegel *m*; 4. Nivellier(instrument) *n* • **above ground level** über Erde • **above sea level** über dem Meeresspiegel, über Normalnull [NN]
level control 1. (*Mess*) Pegelregelung *f*, Füllstandsregelung *f*; 2. (*Ak*) Pegelregelung *f*, Pegeleinstellung *f*; 3. Pegelregler *m*
level conversion Pegelumsetzung *f*
level of illumination Beleuchtungsstärke *f*, Beleuchtungsintensität *f*
level shifter (*Nrt*) Pegelumsetzer *m*
LF *siehe* low-frequency
liability to interferences Störanfälligkeit *f*
life expectancy [**expectation**] erwartete [voraussichtliche] Lebensdauer *f*, Lebenserwartung *f* (*z. B. eines Bauteils*)
lifetime Lebensdauer *f*; Betriebsdauer *f*; Brenndauer *f* (*z. B. einer Lampe*)
LIFO LIFO *m*, Zuletzt-rein-zuerst-raus-Speicher *m* [Speicherorganisation *f*] (*Kellerspeicher*, *Stapelspeicher*, *Stack*, *auch FILO*)
light barrier Lichtschranke *f*
light-beam communication optische Nachrichtenübertragung *f*
light current 1. Schwachstrom *m*; 2. Lichtstrom *m*, Photostrom *m*
light-dependent resistor Photowiderstand *m*, LDR *m*
light pipe Lichtleiter *m*; Lichtleitkabel *n*
lighting cable Lichtkabel *n*
lighting controller [**dimmer**] Helligkeitsregler *m*, Dimmer(schalter) *m*
lighting dynamo (*EE*) Generator *m*, Lichtmaschine *f*
lightning arrester Überspannungsableiter *m* (*IEC 50-811-31-09*); Ableiter *m*; *Blitzableiter *m*, Blitzschutz *m*
lightning discharge Blitzentladung *f*, atmosphärische Entladung *f*; Blitzschlag *m*
lightning flash Blitz *m*, Blitzstrahl *m*
lightning protection system Blitzschutzanlage *f*
limb 1. Zweig *m* (*einer Doppelleitung*); 2. Schenkel *m* (*Magnetkern*); Kern *m* (*Magnetspule*)
limit of disturbance (*EMV*) Störschwelle *f*
limiter circuit Begrenzerschaltung *f*
limiting case Grenzfall *m*
limit(ing) frequency Grenzfrequenz *f*
limiting value Grenzwert *m*
line 1. (elektrische) Leitung *f*; 2. Zeile *f*, Bildzeile *f*; 3. Linie *f*; Strich *m*
line bank (*Nrt*) Kontaktbank *f*, Kontaktsatz *m*
line bar Stromschiene *f*
line circuit breaker Leitungsschalter *m*, Überstromschalter *m*
line-commutated converter netzgeführter [netzkommutierter] Stromrichter *m*
line conductor Netzleiter *m*, *Außenleiter *m*
line digit rate (*Nrt*, *Dat*) Schrittgeschwindigkeit *f*
line disconnector Netztrennschalter *m*
line end Wicklungsanfang *m*
line fault Netzausfall *m*; Leitungsstörung *f*

line frequency 1. Netzfrequenz *f*; 2. (*Fs*) Zeilen(wechsel)frequenz *f*, Horizontalfrequenz *f*
line-operated netzbetrieben
line sweep 1. Horizontalablenkung *f*; 2. (*Fs*) Zeilenablenkung *f*, Zeilenkipp *m*
line termination (*Nrt*) LT *m*, Leitungsabschluss *m* (*der ISDN-DIVO mit* U_{ko}-*Schnittstelle zur ISDN-Teilnehmer-Anschlussleitung*)
line-to-earth voltage Außenleiter-Erde-Spannung *f*, Phasenspannung *f*
line-to-line voltage Außenleiterspannung *f*, (*veraltet*) verkettete Spannung *f*
line-to-neutral voltage Phasenspannung *f*
line *v* **up** 1. in einer Reihe anordnen; 2. anpassen; 3. (*Nrt*) abgleichen; einregeln
line voltage Netzspannung *f*; verkettete Spannung *f*, Leiterspannung *f*
linear induction motor (*MA*) Induktions-Linearmotor *m*, Asynchronlinearmotor *m*
linear performance lineares Verhalten *n*
linear reluctance motor (*MA*) Reluktanz-Linearmotor *m*
linear taper linear veränderbarer Widerstand *m*
linearity error Linearitätsfehler *m*, Linearitätsabweichung *f*
link 1. Verbindung *f*, Glied *n*, Kontaktglied *n*; Verbindungsstück *n*; Schmelzeinsatz *m* (*Sicherung*); 2. (*Dat*) Zwischenglied *n*, Verknüpfungszeichen *n*, Verbindungsbefehl *m*; 3. (*Rt*) Verkettung *f*, Übertragungsglied *n*; 4. (*Nrt*) Zwischenleitung *f*; 5. (*LE*) Zwischenkreis *m*
link box Verteilerkasten *m*
linkage coefficient Koppelfaktor *m*
liquid-crystal display (*LCD*) Flüssigkristallanzeige *f*, FKA, LCD
liquid level gauge [**indicator**] (*Mess*) Flüssigkeitsstandmesser *m*, Füllstandsmessgerät *n*
liquid level switch Schwimmerschalter *m*
listening-in (*Nrt*) Mithören *n*
listing 1. (*Dat*) Auflisten *n*; Protokollierung *f*; 2. Liste *f*, Protokoll *n*
litz [**litzendraht**] (**wire**) Litze *f*, Litzendraht *m*, Hochfrequenzlitze *f*
live 1. Strom führend, spannungsführend, unter Spannung [Strom] stehend, eingeschaltet; 2. direkt, unmittelbar übertragen, live; Direkt..., Original... (*Rundfunk, Fernsehen*)
live part spannungsführendes Teil *n*; aktives Teil *n* (*einer Schaltung*)
load *v* 1. (*Et*) belasten; 2. (*Dat*) laden, eingeben, speichern; 3. aufladen; auffüllen; auflegen; einlegen (*Kassette*)
load 1. (*Et*) Last *f*, Belastung *f*; 2. Ladung *f*, Beladung *f*, Beschickung *f*; 3. Belastungswiderstand *m*, Lastwiderstand *m*; 4. Beanspruchung *f*
load capability Belastungsfähigkeit *f*
load characteristic Belastungskennlinie *f*, Belastungsdiagramm *n*, Lastkennlinie *f*, Lastcharakteristik *f*; Arbeitskennlinie *f*, Arbeitscharakteristik *f*
load-commutated inverter lastkommutierter Wechselrichter *m*
load decrease Lastabsenkung *f*, Lastabwurf *m*
load disconnection Lastabtrennung *f*, Lastabwurf *m*
load dump Lastabwurf *m*
load end Empfangsseite *f*, Ausgangsseite *f*, Verbraucherseite *f*, Ausgang *m*, Ende *n* (*einer Ausgangsleitung*)
load growth Lastanstieg *m*
load line 1. Belastungs(kenn)linie *f*; 2. Widerstandskennlinie *f*, Widerstandsgerade *f*
load matching Lastanpassung *f*, Lastausgleich *m*
load resistance Belastungswiderstand *m*, Lastwiderstand *m*, Verbraucherwiderstand *m*; Abschlusswiderstand *m*, Arbeitswiderstand *m*
local area network (*LAN*) 1. (*Nrt*) Nahbereichsnetz *n*, lokales Netz *n*; 2. (*Dat*) örtlich begrenztes lokales Rechnernetz *n*
locate *v* **a fault** [**trouble**] einen Fehler suchen [orten]
lock Sperre *f*, Sperrvorrichtung *f*; Schloss *n*, Verschluss *m*; Verriegelung *f*
lock-down button Einrasttaste *f*
locked-rotor current Anlaufstrom *m*
locked-rotor torque Anzugsmoment *n*
locking circuit 1. Haltestromkreis *m*; 2. Synchronisierschaltung *f*
locus 1. Ort *m*; geometrischer Ort *m*; 2. Ortskurve *f*
log *v* **on** anmelden; sich anmelden
logarithmic gain-phase characteristic logarithmische Frequenzkennlinie *f* (*Bode-Diagramm*)
logic analyzer Logikanalysator *m*

logical circuit Logikschaltung *f*, logische Schaltung *f*, logischer Kreis *m*
long wave Langwelle *f*, LW (*1000–10000 m*)
loom nicht metallisches Isolierrohr *n*, Isolierschlauch *m*
loop 1. Schleife *f*, Leitungsschleife *f*; 2. (*Rt*) Masche *f*; (geschlossener) Regelkreis *m*; 3. Rahmenantenne *f*, Rahmen *m*; 4. (*EE*) Ringleitung *f*; 5. Wellenbauch *m*, Schwingungsbauch *m*; 6. Kreis(lauf) *m*; Zyklus *m* (*Programm*) • **around the loop** (*Et*) rings(herum) um die Masche, auf geschlossenem Umlaufweg
loop gain 1. Schleifenverstärkung *f*; 2. (*Rt*) Kreisverstärkung *f*
loop method Maschenverfahren *n*
loop resistance measurement Schleifen(widerstands)messung *f*
looped filament gewendelter Draht *m*
loose connection [**contact**] Wackelkontakt *m*
Lorentz force Lorentz-Kraft *f*, (elektrodynamische) magnetische Kraft *f*
loss 1. Verlust *m*; 2. Verlustleistung *f*; 3. Dämpfung *f* (*IEC 50-731-01-48*)
loss current to earth Erdschlussstrom *m*, Ableitstrom *m* gegen Erde
loss of synchronism Außertrittfallen *n*
lossy verlustbehaftet
loudspeaker Lautsprecher *m*
louvre 1. Luftschlitz *m*, Kühlschlitz *m*, Ventilationsöffnung *f*; Jalousie *f*; 2. Schallloch *n*, Schallöffnung *f*; 3. (*Licht*) Raster *m*, Lichtraster *m*
low-access memory Schnellspeicher *m*, Speicher *m* mit geringer Zugriffszeit
low cut (*Ak*) Tiefenabsenkung *f*, Tiefenbeschneidung *f*
low frequency Langwellenfrequenz *f* (*Kilometerwellen, 30 kHz - 300 kHz, nach DIN 40015 und VO Funk*)
low-frequency niederfrequent; Niederfrequenz..., NF-...
low-frequency cut-off untere Grenzfrequenz *f* [Frequenzgrenze *f*]
low-impedance niederohmig; impedanzarm
low-level amplifier Kleinsignalverstärker *m*
low-pressure discharge lamp Niederdruck(entladungs)lampe *f*
low-voltage distribution Niederspannungsverteilung *f*
lower coil side Unterlage *f*, Unterschicht *f* (*von Wicklungen elektrischer Maschinen*)
lows 1. tiefe Frequenzen *fpl*; 2. (*Ak*) Tiefen *fpl*
lug Öse *f*; Fahne *f*, Lötfahne *f*; Kabelschuh *m*
luminaire Leuchte *f*, Beleuchtungskörper *m*
luminosity contrast Helligkeitskontrast *m*
luminous efficiency Lichtausbeute *f*; Strahlungsleistung *f*
lumped component konzentriertes Bauelement *n*

M

machine end Maschinenende *n* (*der Antriebsseite gegenüberliegend*)
machine failure Ausfallen *n* [Versagen *n*] der Maschine
machine language (*Dat, If*) Maschinensprache *f*, Maschinencode *m*
machine model Maschinenmodell *n* (*z. B. zur Nachbildung einer Werkzeugmaschine für EMV-Messungen*)
machine tool Werkzeugmaschine *f*
machine with direct-coupled exciter (*MA*) eigenerregte Maschine *f*
machine with inherent self-excitation läufererregte Kommutatormaschine *f*
magic eye (indicator) magisches Auge *n*, Abstimmanzeigeröhre *f*
magler (*Et*) Magnetschwebefahrzeug *n*
magnet Magnet *m*
magnet coil Magnet(isierungs)spule *f*, Feldspule *f*
magnet core Magnetkern *m*, Kern *m*
magnet gap Luftspalt *m* (*Magnet*)
magnetic bearing 1. magnetische [missweisende] Peilung *f*; 2. Magnetlager *n*
magnetic bias Vormagnetisierung *f*
magnetic biased polarized relay gepoltes Relais *n* mit einseitiger Ruhelage
magnetic blow-out 1. magnetische Beblasung *f* [Blasung *f*], magnetische Bogenlöschung *f*; 2. (magnetische) Blaseinrichtung *f*, Blasmagnet *m*
magnetic chuck Haftmagnet *m*

magnetic circuit (*MA*) magnetischer Schaltkreis *m*, Magnetkreis *m*
magnetic circuit transducer (*Mess*) induktiver Wandler *m* [Messwandler *m*]
magnetic clamp (*Mess*) Haftmagnet *m* (*z. B. für Beschleunigungsaufnehmer*)
magnetic clutch magnetische Kupplung *f*, Magnetkupplung *f*
magnetic core Magnetkern *m*, Kern *m*
magnetic cycle Hysteresisschleife *f*, Hystereseschleife *f*; magnetischer Kreisprozess *m*
magnetic field magnetisches Feld *n*, Magnetfeld *n*, H-Feld *n*
magnetic field dependent [depending] resistor magnetfeldabhängiger Widerstand *m*, Feldplatte *f*
magnetic field depending resistor (*MDR*) MDR *m*, magnetfeldabhängiger Widerstand *m*
magnetic field intensity [strength] magnetische Feldstärke *f*, Magnetfeldstärke *f*
magnetic figure magnetisches Feldbild *n*, Feilspanbild *n*
magnetic flow [flux] magnetischer (Induktions)fluss *m*, Magnetfluss *m*
magnetic flux density (magnetische) Induktion *f*, magnetische Flussdichte *f* [Kraftflussdichte *f*], Magnetfelddichte *f*
magnetic hysteresis loop Magnetisierungsschleife *f*, Hystereseschleife *f*
magnetic induction magnetische Induktion *f* [Flussdichte *f*, Kraftflussdichte *f*], Magnetfelddichte *f*
magnetic initial permeability Anfangspermeabilität *f*
magnetic leakage flux (magnetischer) Streufluss *m*
magnetic levitation magnetische Schwebung *f*, Magnetschwebung *f*
magnetic loss magnetischer Verlust *m*, Magnetisierungsverlust *m*
magnetic particle coupling (*Ap*) Magnetpulverkupplung *f*
magnetic path length magnetische Weglänge *f*
magnetic pick-up magnetischer Geber *m*; magnetischer Aufnehmer *m* [Tonabnehmer *m*]
magnetic polarization magnetische Polarisation *f*
magnetic pole magnetischer Pol *m*, Magnetpol *m*
magnetic potential difference magnetische Spannung *f* [Potenzialdifferenz *f*]
magnetic powder core magnetischer Pulverkern *m*
magnetic reactance induktiver Blindwiderstand *m*
magnetic release magnetische Auslösung *f*
magnetic reluctance [resistance] magnetischer Widerstand *m*, Reluktanz *f*
magnetic reversal Ummagnetisierung *f*
magnetic saturation magnetische Sättigung *f*, Eisensättigung *f*
magnetic sheet steel Elektroblech *n*
magnetically hard material (*ET*) magnetisch harter Werkstoff *m*
magnetically supported vehicle (*Et*) Magnetschwebefahrzeug *n*
magnetics Magnetismus *m*, Lehre *f* von den magnetischen Erscheinungen
magnetize *v* magnetisieren
magneto 1. Magnetzünder *m*, Zündmagnet *m*; 2. magnetelektrischer [permanenterregter] Generator *m*; Kurbelinduktor *m*
magnetoelectric instrument (*Mess*) Drehspulinstrument *n*
magnetohydrodynamic power station MHD-Kraftwerk *n*
magnetomotive force Durchflutung *f*, magnetische Urspannung *f*, Umlaufspannung *f*, (*veraltet*) magnetomotorische Kraft *f*, MMK
magnification factor 1. Vergrößerungsfaktor *m* (*Optik*); 2. (*ET*) Gütefaktor *m*, Verstärkung *f* (*Funktechnik*)
main Hauptleitung *f*; Hauptrohr *n*; Hauptkabel *n*
main circuit Hauptstromkreis *m*; Primärstromkreis *m*
main clock Haupttakt *m*, Zentraltakt *m*
main current Hauptstrom *m*; Hauptschluss *m*, Reihenschluss *m*
main terminal Hauptanschlussklemme *f*, Netzklemme *f*
mains (elektrisches) Netz *n*, Stromversorgungsnetz *n*, Lichtnetz *n*
mains connection Netzverbindung *f*, Netzanschluss *m*
mains distortion Netzrückwirkung *f*
mains failure Netzausfall *m*
mains hum Netzbrumm *m*, Netzbrummen *n*
mains-independent netzunabhängig

mains-operated netzgespeist, netzbetrieben, mit Netzanschluss
mains plug Netzstecker *m*
mains supply Netz(strom)versorgung *f*
mains voltage variation Netz(spannungs)schwankung *f*, Netzspannungsänderung *f*
maintenance Instandhaltung *f*
maintenance duration (*EE*) wartungsbedingte Nichtverfügbarkeit *f* (*IEC 603-05-20*)
make *v* 1. (*ET*) schließen (*Kontakt, Stromkreis*); einschalten; 2. herstellen, erzeugen
make-and-break cycle Schaltschritt *m*
make-and-break transients Übergangsvorgänge *mpl* beim Ein- und Ausschalten
make *v* **before break** wischen (*elektrische Kontakte*)
make contact (*Ap*) Schließerkontakt *m*; Arbeitskontakt *m*, Schließkontakt *m*, Schließer *m* (*z. B. beim Relais*)
make current Einschaltstrom *m*, Anzugsstrom *m*
make time Einschaltverzögerung *f*, Einschaltverzug *m*, Ansprechverzug *m* (*Relais*); Einschaltzeit *f*, Schließzeit *f* (*Kontakt*)
make-to-break ratio (*Rt*) Tastverhältnis *n*
maladaptation schlechte [ungenügende] Anpassung *f*
male connector Stecker *m*
malfunction Störung *f*, Versagen *n*; Funktionsstörung *f*, Fehlfunktion *f*; Ausfall *m*
manipulated variable (*Rt*) Stellgröße *f*
manual adjustment Handeinstellung *f*, Einstellung *f* von Hand
manual-operated handbetätigt
manufacturing technology Fertigungstechnologie *f*
map *v* abbilden; übertragen (*Schaltkreisentwurf*); aufnehmen, eintragen (*auf einer Karte*)
map of network Leitungsplan *m*
margin Spielraum *m*
mark *v* 1. markieren, kennzeichnen; 2. (*Nrt*) Zeichenstrom geben
mark-to-space ratio Impulstastverhältnis *n*, Tastverhältnis *n*, Impulslängenverhältnis *n*; Zeichen-Zwischenraum-Verhältnis *n* (*bei Streifencode*)
marking code Kennzeichnungsschlüssel *m* (*z. B. bei Bauelementen*)
maser (*microwave amplification by stimulated emission of radiation*) Maser *m* (*Verstärkung von Mikrowellen durch induzierte Emission von Strahlung*)
mask *v* **out** ausblenden (*z. B. unerwünschte Daten*)
masking 1. Abdeckung *f*; 2. (*ME*) Maskierung *f*; 3. (*Ak*) Verdeckung *f* (*des Schalls*)
master 1. Original *n*; Kopierschablone *f*; 2. (*Ak*) Master *m*, Datenträger *m* mit fertig bearbeiteter Aufzeichnung (*z. B. Magnetband*); Vaterplatte *f* (*Schallplattenmatrize*); 3. Summenkanal *m*, Gesamtsignalkanal *m*; 4. Hauptgerät *n*, steuerndes Gerät *n*; 5. Einstellnormale *f*
master circuit breaker Haupttrennschalter *m*
master clock Hauptuhr *f*, Mutteruhr *f*; Zeitgeber *m*, Taktgeber *m*
master controller 1. Meisterschalter *m*, Hauptsteuerschalter *m*; 2. (*Ap, Et*) Fahr-Steuerschalter *m* (*IEC 50-811-29-36*); 3. Meisterwalze *f*; 4. (*Rt*) Leitregler *m*, Führungsregler *m*
master drive Gebermaschine *f*, Bezugsmotor *m*
master-excited fremderregt, fremdgesteuert
master key Haupttaste *f*
master switch Meisterschalter *m*, Hauptschalter *m*, Generalschalter *m*
match *v* 1. anpassen, angleichen; zusammenpassen, übereinstimmen (mit); 2. paaren (*z. B. Dioden*); 3. vergleichen, abstimmen (*z. B. Photometerfelder*)
matched pair (of components) angepasstes Bauteilpaar *n*, ausgesuchtes Paar *n*
matched transformer angepasster Übertrager *m*
matching Anpassung *f*; Angleichung *f*
mating connector Gegenanschluss *m*, Gegenstecker *m*, Gegensteckverbinder *m*
matrix dot Matrixpunkt *m*, Rasterpunkt *m*
matrix memory Matrixspeicher *m*
maximum circuit breaker Überstromschalter *m*
maximum deflection 1. Maximalauslenkung *f*; 2. (*Mess*) Maximalausschlag *m*, maximaler Ausschlag *m* (*z. B. eines Zeigers*)

maximum deviation (*Rt*) größte Regelabweichung *f*, Überschwingweite *f*
maximum (field) excitation (*ET*) maximale Erregung *f*
maximum limited stress Grenzbeanspruchung *f*
maximum load Höchstbelastung *f*, Belastungsgrenze *f*, Grenzlast *f*
maximum output (*Et*) maximale Ausgangsleistung *f*, Höchstleistung *f*, maximaler Ausgang *m*, größte Leistung *f*
maximum ratings Grenzwerte *mpl*, Grenzdaten *pl*; Höchstbetriebswerte *mpl*, Höchstnennwerte *mpl*
maximum scale value (*Mess*) Größtwert *m* der Skale, Skalenendwert *m*
MDR *siehe* magnetic field depending resistor
mean effective value Effektivwert *m*, quadratischer Mittelwert *m*
mean length per [**of**] **turn** mittlere Windungslänge *f*
mean load mittlere Belastung *f*, Durchschnittslast *f*
mean rectifier (*Ak*) Betragsgleichrichter *m*, linearer Gleichrichter *m*
mean square deviation mittlere quadratische Abweichung *f*, Varianz *f*, Standardabweichung *f*
mean square value quadratischer Mittelwert *m*
meander line Mäanderleitung *f* (*in gedruckten Schaltungen*)
measurable value (*Mess*) Messwert *m*, messbarer Wert *m*
measure 1. Maß *n*; Maßstab *m*; 2. (*Ak*) Takt *m*, Zeitmaß *n*
measured quantity [**variable**] (*Mess*) Messgröße *f*
measured value (*Mess*) Messwert *m*, gemessener Wert *m* (*einer Größe*)
measurement equipment (*Mess*) Messausrüstung *f*
measurement procedure (*Mess*) Messverfahren *n*
measurement technique Messtechnik *f*; Messverfahren *n*
measuring converter (*Mess*) Messwertumsetzer *m*, Messwandler *m*, Messwertgeber *m*, Messtransmitter *m*
measuring transducer (*Mess*) Messwandler *m*, Messgrößenwandler *m*; Messumformer *m*
mechanical characteristic Drehmoment-Drehzahl-Kennlinie *f*
mechanical contactor (*Ap*) Schütz *n* (*IEC 50-811-29-07*)
mechanical layout konstruktiver Aufbau *m*
mechanical limit current dynamischer Grenzstrom *m*
mechanical short-time current rating (*AE*) dynamischer Grenzstrom *m* (*bei Stromwandlern*)
mechanically operated circuit breaker mechanischer Leistungsschalter *m*
mechanism 1. Mechanismus *m*, mechanische Einrichtung *f* [Vorrichtung *f*]; 2. Wirkungsweise *f*, (mechanische) Arbeitsweise *f*
mechatronics Mechatronik *f* (*Kunstwort aus Mechanik, Elektronik und Informatik*)
medium 1. Medium *n*, Träger *m*; Speichermedium *n*; Datenträger *m*; 2. Mittel *n*, Durchschnitt *m*
medium frequency MF *f*, Mittelwellenfrequenz *f* (*Hektometerwellen, 300 kHz - 3 Mhz, nach DIN 40015 und VO Funk*)
medium-high-voltage system Mittelspannungsnetz *n*
melting temperature Schmelztemperatur *f*
member Glied *n*; Teil *m*(*n*); Organ *n*; Bauglied *n*, Bauteil *n*
memistor Memistor *m*, Widerstand *m* mit Speicherwirkung
memory circuit Speicherschaltung *f*, Speicherkreis *m*
memory effect Gedächtniseffekt *m*; Nachwirkungseffekt *m*
memory extension Speichererweiterung *f*
mercury-arc lamp Quecksilberdampflampe *f*
mesh 1. (*ET*) Masche *f*; Maschenschaltung *f*; 2. Ineinandergreifen *n*, Eingriff *m* (*z. B. von Zahnrädern*) • **round a mesh** in einer Masche, auf dem Umlaufweg um eine Masche, auf einem Umlauf
mesh-connected im Dreieck geschaltet, dreieckgeschaltet
mesh equation Maschengleichung *f*
mesh rule Maschenregel *f*, zweiter kirchhoffscher Satz *m*
mesh voltage verkettete Spannung *f*, Dreieckspannung *f*
message 1. (*Nrt*) Mitteilung *f*, Nachricht *f*; Meldung *f*; Funkspruch *m*; Telegramm *n*, Fernschreiben *n*; 2. (*Dat, If*) Information *f*

metal-cased metallumkleidet, mit Metallgehäuse
metal-clad 1. metallisch gekapselt, metallgekapselt, gussgekapselt, stahlblechgekapselt (*Gerät*); 2. metallkaschiert, metallüberzogen, metallplattiert
metal etch resist (*ME*) (photoempfindlicher) Lack *m* für Metallätzung, Metallätzresist *n*
metal film resistor Metallschichtwiderstand *m*
metal graphite brush Metallgraphitbürste *f*
metal-oxide-silicon field-effect transistor Metall-Oxid-Silicium-Feldeffekttransistor *m*, MOSFET
metal-semiconductor junction Metall-Halbleiter-Übergang *m*
metal silicon field-effect transistor Metall-Silicium-Feldeffekttransistor *m*, MESFET *m*
metallic connection galvanische Verbindung *f*
meter *v* (*Mess*) messen; anzeigen (*Messwerte*)
meter ballistics dynamische Eigenschaften *fpl* eines Anzeigeinstruments
meter circuit (*Mess*) Messschaltung *f*; Anzeigeschaltung *f*
meter movement (*Mess*) Messwerk *n*
metering pulse 1. Zählimpuls *m*; 2. (*Nrt*) Gebührenimpuls *m*
method of measurement (*Mess*) Messmethode *f*, Messverfahren *n*
metric system (of units) metrisches System *n* [Einheitensystem *n*]
metric wavelength range Meterwellenbereich *m*
mho Siemens *n*, S (*amerikanische Einheit des elektrischen Leitwertes*)
mica dielectric Glimmerdielektrikum *n*
microelectronics Mikroelektronik *f*
microfuse Feinsicherung *f*
microphonics Mikrofon(ie)effekt *m*, Mikrofonie *f*; Klingen *n*, Röhrenklingen *n*
microstep motor (*MA*) Mikroschrittmotor *m*
microswitch Mikroschalter *m*; Kleintaster *m*
microwave Mikrowelle *f*, Höchstfrequenzwelle *f* (*300 bis 30.000 MHz*)
mid-band frequency Bandmittenfrequenz *f*, Mittenfrequenz *f*
midpoint tap Mittelpunktsanzapfung *f*, Mittelabgriff *m*
mimic [connection, system] diagram Blindschaltbild *n*
miniature circuit breaker Miniaturschalter *m*; Leitungsschutzschalter *m*, Automat *m*
miniature circuit breaker with fault-current release Fehlerstromschutzschalter *m*, FI-Schutzschalter *m*
minimum blowing current Ansprechstrom *m* (*Sicherung*)
minimum fusing current Mindestschmelzstrom *m*, Grenzstrom *m* (*Sicherung*)
minimum scale value (*Mess*) kleinster Skalenwert *m*, Kleinstwert *m* der Skale, Skalenanfangswert *m*
minor loop Neben(regel)kreis *m*, Nebenschleife *f*
MIS field-effect transistor Metall-Isolator-(Halbleiter-)Feldeffekttransistor *m*, MISFET *m*
mismatch Fehlanpassung *f*, falsche Anpassung *f*
misphased phasenfalsch, phasenverkehrt
mixed grouping Serien-Parallel-Schaltung *f*, Serien-Parallel-Kombination *f*
mixed network (*Nrt*) Verbundnetz *n*
mixer 1. Mischstufe *f*; 2. Mischgerät *n*, Mischeinrichtung *f*; Mischpult *n*; 3. (*Rt*) Mischglied *n*
mmf, m.m.f., MMF (*magnetomotive force*) Durchflutung *f*, magnetische Urspannung *f*, Umlaufspannung *f*, (*veraltet*) magnetomotorische Kraft *f*, MMK
mobile (phone) Mobiltelefon *n*, Handy *n*
mode 1. Schwingungstyp *m*, Schwingungsart *f*, Schwingungsmodus *m*, Modus *m*, Mode *f*(*m*); Wellentyp *m*, Wellenart *f*; 2. Modus *m* (*IEC 50-731-03-04*); Betriebsart *f*, Betriebsweise *f*, Wirkungsweise *f*, Funktionsweise *f*, Arbeitsweise *f*; 3. Mode *m*, Modalwert *m*, Gipfelwert *m*, Scheitelwert *m*, Wert *m* (größter Häufigkeit) (*Statistik*) • **in bit mode** bitweise • **in byte mode** byteweise
modem (*Kunstwort aus Modulator und Demodulator*) 1. Modem *m*(*n*), Modulator-Demodulator *m*; 2. (*If*) Baustein *m* zur Kopplung von Computern mit Telefonleitungen
modular design Baukastenentwurf *m*, modulare Bauart *f*, Bausteintechnik *f*

modulate *v* 1. modulieren, modeln, abstufen; aussteuern; 2. modulgerecht bauen
modulation Modulation *f*, Modelung *f*; Aussteuerung *f*
modulator-demodulator Modulator-Demodulator *m*, Modem *m*
module 1. Modul *n*, (elektronischer) Baustein *m*; Baugruppe *f*, Baueinheit *f*, Bauelement *n*, Modulbauelement *n*; 2. (*Dat*) Modul *m*, Programmbaustein *m*; 3. (*ME*) monolithischer Baustein *m*
moisture-proof socket Feuchtraumfassung *f*; Feuchtraumsteckdose *f*
momentary contact Wischkontakt *m*
momentary value Augenblickswert *m*
monitor *v* 1. überwachen, kontrollieren, überprüfen; 2. (*Nrt*) mithören, abhören
monitoring button (*Nrt*) Mithörtaste *f*
monitoring feedback (*Rt*) Hauptrückführung *f* (*zum Regler*); äußere Rückführung *f* (*im Regelkreis*)
monoflop Monoflop *n*(*m*), monostabile Kippschaltung *f*, Univibrator *m*
monomode fibre Einmodenfaser *f*, Monomodenfaser *f* (*IEC 50-731-02-02*)
monophase inverter (*LE*) Einphasenwechselrichter *m*
mortality rate Ausfallrate *f*
MOS (*metal-oxide semiconductor*) MOS, Metalloxidhalbleiter *m*, Metall-Oxid-Halbleiter *m*
most significant bit (*Dat*) höchstwertiges Bit *n*, Bit *n* mit höchstem Stellenwert
motherboard 1. Mutter(leiter)platte *f*, Rückverdrahtungsplatte *f*; 2. (*Dat, If*) Hauptplatine *f*
motor casing Motorgehäuse *n*
motor-generator set Umformersatz *m*, Umformergruppe *f*
motor-generator set Umformersatz *m*, Umformergruppe *f*
motor speed Motordrehzahl *f*
mount *v* 1. aufstellen, montieren; anbringen; zusammensetzen, zusammenbauen; 2. (*An*) installieren
mounting instruction Montageanweisung *f*
movable arm Schleifer *m* (*Potenziometer*)
moving-coil instrument (*Mess*) Drehspulinstrument *n*
moving contact (member) beweglicher Kontakt *m*, bewegliches Schaltstück *n*
moving-iron instrument (*Mess*) Dreheisen(mess)instrument *n*, Dreheisengerät *n*, Weicheisen(mess)gerät *n*
muldex Muldex *m*, Multiplexer-Demultiplexer *m*
multichannel communication system Mehrkanalfernmeldesystem *n*
multicircuit switch Serienschalter *m*, Reihenschalter *m*
multicontact plug Mehrfachstecker *m*, Mehrfachsteckverbinder *m* (*Kontaktleiste*)
multilayer mehrschichtig, vielschichtig, mehrlagig; Mehrlagen..., Vielschicht(en)...
multimeter (*Mess*) Mehrfachinstrument *n*, Mehrfach(mess)gerät *n*, Vielfachinstrument *n*, Vielfachmesser *m*; Universalmessgerät *n*
multimode fibre Multimodefaser *f*, Mehrmodenfaser *f* (*IEC 50-731-02-03*)
multipin plug mehrpoliger Stecker *m* [Steckverbinder *m*] (*Steckerleiste*)
multiple outlet plug Mehrfachstecker *m*
multiple plug Mehrfachstecker *m*; Messerleiste *f*, Kontaktleiste *f*
multiple twin quad (cable) Dieselhorst-Martin-Kabel *n*, Dieselhorst-Martin-Vierer *m*, DM-Vierer *m*
multiple-unit switch Mehrwegeschalter *m*
multiplex *v* (*Nrt*) gleichzeitig senden (*über einen Draht oder eine Welle*); in Mehrfachschaltung betreiben; in mehrere Kanäle unterteilen (*einen Übertragungskanal*); vielfach ausnutzen (*Leitungen*)
multiplier 1. Vervielfacher *m*; Verstärker *m*; 2. Multiplikator *m*
multiply *v* 1. (*ET*) vervielfachen; verstärken; 2. (*Nrt*) vielfach schalten; 3. multiplizieren
multipoint connector Vielfachstecker *m*, Vielfachsteckverbinder *m*, Mehrfachstecker *m*, Mehrfachsteckverbinder *m*, Steckverbinderleiste *f*, Steckkontaktleiste *f*, Steckerleiste *f*
multipurpose Mehrzweck..., Vielzweck..., Universal...
multiquadrant drive Mehrquadrantenantrieb *m*
multiway socket outlet Mehrfachsteckdose *f*
mush (*Nrt*) Störung *f*, Interferenz *f*
must-operate value Ansprechwert *m* (*Relais*)

must value Sollwert *m*, Soll *n* (*Relais*)
mutator Umrichter *m*
mute *v* (*Ak*) dämpfen, abschwächen; stumm schalten
mute *v* (*Ak*) dämpfen, abschwächen; stumm schalten
mutual coil Koppelspule *f*
mutual inductance Gegeninduktivität *f*, gegenseitige Induktivität *f*, Wechselinduktivität *f*, Gegeninduktionskoeffizient *m*
mutual interaction Wechselwirkung *f*, wechselseitige [gegenseitige] Beeinflussung *f*

N

n-ary n-stellig; n-stufig
n-channel metal-oxide semiconductor n-Kanal-Metalloxid-Halbleiter *m*, NMOS
n-conducting n-leitend, überschussleitend (*Halbleiter*)
naked wire blanker Draht *m*
name plate Leistungsschild *n*, Typenschild *n*
narrow band (*Nrt*) schmales Band *n*, Schmalband *n*
narrow track schmaler Leiterzug *m*
native systemeigen
natural commutation freie Kommutierung *f*
natural frequency Eigenfrequenz *f*
natural impedance Wellenwiderstand *m* (*z. B. von Übertragungsleitungen*)
near fading Nahschwund *m*
needle pulse Nadelimpuls *m*
needle throw Zeigerausschlag *m* (*Messinstrument*)
negative component 1. (*EE*) Gegenkomponente *f* (*im System der symmetrischen Komponenten*); 2. (*ET*) Gegenkomponente *f*
negative conductor Minusleiter *m*, negativer Leiter *m*
negative current feedback Stromgegenkopplung *f*
negative feedback 1. Gegenkopplung *f*, negative Rückkopplung *f*; 2. Rückführung *f* (*im Regelkreis*)
negative glow lamp Glimmlampe *f*
negative polarity negative Polarität *f*
negative-sequence field Gegenfeld *n*, gegenläufiges [entgegengesetzt umlaufendes] Drehfeld *n*
negative temperature coefficient resistor NTC-Widerstand *m*, Heißleiter *m*, Thermistor *m*
neon lamp Neonlampe *f*, Glimmlampe *f* mit Neonfüllung
nested geschachtelt, verschachtelt (*z. B. Programmierung*)
net Netz *n* (*z. B. Kommunikationsnetz*)
net efficiency Gesamtwirkungsgrad *m*; Nutzeffekt *m*
net load Nutzlast *f*
network 1. Netz *n*, Leitungsnetz *n*; Maschennetz *n*; Sendernetz *n*; 2. Netzwerk *n*; Schaltung *f*
network access 1. Netzanschaltung *f*; 2. Vermitttlungsadresse *f*
network feeder Netzspeiseleitung *f*, Netzeinspeisung *f*, Netzspeiser *m*
network junction point Netzknotenpunkt *m*
network protocol 1. (*Nrt*) Vermittlungsprotokoll *n*; 2. (*Dat*) Datenübertragungsprotokoll *n*
neutral axis neutrale Zone *f* (*bei Gleichstrommaschinen*)
neutral (conductor) N-Leiter *m*, Neutralleiter *m*; Nullleiter *m* (*veraltet*)
neutral earthing Nullpunkterdung *f*, Sternpunkterdung *f*
no-bounce switch prellfreier Schalter *m*
no-break emergency power supply USV *f*, unterbrechungsfreie Notstromversorgung *f*
no-load unbelastet
no-load (operation) Leerlauf *m*
no-load voltage Leerlaufspannung *f*
no-loss verlustlos
no-voltage circuit breaker Nullspannungsausschalter *m*
nodal equation (*ET*) Knotenpunktgleichung *f*
nodal point Stromverzweigungspunkt *m*, Knotenpunkt *m* (*z. B. einer Leitungsverzweigung*)
node 1. Knoten *m*; Schwingungsknoten *m*, Wellenknoten *m*; 2. (*ET*) Leitungsknoten *m*; Knotenpunkt *m*, Verzweigungspunkt *m*; Stützstelle *f* (*Interpolation*)
noise 1. (*Ak*) Geräusch *n*; Lärm *m*; 2. (*ME*) Rauschen *n*; Störung *f*

noise equivalent power äquivalente Rauschleistung *f* (*IEC 50-731-06-40*)
noise output 1. Rauschleistung *f*; 2. (*Rt*) von der Störung verursachtes Ausgangssignal *n*
nominal output Nennleistung *f*
nominal value Nennwert *m*, Nenngröße *f*; Nenndaten *pl* (*IEC 50-811-11-01*)
non-branched unverzweigt
non-conductor Nichtleiter *m*, Dielektrikum *n*; Isolierstoff *m*
non-controlled converter (*LE*) ungesteuerter Gleichrichter *m*
non-inductive induktionsfrei, induktionslos; induktionsarm, induktivitätsarm
non-intrusive determination of quantities berührungslose Messung *f*, berührungslose Bestimmung *f* von Messgrößen
non-inverting terminal (*ME*) nicht invertierender Eingang *m*
non-linear circuit component nicht lineares Bauelement *n*
non-loaded unbelastet; unbespult
non-locking nicht rastend; nicht verriegelnd
non-magnetic nicht magnetisch, unmagnetisch, antimagnetisch
non-reactive 1. induktivitätsfrei; 2. rückwirkungsfrei; rückkopplungsfrei
non-reactive power Wirkleistung *f*
non-saturated mode (*Ms*) ungesättigter Betrieb *m*
non-tension joint zugentlastete Verbindung *f*, zugentlasteter Verbinder *m* (*z. B. bei Freileitungen*)
non-tracking quality Kriechstrombeständigkeit *f*, Kriechstromfestigkeit *f*
non-volatile random-access memory nicht flüchtiger Schreib-Lese-Speicher *m*, nicht flüchtiges [leistungsunabhängiges] RAM *n*
normal contact Ruhekontakt *m*
normal load 1. Normallast *f*, Nennlast *f*; 2. (*An*) Nennleistung *f*
normal position Normallage *f*, Grundstellung *f*; Ruhelage *f*
normalized impedance relative Impedanz *f*, normierter [bezogener] Wellenwiderstand *m*
normally open contact [interlock] Arbeitskontakt *m*, Schließkontakt *m*, Schließer *m* (*IEC 50-811-31-03*)
notch filter Sperrfilter *n*, (schmalbandige) Bandsperre *f*
notching relay Impulsspeicherrelais *n*, Fortschalterelais *n*, Beschleunigungsrelais *n* (*IEC 50-811-30-29*)
NTC resistor NTC-Widerstand *m*, Thermistor *m*, Heißleiter *m*
nuclear power Kernkraft *f*, (nutzbare) Kernenergie *f*
null balance Nullabgleich *m*, Nullung *f*
null condition Nullbedingung *f*, abgeglichener Zustand *m* (*einer Brücke*)
number of ampere turns Amperewindungszahl *f*
numerical indication numerische Anzeige *f*, Ziffernanzeige *f*

O

octal number Oktalzahl *f*
odd-harmonic distortion Verzerrung *f* durch ungerade Oberwellen
off aus(geschaltet), abgeschaltet; „Aus" (*Schalterstellung*); gesperrt, außer Betrieb
off-earth massefrei; erdfrei
off-line (*Rt*, *Dat*) unabhängig (von der Anlage) arbeitend, rechnerunabhängig, offline, indirekt (prozess)gekoppelt, prozessentkoppelt
off-load unbelastet
off-peak load Belastung *f* außerhalb der Spitzenzeit, Nachtbelastung *f*; Belastungstal *n*
off state 1. Sperrzustand *m*, Blockierzustand *m* (*von Thyristoren*); 2. Ausschaltzustand *m*, „Aus"-Zustand *m*, ausgeschalteter Zustand *m*
off-state interval (*LE*) Sperrzeit *f*, Vorwärtssperrzeit *f* (*IEC 50-811-28-27*)
offset 1. Versetzung *f*; Verschiebung *f*; 2. bleibende Abweichung *f*, Proportionalabweichung *f*, P-Abweichung *f*
offset behaviour (*Rt*) Proportionalverhalten *n*, P-Verhalten *n* (*der Regelabweichung*)
offset bias (*Ms*) Kompensationsspannung *f*
offset in phase phasenverschoben
offset voltage Gegenspannung *f*, Offsetspannung *f*

ohmic component ohmsche Komponente *f*
ohmic resistance ohmscher Widerstand *m*, Gleichstromwiderstand *m*, Wirkwiderstand *m*
omnibus circuit (*Nrt*) Sammelleitung *f*, Sammelschaltung *f*
omnidirectional rundstrahlend, ungerichtet, mit kugelförmiger Richtcharakteristik, in alle Richtungen
on ein(geschaltet); „Ein" (*Schalterstellung*); in Gang; in Betrieb
on-line operation Onlinebetrieb *m*, direkter [gekoppelter, Schritt haltender] Betrieb *m*
on-load belastet, unter Last; Belastungs..., Last...
on-load voltage Arbeitsspannung *f*, Zellspannung *f* bei Stromfluss (*Batterie*); Belastungsspannung *f*; Spannung *f* bei Belastung (*an den Klemmen*)
on-off controller (*Rt*) Ein-aus-Regler *m*, Zweipunktregler *m*, Relaisregler *m*
on resistance Ein-Widerstand *m*, Widerstand *m* im eingeschalteten Zustand (*Leistungstransistor*)
one-at-a-time mode (*Nrt*) sequenzieller Betrieb *m*
one-hour output [**rating**] Stundenleistung *f*
one-line-to-earth short circuit einpoliger Kurzschluss *m*
one-quadrant drive (*MA*) Einquadrantenantrieb *m*
one shot einmalige Auslösung *f* [Triggerung *f*]
one-shot multivibrator monostabiler Multivibrator *m*, monostabile Kippschaltung *f*, monostabiles Kippglied *n*, Monoflop *n*(*m*)
one-state Eins-Zustand *m* (*binärer Schaltkreis*)
one-to-one transformer Isoliertransformator *m*, Trenntransformator *m*
one-wave [**way**] **rectifier** Einweggleichrichter *m*
onset time Einschwingzeit *f*
op-amp, operational amplifier Operationsverstärker *m*, Gleichspannungsverstärker *m*
operator amplifier Operationsverstärker *m*
opposing magnetic field of armature Ankerrückwirkungsfeld *n*
opposing voltage Gegenspannung *f*, entgegengesetzte Spannung *f*
opposite phase Gegenphase *f* • **in opposite phase** gegenphasig
optical coupler Optokoppler *m*, optischer [optoelektronischer] Koppler *m*; Verzweiger *m* (*IEC 50-731-05-10*)
optical fibre Lichtwellenleiter *m*, optische Faser *f*, Lichtleitfaser *f*; optische Faser *f*, Lichtleitfaser *f*; Lichtwellenleiter *m*, LWL
optimum value Optimalwert *m*, Bestwert *m*
order of magnitude Größenordnung *f*
ordinary temperature Raumtemperatur *f*, Zimmertemperatur *f*
origin 1. Ausgangspunkt *m*; Nullpunkt *m* (*Koordinatensystem*); 2. (*Dat*) (absolute) Anfangsadresse *f*
origin distortion Null(punkt)fehler *m*, Nullpunkt(s)abweichung *f*
oscillate *v* oszillieren, schwingen, pendeln; Schwingungen erzeugen
oscillating circuit Schwing(ungs)kreis *m*, Resonanzkreis *m*, elektromagnetischer Schwingkreis *m*
oscillating-circuit inverter Schwingkreiswechselrichter *m*, Schwingkreisumrichter *m*
oscillating component Wechselkomponente *f*, Wechselanteil *m*
oscillator Oszillator *m*, Erzeuger *m* harmonischer Schwingungen (*Überlagerungsempfängerbaugruppe*; *kontin. o. digitale Abstimmung*)
oscillator tank Schwingkreis *m*
oscilloscope Oszilloskop *n*, Katodenstrahloszillograph *m*, Sichtgerät *n*
out-door Außen...
out-of-order außer Betrieb; fehlerhaft; gestört
out-of-step (*MA*) außer Tritt, asynchron
outage Ausfall *m*; Netzausfall *m*; Nichtverfügbarkeit *f* (*IEC 50-603-05-05*)
outer conductor Außenleiter *m*
outlet 1. Ausgang *m*, Auslass *m*; 2. Steckbuchse *f*; Steckdose *f*
output 1. (*ET*) abgegebene Leistung *f*, Ausgangsleistung *f*; Leistungsabgabe *f*; 2. (*Dat*) Ausgabe *f*, Output *m*; 3. Ausgang *m* (*z. B. eines Geräts*); 4. (*Rt*) Ausgangsgröße *f*, Ausgangssignal *n*
output end (*LE*) Lastseite *f*
overall amplification [**gain**] Gesamtverstärkung *f*

overall efficiency Gesamtwirkungsgrad *m*, Gesamtleistung *f*
overcompensation Überkompensation *f*, Überkompensieren *n*
overcurrent circuit breaker Überstrom(aus)schalter *m*, Überstromschutzschalter *m*
overdrive *v* übersteuern
overdriven amplifier übersteuerter Verstärker *m*
overhead contact line (*Et*) Oberleitung *f*
overhear *v* abhören, mithören
overheating protection Überhitzungsschutz *m*
overlap Überlappung *f*, Überdeckung *f*, Überschneidung *f*; Bildüberdeckung *f*; Schalthysterese *f*
overlap time Überlappungszeit *f*, Kommutierungszeit *f*
overlay 1. Überlagerung *f*; Überdeckung *f* (*Photolithographie*); 2. Deckschicht *f*; 3. Überlagerungsabschnitt *m*, Überlagerungssegment *n* (*Programm*)
overload Überlast *f*
overload protective device Überlastschutzvorrichtung *f*, Überlast(ungs)-schutz *m*
overload trip Überstromautomat *m*, Überstromauslöser *m*
overlying Überlagerung *f*, Superposition *f*
overmatching of impedance Widerstandsüberanpassung *f*
override *v* übersteuern (*Impuls*)
overshoot 1. (*Rt*) Überschwingen *n*; 2. (*Nrt*) Überreichweite *f*
overtone (*Ak*) (harmonische) Oberschwingung *f*, Oberton *m*
overtravel 1. (*Rt*) Überschwingen *n*; Nachlauf *m* (*Weg nach vollzogener Schaltfunktion*); 2. zu großer Ausschlag *m*, zu weiter Ausschlag *m*, zu weite Auslenkung *f*
overvoltage protection Überspannungsschutz *m*

P

P action (*Rt*) P-Verhalten *n*, Wirkung *f* eines P-Gliedes
pace Schritt *m*, Stufe *f*
pace voltage Schrittspannung *f*
pacing Schrittsteuerung *f*, Stufensteuerung *f*
package 1. Paket *n*; Packung *f*; 2. (kompakte) Baugruppe *f*, Gerätebaugruppe *f*; 3. Baustein *m*, Bauelement *n*, Einbauteil *n*; 4. Gehäuse *n*; Verpackung *f*
packet (*Nrt*, *Dat*) Paket *n*; Datenpaket *n*
packet-switched public data network (*Nrt*) PSPDN *n*, paketvermittelndes öffentliches Datennetz *n*, Speichervermittlungsnetz *f*, Nachrichtenvermittlungsnetz *f*
pad 1. (*Nrt*) Dämpfungsglied *n*; Anpassglied *n* (*passive Schaltung*); künstliche Verlängerungsleitung *f*; 2. (*ME*) Kontaktstelle *f*, Anschlussstelle *f*; Lötauge *n*; 3. Druckstück *n*, Pratze *f*, Grundplatte *f*; Lagerstein *m*, Lagerschuh *m*; 4. Polster *n*
pad array package (*ME*) Gehäuse *n* mit Lötkontaktmatrix
pair 1. (*Ph*) Paar *n*; 2. (*ET*) Adernpaar *n*, Doppelader *f*; Doppelleitung *f* • **in pairs** paarig; mit zwei Leitern
PAL *siehe* programmable array logic
pam, PAM *siehe* pulse-amplitude modulation
pancake coil Flachspule *f*, Scheibenspule *f*
panel 1. Tafel *f*, Platte *f*; Feld *n*; Montageplatte *f*; 2. Schalttafel *f*, Schaltfeld *n*; Bedienungsfeld *n*
panel cabinet Schaltschrank *m*
paper tubular capacitor Papierrohrkondensator *m*
parallel connection Parallelschaltung *f*
parallel input 1. (*Dat*) parallele Eingabe *f*, Paralleleingabe *f*; 2. (*Mess*) Doppeleingang *m*
parallel resonant circuit Parallelschwingkreis *m*, Sperrkreis *m*
parallel-(to-)serial converter Parallel-Serien-Umsetzer *m*
parameter Parameter *m*, Kenngröße *f*
paraphase amplifier Gegentaktverstärker *m*, Phasenumkehrverstärker *m*
parity check Paritätskontrolle *f*, Gleichheitskontrolle *f*, Paritätsprüfung *f*
partial discharge Teilentladung *f*
party (*Nrt*) Teilnehmer *m*
pass *v* passieren; (hin)durchgehen; durchlassen; durchfließen (*Strom*)
pass-band amplifier Bandpassverstärker *m*
passing contact Wischkontakt *m*

passive component passives Bauelement *n*
passive equivalent network (*EE*) passives Ersatznetz *m* (*IEC 50-603-02-17*)
patch *v* 1. (*ET*) (vorübergehend) zusammenschalten, (ein)stöpseln; 2. (*Dat*) ändern, ausbessern
patch-board Stecktafel *f*, Buchsenfeld *n*, Schalttafel *f*
path Weg *m*, Bahn *f*; Strompfad *m*; Stromzweig *m*, Ankerzweig *m*; Leiterbahn *f*
path resistance Bahnwiderstand *m*
p.c. board (gedruckte) Leiterplatte *f*, Leiterkarte *f*, Platine *f*, Schaltkarte *f*, gedruckte Schalt(ungs)platte *f*
per unit value bezogener [normierter] Wert *m*
peripheral components interface bus PCI-Bus *m*
permanent current Dauerstrom *m*
permanent junction unlösbare [nicht lösbare] Verbindung *f*
permanent-magnet moving-coil mechanism Drehspulmesswerk *n*
permeability Permeabilität *f*, (magnetische) Durchlässigkeit *f*; Durchdringbarkeit *f*
permeance magnetische Leitfähigkeit *f*, magnetischer Leitwert *m*, Permeanz *f*, A_I-Wert *m*
permissible limits (*Mess*) Messtoleranz *f*, Toleranz *f*
permissible load zulässige Belastung *f* [Last *f*]; Belastbarkeit *f*
permittivity (absolute) Dielektrizitätskonstante *f*, DK
persistent oscillations ungedämpfte Schwingungen *fpl*
personal identification number *siehe* PIN
perturbation Störung *f*; Störgröße *f*
phantom connection Phantomschaltung *f*, Viererschaltung *f*
phase Phase *f*, Schwingungsphase *f*; Phasenwinkel *m* • **displaced in phase** phasenverschoben • **in opposite phase** gegenphasig • **in phase quadrature** um $\pi/2$ phasenverschoben • **in the same phase** phasengleich • **to agree in phase** gleichphasig [in gleicher Phase] sein • **to be advanced in phase** voreilenden Phasenwinkel besitzen, voreilend sein • **to be in phase** gleichphasig [phasengleich] sein, in gleicher Phase sein • **to be out of phase** phasenverschoben sein, in der Phase verschoben sein
phase-commutated (*LE*) netzgeführt
phase control 1. Phasenregelung *f*, 2. Zündeinsatzsteuerung *f* (*IEC 50-161-07-09*); 3. (*LE*) *Anschnittsteuerung *f* (*IEC 50-811-28-22*)
phase-controlled rectifier phasengesteuerter Gleichrichter *m*
phase displacement Phasenverschiebung *f*, Phasendrehung *f*
phase quadrature Phasenverschiebung *f* um 90°, 90°-Verschiebung *f*
phase shifter Phasenregler *m*, Phasensteller *m*; Phasenschieber *m*
phase-to-earth voltage Leiter-Erde-Betriebsspannung *f*, Leiter-Erde-Spannung *f*
phase-to-phase voltage Dreieckspannung *f*, verkettete Spannung *f*
phasor diagram Zeigerdiagramm *n*
phone Telefon *n*, Fernsprecher *m* • **to be on phone** 1. Telefonanschluss [Fernsprechanschluss] haben; 2. am Apparat sein, telefonieren
photocell receiver lichtelektrischer Empfänger *m* [Strahlungsempfänger *m*]
photodiode Photodiode *f*, Fotodiode *f* (*IEC 50-731-06-28*)
photoresistance Photowiderstand *m*,
photosensitive relay Photorelais *n*; Lichtschranke *f*
physical contact direkter Kontakt *m*
pick-up 1. Abnehmer *m*, Tonabnehmer(kopf) *m*; Abtaster *m*, Aufnehmer *m*, Messfühler *m*; 2. Aufnahme *f*; Messwertaufnahme *f*; Auffangen *n*, Einstreuen *n* (*von Signalen*); Ansprechen *n*; Anziehen *n* (*Relais*)
picture dot Bildpunkt *m*
PID control Proportional-Integral-Differenzial-Regelung *f*, PID-Regelung *f*, Regelung *f* mit PID-Regler
piezoelectric microphone piezoelektrisches Mikrofon *n*, Kristallmikrofon *n*
pigtail Pigtail *n*, Drahtende *n*, Anschlussdraht *m*
pilot lamp 1. Überwachungslampe *f*; 2. (*Et*) Kontrolllampe *f* (*IEC 50-811-31-07*); 3. (*Nrt*) Platzlampe *f*
pilot signal Leitsignal *n*; Überwachungszeichen *n*
pin 1. Stift *m*, Kontaktstift *m*, Steck(er)stift *m*; 2. (*ME*) Pin *m*(*n*), Anschlussstift *m*,

Anschlussbein *n*, Bauelementanschluss *m*; Führungsstift *m*, Sockelstift *m*; Bolzen *m* (*bei Isolatoren*)
PIN (*Dat*, *If*) PIN, persönliche Identifikationsziffer *f*, persönliche Geheimzahl *f*
pinch 1. Einschnürung *f* (*Strom*); 2. Quetschung *f*, Quetschfuß *m*; Füßchen *n* (*Lampe*, *Röhre*)
pinch-off voltage Pinch-off-Spannung *f*, Abschnür(ungs)spannung *f*
pitch 1. Teilung *f* (*z. B. Polteilung*); 2. Schrittweite *f*, Schritt *m* (*z. B. einer Wicklung*); 3. (*Ak*) Tonhöhe *f*
place *v* **in parallel** parallel schalten
place *v* **in series** in Reihe schalten, hintereinander schalten
plain connector Flachstecker *m*
plant 1. Anlage *f*; Betrieb *m*, Werk *n*; Kraftwerk *n*; 2. (*Rt*) Regelstrecke *f* (*als Teil der Anlage*)
plastic film capacitor Kunststofffolienkondensator *m*
plate *v* galvanisieren; elektrochemisch beschichten, plattieren
platter 1. Platine *f*; 2. Speicherplatte *f*
playback rate Wiedergabegeschwindigkeit *f*
plug 1. Stecker *m*, Steckverbinder *m*, Stöpsel *m*; 2. Zündkerze *f* (*Kraftfahrzeug*)
plug braking Bremsen *n* durch Phasentausch, Gegenstrombremsung *f* (*der Asynchronmaschine*)
plug connector Steckdose *f*
plug in einstecken, einführen (*z. B. Stecker*); anschließen (*z. B. ein Gerät durch Steckkontakt*)
plug-in module Steckbaustein *m*, Einschubbaustein *m*
plug socket Steckfassung *f*; Steckdose *f*
plugging (*MA*) Gegenstrombremsen *n* (*beim Asynchronmotor*)
plunger solenoid Tauchkernspule *f*
PM, phase modulation PM, Phasenmodulation *f*
pointer deflection Zeigerausschlag *m*
polar pattern Richtcharakteristik *f*;
polar strip (*MA*) Polblech *n*
polarity Polarität *f*; Polung *f*
polarize *v* polarisieren; polen
polarized electrolytic capacitor gepolter Elektrolytkondensator *m*
pole 1. Pol *m*; 2. (*Et*) Mast *m* (*IEC 50-811-33-20*); Stange *f*
pole changer Polwechsler *m*; Polwender *m*
pole-changing motor polumschaltbarer Motor *m*
pole face shaping 1. Polschuhformgebung *f*; 2. Polflächenkrümmung *f*
pole reversal Polumkehr *f*, Umpolung *f*
pole shoe Polschuh *m*
polling 1. (*Dat*) Abfrage *f*, Abrufen *n*; Abrufbetrieb *m*; 2. (*Nrt*) Sendeaufruf *m*
polyphase circuit Mehrphasenstromkreis *m*
polyphase current Mehrphasen(wechsel)strom *m*
polyphase power Drehstromleistung *f*
porcelain insulator Porzellanisolator *m*
port 1. (*Dat*) Tor *n*, Kanal *m*, Datenkanal *m*; Eingabe-Ausgabe-Kanal *m*; 2. Schnittstelle *f*, Anschluss *m*, Anschlussstelle *f*
portable set transportables Gerät *n*; Koffergerät *n*; Tornistergerät *n*; fahrbarer Maschinensatz *m*
position vector Ortszeiger *m*, Ortsvektor *m*, Radiusvektor *m*
positioning control Lageregelung *f*, Lagesteuerung *f*, Steuerung *f* nach der Lage
positioning element Stellglied *n*
positive (elektrisch) positiv, positiv geladen
positive drive Antrieb *m* ohne Schlupf, schlupfloser Antrieb *m*
positive feedback Mitkopplung *f*, positive Rückkopplung *f*
post trigger (*Mess*) Nachtriggern *n*, Auslösen *n* nach Ereignis
postamplifier Nachverstärker *m*
postoscillation (*Rt*) Nachschwingen *n*
pot core Schalenkern *m*
pot magnet Topfmagnet *m*
potential difference 1. Potenzialdifferenz *f*, Potenzialunterschied *m*, (elektrische) Spannung *f*; 2. (*ME*) Diffusionsspannung *f*
potential divider Spannungsteiler *m*
potential equalization Potenzialausgleich *m*
potential transformer (*Mess*) Spannungswandler *m*, Spannungstransformator *m*
potentiometer Potenziometer *n*, Stellwiderstand *m* (*IEC 50-811-27-10*); regelbarer Widerstand *m*

pothead Kabelendverschluss *m*, Kabelendmuffe *f*, Kabelstutzen *m*
powder core Pulverkern *m*
power *v* speisen; anregen, antreiben
power 1. Leistung *f*, Kraft *f*, (nutzbare) Energie *f*; 2. Potenz *f* (*Mathematik*); 3. Leistungsvermögen *n*, Vermögen *n*, Fähigkeit *f* • **on full power** mit voller Leistung; mit voller Sendestärke
power circuit 1. Starkstromkreis *m*, Starkstromleitung *f*, Hauptstromkreis *m*; 2. (*Et*) Fahrstromkreis *m* (*IEC 50-811-25-03*); 3. Leistungskreis *m*
power component Wirkkomponente *f*, Wirkanteil *m*
power device Leistungsbauelement *n*
power dissipation Verlustleistung *f*, Leistungsverbrauch *m*, Leistungsabführung *f*, Wärmeabführung *f*, Energieabstrahlung *f*
power factor Leistungsfaktor *m*
power feeding Stromversorgung *f*
power input 1. Leistungsaufnahme *f*; 2. Leistungseingang *m*; 3. aufgenommene Leistung *f*
power-line communication Nachrichtenvermittlung *f* auf Hochspannungsleitung
power-line hum [**noise**] Netzbrummen *n*
power mains Starkstromleitung *f*, Kraftnetz *n*
power outlet Steckdose *f*
power supply 1. Stromversorgung *f*, Energieversorgung *f*; 2. Netzanschlussgerät *n*, Leistungsversorgungseinrichtung *f*; 3. Energiequelle *f*; Spannungsquelle *f*; Netzeinspeisung *f*
power transformer Netztransformator *m*; Leistungstransformator *m* (*IEC 50-811-26-01*)
PPM, pulse-position modulation PPM, Pulslagenmodulation *f*, Impulslagenmodulation *f*, Pulsphasenmodulation *f*, Impulsphasenmodulation *f*
pre-fader (*Ak*) Vorregler *m*
preamplifier Vorverstärker *m*; Mikrofonflasche *f*
preceding load (*An*) Vorbelastung *f*
precision instrument (*Mess*) Präzisionsinstrument *n*; Prüffeldinstrument *n*
prefix signal (*Nrt*) Vorbereitungszeichen *n*, Vorimpuls *m*
preliminary heating Vorwärmen *n*, Vorheizen *n*
preliminary magnetization Vormagnetisierung *f*
preloaded vorgespannt
preset *v* vorher einstellen; vorwählen
press button Druckknopf *m*, Drucktaste *f*
pressure sensor (*Mess*) Druckmessfühler *m*, Drucksensor *m*
pretrigger (*Mess*) Vortriggern *n*, Auslösen *n* vor dem Ereignis
primary 1. Primärwicklung *f* (*eines Transformators*); Primärspule *f*; 2. Primärteilchen *n*; 3. Stator *m* eines Linearmotors
primary element (*Mess*) Geber *m*, Messwertgeber *m*, Messfühler *m*
primary feedback Hauptrückführung *f* (*im Regelkreis*)
prime conductor Hauptleiter *m*, Primärleitung *f*
priming voltage Vorspannung *f*
principal circuit Grundschaltung *f*
principle of superposition Superpositionsprinzip *n*, Überlagerungsprinzip *n*, Prinzip *n* der ungestörten Superposition
printed circuit board (gedruckte) Leiterplatte *f*, Leiterkarte *f*, Platine *f*, Schaltkarte *f*, gedruckte Schalt(ungs)platte *f*
priority circuit Vorrangschaltung *f*
probability of failure Ausfallwahrscheinlichkeit *f*; Wahrscheinlichkeit *f* einer technischen Störung
probe (*Mess*) Sonde *f*, Fühler *m*, Messkopf *m*, Taster *m*, Tastkopf *m*
procedure of solution Lösungsweg *m*
process 1. Verfahren *n*, Prozess *m*, Methode *f*; Herstellungsverfahren *n*; 2. Vorgang *m*, Ablauf *m*, Verlauf *m*; 3. (*Rt*) Regelstrecke *f*, Regelkreis *m*
process chart Ablaufdiagramm *n*
process field bus 1. Feldbussystem *n* (*Multimaster-Bus in Anlehnung an das ISO/OSI-Schichten-Referenzmodell*); 2. Profibus *m* (*wichtige deutsche Feldbusnorm*)
processing of measured data Messwertverarbeitung *f*
prod Tastspitze *f*; Prüfspitze *f*
PROFIBUS-DP PROFIBUS *m* für dezentrale Peripherie
program flow chart Programmablaufplan *m*
programmable array logic (*PAL*) PAL, Logik *f* programmierbarer Felder [Datenfelder]

programmable communication interface (*Nrt*) PCI *f*, programmierbare Kommunikationsschnittstelle *f* (*bei PC mit ISDN-Steckkarte*)
programmable logic array programmierbares Logikfeld *n*, PLA (*Halbleiterfestwertspeicher*)
programmable logic control speicherprogammierbare Steuerung *f*, SPS *f*, tastenprogrammierbare Steuerung *f*, Teach-in-Steuerung *f*
projection display Projektionsanzeige *f*
prolonged alternating loading Dauerwechselbelastung *f*; Dauerwechselbeanspruchung *f*
PROM, programmable read-only memory programmierbarer Fest(wert)speicher *m*, PROM *n*
prong Stift *m* (*Stecker*)
prong-type (measuring) instrument (*Mess*) Zangenmessgerät *n*, Zangeninstrument *n*
proof against short circuits kurzschlussfest
propagating path Fortpflanzungsweg *m* (*z. B. einer Welle*)
propagation coefficient 1. Ausbreitungskonstante *f*, Fortpflanzungskonstante *f*; 2. (*Nrt*) Übertragungskonstante *f*, Übertragungsmaß *n* (*IEC 50-731-03-41*)
propagation time Laufzeit *f*
proper frequency Eigenfrequenz *f*
proportional action (*Rt*) Proportionalverhalten *n*, P-Verhalten *n*, Wirkung *f* eines P-Gliedes
propulsion Antrieb *m*
prospective making current (zu erwartender) Einschaltstrom *m*
protected against accidental current berührungsgeschützt
protected motor switch Motorschutzschalter *m*
protecting cover Schutzabdeckung *f*
protection 1. Schutz *m*; Absicherung *f*; 2. Schutzeinrichtung *f*; Abschirmung *f*
protection against indirect contact Schutz *m* gegen indirektes Berühren
protection by electrical separation Schutztrennung *f*
protection class Schutzklasse *f*
protection low voltage Schutzkleinspannung *f*
protection ratio (*EMV*) Schutzabstand *m* (*IEC 50-161-06-05*)
protective conductor Schutzleiter *m*
protective contact socket Schukosteckdose *f*, Schutzkontaktsteckdose *f*
protective earth Schutzleiter *m*; Blitzschutzerde *f*, Schutzerde *f*
proving ground Prüffeld *n*
proximity 1. Nähe *f*; Dichtheit *f*; Assoziation *f*; 2. (*Rt*) berührungslos
proximity effect 1. Nah(e)wirkung *f*, Nahwirkungseffekt *m*; Stromverdrängungseffekt; 2. (*Ak*) Nahbesprechungseffekt *m*; 3. Proximityeffekt *m*, Nachbarschaftseffekt *m* (*Elektronenstrahllithographie*)
proximity switch Annäherungsschalter *m*, Näherungsschalter *m*
PTC (*positive temperature coefficient*) PTC, positiver Temperaturkoeffizient *m*
PTC resistor PTC-Widerstand *m*, Kaltleiter *m*
pull contact Zugkontakt *m*
pull-down Schalter *m*, Schalterelement *n* (*eines Inverters*)
pull *v* **into synchronism** in Tritt fallen (*Synchronmotor*)
pull *v* **up** anziehen (*Relais*)
pull-up torque 1. Sattelmoment *n* (*niedrigstes Drehmoment hochlaufender Asynchronmaschinen*); 2. Ansprechmoment *n* (*Relais*)
pulsatance Kreisfrequenz *f*, Winkelfrequenz *f*
pulsating component Wechselanteil *m*, Wechselkomponente *f*
pulsating load pulsierende [stoßweise] Belastung *f*
pulse-amplitude modulation (*pam, PAM*) PAM *f*, Pulsamplitudenmodulation *f* (*analoges Pulsmodulationsverfahren*)
pulse control factor Tastverhältnis *n* bei Pulsbreitensteuerung
pulse-frequency modulation Impulsfrequenzmodulation *f*, Pulsfrequenzmodulation *f*, PFM
pulse length Impulslänge *f*, Pulsdauer *f*, Impulsbreite *f*
pulse operation Impulsbetrieb *m*
pulse rate modulation Pulsfrequenzmodulation *f*
pulse repetition frequency [**rate**] Impulsfolgefrequenz *f*, Puls(folge)frequenz *f*, Pulswiederholungshäufigkeit *f*; Impulstaktfrequenz *f*, Taktfrequenz *f*

pulse train Impulsfolge *f*, Pulsfolge *f*, Impulskette *f*
pulse transformer (*LE*) Pulsübertrager *m*, Impulsübertrager *m*
pulse-width modulation (*PWM*) (*LE*) PWM, Impulsbreitenmodulation *f*, Pulsbreitenmodulation *f*, Pulsweitenmodulation *f*
pulsed gepulst, pulsierend, impulsgetastet, impulsbetrieben, mit Impulsbetrieb; impulsgesteuert; Impuls..., Puls...
pulser Impulsgeber *m*, Pulsgeber *m*, Impulsgenerator *m*, Pulsgenerator *m*, Impulserzeuger *m*
puncture *v* 1. durchschlagen (*Isolation*); 2. durchstechen, durchbohren
puncture strength Durchschlagfestigkeit *f*
pure resistance ohmscher Widerstand *m*
push-button durch Druckknopf [Drucktaste] auslösbar; Druckknopf...
push-pull amplifier Gegentaktverstärker *m*
push-pull switching power supply Gegentaktschaltnetzteil *n*
PWM *siehe* pulse-width modulation

Q

QAM *siehe* quadrature-amplitude modulation
QIL *siehe* quad-in-line package
quad Vierer *m*, Viererseil *n* (*Kabel*)
quad-in-line package (*QIL*) (*ME*) Quad-in-line Gehäuse *n*, Gehäuse *n* mit vier Anschlussreihen
quadrature Quadratur *f*, Phasenquadratur *f* (*90°-Phasenverschiebung*) • **in** (**phase**) **quadrature** um $\pi/2$ phasenverschoben
quadrature-amplitude modulation (*QAM*) (*Nrt*) Quadraturamplitudenmodulation *f*
quadrature circuit Phasenschieberkreis *m*
quadrature component Blindkomponente *f*
quadrature-field voltage (*MA*) Querfeldspannung *f*, Wendefeldspannung *f*
quadripole, quadrupole Vierpol *m*
quality 1. (*Qu*) Qualität *f*, Güte *f*; 2. Qualität *f*, Eigenschaft *f*, Beschaffenheit *f*
quality factor Güte *f*, Resonanzgüte *n* (*Schwingkreis*); Kreisgüte *f* (*Schwingkreis*); Gütefaktor *m*, Güteziffer *f* (*z. B. zur Kennzeichnung der Regelungsgüte*)
quantity 1. Quantität *f*, Menge *f*; Anzahl *f*; Wert *m* (*z. B. einer physikalischen Größe*); 2. (physikalische) Größe *f*; Größenart *f*
quantity under measurement (*Mess*) Messgröße *f*
quantization error (*Nrt*) Quantisierungsfehler *m*
quantizing interval Quantisierungsintervall *n*
quarter-phase system Zweiphasensystem *n*
quarter-wave aerial Viertelwellenantenne *f*, Lambda-Viertel-Antenne *f*, $\lambda/4$-Antenne *f*
quartz (**crystal**) **oscillator** Quarzoszillator *m*
quasi-stationary magnetic field quasistationäres Magnetfeld *n*
quench *v* 1. löschen (*Lichtbogen*); auslöschen (*Lumineszenz*); quen(s)chen (*Supraleiter*); 2. (ab)kühlen; abschrecken
quenching choke Löschdrossel *f*
queue *v* (*Dat*, *Nrt*) eine Warteschlange bilden, in eine Warteschlange einreihen
quick-access memory Schnell(zugriffs)speicher *m*
quick-break fuse Hochleistungssicherung *f*, flinke Sicherung *f*
quick-operating schnell ansprechend (*Relais*)
quick release Schnellunterbrechung *f*, sofortige Unterbrechung *f* [Trennung *f*]
quick-start lamp Schnellstartlampe *f* (*sofort und ohne Flackern zündende Leuchtstofflampe*)
quiescent-carrier modulation Modulation *f* [Amplitudenmodulation *f*] mit Trägerunterdrückung in den Pausen
quiescent-current Ruhestrom *m*, Rückstrom *m*

R

race *v* durchdrehen, durchgehen (*Motor*)
rack 1. Gestell *n*; Rahmen *m*; Einschubschrank *m*; 2. Zahnstange *f*
rack-and-panel connector Kontaktleiste *f*, Steckkontaktleiste *f*

radar (*radio detecting and ranging*) 1. (*FO*) Radar *n*(*m*), Rückstrahlortung *f*, Funkortung *f*; (*veraltet*) Funkmesstechnik *f*; 2. (*FO*) Radar(gerät) *n*
radial component Radialkomponente *f*
radial network 1. (*EE*, *An*) Strahlennetz *n*; 2. (*Nrt*) Sternnetz *n*
radian frequency Kreisfrequenz *f*, Winkelfrequenz *f*
radiant power Strahlungsleistung *f*, abgestrahlte Leistung *f*, Strahlungsfluss *m*, Energiefluss *m*, optische Leistung *f*
radiation efficiency 1. Strahlungswirkungsgrad *m*, Antennenwirkungsgrad *m*, Strahlungsleistung *f* der Antenne; 2. (*Ak*) Abstrahlgrad *m*
radiation source Strahlungsquelle *f*
radio *v* senden, übertragen (*durch Rundfunk*); funken
radio-frequency hochfrequent; Hochfrequenz..., HF-...
radio-frequency noise (*EMV*) Hochfrequenzstörung *f* (*IEC 50-161-01-12*)
radio-interference capacitor Störschutzkondensator *m*
radio-interference suppression Funkentstörung *f* (*EN 55014*, *EN 55014*, *VDE 0875*)
radiotelephone communication Funkfernsprechverkehr *m*, Funksprechverbindung *f*
rail voltage Betriebsspannung *f*, Batteriespannung *f*, Speisespannung *f*
RAM (*random-access memory*) RAM *n*, Schreib-Lese-Speicher *m*, Speicher *m* mit wahlfreiem Zugriff, Direktzugriffsspeicher *m* • **"RAM enable"** „RAM freigeben"
ramify *v* sich verzweigen, sich verästeln (*z. B. ein Kriechweg auf einer Isolation*)
ramp 1. *Rampe *f*, Flanke *f*; Dachschräge *f* (*Impuls*); 2. Anstiegsvorgang *m*
ramp generator Sägezahngenerator *m*
ramp response Rampenantwort *f*, Anstiegsantwort *f*, Antwort *f* [Reaktion *f*] auf ein rampenförmiges Eingangssignal
random failure zufälliger Ausfall *m*, Zufallsausfall *m*
random noise rejection Rauschunterdrückung *f*
randomly occurring regellos auftretend (*z. B. Impulse*)
range 1. Bereich *m*, Umfang *m*; 2. Reichweite *f*, Entfernung *f*, Abstand *m*; 3. (*Mess*) Messbereich *m*, Skalenbereich *m*; 4. (*Nrt*) Band *n*, Durchlässigkeitsbereich *m*; Frequenzbereich *m*, Wellenbereich *m*; 5. Elektroherd *m*
range switch (*Mess*) Messbereichsumschalter *m*, Bereichs(um)schalter *m*
rapid charging Schnellladung *f* (*Batterie*; *IEC 50-811-20-09*)
rapid of rise Anstiegsgeschwindigkeit *f* (*IEC 50-161-02-06*); Anstiegssteilheit *f*
rapid value Nennwert *m*, Sollwert *m*, Bemessungswert *m*, Bemessungsgröße *f* (*IEC 50-811-11-02*)
rapidity of action Ansprechgeschwindigkeit *f* (*Relais*)
raser (*radio wave amplification by stimulated emission of radiation*) Raser *m* (*Laser im HF-Bereich*)
ratch Sperrklinke *f*
rate-action controller Regler *m* mit Vorhalt [D-Einfluss, D-Glied], D-Regler *m*
rate of decay 1. Abklinggeschwindigkeit *f* (*von Schwingungen*); 2. (*Ak*) Abnahmegeschwindigkeit *f*, Pegelabnahme *f* je Zeiteinheit; 3. Zerfallsgeschwindigkeit *f*
rate of rise Anstiegsgeschwindigkeit *f*, Anstiegssteilheit *f*
rated Nenn...
rated at bemessen [ausgelegt] für
rating 1. Nennwert *m*; Nennleistung *f*; Messbereichsendwert *m*; Messbereichsnennwert *m*; 2. Schätzung *f*; Bewertung *f*; Bemessung *f*
ratio detector Ratiodetektor *m*, Verhältnisgleichrichter *m*; Brückendemodulator *m*
ratio of a transformer Übersetzungsverhältnis *n*, Transformatorverhältnis *n*
ratio of voltage division Spannungsteilungsverhältnis *n*
ray *v* 1. (aus)strahlen, Strahlen aussenden; 2. bestrahlen
RC Widerstands-Kapazitäts-..., RC-...
re-zeroing Nullrückstellung *f*, Rückstellen *n* auf null
reactance Reaktanz *f*, Blindwiderstand *m*,
reactance component Blindkomponente *f*
reacting duration Ansprechdauer *f*
reaction circuit Rückkopplungskreis *m*, Rückkopplungsschaltung *f*
reaction power compensation [**correction**] Blindleistungskompensation *f*, Blindleistungsausgleich *m*

reactive 1. reaktiv, rückwirkend; gegenwirkend; 2. (*ET*) Blind..., induktiv, um 90° nacheilend
reactive component Blindanteil *m*, Blindkomponente *f*
reactor 1. (*ET*) Drossel(spule) *f*, Reaktanz(spule) *f*; Querdrosselspule *f* (*bei Freileitungen*; *IEC 50-811-26-19*); 2. Reaktor *m*, Kernreaktor *m*
read *v* (ab)lesen; abtasten, abfühlen; anzeigen (*z. B. ein Messergebnis*)
read *v* **off** ablesen; abtasten
real 1. real, wirklich, echt, absolut; 2. reell (*z. B. Zahl, Bild*)
real part Realteil *m*
real power Wirkleistung *f*
real-time execution (*Dat, Rt*) Echtzeitausführung *f*
real value 1. (*Mess*) Istwert *m*, tatsächliche Größe *f*; 2. reeller Wert *m*
reapply *v* wieder(holt) anwenden; wieder anlegen (*eine Spannung*)
rear rückseitig; Rück...; Hinter...
receive *v* 1. erhalten; 2. (*Nrt*) empfangen; 3. aufnehmen (*z. B. Lichtimpulse*)
receiver (*Nrt*) Empfänger *m*, Empfangsgerät *n*; Rundfunkempfänger *m*; Hörer *m*, Fernhörer *m*
receptacle 1. Steckerloch *n*, Steckdose *f*, Steckbuchse *f*; Fassung *f*; 2. Behälter *m*, Gefäß *n*
recessed switch eingelassener Schalter *m*, Unterputzschalter *m*; Einbauschalter *m*
rechargeable battery aufladbare Batterie *f*, Akkumulator *m* (*IEC 50-811-20-02*)
reciprocal of amplification factor Durchgriff *m*, reziproker Verstärkungsfaktor *m*
recirculation shift register (*Dat*) Umlaufschieberegister *n*
reclosing interlock (*EE*) Wiedereinschaltsperre *f*
reclosing surge Ausschaltüberspannung *f*
reconnect *v* (*Nrt*) entsperren
record *v* aufzeichnen, (auf)schreiben, eintragen, registrieren, aufnehmen; mitschneiden; aufsprechen (*auf Band*); speichern (*Daten*)
record-repeat head (kombinierter) Aufnahme- und Wiedergabekopf *m*, Hör-Sprech-Kopf *m*
recovery 1. Wiedergewinnung *f*, Rückgewinnung *f*, Wiederherstellung *f*; Regenerierung *f*; 2. (*ME*) Erholung *f* (*Abbau überschüssiger Ladungsträger*)
recovery charge (*ME*) Sperrverzugsladung *f*, gespeicherte Ladungsträgermenge *f*
recovery time 1. (*ET*) Erholungszeit *f*, Abklingzeit *f*, Rückkehrzeit *f*, (innere) Totzeit *f*; Entionisierungszeit *f* (*bei Gasentladungsröhren*); 2. (*ME*) Sperrverzögerung *f*, Verzögerungszeit *f*; Freiwerdezeit *f*
rectangular connector Flachstecker *m*
rectified alternating current gleichgerichteter Wechselstrom *m* (*ungesiebt*)
rectifier Gleichrichter *m* (*IEC 50-811-19-12*); elektrisches Ventil *n*
rectifier inverter Wechselrichter *m*
rectifier stack Gleichrichterblock *m*, Gleichrichtersäule *f*, Gleichrichtersatz *m*
rectifier technique Stromrichtertechnik *f*
rectify *v* 1. gleichrichten; 2. entzerren (*z. B. ein spektrographisch bestimmtes Linienprofil*); 3. korrigieren, berichtigen; richtig einstellen (*z. B. ein Instrument*)
recuperation of current Stromrückgewinnung *f*
recurrent circuit Kettenleiter *m*, Kettenschaltung *f*, Kettenleiternetz *n*
redialling Wahlwiederholung *f*
reducing transformer Abwärtstransformator *m*, Reduziertransformator *m*
reduction in load Lastabsenkung *f*
redundancy Redundanz *f*, Weitschweifigkeit *f* (*Informationstheorie*); Überflüssigkeit *f*
reed Schaltzunge *f*, Kontaktzunge *f* (*Reed-Relais*); Zunge *f* (*beim Zungenfrequenzmesser*)
reed contact Reed-Kontakt *m*, Schutzgaskontakt *m*, Zungenkontakt *m* (*im Schutzrohr*)
reference Bewertung *f*; Beziehung *f*; Erwähnung *f*; Standpunkt *m*; Referenz *f*; Bezugnahme *f*, Bezug *m*; Verweis *m*; Hinweis *m*; Erwähnung *f*
reference value 1. Bezugswert *m*; 2. (*Rt*) Führungsgröße *f*, Sollwert *m*
reference voltage Referenzspannung *f*, Bezugsspannung *f*, Vergleichsspannung *f*; Eichspannung *f*
reflected-light barrier Reflexlichtschranke *f*

refresh (*Dat*) Auffrischen *n* (*von dynamischen Speichern*)
regeneration 1. Regenerieren *n*, Regeneration *f*; 2. Rückkopplung *f*; positive Rückführung *f*; 3. Entzerrung *f*
regeneration switchgroup Nutzbremsumschalter *m*, Stromrückgewinnungsschalter *m*
regenerative feedback (*Rt*) Rückkopplung *f*, Mitkopplung *f*; positive Rückführung *f*, Rückführung *f* ohne Vorzeichenumkehr
register 1. Register *n*, Verzeichnis *n*; 2. Registriervorrichtung *f*, Zählwerk *n*, Zähler *m*; 3. Speicher *m*, Register *n* (*Wortspeicher*); 4. (*ME*) Deckungsgenauigkeit *f*, Deckungsgleichheit *f* (*Maskentechnik*)
regulated power supply Konstantstromversorgung *f*, stabilisierte Stromversorgung *f*
regulated quantity (*Rt*) Stellgröße *f*
regulating autotransformer Regelspartransformator *m*
reinforce *v* verstärken; bewehren
rejection Verwerfen *n*, Ablehnen *n*, Abweisung *f*; Sperrung *f*, Unterdrückung *f*
relative dielectric constant relative Dielektrizitätskonstante *f*
relative harmonic content Klirrfaktor *m*, Oberschwingungsgehalt *m*
relative short-circuit voltage (bezogene) Kurzschlussspannung *f* (*Trafo*)
relative time delay Laufzeitfehler *m*
relaxation diagram Kippdiagramm *n*, Kippkennlinie *f*
relaxation time Kippzeit *f*, Relaxationszeit *f*; Abklingzeit *f*
relay 1. Relais *n*; 2. (*Rt*) Zweipunktglied *n*
relay freezing Relaiskleben *n*, Kleben *n* des Relais
relay release [**releasing**] **time** Relaisabfallzeit *f*; Relaisauslösezeit *f*
release *v* rücksetzen (*Relais*); auslösen; freigeben, freisetzen; loslassen (*Taste*); abfallen (*Relais*)
release current Auslösestrom *m*; Abfallstrom *m* (*Relais*)
reliability test(ing) Zuverlässigkeitsprüfung *f*
reluctance Reluktanz *f*, magnetischer Widerstand *m*
reluctance motor Reluktanzmotor *m*
reluctance torque synchrones Drehmoment *n*
remagnetization Neumagnetisierung *f*, Aufmagnetisierung *f*, Ummagnetisierung *f*
remain on an [eingeschaltet] bleiben; gehalten werden (*z. B. Spitzenwert*)
remanence Remanenz *f*, remanente [zurückbleibende] Magnetisierung *f*
remote entfernt; Fern...; Tele...; rechnerfern
remote control Fernsteuerung *f*; Fernbedienung *f*; Fernlenkung *f*; Fernregelung *f*
remove *v* entfernen, beseitigen; ausbauen
repeater 1. (*Dat*, *Nrt*) Verstärker *m*, Repeater *m*, Zwischenverstärker *m*, Relaisstelle *f* (*einer Richtfunkverbindung*); Impulswiederholer *m*; 2. (*Ap*) Stellungsrückmelder *m* (*IEC 50-811-31-01*)
repetition frequency Folgefrequenz *f* (*z. B. bei Teilentladungen*); Pulsfolgefrequenz *f*, Wiederholungsfrequenz *f*, Tastfrequenz *f*
replacement lamp Ersatzlampe *f*
reply pulse Antwortimpuls *m*
represent graphically grafisch darstellen
repulsion(-induction) motor Repulsionsmotor *m*
reset *v* 1. wieder einsetzen; neu einstellen; 2. zurückstellen, zurücksetzen; auf null stellen; löschen
reshape pulses Impulse regenerieren
residual residual, restlich, remanent; Rest...
residual error (*Rt*) bleibende Regelabweichung *f*, bleibender Fehler *m*
resistance 1. (elektrischer) Widerstand *m*, Wirkwiderstand *m*, ohmscher Widerstand *m*; 2. Widerstandsfähigkeit *f*, Festigkeit *f*, Beständigkeit *f* (*mechanisch*, *chemisch*)
resistance-capacitance coupling Widerstands-Kapazitäts-Kopplung *f*, RC-Kopplung *f*
resistance coefficient Widerstandskoeffizient *m*, spezifischer Widerstand *m*
resistance coupling Widerstandskopplung *f*, galvanische Kopplung *f*
resistive component Widerstandskomponente *f*, Wirk(strom)komponente *f*
resistivity 1. spezifischer (elektrischer) Widerstand *m*; 2. Widerstandsfähigkeit *f*, Beständigkeit *f*, Festigkeit *f* (*mechanisch*, *chemisch*)
resistor Widerstand *m* (*Bauteil*); Widerstandsgerät *n*

resistor-capacitor-coupled RC-gekoppelt
resolution 1. Auflösung *f*; Auflösungsvermögen *n* (*Optik*); Bildauflösung *f* (*Bildpunktanzahl bei Bildschirmen* (*XxY*) *und digitalen Kameras, Pixelzahl*); 2. Zerlegung *f*
resonance Resonanz *f* • **at resonance** bei Resonanz
resonance ratio Resonanzüberhöhung *f* (der Amplitude)
resonant line (**circuit**) Leitungsschwingkreis *m*, abgestimmte Leitung *f* (*z. B. Lecher-Leitung*)
resonating (**resonant**) **circuit** Resonanzkreis *m*, Schwingkreis *m*
respond *v* ansprechen (*z. B. Messgerät*); anziehen (*Relais*); reagieren, antworten
response 1. Ansprechen *n* (*z. B. eines Messgeräts*); Anziehen *n* (*eines Relais*); Verhalten *n*, Reaktion *f*; Antwort *f*; 2. Frequenzgang *m*, Frequenzkurve *f*, Gangkurve *f*; 3. Ansprechempfindlichkeit *f*; 4. Ausschlag *m*, Anzeige *f* (*eines Messgeräts*); 5. (*FO*) Echo *n*
response-frequency diagram Amplituden-Phasen-Frequenzgang *m*
response time 1. Einstellzeit *f* (*z. B. eines Messinstruments*); Ansprechzeit *f* (*z. B. eines Relais*); Anlaufzeit *f*, Reaktionszeit *f*; 2. (*Nrt*) Beantwortungszeit *f*; Einschwingzeit *f*; 3. (*Hsp*) Antwortzeit *f* (*eines Hochspannungsteilers*)
rest Ruhe *f*; Stillstand *m* • **at rest** in Ruhe, ruhend, bewegungslos
restart Neustart *m*, Wiederanlauf *m*, Wiederstarten *n*
resting contact Ruhekontakt *m*; Öffnungskontakt *m*, Öffner *m* (*Relaistyp*)
restore *v* 1. wiederherstellen; instandsetzen; zurückstellen; 2. (*Dat*) rückspeichern, umspeichern, wieder einspeichern
restrictor (*Rt*) Begrenzer *m* (*Nichtlinearität*)
resultant value Endwert *m*
retaining circuit Haltestromkreis *m* (*Relais*)
retardation 1. Verzögerung *f*, Retardierung *f*, Nacheilung *f*; 2. (*MA*) Auslauf *m*; 3. Gangunterschied *m* (*Polarisation*)
retarder 1. Verzögerer *m*, Verzögerungsmittel *n*; 2. Verzögerungsschaltung *f* (*für Impulse*); 3. Hemmwerk *n*
retransmission 1. wiederholte Aussendung *f*; 2. (*Nrt*) nochmalige Übermittlung *f* [Übertragung *f*]; Rückübertragung *f*; 3. (*Nrt*) Weitervermitteln *n*, Umtelegrafieren *n*, abschnittsweise Übertragung *f*
retrigger *v* nachtriggern
return cable Rückleitungskabel *n*, Stromrückleitungskabel *n* (*IEC 50-811-35-04*)
return signal (*Rt*) Rückführgröße *f*, Rückführungssignal *n*
reversal Umkehr(ung) *f*; Umsteuerung *f*; Umpolung *f* (*Batterie*)
reverse characteristic Sperrkennlinie *f*, Strom-Spannungs-Kennlinie *f* in Sperrrichtung
reverse converter Sperrwandler *m*
reverse potential Gegenspannung *f*
reverse recovery time 1. (*ME*) Sperrverzugszeit *f*, Sperrverzögerung(szeit) *f*; 2. (*Leist*) Sperrerhol(ungs)zeit *f*, Rückwärtserholungszeit *f* (*Thyristor*)
reversed feedback Gegenkopplung *f*
reversible counter Zweirichtungszähler *m*, Vorwärts-Rückwärts-Zähler *m*
reversing starter Umkehranlasser *m*; Wendeschütz *n*
revert *v* umkehren; wenden; wieder rückfallen (*Relais*)
revolutions per minute Umdrehungen *fpl* je Minute, U/min, min^{-1},(*technische Kenngröße für Drehzahlen oder Umlauffrequenzen*)
revolving-field machine Innenpolmaschine *f*
revolving magnetic field (*MA*) Drehfeld *n*
rewire *v* 1. neu verdrahten, wieder verdrahten; 2. zurücktelegrafieren
ribbon cable Bandkabel *n* (*IEC 50-731-04-06*); Flachkabel *n*
right-hand rechtsläufig, rechtsgängig; rechts
right-handed system Rechtssystem *n* (*z. B. Koordinatensystem*)
ring *v* 1. klingeln, läuten; 2. (*Nrt*) (an)rufen
ring armature (*MA*) Ringanker *m*
ring core Ringkern *m* (*einer Spule*)
ring mains Ringleitung *f*
ringing 1. (*Nrt*) Rufen *n*; Anruf *m*, Ruf *m*; Wecken *n*; Rufumsetzung *f*; 2. unkontrolliertes Schwingen *n*; 3. (*Fs*) Überschwingen *n*, Bildverdopplung *f*; 4. oszillierendes Eigenschwingen *n*, gedämpfte [abklingende] Schwingung *f*

ripple Welligkeit *f*; Restwelligkeit *f*; Brummen *n*, Brumm *m*; Oberwelle *f* (*IEC 50-161-02-27*)
ripple noise Stromversorgungsgeräusch *n*, Netzbrummen *m*
rise *v* 1. (an)steigen; zunehmen; sich steigern [verstärken]; 2. (*Ak*) anschwellen, lauter werden
rise rate [**speed**] Anstiegsgeschwindigkeit *f*
rise time Anstiegszeit *f* (*IEC 50-161-02-05*); Stirnzeit *f* (*bei der Stoßspannung*); Transitionszeit *f* (*bei Einschaltvorgängen*); Ansteuerungszeit *f*; Anlaufzeit *f* (*z. B. der Übergangsfunktion*)
r.m.s., rms, R.M.S., RMS *siehe* root mean square
roll-off Abfall *m* des Amplitudenganges, Absenkung *f* (*z. B. im Frequenzgang*)
roller-type capacitor Wickelkondensator *m*
ROM (*read-only memory*) ROM *n*, Fest(wert)speicher *m*, Nur-Lese-Speicher *m*
root mean square (*r.m.s, rms, R.M.S., RMS*) quadratischer Mittelwert *m*, quadratisches Mittel *n*, Effektivwert *m*
rotable phase-adjusting transformer Drehtransformator *m*
rotary rotierend, (sich) drehend, umlaufend; kreisend; Rotations..., Dreh...
rotating coil Drehspule *f*
rotating vector diagram Zeigerdiagramm *n*
rotational frequency Umlauffrequenz *f*
rotational speed Umlaufgeschwindigkeit *f*, Umdrehungsgeschwindigkeit *f*
rotor (*MA*) Rotor *m*, Läufer *m* (*IEC 50-811-14-08*)
rotor end ring Kurzschlussring *m*
rotor power input (*MA*) Drehfeldleistung *f*, Luftspaltleistung *f*
round a mesh in einer Masche, auf dem Umlaufweg um eine Masche, auf einem Umlauf
round rotor Vollpolläufer *m* (*Synchronmaschine*)
route Leitweg *m*, Leitungsführung *f*; Linienzug *m*, Trasse *f*
router 1. Nachrichtenweiterleiteinrichtung *f*, Nachrichtenführer *m*; Netzverbinder *m* (*für zwei unterschiedliche lokale Datennetze*); 2. (*If*) Router *m* (*Rechner zur Verbindung eines Netzwerks mit dem Internet*)
routine repair work laufende Instandsetzungsarbeiten *fpl*, Pflege *f*, Wartung *f*
row of contacts Kontaktreihe *f*
rubber-covered wire gummiisolierter Draht *m*, Gummidraht *m*, Gummiader *f*
rule 1. Regel *f*; Vorschrift *f*; 2. Maßstab *m*; Lineal *n*
run *v* 1. laufen, in Betrieb [Gang] sein, arbeiten (*z. B. Maschine, Motor*); laufen lassen, in Gang setzen; betreiben; 2. führen (*z. B. Leitungen*); verlegen (*z. B. Kabel*)
run *v* **away** durchgehen (*Maschine*)
run *v* **down** stehen bleiben, auslaufen (*Motor*); überentladen (*Batterie*)
run-up Hochlaufen *n*, Hochlauf *m*; kurzer Probelauf *m*
rupture of wire Drahtbruch *m*
rush of current Stromstoß *m*

S

saddle point Sattelpunkt *m*
safe operating area (*Dat*) sicherer Arbeitsbereich *m*, SOAR-Bereich *m*
safeguard 1. Schutz *m*, Sicherung *f*; Schutzmaßnahmen *fpl*; 2. Sicherheitsvorrichtung *f*, Schutzvorrichtung *f*
safety plug Schutzkontaktstecker *m*, Schukostecker *m*
salient-pole machine (*MA*) Einzelpolmaschine *f*, Schenkelpolmaschine *f*
sample *v* 1. Proben entnehmen; prüfen, eine Probe machen; 2. abtasten (*elektronisch*)
sample-and-hold circuit Abtast- und Halteschaltung *f*
sample lot inspection Stichprobe(nkontrolle) *f*
sampling frequency Abtastfrequenz *f*, Kreisfrequenz *f* der Abtastung
saturated operation (*Rt*) Arbeit *f* im Sättigungsgebiet (*der Kennlinie*)
saturation 1. Sättigung *f*, Sättigungszustand *m*; 2. Farbsättigung *f*
saturation region Sättigungsgebiet *n*, Übersteuerungsbereich *m*
save *v* abspeichern, im Speicher ablegen
sawtooth generator Sägezahngenerator *m*, Sägezahnoszillator *m*, Kipposzillator *m*

sawtooth sweep Sägezahnzeitablenkung *f*
scale-of-two multivibrator bistabiler Multivibrator *m*, bistabile Kippschaltung *f*
scaled 1. maßstabsgerecht, maßstäblich; 2. mit (einer) Skale versehen
scaler 1. Zähler *m*; (elektronischer) Impulszähler *m*; 2. Untersetzerschaltung *f*, Untersetzer *m*
scan *v* 1. abtasten; bestreichen, überstreichen (*Radar*); 2. durchsuchen (*Informationsverarbeitung*)
scan coil Ablenkspule *f* (*Elektronenstrahlröhre*)
scan frequency Abtastfrequenz *f*
scanning generator 1. Kippgenerator *m*; 2. (*Fs*) Ablenkgenerator *m*, Zeitablenkgerät *n*
scanning generator 1. Kippgenerator *m*; 2. (*Fs*) Ablenkgenerator *m*, Zeitablenkgerät *n*
scheduled value (*ET*) Sollwert *m*
schematic diagram schematische Darstellung *f*
Schmitt trigger Schmitt-Trigger *m*, Schwellwertdetektor *m*
Schottky barrier diode Schottky-Diode *f*
scope Anwendungsbereich *m* (*z. B. von Vorschriften*)
scramble *v* verschlüsseln (*z. B. eine Meldung*)
screen 1. Schirm *m* (*IEC 50-161-03-25*); Bildschirm *m*; Leuchtschirm *m*; 2. Rasterplatte *f*, Filter *n*; Sieb *n* (*z. B. Siebdrucktechnik für gedruckte Schaltungen*); 3. Abschirmung *f*, Gitter *n*, Drahtgitter *n*
screened cable Schirmkabel *n*, abgeschirmtes Kabel *n*
screened cage Faraday-Käfig *m*
screwdriver-actuated switch Drehschalter *m*
screwed holder Schraubfassung *f*; Gewindesockel *m*, Edison-Sockel *m*
seal *v* 1. (ab)dichten, abschließen, zuschmelzen, abschmelzen; vergießen; kapseln; plombieren; 2. einrasten [einschnappen] lassen (*z. B. Stecker, Sockel*)
sealing voltage Schließspannung *f*, Einschaltspannung *f* (*Schalter, Relais*)
search coil Prüfspule *f*, Suchspule *f*; Messspule *f*
secondary 1. Sekundärkreis *m*; Sekundärwicklung *f* 2. Läufer *m* eines Linearmotors
secondary cell [**element**] Sekundärelement *n*, Sammler *m*
secondary failure [**fault**] Folgefehler *m*, Sekundärfehler *m*; Folgeausfall *m*
section switch 1. Verteilungsschalter *m*; 2. (*An*) Kuppelschalter *m*
sectionalize a fault einen Fehler eingrenzen
selection line Auswahlleitung *f*, Ansteuerungsleitung *f*
selective selektiv, auswählend; trennscharf
self(**-acting**) selbsttätig, automatisch; Selbst..., Eigen...
self-commutation (*LE*) Selbstkommutierung *f*, Zwangskommutierung *f*; Zwangsführung *f*
semiconductor (*Ph*, *ME*) Halbleiter *m*
semiconductor-controlled rectifier (*LE*) gesteuerter Halbleitergleichrichter *m*
sending Sendung *f*, Übermittlung *f*
sending end 1. Eingangsseite *f*, Eingang *m*, Eingangsklemmen *fpl*; Generatorseite *f*, Leitungsanfang *m*; 2. Sende(r)seite *f*, Geberseite *f* • **at the sending end** senderseitig
sense *v* (ab)fühlen, abtasten; erfassen; lesen; erkennen
sense of current Stromrichtung *f*
sensitive adjustment Feineinstellung *f*, Feinverstellung *f*
sensitivity 1. Empfindlichkeit *f*; 2. (*Licht*) Empfindlichkeitsschwelle *f* (*IEC 50-731-06-38*); Ansprechempfindlichkeit *f* (*z. B. eines Messmittels*); Parameterempfindlichkeit *f*; Ansprechvermögen *n*; Übertragungsfaktor *m* (*z. B. eines Mikrofons*); 3. Innenwiderstand *m* (*bei Voltmetern in Ohm/Volt*)
sensor Sensor *m*, Messfühler *m*, Fühlelement *n*, Fühler *m*; Aufnehmer *m*, Messwertaufnehmer *m*
separately excited motor (*MA*) fremderregter Motor *m* (*IEC 603-12-15*)
separating capacitor Trennkondensator *m*
separating transformer Netztransformator *m* (*mit Potenzialtrennung*)
sequence Folge *f*, Reihenfolge *f*, Aufeinanderfolge *f*, Reihe *f*
sequence chart 1. (*Dat*) Folgediagramm *n*, Ablaufdiagramm *n*; 2. (*Nrt*) Schalttabelle *f*
sequence network Kettenleiter *m*

sequencer Sequenzer *m*, Tonfolgespeicher *m*, Melodienspeicher *m*; Tonfolgegenerator *m*
sequential control (*Rt*) Ablaufsteuerung *f*, Folgesteuerung *f*; Folgeregelung *f*
serial 1. reihenweise (geordnet); serienweise; Reihen..., Serien...; 2. (*Dat*) seriell, nacheina; Serien...
serial transmission serielle Übertragung *f*
series Serie *f*, Folge *f*, Aufeinanderfolge *f*; Reihe *f* (*Mathematik*); Baureihe *f* • **in series** (*ET*) in Reihe, hintereinander geschaltet
series motor (*MA*) Reihenschlussmotor *m* (*IEC 50-811-12-13*); Hauptschlussmotor *m*
series operation Serienbetrieb *m*
series-parallel converter Reihenparallelumsetzer *m*
series reactor Reihendrossel *f*, Strombegrenzungsdrossel *f*; Vorschaltdrossel *f*; Saugspule *f*
series-wound machine Reihenschlussmaschine *f*, Hauptschlussmaschine *f*, Serienmaschine *f*
service *v* 1. bedienen; 2. warten, instandhalten, pflegen; unterhalten
service 1. Betrieb *m*; Bedienung *f*; Versorgung *f*; 2. Dienst *m*, Kundendienst *m*; Service *m*; 3. Wartung *f*, Instandhaltung *f*; 4. Hausanschluss *m* • **to bring [put] into service** in Betrieb nehmen
service line Anschlussleitung *f*, Hausanschlussleitung *f*, Abnehmerleitung *f*
servo Servogerät *n*, Servoeinrichtung *f*, Stelleinrichtung *f*
servo control Servoregelung *f*, Nachlaufregelung *f*
servomotor Servomotor *m*, Hilfsmotor *m*, Stellmotor *m* (*in Regelsystemen*)
set 1. Satz *m*, Apparatesatz *m*, Gerätesatz *m*; Maschinensatz *m*, Aggregat *n*; 2. Gerät *n*, Apparat *m*; 3. Anlage *f*, System *n*; 4. Menge *f* (*Mathematik*)
set at einstellen auf
set point 1. Bezugspunkt *m* (*z. B. für den Sollwert*); 2. (*Rt*) Sollwert *m*, Vorgabewert *m*
set-up 1. Aufbau *m*, Anordnung *f*, Aufstellung *f*; Einstellung *f*; 2. Einstellparametersatz *m*, Gesamtheit *f* aller Einstellwerte; 3. Problemstellung *f*; 4. Kopplungsplan *m*
set value Sollwert *m* (*IEC 50-811-11-34*)
setting range Einstellbereich *m*
setting time 1. Polarisationszeit *f*, Ummagnetisierungszeit *f*; 2. Einstellzeit *f*
shaded pole Spaltpol *m*
shading coil Kurzschlusswindung *f*, Kurzschlussspule *f*; Kurzschlussring *m* (*im Spaltpol eines Schützes oder Spaltpolmotors*)
shaft Welle *f*, Achse *f*
shaft encoder Drehgeber *m*, rotierender Lagegeber *m*
shake test(ing) Schüttelprüfung *f*
shape factor Formfaktor *m*
shaping circuit Impulsformerschaltung *f*
sharp focussing Scharfeinstellung *f*
sharp tuning Feinabstimmung *f*, Scharfabstimmung *f*, genaue Einstellung *f* [Abstimmung *f*]
sheet Blech *n*; Blatt *n*; Tafel *f*; Schicht *f*; Dynamoblech *n*
shield wire Schirmleiter *m*
shielded abgeschirmt; gepanzert (*z. B. Kabel*; *Gerät*)
shift Schieben *n*, Verschiebung *f*; Wechsel *m*, Veränderung *f*
shift in phase Phasenverschiebung *f*, Phasensprung *m*
shift register Schieberegister *n*, Stellenverschiebungsregister *n*
shock-mounted gefedert
short circuit Kurzschluss *m*
short-circuit breaking capacity (*EE*) Kurzschlussausschaltvermögen *n*
short-circuit-proof kurzschlussfest, kurzschlusssicher
short-circuit strength Kurzschlussfestigkeit *f*
short circuit to earth Erdschluss *m*
short-circuited rotor Kurzschlussläufer *m*
short-time duty Kurzzeitbetrieb *m*
short wave Kurzwelle *f* (*3 - 30 MHz*)
shorting link Kurzschlussverbindung *f*
shunt *v* (*ET*) nebenschließen, in Nebenschluss schalten, shunten, parallel schalten, überbrücken
shunt compensation (*EE*) Parallelkompensation *f* (*IEC 50-603-04-30*); Ladeleistungskompensation *f* (*durch Querdrosseln*)
shunt connection Parallelschaltung *f*
shunt resistance Neben(schluss)widerstand *m*, Parallelwiderstand *m*, parallel geschalteter Widerstand *m*

shunt wire Ableitungsdraht *m*, Ableiter *m*
shunt-wound motor Nebenschlussmotor *m*
shut *v* **down** ausschalten, abstellen; stilllegen, außer Betrieb setzen (*z. B. eine Anlage*)
shut *v* **off** abschalten, abstellen
SI unit SI-Einheit *f*
sideband (*Nrt*) Seitenband *n*
sideband suppression Seitenbandunterdrückung *f*, Unterdrücken *n* des Seitenbandes
sideband suppression Seitenbandunterdrückung *f*, Unterdrücken *n* des Seitenbandes
sign change Vorzeichenwechsel *m*
signal *v* signalisieren, melden; übermitteln, senden
signal handling Signalverarbeitung *f*
signal processor Signalprozessor *m*, Signalverarbeitungseinheit *f*
signal reproduction 1. Wiederherstellung *f* von Signalen; 2. Zeichenwiedergabe *f*; Signalwiedergabe *f*
signal-to-disturbance ratio Signal-Rausch-Verhältnis *n* (*IEC 50-161-06-03*)
signal transfer time Signalübertragungszeit *f*
signalling terminal (*Nrt*) Vermittlungsknoten *m*
silence Stille *f*, signalfreie Pause *f*
silicon tensometer Silicium-Dehnungsmessstreifen *m*
simple rectifier Einpulsgleichrichter *m*
simple series circuit RLC-Stromkreis *m*
simplex operation Simplexbetrieb *m*, Simplexverkehr *m*, Richtungsverkehr *m*, Wechselverkehr *m*
simulate *v* nachbilden, nachahmen, simulieren (*z. B. einen Vorgang*)
simultaneous action gleichzeitige Wirkung *f*
sine (*sinusoidal*) sinusförmig; Sinus...
singing margin Pfeifabstand *m*, Abstand *m* vom Pfeifpunkt; Stabilitätsspielraum *m*
single-aperture core Ringkern *m*
single-break contact element Schaltglied *n* mit Einfachunterbrechung
single cable Einleiterkabel *n*, einadriges Kabel *n*
single cell Monozelle *f*
single-channel operation Einkanalbetrieb *m*
single-ended mit einseitigen Anschlüssen, unsymmetrisch; Eintakt...
single-ended forward converter (*LE*) Eintakt-Durchflusswandler *m*
single-layer coil einlagige Spule *f*, Einlagenspule *f*
single-limb(ed) einschenkelig (*Transformator*)
single-line diagram 1. einpoliger Schaltplan *m*, Einphasen-Netzschema *n*; 2. Prinzipschaltbild *n*; Übersichtsschaltplan *m*
single-phase power supply Einphasennetz *n*
single-shot trigger circuit Univibratorkippschaltung *f*, monostabile Triggerschaltung *f*
single-sideband amplitude modulation ESB-AM *f*, Einseitenbandamplitudenmodulation *f* (*alte Bezeichnung*: *A3A*, *A3H*, *A3J*; *neu nach VO Funk*: *R3E*, *H3E*, *J3E*)
site test(ing) on cables Vor-Ort-Kabelprüfung *f*, Prüfen *n* von verlegten Kabeln
six-pulse bridge (*LE*) Sechspulsbrückenschaltung *f*
six-step inverter Sechspulsstromrichter *m*
size 1. Größe *f*, Abmessung *f*, Dimension *f*; Baugröße *f*; 2. Grundiermasse *f*, Isoliergrund *m*
skeleton diagram Blockschema *n*, Signalflussdiagramm *n*; Schaltplan *m*
skew 1. Bandschräglauf *m*; 2. Schrägverzerrung *f* (*eines Bildes*); (zeitlicher) Versatz *m* (*von Signalen*); 3. Schiefe *f* (*z. B. einer Kurve*); 4. (*MA*) Schrägung *f* (*einer Nut*)
skin effect Skineffekt *m*, Hauteffekt *m*, Stromverdrängungseffekt *m*
skin resistance Hautwiderstand *m*
slack-rope switch Zugseilschalter *m* (*Lift*)
slave Slave *m*(*n*); Nebengerät *n*, gesteuertes Gerät *n*, Neben..., Hilfs-...
sleeve Hülse *f*, Manschette *f*, Muffe *f*, Verbindungsmuffe *f*
slew(ing) rate [**speed**] 1. maximal mögliche Anstiegsgeschwindigkeit *f* (*z. B. der Ausgangsspannung*); 2. maximal mögliche Schreibgeschwindigkeit *f* (*XY-Schreiber*)

slicer Doppelbegrenzer *m*, symmetrischer Abkapper *m*
slide [**sliding**] **resistor** Schiebewiderstand *m*
slide contact Gleitkontakt *m*, Schiebekontakt *m*
slider Schleifer *m* (*z. B. eines Potenziometers*); Schieber *m*; Gleitstück *n*
slip (*MA*) Schlupf *m* (*IEC 50-811-16-15*); Gleiten *n*, Rutschen *n*; Gleitung *f*, Gleitbewegung *f*, Abgleitung *f* (*Kristalle*)
slip ring (*MA*) Schleifring *m* (*IEC 50-811-14-22*); Gleitring *m*
slip-ring induction motor Schleifringankermotor *m*
slope 1. Neigung *f*, Gefälle *n*; Steigung *f*, Anstieg *m* (*z. B. einer Kurve*); 2. Steilheit *f* (*Maß des Kennlinienanstiegs*)
slot 1. Schlitz *m*; Spalt *m* (*z. B. eines Monochromators*); Nut *f* (*IEC 50-811-14-14*); 2. (*Dat*) Anschluss *m* für eine Erweiterungskarte
slotted armature genuteter Anker *m*, Nutanker *m*
slotted rotor plate geschlitzte Rotorplatte *f*
slow-blow fuse träge Sicherung *f*
slow-motion control knob Feinabstimmknopf *m*
slow-release relay verzögertes [langsam abfallendes] Relais *n*, Verzögerungsrelais *n*, Relais *n* mit Abfallverzögerung; Relais *n* mit verzögerter Auslösung
slow response 1. langsames [träges] Ansprechen *n*; 2. (*Ak*) Zeitbewertung *f* „langsam“
sluggish response langsames Ansprechen *n*, langsame Reaktion *f*
small-signal equivalent circuit Kleinsignalersatzschaltbild *n*
smart power switch (*LE*) intelligenter Leistungsschalter *m*
SMD *siehe* surface-mounting device
smoke detector [**sensor**] Rauchfühler *m*, Rauchsensor *m*, Rauchmelder *m* (*elektronische Warnanlage*)
smooth *v* glätten; ebnen; beruhigen
smoothing choke Glättungsdrossel *f*, Siebdrossel *f*
snaked wire verdrillter Draht *m*
snap-action switch Schalter *m* mit Schnappeffekt, Schnappschalter *m*
socket 1. Steckdose *f*; Buchse *f*; Fassung *f*; 2. Steckstelle *f* (*für Leiterplatten*)
socket-outlet Steckdose *f*
soft-iron core Weicheisenkern *m*
solar cell array Solarzellenanordnung *f*, Sonnenzellenanordnung *f*; Solarbatterie *f*
solder *v* löten; sich löten lassen; gelötet werden
solder cup Löthülse *f*
solder extraction device [**tool**] Entlötgerät *n*, Entlötwerkzeug *n*
soldering iron Lötkolben *m*
solenoid-operated (elektro)magnetisch betätigt; Magnet...
solenoid switch Magnetschalter *m*
solenoidal inductor Magnetspule *f*
solid conductor massiver Leiter *m*
solid core massiver Kern *m* [Magnetkern *m*]
solid logic Festkörperschaltkreis *m*
solid rotor massiver Läufer *m*
solid-state contactor Halbleiterschalter *m*; elektronisches Schütz *n*, statisches Halbleiterschütz *n*
solidly earthed neutral system Netz *n* mit Sternpunkterdung
sonde Sonde *f*
sonic Ton...; Schall...
sonic flowmeter Ultraschalldurchflussmesser *m*
soot *v* (ver)rußen; verschmutzen (*z. B. Kontakte*)
sound amplifier Tonverstärker *m*
sound attenuation Schalldämmung *f*, Schalldämpfung *f*
sound corrector Klangregler *m*, Tonblende *f*
sound frequency Tonfrequenz *f*
sound ranging Schallortung *f*, akustische Entfernungsmessung *f*
sound receiver Schallempfänger *m*; Schallaufnehmer *m*
sound transmitter Schallsender *m*, Tonsender *m*
source 1. Quelle *f*, Herkunft *f*, Ursprung *m*; 2. Energiequelle *f*; Spannungsquelle *f*; Stromquelle *f*; Lichtquelle *f*; Strahlungsquelle *f*; 3. Quellenelektrode *f*, Sourceelektrode *f* (*Feldeffekttransistor*)
source impedance Quell(en)widerstand *m*, Quellenimpedanz *f*, Sourceimpedanz *f*; Generatorinnenwiderstand *m*
space 1. Raum *m*; Weltraum *m*; 2. Zwischenraum *m*, Abstand *m*; Lücke *f*; Impulslücke *f*; Leerstelle *f*; 3. Zeitraum *m*, Frist *f*

space factor 1. Füllfaktor *m*, Ausnützungsfaktor *m* (*Spulen, Wicklung*); 2. Gruppenfaktor *m*, Raumfaktor *m* (*Antennen*)
spacer 1. Abstandshalter *m*, Abstandsstück *n*, Distanzstück *n*, Zwischenstück *n*; 2. (*Nrt*) Abstandstaste *f*; Leer(stellen)taste *f*
spare part Ersatzteil *n*
spark Funke *m*; Zündfunke *m*
spark-absorber magnet Funkenlöschermagnet *m*
spark gap Funken(entladungs)strecke *f*; Elektrodenabstand *m*
sparking coil Zündspule *f*
sparking of brushes Bürstenfeuer *n*
speaker cabinet Lautsprechergehäuse *n*
special equipment Sonderausrüstung *f*
specific apparent power (*ET*) spezifische Scheinleistung *f*
specific conductance [**conductivity**] spezifische Leitfähigkeit *f*, spezifischer Leitwert *m*, Leitfähigkeit *f*
specific resistance spezifischer Widerstand *m*
specification 1. (*Qu*) Auslegung *f*; 2. Spezifikation *f*, (genaue) Beschreibung *f*; Richtlinie *f*, Vorschrift *f*; Pflichtenheft *n*
spectral width (*Licht*) Spektralbreite *f*
spectrum analyzer Spektralanalysator *m*
speech input amplifier Mikrofonverstärker *m*
speech recognition Spracherkennung *f*
speed 1. Geschwindigkeit *f* (*IEC 50-811-13-02*); 2. (*MA*) Drehzahl *f*, Motordrehzahl *f* (*IEC 50-811-13-03*); Umdrehungszahl *f*, Tourenzahl *f*; 3. Empfindlichkeit *f* (*einer fotografischen Schicht*) • **at high speed** mit hoher Drehzahl; mit hoher Geschwindigkeit
speed control Geschwindigkeitsregelung *f*; Drehzahlregelung *f*
speed governor Drehzahlregler *m*
speed of revolution Umdrehungsgeschwindigkeit *f*, Drehzahl
speed of transmission Sendegeschwindigkeit *f*, Übertragungsgeschwindigkeit *f*
speed sensor Drehzahlgeber *m*
speed-torque characteristic [**curve**] Drehzahl-Drehmomenten-Kennlinie *f*
speed-up Voreilen *n*, Voreilung *f*
spherical source (*Ak*) Kugelstrahler *m*
SPICE (*Ms*) Programm *n* für die Simulation elektrischer Schaltkreise
spider 1. Spinne *f*, Zentriermembran *f*; 2. (*MA*) Läufernabe *f* (*IEC 50-811-14-13*); Läuferstern *m*, Rotorstern *m*
spike 1. Zacke *f*, Zacken *m*, Spitze *f*; Überschwingspitze *f*; 2. (*ME*) Nadelimpuls *m*; kurzer Impuls *m*
spin 1. Spin *m*, Eigendrehimpuls *m*, Eigenrotation *f*; 2. Drall *m* (*Kabel, Leitungen*)
spiral-four twisting Stern(vierer)verseilung *f*
splash-proof spritzwasserdicht; spritzwassergeschützt
splice *v* spleißen (*Kabel*); anstückeln (*Kabel*); kleben (*Tonband*)
split *v* (auf)spalten, teilen; sich spalten
split collector ring geteilter Kollektorring *m*
split-field motor Spaltpolmotor *m*
split plug Bananenstecker *m*
split transformer Transformator *m* mit geteilter Wicklung, Anzapf(ungs)transformator *m*
spontaneous ignition Selbst(ent)zündung *f*
spool insulator Rollenisolator *m*
spot 1. Punkt *m*; Fleck *m*; 2. Lichtfleck *m*, Lichtpunkt *m*; 3. Bildelement *n*, Bildpunkt *m*; 4. Brennpunkt *m*, Elektrodenbrennfleck *m*; 5. Schweißpunkt *m*
spread *v* ausbreiten; sich ausbreiten; streuen
spring contact Federkontakt *m*, federnder Kontakt *m*
spring jack (*Ap*) Klinke *f*
spring-return switch nicht rastender Schalter *m*
spurious frequency Störfrequenz *f*
square-core coil quadratische Spule *f*; Rechteckspule *f*
square-law scale Skale *f* mit quadratischer Teilung, quadratisch geteilte Skale *f*
square pulse Rechteckimpuls *m*
square root Quadratwurzel *f*
square-wave generator Rechteck(wellen)generator *m*, Rechteckimpulsgenerator *m*, Generator *m* für Rechteckspannungen
squashing Quetschung *f*; Deformierung *f*
squeeze *v* quetschen, drücken, (zusammen)pressen

squegger Sperrschwinger *m*, Pendeloszillator *m*
squirrel cage Käfigwicklung *f*, Käfig *m*, Kurzschlusskäfig *m*
stability condition Stabilitätsbedingung *f*
stability duration Haltezeit *f* (*Pulscodemodulation*)
stability limit 1. Stabilitätsgrenze *f*; Stabilitätsrand *m* (*eines Regelungssystems*); 2. Pfeifpunkt *m*
stabilization Stabilisierung *f*, Stabilisation *f*; Konstanthaltung *f*
stabilized power supply 1. stabilisierte [konstante] Stromversorgung *f*; 2. Konstantstromquelle *f*
stable in frequency frequenzkonstant, frequenzstabil
stack 1. (*MA*) Stapel *m*, Blechpaket *n* (*Trafo*); Säule *f* (*z. B. bei Stoßanlagen*); 2. (*Dat*) Stapelspeicher *m*, Kellerspeicher *m*, Stapelregister *n*, Stack *m*; 3. Schichtenfolge *f*
stacking factor 1. (*ME*) Füllfaktor *m*; 2. (*MA*) Stapelfaktor *m* (*geblechter Kern*)
stage 1. Stufe *f*; Stadium *n*; 2. Senderstufe *f*; Verstärkerstufe *f*; 3. Bühne *f*; Gerüst *n*
staircase generator Treppen(spannungs)generator *m*, Kipptreppengenerator *m*
stall *v* blockieren; stehen bleiben (*Motor*)
stand *v* **by** 1. bereitstehen, in Bereitschaft sein; 2. (*Nrt*) sendebereit sein; auf Empfang bleiben
standard bus interface normierte Busschnittstelle *f*
standby generator set Notstromaggregat *n*
standing d.c. component überlagerter Gleichstromanteil *m*
standstill torque (*MA*) Stillstandsmoment *n*
star circuit Sternschaltung *f*
star-delta starter Sterndreieckanlasser *m*, Sterndreieckschalter *m*
start Start *m*; Beginn *m*; Anlauf *m*; Inbetriebnahme *f*
starter 1. Anlasser *m*, Anlassschalter *m*; 2. Zündelektrode *f*
starting 1. Anlassen *n*; Einschalten *n*; Inbetriebnahme *f*; Inbetriebsetzung *f*; Anlaufen *n*, Start *m*; 2. (*Et*) Anfahrt *f*; 3. Zündung *f* (*z. B. von Entladungslampen*)
starting-up connection Anlassschaltung *f*
state 1. Zustand *m*, Status *m*; 2. Beschaffenheit *f*; Lage *f*
state-chart [diagram] Zustandsdiagramm *n*
state of charge Ladezustand *m*
static balancer Spannungsteiler *m*, Mittelpunktstransformator *m*
static characteristic statische Kennlinie *f* [Charakteristik *f*]
static converter 1. (ruhender) Stromrichter *m*; Stromrichteranlage *f*, Stromrichtergruppe *f*; 2. (*LE*) statischer Umformer *m* (*IEC 50-811-19-05*)
static electrification statische Aufladung *f*
static field (elektro)statisches Feld *n*
station 1. (*Nrt*) Funkstation *f*; Sender *m*; 2. (*EE*) Kraftwerk *n*; 3. (*Dat*) Datenstation *f*
stationary state stationärer Zustand *m*, Beharrungszustand *m*, Gleichgewichtszustand *m*
statistical error zufälliger Fehler *m*, statistische Unsicherheit *f*
stator (*MA*) Stator *m*, Ständer *m*
status rod Ankerstab *m*
staying Abspannung *f*, Verspannung *f*, Verankerung *f*
steady Daueranzeige *f*
steady component Gleichkomponente *f*, Gleichanteil *m*
steady current resistance ohmscher Widerstand *m*, Gleichstromwiderstand *m*
steady load 1. (*ET*) Dauerbelastung *f*, Dauerlast *f*; 2. gleichmäßige [ruhende] Last *f*, gleich bleibende Belastung *f*, Dauerbelastung *f* (*mechanisch*)
steady-state 1. stationär, eingeschwungen; 2. stationär, gleich bleibend
steady-state error bleibende Regelabweichung *f*
steel cored mit Stahlader *f*
steep edge steile Flanke *f*
steerable steuerbar, lenkbar
stem 1. Querglied *n*, Querwiderstand *m*; 2. Röhrenfuß *m*, Elektrodenfuß *m*, Fuß *m* (*einer Elektrodenröhre*); Lampenfuß *m*; 3. Tastenschaft *m*
step 1. Schritt *m*; Stufe *f*; 2. (*Et*) Fahrstufe *f* (*IEC 50-811-30-28*); Sprung *m*, sprunghafte Veränderung *f* • **in step** synchron, in Phase, im Gleichlauf

step down abspannen, heruntertransformieren
step-recovery diode Boff-Diode *f*, Rückschnappdiode *f*, Ladungsspeicherdiode *f*, stufenweise Entionisierungsdiode *f*
step response Sprungantwort *f*, Sprungübergangsfunktion *f*
step-up converter Hochsetzsteller *m*
steplessly variable stufenlos [kontinuierlich] einstellbar
stepper [**stepping**] **motor** Schrittmotor *m*
stereo amplifier Stereoverstärker *m*
stick *v* kleben (*z. B. Relais*); hängen bleiben, haften; stecken, befestigen
stick circuit Haltestromkreis *m*
stimulation Stimulation *f*, Anregung *f*, Erregung *f*
stop *v* 1. stoppen, unterbrechen, anhalten, zum Stehen bringen; abschalten, abstellen; stecken bleiben; 2. sperren; arretieren; 3. (ver)stopfen
stop band Sperrbereich *m* (*eines Filters*)
stop filter Sperrfilter *n* (*IEC 50-161-04-29*)
stopper circuit Sperrkreis *m*, Sperrfilter *n*
storage 1. Speicherung *f* (*z. B. von Ladung*); Aufbewahrung *f*, Lagerung *f*; 2. (*Dat*) Speicherung *f*; 3. Speicher *m*
storage capacitance Speicherkapazität *f*
storage cell 1. Sammlerzelle *f*, Sammlerbatterie *f*, Akkumulatorzelle *f*; 2. (*Dat*) Speicherzelle *f*
storage oscillograph [**oscilloscope**] Speicheroszillograph *m* [oszilloskop *n*]
store *v* 1. aufbewahren, lagern; speichern (*z. B. Energie*); 2. (*Dat*) speichern; (ein)schreiben
straight conductor gerader [gestreckter] Leiter *m*
straight-line geradlinig; linear
straight-line detector linearer Gleichrichter *m*
strain bridge Dehnungsmessbrücke *f*
strain gauge Dehn(ungs)messstreifen *m*, Dehnungsmessfühler *m*, Dehnungsmesser *m*
strand 1. Litze *f*, Litzendraht *m*; Strang *m* (*Leiter aus grobem Draht*); Einzelleiter *m* (*eines verseilten Leiters*); 2. (*MA*) Teilleiter *m*
stratified medium geschichtetes Medium *n*
stray capacitance Streukapazität *f*
stray field Streufeld *n*
stray inductance Streuinduktivität *f*
stray pick-up Einstreuung *f*, Einwirkung *f* von Streufeldern; unerwünschte Aufnahme *f*, Störaufnahme *f*
stress *v* 1. belasten, beanspruchen; (an)spannen; 2. betonen
strike *v* 1. schlagen; (auf)treffen; stoßen [prallen] auf; 2. zünden (*z. B. einen Lichtbogen*)
strike across überspringen, überschlagen
striking current Zündstrom *m*; Zündstromstärke *f*; Ansprechstromstärke *f* (*Sicherung*)
strip *v* 1. abziehen, abstreifen; abisolieren (*Draht*); 2. austreten lassen (*Licht aus dem Lichtleitermantel*)
strip earth conductor Banderder *m*
stripping 1. Abziehen *n*, Ablösen *n*, Abstreifen *n*; 2. (*Galv*) Entplattierung *f*; 3. (*Ph*) Umladen *n*
strobing signal Strobe-Signal *n*, Auftastsignal *n*, Austastsignal *n*
stroke 1. Schlag *m*, Stoß *m*; 2. Blitz(ein)schlag *m*; 3. Hub *m*, Kolbenhub *m*; Takt *m*; 4. Anschlag *m*, Betätigung *f* (*Taste*)
strongly damped stark gedämpft; eigenschwingungsfrei
stub 1. Stichleitung *f*, Blindleitung *f*; 2. Abzweig *m*; 3. Befestigungsplatte *f* (*eines Mastes*)
sub... unter..., neben...
subacoustic Unterschall...
subaudio frequency Infraschallfrequenz *f*, unhörbar tiefe Frequenz *f*, Untertonfrequenz *f*
subcarrier frequency Zwischenträgerfrequenz *f*
subjective error subjektiver Fehler *m*
subscriber (*Nrt*) Anwender *m*, Nutzer *m*, Teilnehmer *m*, Fernsprechteilnehmer *m* • **"subscriber busy"** „Teilnehmer besetzt" • **"subscriber engaged"** „Teilnehmer besetzt" • **"subscriber temporarily unobtainable"** „Teilnehmer augenblicklich nicht erreichbar"
subsidiary distribution box Unterverteiler *m*
subsonic 1. infraakustisch; Infraschall...; 2. Unterschall...; langsamer als der Schall

substation transformer Ortsnetztransformator *m*
substitute *v* substituieren, austauschen, ersetzen
substitutional resistance Ersatzwiderstand *m*
subthreshold unterhalb des Schwellwerts, unterhalb der Schwelle (liegend)
successive cycles 1. aufeinander folgende Arbeitsgänge *mpl*; 2. (*Dat*) aufeinander folgende Zyklen *mpl*
sucking coil [solenoid] Tauchkernspule *f*
suite (*Nrt*) Gestellreihe *f*, Schrankreihe *f*
sulphur hexafluoride circuit breaker SF_6-Leistungsschalter *m*
summation [summing] amplifier Summierverstärker *m*, Summationsverstärker *m*
sunk switch eingelassener [versenkter] Schalter *m*
super high frequency SHF *f*, Mikrowellenfrequenz *f* (*Zentimeterwellen, 3 GHz - 30 GHz, nach DIN 40015 und VO Funk*)
superconducting supraleitend, supraleitfähig
superheterodyne amplifier Zwischenfrequenzverstärker *m*
superimpose *v* 1. überlagern; einblenden (*Frequenz*); 2. (*Nrt*) simultan schalten
superload Überlast *f*, Zusatzlast *f*
supervisor 1. Steuerprogramm *n*, Leitprogramm *n*, Überwachungsprogramm *n*; 2. Aufsicht(sperson) *f*
supervisory system Überwachungseinrichtung *f*
supplied from the mains netzgespeist
supply *v* versorgen; zuführen; (ein)speisen
supply cord Netz(anschluss)schnur *f*
supply line Speiseleitung *f*, Versorgungsleitung *f*
supply voltage Speisespannung *f*, Versorgungsspannung *f*; Netzspannung *f*
suppressed frequency band (*Nrt*) unterdrücktes Band *n* [Frequenzband *n*]; Sperrbereich *m* (*eines Filters*)
suppression capacitor Störschutzkondensator *m*
suppression component, suppressor Entstörer *m*, Entstörelement *n*
suppressor circuit Begrenzerschaltung *f*
surface arrester Überspannungsableiter *m*; Blitzableiter *m*
surface impedance Wellenwiderstand *m*
surface leakage current Kriechstrom *m*; Oberflächenisolationsstrom *m*
surface-mounted component [device] auf der Oberfläche montiertes Bauelement *n*, SMD; Bauelement *n* für Oberflächenmontage
surface-mounting device (*SMD*) oberflächenmontierbares Bauteil *n*, Bauelement *n* für Oberflächenbestückung, SMD
surface socket Aufputzsteckdose *f*, Überputzsteckdose *f*
surface suppression circuit Überspannungsbegrenzungsschaltung *f*
surface temperature Oberflächentemperatur *f*
surface voltage Stoßspannung *f*
surface voltage gradient Schrittspannung *f*
surface wiring Leitungsverlegung *f* auf Putz
surge arrester (*EE*) Überspannungsableiter *m* (*IEC 50-811-31-09*); Blitzableiter *m*
surge impedance of a line (*EE*) Wellenwiderstand *m* einer Leitung (*IEC 50-603-02-23*)
survey 1. Übersicht *f*; 2. Überwachung *f*
survey diagram Übersichtsschaltplan *m*
susceptance Suszeptanz *f*, Blindleitwert *m*
suspension facility (*Nrt*) Sperrmöglichkeit *f*, Unterbrechungsmöglichkeit *f*
suspension switch Schnurschalter *m*
sustained earth (fault) Dauererdschluss *m*
sustained short-circuit current Dauerkurzschlussstrom *m*
swamping resistance (*Mess*) Serienwiderstand *m* mit vernachlässigbarem Temperaturkoeffizienten, Spulenvorwiderstand *m*
swan socket Bajonettfassung *f*
sweep *v* überstreichen; überdecken; durchlaufen; abtasten; ablenken (*Oszillograph*); wobbeln (*Frequenz*); absuchen (*mit Scheinwerfern*)
sweep amplifier Ablenkverstärker *m*, Kippverstärker *m*
sweep circuit 1. Kippschaltung *f*, Kippkreis *m*, Ablenkschaltung *f*; 2. (*FO*) Abtastkreis *m*
sweep coil Ablenkspule *f*

sweep frequency 1. Zeitablenkfrequenz *f*, Ablenkfrequenz *f*, Kippfrequenz *f*; Wobbelfrequenz *f*; 2. (*FO*) Abtastfrequenz *f*
sweep generator [oscillator] Kippgenerator *m*, Wobbelgenerator *m*
swept frequency band überstrichenes Frequenzband *n*
swing Ausschlag *m* (*Messinstrument*); Auslenkung *f*; Schwankung *f*, Schwingung *f*
switch 1. Geräteschalter *m*; Schalter *m*; Umschalter *m*; Trennschalter *m*; 2. Weiche *f*
switch bay Schaltfeld *n*
switchboard 1. Schalttafel *f*, Schaltfeld *n*; 2. (*Nrt*) Vermittlungsschrank *m*, Schrank *m*
switched mode power supply (*LE*) Schaltnetzteil *n*
switchgear 1. Schaltvorrichtung *f*; Schaltanlage *f*; 2. Schaltgerät *n*
switching amplifier Schaltverstärker *m*
switching circuit Verknüpfungsschaltung *f* (*logische Schaltung*); Schaltungsverknüpfung *f*, Schaltkreis *m*
switching contact Schaltkontakt *m*
switching-off Abschaltung *f*, Ausschaltung *f*, Ausschalten *n*, Außerbetriebsetzen *n*
switching-on Einschalten *n*, Zuschalten *n*
switching regulator Schaltregler *m*
switching technique (*Nrt*) Vermittlungstechnik *f*
switching threshold Schaltschwelle *f*
switching transient Einschwingvorgang *m* (*beim Schalten*); Schaltvorgang *m*; Ausgleichsvorgang *m*; Schaltstoß *m*
switchover Umschaltung *f*
symbol rate (*Nrt*) Schrittgeschwindigkeit *f*
symmetrical load symmetrische Last *f* [Belastung *f*]
sympathetic oscillation [vibration] Mitschwingung *f*, Resonanzschwingung *f*
synchro Drehmelder *m*, Drehfeldgeber *m*, Synchronservomechanismus *m*, Synchro *m*, Selsyn *n*
synchronization Synchronisation *f*, Herstellung *f* des Gleichlaufs; Gleichlaufsteuerung *f*
synchronous capacitor Phasenschieber *m*
synchronous drive Synchronantrieb *m*
synchronous machine Synchronmaschine *f*
synchronous speed (*MA*) Synchrongeschwindigkeit *f*, Synchrondrehzahl *f* (*IEC 50-811-16-11*)
synthesizer Synthesizer *m* (*auch Musikinstrument*); synthetischer Funktionsgenerator *m*; Sprachgenerator *m*
syntonization Abstimmung *f* (*z. B. auf Resonanz*)
system collapse Netzzusammenbruch *m*
system configuration Netzkonfiguration *f*, Netzstruktur *f*
system demand control Laststeuerung *f* (*IEC 603-04-03*)
system earth Betriebserde *f* (*Netz*)
system fault level Netzkurzschlussleistung *f*, Netzausschaltleistung *f*
system hum Netzbrummen *n*
system incident (*EE*) Netzstörung *f* (*führt zum teilweisen oder völligen Netzausfall*)
system interconnection Systemkopplung *f*; Netzkopplung *f*, Netzparallelbetrieb *m*
system perturbation Netzrückwirkung *f*
systematic error systematischer Fehler(anteil) *m*

T

T-piece T-Stück *n*
table set Tischgerät *n*; Tischapparat *m*
tachogenerator (*Mess*) Tachogenerator *m*, Tachodynamo *m*, elektrischer Drehzahlmesser *m* (*IEC 50-811-24-02*)
tactile sensor (*Mess*) taktiler [tastempfindlicher] Sensor *m*, Berührungssensor *m*
tag 1. Markierung *f*, Marke *f*, Identifizierungskennzeichen *n*; 2. Anschlussfahne *f*; Lötfahne *f*; Lötöse *f*
tail Ausläufer *m*, Schwanz *m*, Ende *n*; Rücken *m*, hintere Flanke *f* (*eines Impulses*)
tail end of pointer Zeigerende *n*
tailored version zugeschnittene Ausführung *f* (*auf Kundenwunsch*)
take *v* **out of service** außer Betrieb setzen; blockieren, sperren
take *v* **readings** (Messwerte) ablesen
take *v* **to** zuführen, einspeisen, anlegen

taking of the mean Mittelwertbildung *f*
tandem connection Hintereinanderschaltung *f*, Kaskadenschaltung *f*
tandem operation (*Nrt*) Reihenbetrieb *m*, Tandembetrieb *m*, Durchgangsbetrieb *m*
tandem switching (*Nrt*) Durchgangswähleinrichtung *f*, Tandemwähleinrichtung *f*
tangential component Tangentialkomponente *f*
tap *v* 1. abgreifen, anzapfen, entnehmen; anschließen; 2. (*Nrt*) abhören, mithören
tap *v* **into** zwischenschalten, einschalten in
tap changer Stufenschalter *m*, Transformatorstufenschalter *m*; Stufenschaltwerk *n*
tape cable Bandkabel *n*
tapped 1. angezapft, abgegriffen; 2. mit Innengewinde (versehen)
tapping 1. Anzapfung *f* (*IEC 50-811-26-14*); Spulenanzapfung *f*; Abzweigung *f*, Abzweig *m* (*Leitung*); Abgriff *m*; 2. (*Nrt*) Abhören *n* (*von Gesprächen*)
tapping switch Stufenschalter *m*
target 1. (*FO*) Ziel *n*; 2. (*FO, Mess*) Testobjekt *n*, Messobjekt *n*; 3. (*ME*) Testmarke *f*, Prüfmarke *f*; 4. Auffänger *m*, Fangelektrode *f*, Antikatode *f*, Target *n* (*Elektronenröhren*); Treffplatte *f*, Auftreffplatte *f*; Speicherplatte *f*, Target *n* (*Bildaufnahmeröhren*)
tee *v* abzweigen
tee across in Brücke schalten
tee network T-Schaltung *f*
tee together parallel schalten
telecommunication cable Fernmeldekabel *n*
telecommunication network Fernmeldenetz *n*, Nachrichtennetz *n*
telecontrol Fernsteuerung *f*; Fernbedienung *f*
telemetering (*Mess*) Fernmessung *f*, Messwert(fern)übertragung *f*, Telemetrie *f*
telemonitor *v* fernüberwachen
telephone channel (*Nrt*) Telefonkanal *m*, Sprachkanal *m*, Fernsprechkanal *m* (*Bandbreite 300 Hz - 3.400 Hz*)
telephone installation 1. Einrichtung *f* [Einbau *m*] eines Fernsprechanschlusses; 2. Fernsprechanlage *f*, Telefonanlage *f*
telephone jack Telefonbuchse *f*
telephone-type plug Telefonstecker *m*, Klinkenstecker *m*
telescopic aerial Teleskopantenne *f*, ausziehbare Antenne *f*
telescoping coil transformer Tauchkerntransformator *m*
television channel (*Ku*) TV-Kanal *m*, Fernsehkanal *m* (*mit einem Bild- und zwei Tonkanälen*)
television picture tube Fernsehbildröhre *f*, Bildröhre *f*
television tuner Fernsehtuner *m*, Kanalwähler *m*
telltale lamp Kontrolllampe *f*, Alarmlampe *f*
temperature-compensating resistor temperaturkompensierender Widerstand *m*
temperature controller Temperaturregler *m*, Temperatursteuerglied *n*, Temperaturstellglied *n*
temperature detector (*Mess*) Temperaturfühler *m*; Kontrollthermometer *n*
temperature relay Temperaturrelais *n*, thermisches Relais *n*
temperature rise rate Temperaturanstiegsgeschwindigkeit *f*
temperature sensor (*Mess*) Temperaturfühler *m*, temperaturempfindliches Element *n*
temporary connection (*Nrt*) zeitweilige Verbindung *f*
temporary earth (fault) vorübergehender Erdschluss *m*
temporary emergency circuit Notstromkreis *m*
temporary operation Kurzzeitbetrieb *m*
terminal 1. Anschlusspunkt *m* (*IEC 50-131-02-02*); 2. Terminal *n*, Endgerät *n*; Sichtgerät *n*; Datenendstelle *f*, Datenstation *f*; 3. (*Nrt*) Endstelle *f*, Endamt *n*; 4. Anschluss *m*, Anschlussklemme *f*, Klemme *f*
terminal amplifier Endverstärker *m*
terminal assignment Anschlussbelegung *f*
terminal condition Abschlussbedingung *f*, Bedingung *f* am Leitungsende; Anschlussbedingung *f*
terminal diagram Anschlussplan *m*, Klemmenanschlussplan *m*
terminal impedance [**resistance**] Belastungswiderstand *m*, Lastimpedanz *f*; Klemmimpedanz *f*; Abschlussimpedanz *f*

terminal lead designation Anschlussbelegung *f*, Sockelschaltbild *n*
terminal strip Klemm(en)leiste *f*, Anschlussklemmleiste *f*
terminated line abgeschlossene Leitung *f*
termination 1. Abschluss *m*, Ende *n*, Beendigung *f*; 2. (*ET*) Abschluss(widerstand) *m*; Endverschluss *m* (*z. B. eines Kabels*); 3. (*Nrt*) Gabel *f*
terrestrial magnetic field erdmagnetisches Feld *n*, Magnetfeld *n* der Erde
test (*Qu*) Test *m*, Prüfung *f*, Versuch *m*, Prüfmethode *f*, Prüfverfahren *n*, Untersuchung *f*, Test *m*
test amplifier (*Mess*) Messverstärker *m*
test bay Prüfstand *m*; Versuchsfeld *n*
test circuit (*Mess*) Prüfschaltung *f*, Prüfstromkreis *m*, Messkreis *m*
test item Prüfobjekt *n*, Prüfling *m*, Prüfgegenstand *m*
test log Testprotokoll *n*
test object *siehe* test item
tetrad Tetrade *f* (*Folge von vier Binärziffern*)
text interchange format Text(übermittlungs)format *n*
THD *siehe* total harmonic distortion (factor)
thermal conductivity Temperaturleitfähigkeit *f*, Temperaturleitzahl *f*, thermische Leitfähigkeit *f*, Wärmeleitfähigkeit *f*
thermal equivalent circuit thermisches Ersatzschaltbild *n*, Wärmeersatzschaltung *f*
thermal release thermische Auslösung *f*
thermal resistance Wärme(durchgangs)widerstand *m*, thermischer Widerstand *m*, Wärmeübergangswiderstand *m*
thermal trip 1. thermischer Auslöser *m*; 2. (*Mess*) Temperaturfühler *m*
thermistor Thermistor *m*, temperaturabhängiger Widerstand *m*
thermocouple (*Mess*) Thermoelement *n*, thermoelektrisches Element *n*, Thermopaar *n*
thermojunction 1. thermoelektrische Lötstelle *f*, Verbindungsstelle *f* (*eines Thermoelements*); 2. (*ME*) Thermoübergang *m*, Thermokontakt *m*
thermometer probe (*Mess*) Temperaturfühler *m*
thermostatic control Temperaturregelung *f*, thermostatische Regelung *f*
Thévenin theorem helmholtzscher Satz *m*, Zweipoltheorie *f*, Satz *m* von der Ersatzspannungsquelle
thickness resonator [**vibrator**] (*Ak*) Dickenschwinger *m*
thimble Kabelschuh *m*
third rail (*MA*) Stromschiene *f*
third wire 1. Nullleiter *m* (*Gleichstrom*); 2. (*Nrt*) Prüfleiter *m*
THP *siehe* total harmonic power
thread with the turns die Windungen durchsetzen (*magnetischer Fluss*)
threaded core Schraubkern *m*
three-branch star-mesh conversion (*ET*) Stern-Dreieck-Transformation *f*
three-coil transformer (*Nrt*) symmetrischer Übertrager *m*
three-conductor open dreipolige Leiterunterbrechung *f*
three-D sound Drei-D-Klang *m*, Raumklang *m*
three-electrode switch dreipoliger Schalter *m*
three-phase a.c. Dreiphasenwechselstrom *m*, Drehstrom *m*
three-phase a.c. chopper (*LE*) Drehstromsteller *m*
three-phase bridge (connection) (*LE*) Drehstrom-Brückenschaltung *f*
three-phase bridge six-step inverter Dreiphasen-Sechspuls-Wechselrichter *m*
three-phase circuit system Dreiphasennetz *n*
three-phase current motor Drehstrommotor *m*
three-phase four-wire system Drehstromnetz *n* mit Nullleiter [Sternpunktleiter], Drehstromvierleiteranlage *f*
three-phase switch Drehstrom(trenn)schalter *m*, Drehstromtrenner *m*
three-pin plug dreipoliger Steckverbinder *m* [Stecker *m*], Dreifachstecker *m*, Dreistiftstecker *m*
three-point connection Dreipunktschaltung *f*
three-stack motor Motor *m* mit drei Blechpaketen (*Schrittmotor*)
three-state output Dreizustandsausgang *m*, Tristate-Ausgang *m*, Ausgang *m* mit drei (möglichen) Zuständen
three-way speaker system Dreiwegelautsprecher *m*

threshold 1. Schwelle *f*, Grenze *f*, Schwell(en)wert *m*; Ansprechwert *m*; 2. Energieschwelle *f*, Schwellenenergie *f*, Energieschwellenwert *m*
threshold of detectability untere Nachweisgrenze *f*; untere Empfindlichkeitsschwelle *f*
through-conduction (*LE*) Durchzünden *n*; Wechselrichterkippen *n*
through-contacting Durchkontaktierung *f*
through dialling (*Nrt*) Durchwahl *f*, Durchwählen *n*
throwing-off Abschalten *n*; Lastabwurf *m*
thunderstorm electricity Gewitterelektrizität *f*
thyratron Thyratron *n*, Thyratronröhre *f*, Stromtor *n*
thyristor (*LE*) Thyristor *m*
thyristor firing Thyristorzündung *f*
thyristor module Thyristorbaugruppe *f*, Thyristormodul *m*, Baueinheit *f* mit Thyristoren
ticker Ticker *m*, Zerhacker *m*, Schnellunterbrecher *m*; (automatischer) Schreibtelegraf *m*
tie 1. Verbindung *f*, Befestigung *f*; Verbindungsstück *n*; Steg *m*; 2. Anker *m*, Mastanker *m*; Strebe *f* (*des Mastes*); Verankerung *f* (*IEC 50-811-33-47*)
tie circuit breaker Koppelschalter *m* (*Leistungsschalter*)
tie *v* **up** (*Nrt*) blockieren
tight contact guter [fester, haftender] Kontakt *m*
tight jacketed cable (*Licht*) Vollader-Kabel *n*
tilt 1. Kippen *n*; Schwenk *m* (*Kamera*); 2. Neigung *f*, schiefe Lage *f*; 3. Dachschräge *f*, Dachabfall *m* (*Impuls*)
tilting Kippen *n*, Umkippen *n*; Umlegen *n* (*eines Schalters*)
time average (value) zeitlicher Mittelwert *m*, Zeitmittelwert *m*, Zeitmittel *n*
time-base deflection Zeitablenkung *f*
time constant Zeitkonstante *f*
time-cycle operation Übertragungsverhalten *n*, Zeitverhalten *n*
time-division multiplex (*Nrt*) Zeitmultiplex *n*, Zeitbündelung *f*, Mehrfachausnützung *f* durch Zeitteilung
time history (zurückliegender) Zeitverlauf *m*
time increase zeitliche Zunahme *f*, Zunahme *f* mit der Zeit
time lag Zeitverzug *m*, Zeitverzögerung *f*, zeitliche Verzögerung *f*, Verzug *m*, Nacheilung *f*
time lead zeitliche Voreilung *f*
time-of-arrival difference Laufzeitdifferenz *f*
time of decay Ausschwingzeit *f*, Abklingzeit *f*
time of response Ansprechzeit *f*, Einschwingzeit *f*
time-out (*Nrt*) Zeitbegrenzung *f*, Zeitsperre *f*, Zeitüberwachung *f*
time response Zeitverhalten *n*; Zeitverlauf *m*; Übertragungsverhalten *n*
timer Zeit(takt)geber *m*, Impulsgeber *m*; Zeitprogrammregler *m*; Zeitschalter *m*; Schaltuhr *f*
timing recovery Taktrückgewinnung *f*, Taktwiederherstellung *f*
tin solder Lötzinn *n*, Zinnlot *n*, Weichlot *n*
tinned conductor verzinnter Leiter *m*
tip of the pointer Zeigerspitze *f*
toggle *v* kippen, umschalten (*z. B. zwischen zwei Zuständen*)
token bus Token-Bus *m*, Ringbus *m*
tolerable value zulässiger Wert *m*
toll office Fernamt *n*
tonality Klangfarbe *f*, Klangcharakter *m*; Tonalität *f*, Tonhaltigkeit *f*
tonalizer Klangblende *f*
tone-compensated volume control gehörrichtige Lautstärkesteuerung *f*
tone control for treble Höhenregler *m*, Diskantregler *m*
tone pitch Tonhöhe *f*
toothed-ring armature gezahnter Rotor *m*, Zahnanker *m*
top 1. Oberseite *f*; Oberteil *n*, Spitze *f* (*z. B. eines Mastes*); Anfang *m*; 2. Dach *n* (*eines Impulses*)
top face [side] Oberseite *f*
top-hat rail Hutschiene *f*
toroidal choke Ringkern *m*
toroidal coil Ringspule *f*, Toroid *n*
torque (*Ph*, *MA*) Drehmoment *n*, Moment *n*
torque coil magnetometer (*Mess*) Drehspulinstrument *n*
torsion Torsion *f*, Verdrehung *f*, Drillung *f*, Drehung *f*
torsional critical speed kritische Drehzahl *f*

total amplification Gesamtverstärkung *f*
total harmonic distortion (factor) (*THD*) Klirrfaktor *m*, Gesamtklirrfaktor *m*, Gesamtverzerrung *f*
total harmonic power (*THP*) Klirrleistung *f*, Verzerrungsleistung *f*
total power dissipation [loss] Gesamtverlustleistung *f*, Gesamtverlust *m*, Gesamtleistungsverlust *m* [Gesamtleistungsverluste *mpl*]
totalizing measuring instrument (*Mess*) summierendes Messgerät *n*
totally enclosed motor geschlossener [gekapselter, unbelüfteter] Motor *m*
tottering contact Wackelkontakt *m*
touch-dialling (hand)set Tastentelefon *n*, Fernsprechapparat *m* mit Tastwahl
touch key Berührungstaste *f*, Sensortaste *f*
touch screen Sensorbildschirm *m*, Kontaktbildschirm *m*, berührungsempfindlicher Bildschirm *m* [Schirm *m*]
touch voltage Berührungsspannung *f*
trace *v* 1. aufzeichnen, schreiben; 2. suchen; (schrittweise) verfolgen, abtasten
tracer 1. (*Mess*) Fühler *m*, Fühlstift *m*, Taststift *m*; 2. Spurenmaterial *n*; (radioaktiver) Indikator *m*; 3. (*Dat*) Tracer *m*, Programmüberwacher *m*; 4. Beilauffaden *m* (*Kabel*); Kennfaden *m* (*in einem Kabel*)
track *v* 1. (*FO*) verfolgen, orten; 2. im Gleichlauf sein, sich im Gleichlauf befinden
track 1. Spur *f* (*z. B. auf Tonband, Diskette*); Track *m* (*auf CD*); 2. Leiter(zug) *m*, Leiterbahn *f* (*z. B. einer gedruckten Schaltung*); 3. Kurs *m*, Bahn *f*; 4. Gleis *n*
tracking 1. Gleichlauf *m*; 2. Verfolgen *n*, Nachlaufen *n*, Folgen *n*; 3. Spureinstellung *f*; 4. Kriechspurbildung *f*; 5. Trassieren *n*, Leiterzugverlegung *f* (*Leiterplatten*)
tracking current Kriechstrom *m*
tractive power 1. Zugleistung *f*; 2. Tragkraft *f* (*Magnet*)
trailing edge ablaufende Kante *f*; Rückflanke *f*, abfallende Flanke *f* (*Impuls*)
training program Ausbildungsprogramm *n*
transceiver (kombiniertes) Sende-Empfangs-Gerät *n*, Sender-Empfänger *m*, Sendeempfänger *m*
transducer 1. Wandler *m*, Umformer *m*; Energiewandler *m*; Signalwandler *m*, Signalumformer *m*; Messwandler *m*, Mess(wert)umformer *m*; 2. (*Dat*) Signalgeber, Geber, Mess(wert)geber *m*; Aufnehmer *m*, Messwertaufnehmer *m*; 3. Messtransformator *m*, Übertrager *m*, Übertragungssystem *n*
transductor Transduktor *m*, Umsetzungseinrichtung *f*; magnetischer Verstärker *m*, vormagnetisierte Regeldrossel *f* (*IEC 50-811-26-25*)
transfer 1. Übertragung *f*; Übermittlung *f*; 2. (*Nrt*) Rufumlegung *f*, Umlegung *f*; Transport *m* (*z. B. von Ladungsträgern*)
transfer *v* **a connection** eine Verbindung umlegen
transfer characteristic Übertragungskennlinie *f*, Übertragungscharakteristik *f*; Steuerkennlinie *f*
transfer coefficient Übertragungsfaktor *m*
transfer contact Umschalt(e)kontakt *m*, Wechselschließer *m*
transfer function Übergangsfunktion *f*, Übertragungsfunktion *f* (*IEC 50-731-01-53*)
transform *v* (*ET*) transformieren, umspannen; umwandeln, umsetzen
transformer 1. (*ET*) *Transformator *m*, Trafo *m*, Umspanner *m*; 2. (*Nrt*) Übertrager *m*; Umsetzer *m*
transformer plant Umspannwerk *n*
transformer ratio Übersetzungsverhältnis *n* eines Transformators
transformerless output stage eisenlose Endstufe *f*
transient 1. vorübergehender [transienter] Vorgang *m*, (flüchtiger) Übergangszustand *m*; 2. (*ET*) Ausgleichsvorgang *m*, Übergangsvorgang *m*; Einschwingvorgang *m*; Einschaltprozess *m*, Schaltvorgang *m*
transient analysis Transientenanalyse *f*, Einschwinganalyse *f*, Übergangsanalyse *f*
transient behaviour 1. Übergangsverhalten *n*, Einschwingverhalten *n*; 2. (*MA*) Anlaufverhalten *n*
transient distortion Laufzeitverzerrung *f*; Übergangsverzerrung *f*, Sprungverzerrung *f*; Verzerrung *f* durch Ein- und Ausschwingen
transient pulse Einschaltstoß *m*, Einschwingimpuls *m*, Einschwingstromstoß *m*

transient recorder (*Mess*) Transientenrekorder *m*, Signalspeicher *m*

transient response Einschwingverhalten *n*; Übergangsverhalten *n*, Zeitverhalten *n* (*bei Übergangsvorgängen*); Sprungantwort *f*, Übergangsfunktion *f*; vorübergehendes Ansprechen *n*

transistor (*ME*) Transistor *m*

transistor switch Transistorschalter *m*; Schalttransistor *m*

transit line (*Nrt*) Transitleitung *f*, Durchgangsleitung *f*, durchgehende Leitung *f*

transition 1. Übergang *m*, Sprung *m*; 2. Übergang *m*, Umwandlung *f*; 3. Umschaltvorgang *m* (*IEC 50-811-30-17*)

transit(ion) frequency (*Nrt*) Transitfrequenz *f*, Übergangsfrequenz *f*

transit(ion) time Übergangszeit *f*, Laufzeit *f*

translate *v* 1. (*Dat*, *If*) übersetzen, umwandeln (*Daten*, *Informationen*); umsetzen; 2. verschieben

transmission 1. (*ET*, *Nrt*) Übertragung *f*, Übermittlung *f*; Sendung *f* (*Rundfunk*); 2. Transmission *f*, Durchlassen *n* (*z. B. von Strahlen*); 3. Fortleitung *f*; 4. Durchstrahlung *f*; 5. Transmission *f*, Übertragung *f* (*mechanisch*)

transmission bandwidth Übertragungsbandbreite *f*

transmission line Übertragungsleitung *f*, Fernleitung *f*, Leitung *f*; Hochspannungsleitung *f*; Antennenspeiseleitung *f*, Antennenzuleitung *f*

transmission loss 1. Übertragungsdämpfung *f* (*IEC 50-731-01-49*); Leitungsdämpfung *f*, Leitungsverlust *m*, Übertragungsverlust *m*; 2. Schalldämmung *f*, Schalldämmmaß *n*

transmission path Übertragungsweg *m*, Ausbreitungsweg *m*

transmit *v* 1. (*ET*, *Nrt*) übertragen, übermitteln, senden; 2. durchlassen (*z. B. Strahlen*); 3. (fort)leiten (*Elektrizität*)

transmitter 1. Sender *m*; 2. (*Mess*) Geber *m*, Transmitter *m*, Messwertgeber *m*, Messwertübertrager *m*; 3. Mikrofon *n* (*Telefonhörer*)

transmitter-receiver circuit [filter] Sende-Empfangs-Weiche *f*

transponder (*transmitter responder*) Transponder *m*, Sendeempfänger *m*, Antwortsender *m*

transpose *v* 1. transponieren, vertauschen; 2. stürzen (*eine Matrix*); 3. verdrillen, kreuzen (*Drähte*); 4. (*Pk*, *Ku*) Tonhöhe verändern, transponieren

transposition of wires (*Nrt*) Drahtkreuzung *f*

transverse Quer...

transverse electric mode TE-Mode *f*, TE-Typ *m*, H-Mode *f*, H-Typ *m* (*Wellenleiter*; *IEC 50-731-03-54*)

transverse electromagnetic mode (*Licht*) TEM-Mode *f*, transversale elektromagnetische Mode *f* (*IEC 50-731-03-56*)

trap 1. Falle *f*, Abscheider *m*; 2. (*ME*) Haftstelle *f*, Fangstelle *f*, Einfangzentrum *n*, Trap *m*; 3. (*ET*) Siebglied *n*; 4. (*Dat*) Trap *m*, synchroner Interrupt *m* (*Programmunterbrechung durch unerlaubte Befehle*)

trap amplifier (*Nrt*) Trennverstärker *m*

trap circuit Saugkreis *m*

travelling field Wanderfeld *n* (*z. B. transversal bewegtes magnetisches Feld*)

treble corrector Höhenentzerrer *m*

trench metal-oxide semiconductor transistor Graben-MOS-Transistor *m*

triac (*triode alternating current switch*) (*LE*) Triak *m*, bidirektionaler Thyristor *m*, Doppelwegthyristor *m*, Zweirichtungsthyristortriode *f*, Symistor *m*

trial run Probelauf *m*, Probebetrieb *m*; Probedurchlauf *m*

triangle pulse Dreieckimpuls *m*

trickle charge Pufferladung *f* (*Batterie*)

trifurcating box Dreileiterendverschluss *m* (*Kabel*); Drehstromendverschluss *m*, Endverschluss *m* für Drehstromkabel

trigger *v* (*ME*) triggern, (durch Impuls) ansteuern, auslösen

trigger flip-flop Triggerflipflop *n*, T-Flipflop *n*

triggering Triggerung *f*, Auslösung *f*; Taktgabe *f*, Zünden *n* (*IEC 50-811-28-30*); Ansteuern *n* (*IEC 50-551-05-54*)

trim *v* 1. trimmen, abgleichen; justieren; 2. frei stellen, außerhalb der Markierung löschen (*Audiodatei*)

triode Triode *f*, Dreielektrodenröhre *f*, Dreipolröhre *f*

trip 1. Auslöser *m*, Auslöseschalter *m*; 2. Auslösung *f*, Anschlag *m*

trip lever (*MA*) Schalthebel *m*

triple 1. Dreipol *m*; 2. Dreier..., Dreifach...

tripping Abschaltung *f*, Auslösung *f*

tristate output (*three state output*) Dreizustandsausgang *m*, Tristate-Ausgang *m*, Ausgang *m* mit drei (möglichen) Zuständen

trolley wire (*AE*) (*Et*) Fahrdraht *m*, Oberleitung *f*, Einfachfahrleitung *f* (*IEC 50-811-33-03*)

trouble alarm Störungsanzeige *f*

trough value Talwert *m*

true current Wirkstrom *m*

truncate *v* abbrechen, verkürzen

trunk 1. Kanal *m*; Schacht *m* (*Versorgungsleitung*); 2. (*Nrt*, *Dat*) Verbindungsleitung *f*; 3. (*Nrt*) Fernleitung *f* • **"all trunks busy"** „alle Fernleitungen besetzt"

trunk frame terminal assembly Lötösenleisten *fpl*

trunk group Leitungsbündel *n*

trunk line Fernleitung *f*

truth table Wahrheitstabelle *f*, Wahrheitswerttafel *f*, Wahrheitsmatrix *f* (*Schaltlogik*)

tube 1. Röhre *f*, Elektronenröhre *f* (*siehe auch*: *valve*); 2. Röhre *f*, Rohr *n*; Kabelschutzrohr *n*

tubular capacitor Rohrkondensator *m*, Rollenkondensator *m*

tubular fluorescent lamp Leuchtstoffröhre *f*, Leuchtstofflampe *f*

tubular lamp Soffitte(nlampe) *f*

tunable amplifier abstimmbarer Verstärker *m*

tuner 1. Abstimmvorrichtung *f*, Abstimmgerät *n*; Antennenabstimmgerät *n*; 2. (*Fs*) Tuner *m*, Kanalwähler *m*

tungsten filament lamp Wolframfadenlampe *f*, Wolframdrahtlampe *f*

tunoscope Abstimmanzeigeröhre *f*

turbine-generator set (*EE*) Turbogeneratorsatz *m* (*IEC 50-602-02-21*)

turn 1. Drehung *f*; Umdrehung *f*; 2. Windung *f* (*einer Spule*, *eines Kabels*); 3. Drall *m* (*z. B. von Kabeln*)

turn *v* **off** abschalten, abstellen, abdrehen; ausschalten

turn-off thyristor Abschaltthyristor *m*, abschaltbarer Thyristor *m*

turn *v* **on** einschalten, anschalten, anstellen

turn *v* **out** *siehe* turn off

turn *v* **over** umwenden; umsetzen; umpolen

turn ratio Windungszahlenverhältnis *n*; Übersetzungsverhältnis *n*

turret 1. Revolver *m*; 2. (*Fs*) Kanalschalter *m*

turret cable Zwillingskabel *n*, Zweifachkabel *n*; Zweileiterkabel *n*, zweiadriges [doppeladriges] Kabel *n*

turret jack zweipolige Buchse *f*

turret-lamp circuit Duoschaltung *f* (*z. B. von Leuchtstofflampen*)

turret lead Bandleitung *f*, (zweiadrige) Stegleitung *f*, Hochfrequenzflachkabel *n*

tweeter (**loudspeaker**) Hochtonlautsprecher *m*

twinax cable konzentrisches Kabel *n* mit zwei Innenleitern

twist *v* verdrillen, verdrehen; verzerren (*z. B. eine Kennlinie*)

two-axis plotter X-Y-Schreiber *m*

two-conductor cable doppeladriges Kabel *n*, Zweileiterkabel *n*

two-frequency channel (*Nrt*) Duplexsprechweg *m*

two-motion selector (*Nrt*) Hebdrehwähler *m*

two-phase mains Zweiphasennetz *n*

two-pole and earthing pin plug Schukostecker *m*, zweipoliger Stecker *m* mit Schutzkontakt

two-port network Vierpol *m*

two-quadrant converter (*LE*) Zweiquadrantenantrieb *m*

two-state control Zweipunktregelung *f*

two-state device bistabiles Element *n*

two-subcarrier system Zweiträgerverfahren *n*

two-terminal network Zweipolnetzwerk *n*, Zweipol *m*

two-terminal source aktiver Zweipol *m*

two-way rectifier Umkehrstromrichter *m*, Umkehrgleichrichter *m*

two-way speaker system Zweiwegelautsprecher *m*

two-way switch Umschalter *m* (*für zwei Stromkreise*); Wechselschalter *m*

U

U-link (*Nrt*) Kurzschlussbügel *m*, Steckbügel *m*

uhf, u.h.f., UHF *siehe* ultrahigh frequency

uhv, u.h.v., UHV *siehe* ultrahigh voltage

ultimate load Grenzbelastung *f*, Grenzlast *f*

ultimate position Endstellung *f*

ultimate value Endwert *m*
ultra-acoustic ultraakustisch; Ultraschall...
ultrafast turn-off thyristor Thyristor *m* mit extrem kurzer Freiwerdezeit
ultrahigh frequency (*uhf, u.h.f., UHF*) UHF *f*, Ultrakurzwellenfrequenz *f*, UKW *f*, Ultrahochfrequenz *f* (*Dezimeterwellen, 300 MHz – 3 GHz, nach DIN 40015 und VO Funk*)
ultrahigh-frequency heating Ultrahochfrequenzerwärmung *f*, Erwärmung *f* mit ultrahohen Frequenzen
ultrahigh voltage (*uhv, u.h.v., UHV*) ultrahohe Spannung *f* (*1.000 – 1.500 kV*)
ultrasonic ultraakustisch; Ultraschall...
ultrasonic distance measurement (*Mess*) Ultraschallentfernungsmessung *f*
ultrasonic transmitter Ultraschallsender *m*, Ultraschallgeber *m*
ultraviolet-erasable read-only memory UV-löschbarer Festwertspeicher *m*, durch UV-Licht löschbares ROM *n*
umbrella aerial Schirmantenne *f*
unavailability Nichtverfügbarkeit *f* (*IEC 50-603-05-05*)
unbalance 1. Unausgeglichenheit *f*; Unsymmetrie *f* (*in Gegentaktverstärkern*); 2. Verstimmung *f*; 3. Unwucht *f*; 4. Regelabweichung *f*; Fehlanpassung *f*
unbiased nicht vorgespannt, vorspannungslos; nicht vormagnetisiert
unblanking circuit (*Fs*) Zündkreis *m*
uncommitted logic array Universalschaltkreis *m*, vorgefertigter Logikbaustein *m* (*nach Kundenwunsch verdrahtbar*)
uncouple *v* entkoppeln, trennen; auskuppeln
undebugged unausgetestet, mit Fehlern (behaftet) (*z. B. Programme*)
undercompensation (*MA*) Unterkompensation *f*
underdamped time response (*Rt*) aperiodisches Zeitverhalten *n*
underflow (*Dat*) Unterlauf *m*, Unterschreitung *f* (*von Bereichen*)
underground cable Erdkabel *n*
underload 1. (*ET*) Unterlast *f*; 2. (*Ak*) Untersteuerung *f*, zu geringe Aussteuerung *f*
undersampling 1. (*Dat*) Unterabtastung *f*, zu langsame Abtastung *f* (*Verletzung des Abtasttheorems*); 2. (*Nrt*) Aliasing *n*, Rückfaltung *f* (*Überlappung im Spektralbereich durch undersampling*)
undervoltage trip Unterspannungsauslöser *m*
undesired coupling Streukopplung *f*
undesired signal (*EMV*) Störsignal *n*, unerwünschtes Signal *n* (*IEC 50-161-01-03*)
undulating current motor (*MA*) Mischstrommotor *m* (*IEC 50-811-12-20*)
unearthed ungeerdet, nicht geerdet, erdfrei
unidirectional in einer Richtung liegend [verlaufend], einseitig (gerichtet), gleichgerichtet; in einer Richtung wirkend
unidirectional effect Richtwirkung *f*
uniform gleichförmig, gleichmäßig, gleich bleibend, stetig; einheitlich, homogen
uniform field homogenes Feld *n*
uniform load gleichförmige [gleich bleibende] Belastung *f*
unijunction transistor Unijunction-Transistor *m*, Doppelbasisdiode *f* (*Transistor mit einem pn-Übergang*)
uninsulated unisoliert, blank
uninterruptible power supply unterbrechungsfreie Stromversorgung *f*, USV *f*
unipolar unipolar, einpolig
unipolar transistor Unipolartransistor *m*, unipolarer Transistor *m*
unit 1. (*Mess*) Einheit *f*, Maßeinheit *f*; 2. Baustein *m*, Baueinheit *f*, Bauteil *n*; Block *m*, Glied *n*; 3. Gerät *n*; Apparateeinheit *f*, Anlage *f*
unit charge 1. (elektrische) Elementarladung *f*, Ladungseinheit *f*; 2. Einheitsladung *f*; 3. (*Nrt*) Taxeinheit *f*
unit construction Einheitsbauweise *f*, Baukastenkonstruktion *f*
unit function response Sprungantwort *f*, Übergangsfunktion *f*
unit generator transformer (*EE*) Maschinentransformator *m* (*IEC 50-602-02-31*)
unit switch equipment Einzelschützsteuerung *f* (*IEC 50-811-30-04*)
unitized 1. im Block geschaltet; 2. einheitlich; genormt, standardisiert
unity 1. Einheit *f*; 2. Eins *f*
unity power factor Leistungsfaktor *m* Eins
universal motor Universalmotor *m*
universal serial bus (*USB*) universeller serieller Bus *m*
universal synchronous-asynchronous receiver-transmitter (*USART*) universeller synchron-asynchroner Empfänger-Sender *m* (*für serielle Datenübertragung*)

unlatch *v* entsperren, entriegeln, ausklinken, auslösen
unlink *v* trennen, lösen
unloaded 1. (*ET*) unbelastet; 2. unbeansprucht (*mechanisch*); 3. unbestückt (*Leiterplatte*)
unloaded characteristic Leerlaufkennlinie *f*, Kennlinie *f* für den unbelasteten Zustand
unlock *v* entriegeln
unplug *v* den Stecker herausziehen
unsmoothed ungeglättet
unsolder *v* ablöten, loslöten, (her)auslöten
up-and-down line Hin- und Rückleitung *f*
up-down counter Aufwärts-Abwärts-Zähler *m*, Vorwärts-Rückwärts-Zähler *m*
upgrade *v* erweitern; aktualisieren (*Software*); ausbauen, umtauschen (*von Hard-/Softwarekomponenten*)
upper frequency limit obere Frequenzgrenze *f*
upper limit Obergrenze *f*, Größtmaß *n*
upper voltage Oberspannung *f*
upsampling Abtastratenerhöhung *f*
upset (*Rt*) Regelabweichung *f*
USART *siehe* universal synchronous-asynchronous receiver-transmitter
USB *siehe* universal serial bus
use Benutzung *f*, Gebrauch *m*, Verwendung *f*
useful power Nutzleistung *f*, Effektivleistung *f*
user guidance Bedienerführung *f* (*Menü-Technik*)
utility 1. Nutzen *m*, öffentliche Dienstleistung *f*; 2. (*Dat*) Dienst(leistungs)programm *n*; 3. (*Qu*) Hilfsmittel *n*
utilization factor 1. Ausnutzungsfaktor *m*, Benutzungsfaktor *m*; 2. (*Nrt*) Belegungsfaktor *m*; 3. (*Licht*) Beleuchtungswirkungsgrad *m*

V

V-connection Dreieckschaltung *f*
V-MOS field-effect transistor VMOS-Feldeffekttransistor *m*, V-Graben-MOSFET *m*
vacancy Lücke *f*; Leerstelle *f*, Fehlstelle *f*, Gitterlücke *f* (*Kristall*)
vacant contact freier Kontakt *m*, Leerkontakt *m*
vacuum contactor Vakuumschütz *n*
vacuum lamp Vakuum(glüh)lampe *f*
validity range Gültigkeitsbereich *m*
valley Tal *n*; Talwert *m*, Minimum *n* (*z. B. einer Kurve*)
value Wert *m* (*z. B. einer physikalischen Größe*)
valve 1. Röhre *f*; Elektronenröhre *f*; Gleichrichterröhre *f*; 2. Ventil *n*; Luftklappe *f*; 3. (*Rt*) Steuerschieber *m*
valve action 1. Ventilwirkung *f*; 2. Gleichrichterwirkung *f*
valve arrester Ventilableiter *m*
vane Fahne *f*; Flügel *m* (*z. B. eines Elektrometers*); Schaufel *f* (*Turbine*)
var compensator (*EE*) Blindleistungskompensator *m*
varactor (diode) Varaktor *m*, Varaktordiode *f*, Kapazitätsdiode *f*, Halbleiterdiode *f* mit veränderlicher Kapazität, spannungsveränderlicher Kondensator *m*
variable Variable *f*, Veränderliche *f*, veränderlicher Faktor *m*, veränderliche Größe *f*
variable-capacitance transducer (*Mess*) kapazitiver Wandler *m*
variable-frequency inverter Frequenzumrichter *m*
variable-inductance transducer (*Mess*) induktiver Wandler *m*
variable intermittent duty Aussetzbetrieb *m* [aussetzender Betrieb *m*] mit veränderlicher Belastung
variable ratio transformer Stelltransformator *m*, Regeltransformator *m*, Regelumspanner *m*, Regeltrafo *m*
variable-reluctance motor Reluktanzmotor *m*
variable resistor Rheostat *m*, Stellwiderstand *m*, Regelwiderstand *m*, regelbarer Widerstand *m*, Drehwiderstand *m*
variable-voltage regulator Spannungsregler *m*
variational resistance Wechselstromwiderstand *m*
varistor Varistor *m*, spannungsabhängiger Widerstand *m* (*Halbleiterwiderstand*)
varmeter (*Mess*) Blindleistungsmesser *m*, Varmeter *n*
varnished wire Lackdraht *m*
varying component Wechselstromkomponente *f*, Wechselstromanteil *m*

VDE-regulation VDE-Bestimmung *f*
vector admittance Leitwertoperator *m*, komplexer Leitwert *m*
vector diagram Vektordiagramm *n*; Zeigerdiagramm *n*
vector impedance komplexer Widerstand *m*
vector power (*ET*) Scheinleistung *f*; Zeiger *m* der Scheinleistung
vector representation Vektordarstellung *f*; Zeigerdarstellung *f*
vehicle electrical distribution system Bordnetz *n* (*Kfz*)
velocity of propagation Fortpflanzungsgeschwindigkeit *f*, Ausbreitungsgeschwindigkeit *f*
velocity pick-up 1. (*Mess*) Geschwindigkeitsaufnehmer *m*; 2. (*Ak*) Schnelleaufnehmer *m*
velocity-type element integral wirkendes Glied *n*, IT-Glied *n*
vent *v* (be)lüften; entlüften
ventilated motor (*MA*) belüfteter Motor *m* (*IEC 50-811-12-06*)
ventilating duct Kühlschlitz *m*; Lüftungsschacht *m*, Lüftungskanal *m*; Luftkanal *m*
ventilation Lüftung *f*, Belüftung *f*; Entlüftung *f*
vernier control Feinregelung *f*
vertex (*AE*) (*ET*) Knoten *m*
vertical frequency Vertikalfrequenz *f*, Bildfrequenz *f*
vertical magnet (*Nrt*) Hebmagnet *m*
very-high frequency (*vhf*, *VHF*, *v.h.f.*, *V.H.F.*) VHF *f*, Ultrakurzwellenfrequenz *f*, UKW *f* (*Meterwellen, 30 MHz - 300 MHz, nach DIN 40015 und VO Funk*)
very high voltage Höchstspannung *f*
very low frequency 1. (*Nrt*) VLF *f*, Längstwellenfrequenz *f* (*Myriameterwellen, 3 kHz - 30 kHz, nach DIN 40015 und VO Funk*); 2. (*Hsp*) Niedrigstfrequenz *f* (*z. B. 0,1 Hz für die Vor-Ort-Prüfung von Mittelspannungskabeln*)
vestigial sideband Restseitenband *n*
vhf, VHF, v.h.f., V.H.F. *siehe* very-high frequency
vibrating-reed instrument (*Mess*) Zungenfrequenzmesser *m*, Vibrationsmessgerät *n*
vibration-free 1. erschütterungsfrei, schwingungsfrei; 2. schwingungsisoliert
vibrator Schwinger *m*
vibratory converter Zerhacker *m*
video 1. Video..., Bild..., zum Fernsehbild gehörend; 2. Bild..., zum Radarbild gehörend
viewing unit (*Dat*) Sichteinheit *f*, Sichtgerät *n*
virgin curve Neukurve *f*, Erstkurve *f*, jungfräuliche Kurve *f* (*Magnetisierung*)
virtual 1. „so gut wie", gedacht, virtuell; 2. (*Dat*) irreal durch Computer erzeugt
visual visuell, sichtbar; Seh...
visual indicator tube Anzeigeröhre *f*, magisches Auge *n*
vocal Gesang *m*; Stimm...
voice analysis Sprachanalyse *f*, Spracherkennung *f*
voice-frequency generator Tonfrequenzgenerator *m*
voice line Sprachkanal *m*, Sprachleitung *f*
voice logging Sprachaufzeichnung *f*
volatile memory flüchtiger Speicher *m*
volt-ampere-hour meter (*Mess*) Voltamperestundenzähler *m*, Scheinverbrauchszähler *m*
Volta cell Volta-Element *n*, voltasches [galvanisches] Element *n*
voltage (elektrische) Spannung *f*
voltage above earth Spannung *f* gegen Erde
voltage application Anlegen *n* der Spannung
voltage breakdown Spannungsdurchschlag *m*; Spannungsausfall *m*, Spannungszusammenbruch *m*
voltage breakover Spannungsdurchbruch *m*
voltage-carrying Spannung führend, unter Spannung
voltage-controlled converter (*LE*) Spannungszwischenkreisstromrichter *m*
voltage-controlled oscillator spannungsgesteuerter Oszillator *m*, VCO *m*
voltage-current characteristic [plot] Spannungs-Strom-Charakteristik *f*, UI-Charakteristik *f*
voltage-dependent resistor spannungsabhängiger Widerstand *m*, Varistor *m*, VDR *m*
voltage detector (*Mess*) Spannungsprüfer *m*
voltage divider Spannungsteiler *m*, Drehwiderstand *m* (*IEC 50-811-27-10*)
voltage-doubling circuit Spannungsverdopplerschaltung *f*, Liebenow-

Greinacher-Schaltung *f*, spannungsverdoppelnde Gleichrichterschaltung *f*
voltage drop Spannungsabfall *m*
voltage independent of the load eingeprägte Spannung *f*
voltage independent of the load eingeprägte Spannung *f*
voltage of self-induction Selbstinduktionsspannung *f*
voltage-operated earth-leakage circuit breaker Fehlerspannungsschutzschalter *m*, FU-Schalter *m*
voltage path Spannungspfad *m*
voltage peak Spannungsspitze *f*
voltage phase control (*LE*) Anschnittsteuerung *f* (*IEC 50-811-30-12*)
voltage-proof spannungsfest, durchschlagfest
voltage rating Nennspannung *f*, Spannungssollwert *m*, Spannungsnennwert *m*
voltage regulation Spannungsregelung *f*, Spannungsstabilisierung *f*, Spannungsgleichschaltung *f*
voltage regulative diode Suppressordiode *f*
voltage resonance Spannungsresonanz *f*, Reihenresonanz *f*, Serienresonanz *f*
voltage source d.c. link converter Spannungszwischenkreisstromrichter *m*
voltage stabilizer Spannungsstabilisator *m*, Spannungskonstanthalter *m*
voltage-to-frequency converter Spannungs-Frequenz-Wandler *m*, Spannungs-Frequenz-Umsetzer *m*
voltage transformer (*Mess*) Spannungswandler *m*; Spannungstransformator *m*
voltaic voltaisch, galvanisch
voltaic cell galvanische Zelle *f*, galvanisches Element *n*, Volta-Element *n*
voltammeter (*Mess*) Voltamperemeter *n*, VA-Meter *n*, Scheinleistungsmesser *m*
volume adjustment (control) Lautstärkeregelung *f*, Pegelregelung *f*
vortex field Wirbelfeld *n*

W

wafer 1. Platte *f*, Scheibe *f*; 2. (*ME*) Wafer *m*, Halbleiterscheibe *f* (*für Mikrochips*); 3. (*ET*) Schalterebene *f*
Wagner interrupter wagnerscher Hammer *m* (*elektromagnetischer Unterbrecher*)
walkie-talkie tragbares Funksprechgerät *n*, tragbares Empfangs- und Sendegerät *n*, Handfunkfernsprechgerät *n*
walkman Walkman *m*, tragbares Kassetten(abspiel)gerät *n*
wall mounting Wandbefestigung *f*, Wandmontage *f*, Wandaufhängung *f*
wand Abtaststift *m*, (elektronischer) Lesestift *m* (*z. B. für Balkencode*)
wander lead freie Anschlussleitung *f* [Zuleitung *f*]
WAP *siehe* wireless application protocol
warble *v* wobbeln
warm restart (*Dat*) Wiederanlauf *m*, Programmstart *m* nach Unterbrechung
warm-up period [time] 1. Anwärmzeit *f*, Anheizzeit *f* (*z. B. von Röhren*); 2. Einlaufzeit *f*
warning circuit 1. Alarmschaltung *f*; 2. (*Nrt*) Vormeldestromkreis *m*
warranty card Garantiekarte *f*
waste watts elektrische Energie (nutzlos) in Wärme umsetzen
wasted energy Verlustenergie *f*; Leerlaufarbeit *f*
watchdog(-unit) Überwachungseinheit *f*
waterproof case wassergeschütztes Gehäuse *n*, Gehäuse *n* in wassergeschützter Ausführung
watt consumption Wirkleistungsverbrauch *m*
watt-hour capacity Kapazität *f* (in Wattstunden), Energiespeichervermögen *n*
watt-hour efficiency Wattstundenwirkungsgrad *m*, Wh-Wirkungsgrad *m*, Nutzeffekt *m*
Watt-hour meter (*Mess*) Wattstundenzähler *m*, Wirkverbrauchszähler *m*
wattage rating Nennbelastbarkeit *f*, Nennleistung *f*
wattless wattlos, leistungslos; Blind...
wattless component Blindkomponente *f*
wattmeter (*Mess*) Wattmeter *n*, Leistungsmesser *m*
wave Schwingung *f*; Wellenbewegung *f*
wave admittance Wellenleitwert *m*
wave-band filter Bandfilter *n*, Siebkette *f*
wave change [changing] switch Wellenbereichsschalter *m*, Wellen(um)schalter *m*
wave duct (*Ak*) Wellenleiter *m*
wave impedance Wellenwiderstand *m*; Feldwiderstand *m* (*Hohlleiter*)

wave propagation Wellenausbreitung *f*, Wellenfortpflanzung *f*
wave resistance Wellenwiderstand *m*
waveform Wellenform *f*; Kurvenform *f*; Zeitfunktion *f* (*der Welle*); Wellenverlauf *m*
waveguide Wellenleiter *m* (*Hochfrequenztechnik*); Hohlleiter *m*
wavelength Wellenlänge *f*
waviness Welligkeit *f*
weak coupling lose Kopplung *f*
wear Abnutzung *f*, Verschleiß *m*
wear-in period Einlaufzeit *f*
wear off abnutzen, verschleißen
weather-protected wettergeschützt
wedge contact Zungenkontakt (*Relais*)
Wehnelt cylinder Wehnelt-Zylinder *m*
weighting Bewertung *f*; Wichtung *f* (*Informationsverarbeitung*)
Weiss domain weisscher Bezirk *m* (*Magnetismus*)
weld Schweißstelle *f*, Schweißnaht *f*
weld electrically elektrisch schweißen
welding converter Schweißumformer *m*
welding set Schweißgerät *n*, Schweißaggregat *n*
Wheatstone bridge (*Mess*) Wheatstone-Brücke *f*, wheatstonesche Brücke *f*, Widerstandsmessbrücke *f*
whisker 1. Whisker *m*, Haarkristall *m*, Nadelkristall *m*, Fadenkristall *m*; 2. Haardraht *m*, (feiner) Kontaktdraht *m*
wide area network 1. (*Dat*) Kommunikationsnetzwerk *n* für Langstreckenverbindung (*Land/Land oder Kontinent/Kontinent*); 2. (*Nrt*) Weitverkehrsnetz *n*, Langstreckennetz *n*
wide-band breitbandig
width Breite *f*, Weite *f*
width of a pulse Impulsdauer *f*
Wien bridge wiensche Brücke *f*, Wien-Brücke *f*
wind-driven plant Windkraftanlage *f*
wind *v* **up** 1. aufwickeln; 2. (*Rt*) überlaufen (*Signale in I-Gliedern*)
winding Wickeln *n*; Wicklung *f*, Bewicklung *f*
winding coefficient Wicklungsfaktor *m*
winding cross section Wicklungsquerschnitt *m*
winding ratio Windungs(zahl)verhältnis *n*, Übersetzungsverhältnis *n*
window 1. Fenster *n*; Sichtscheibe *f*; 2. (*Dat*) Fenster *n*, Anzeigefenster *n* (*Bildschirmbereich*); 3. Koppelschlitz *m* (*Transformatoren*); 4. Düppel *m* (*Radar*)
wipe contact Wischkontakt *m*
wiper 1. (*Nrt*) Kontaktarm *m*, Wählerarm *m*, Schaltarm *m*; 2. Schleifkontakt *m*, Schleifer *m*; 3. Abstreifer *m*
wire *v* 1. verdrahten, beschalten; Drähte verlegen, eine Leitung ziehen; 2. telegrafieren, drahten
wire *v* **up** verdrahten
wire 1. Draht *m*; Ader *f* (*eines Kabels*); Leiter *m*; 2. Telegramm *n*
wire break Drahtbruch *m*
wire end ferrule Aderendhülse *f*
wire fuse Schmelzdrahtsicherung *f*
wire harness Kabelbaum *m*
wire-netting tapping Abzweigung *f* einer Leitung
wire-tap *v* abhören
wire terminal Kabelschuh *m*
wire-to-wire capacity Schleifenkapazität *f*, Kapazität *f* zwischen Windungen
wire-wrap 1. Verdrillen *n*; 2. löt(ungs)freie Drahtverbindung *f*; Drahtwickel *m*
wired verdrahtet, verkabelt
wired AND Phantom UND, verdrahtetes UND *n*
wired-up beschaltet
wireless drahtlos
wireless application protocol (*WAP*) kabelloses Zugangsprotokoll *n* (*zur Übertragung speziell aufbereiteter Internet-Seiten auf mobile Telefone*)
wiring 1. Verdrahten *n*, Beschaltung *f*, (elektrische) Installation *f*, Verlegen *n* von Leitungen; Leitungsführung *f*; Schaltverbindung *f*; 2. Verdrahtung *f*, Schaltung *f*
wiring capacitance [**capacity**] Schalt(ungs)kapazität *f*, Streukapazität *f* der Leitungen
wiring diagram Schaltbild *n*, Schaltplan *m*, Verdrahtungsplan *m*, Schaltschema *n*
wiring harness Kabelbaum *m*
wobble *v* 1. flattern, schlagen; 2. (*ET*, *Nrt*) wobbeln
wobbler Wobbelsender *m*, Wobbelgenerator *m*, Heultongenerator *m*, Frequenzwobbler *m*, Wobbler *m*
woofer Tieftonlautsprecher *m*
working characteristic Arbeitskennlinie *f*; Betriebskennlinie *f*, dynamische Kennlinie *f*
working condition 1. Arbeitsbedingung *f*, Betriebsbedingung *f*, 2. Betriebszustand *m*

working point Arbeitspunkt *m* (*im Kennlinienfeld*); Betriebspunkt *m*
working range 1. (*Nrt*) Pegelbereich *m*; 2. (*Mess*) Messbereich *f*
working storage 1. Arbeitsspeicher *m*, Hauptspeicher *m*; 2. Arbeitsspeicherung *f*, Zwischen(ergebnis)speicherung *f*
world wide web (*Dat*) Datenkommunikationsnetz *n* (*Internet*); weltweite Vernetzung *f* (*Informationssystem*)
worst case ungünstigster Fall *m*, worst case
wound gewickelt
wound rotor Schleifringläufer *m*
wow and flutter Jaulen *n* (*durch langsame und schnelle Tonhöhenschwankungen*)
wrap *v* bewickeln, umwickeln; umhüllen
writing action Schreibvorgang *m*; Einspeicherungsvorgang *m*
wrong manipulation falsche Bedienung *f* [Betätigung *f*]
wye Sternschaltung *f*
wye-delta starting (*MA*) Stern-Dreieck-Anlauf *m*

X

X-amplifier X-Verstärker *m*, Verstärker *m* für horizontale Ablenkung
X-deflection X-Ablenkung *f*
X-irradiation Röntgenbestrahlung *f*
X-ray equipment Röntgenanlage *f*, Röntgeneinrichtung *f*
X-Y presentation XY-Darstellung *f*
xenon compact-arc lamp Xenonkurzbogenlampe *f*
xenon discharge lamp Xenon(entladungs)lampe *f*
Xmitter Sender *m*, Funksender *m*

Y

Y-amplifier Y-Verstärker *m*, Verstärker *m* für vertikale Ablenkung
Y-matrix Admittanzmatrix *f*, Leitwertmatrix *f*, Y-Matrix *f*
Y-network (*EE*) Netz *n* mit Sternpunkt, Sternnetz *n*
Y-parameter Y-Vierpolparameter *m*
Y-voltage (*EE*) Sternpunktspannung *f*, Sternspannung *f*
yaw Drehung *f*, Drehbewegung *f*
yoke Joch *n*, Rückschluss *m*; Joch *n* (*magnetischer Kreis*; *IEC 50-811-26-30*)
yoke kickback Jochrückkopplung *f*

Z

Z alignment (*ME*) Höhenjustierung *f*
Z-diode, Zenerdiode Z-Diode *f*, Zenerdiode *f*, Referenzdiode *f*
Z-matrix Z-Matrix *f*, Impedanzmatrix *f*
zapping Löschen *n*
Zener breakdown Zener-Durchbruch *m*
Zener diode stabilization Z-Diodenstabilisierung *f*
zero *v* auf null (ein)stellen, nullen, einregeln; zu null setzen
zero 1. Null *f*; 2. Nullpunkt *m*; 3. Nullstelle *f* • **above zero** über null
zero adjustment Null(punkt)einstellung *f*, Einstellung *f* des Nullpunkts, Nullabgleich *m*
zero balancing Null(punkt)abgleich *m*
zero conductor Nullleiter *m*
zero crossing Nulldurchgang *m*
zero cut-out Nullspannungsauslöser *m*; Nullausschalter *m*
zero-field feldfrei, feldlos
zero-frequency component Gleichstromkomponente *f*
zero initial condition verschwindender Anfangswert *m*
zero level Nullpegel *m*
zero-loss verlustfrei
zero offset Abweichung *f* von Null; Nullpunktverschiebung *f*
zero transition Nulldurchgang *m*
zero-voltage switch Nullspannungsschalter *m*
zigzag *v* sich zickzackförmig bewegen; im Zickzack (ver)laufen
zone Zone *f*, Bereich *m*, Bezirk *m*
zone of dispersion Streubereich *m*
zone of linearity Linearitätsbereich *m* (*z. B. einer Kennlinie*)
zone of saturation Sättigungsbereich *m* (*z. B. einer Kennlinie*)
zone of silence (*Nrt*, *FO*) Totzone *f*, Totraum *m*, empfangslose [tote] Zone *f*

Deutsch–Englisch

A

Abbrand *m* contact erosion, burn-up (*Kontakte*)
AB-Betrieb *m* class AB operation (*Verstärker*)
A-Betrieb *m* class A operation (*Verstärker*)
abfallen *v* fall (off), decrease, decline, drop (*z. B. Messwerte, Spannung, Temperatur*); roll off (*z. B. Frequenzgang*); decay (*z. B. Schwingung*); release (*Relais*)
Abfallverzögerung *f* dropout-delay (*Relais*); delay time (*Impuls*)
Abfallzeit *f* fall time
abgeben *v* deliver (*z. B. Leistung*); release, give off; donate (*z. B. Elektronen*); emit (*z. B. Strahlung*)
abgeschirmt screened, shielded
Abgleich *m* adjustment; alignment (*z. B. beim Systementwurf*); balance, balancing
abgleichen *v* (*Mess*) adjust (*z. B. Messbrücke*); align (*z. B. Verstärker*); balance (*z. B. Lautsprecher*); trim (*Kondensator*)
Abgleichfehler *m* 1. adjustment [alignment, balance] error; 2. (*Nrt*) matching error
abgreifen *v* tap (off); pick off; read off; scan
Abhängigkeit *f* dependence
abisolieren *v* strip, skin, bare, denude (*Kabel*)
abklingen *v* 1. decay, fall off; damp (out), die down [out]; 2. (*Ak*) fade away
Ablaufdiagramm *n* 1. flow diagram [chart]; 2. (*Dat*) sequence chart; 3. (*Nrt*) timing chart
Ablaufsteuerung *f* run-off control
ableiten *v* 1. drain (off) (*z. B. Elektronen*); leak; bypass, shunt (*Strom*); arrest (*Blitz*); dissipate, remove (*z. B. Wärme*); 2. derive, differentiate (*Mathematik*)
Ableiter *m* arrester; lightning arrester (*Blitz*); secondary-type arrester (*für Ableitströme* $<$ *1500 A*)
Ableitererdung *f* surge diverter earthing
Ableitstrom *m* (*An*) discharge [follow] current (*Ableiter*); stray current (*Erdstrom*); leakance current (*z. B. bei Freileitungen*)
Ableit(ungs)widerstand *m* 1. leakage [leak] resistance; resistance to earth; bleeder resistance; 2. bleeder (resistor)
Ablenkelektrode *f* deflector [deflecting] electrode, deflector plate
Ablesefehler *m* (*Mess*) reading [observation] error
Ablesegenauigkeit *f* (*Mess*) accuracy of [in] reading
ablesen *v* read (off)
ablöten *v* unsolder
abmanteln *v* dismantle, bare, strip (*Kabel*)
abnehmen *v* 1. decrease, decline, drop (off), fall (off) (*z. B. Druck, Temperatur, Spannung*); decelerate (*Geschwindigkeit*); 2. remove, detach; lift (*z. B. Telefonhörer*); pick-up; 3. (*Qu*) accept (*z. B. bei Abnahmeprüfungen*)
Abnehmer *m* 1. (*Ak*) pick-up; 2. customer, consumer (*von Energie*); 3. (*Nrt*) serving trunk
Abreißkontakt *m* arcing contact (*Schaltgerät*)
Abschaltautomatik *f* automatic shutdown equipment
abschalten *v* switch off [out], cut out [off]; shut down; break (*Kontakt*); disconnect; turn off; de-energize; clean; disable (*sperren*)
Abschaltfunke *m* break spark, contact-breaking spark
Abschaltkreis *m* (*Rt*) blanking circuit (*Ablaufsteuerung*)
Abschaltleistung *f* (circuit-)breaking capacity, interrupting rating
Abschaltstrom *m* interrupting current
Abschaltthyristor *m* turn-off thyristor; gate turn-off thyristor, GTO thyristor (*durch Gate ausschaltbar*)
Abschaltvermögen *n* (current-)breaking capacity (*z. B. einer Sicherung*)
Abschaltvorgang *m* (circuit) breaking
Abschaltvorrichtung *f* contact-breaking device (*Schaltgerät*); shut-down device
Abschaltzeit *f* switch-off time; turn-off time, breaking time; total operating time, clearing time (*Sicherung*)
Abschirmung *f* 1. screening, shielding; 2. (*Nrt*) radio shielding, blackout; 3. shadowing; 4. (protective) screen, shield, shielding enclosure
abschließen *v* 1. (*Et*) terminate; 2. seal • **eine Leitung abschließen** (*Nrt*) close a line • **eine Leitung mit ihrem Wellenwiderstand abschließen** terminate a line in its impedance, match-terminate a line

Abschlussimpedanz *f* terminal [terminating] impedance; load impedance
Abschmelzstrom *m* fusing [blowing] current (*Sicherung*)
abschneiden *v* cut off; clip (*z. B. Signalspitzen*); lop (off) (*Frequenzen*); chop (*Hochspannungsimpulse*)
abschwächen *v* 1. attenuate; reduce, weaken; damp, deaden; 2. (*Ak*) mute; 3. (*Nrt*) fade down
Absicherung *f* 1. fuse protection, protection with fuses, fusing; 2. fuse rating
absinken *v* decrease, fall, drop (*Spannung, Messwerte*)
Abstand *m* spacing, separation; interval; clearance; gap
Abstand *m*/**zeitlicher** time interval
Abstandssensor *m* (*Mess*) gap sensor
abstimmen *v* 1. (*Nrt, Fs*) tune, attune; 2. (*Mess*) adjust; 3. balance
Abstrahlung *f* radiation, emission, eradiation, radiant emittance (*IEC 50-731-01-28*)
Abtastdiode *f* sampling diode
abtasten *v* 1. sample; sweep (*Frequenzen*); 2. (*Fs, Nrt, FO*) scan; explore; 3. (*Dat*) read; sense
Abtast-Halte-Schaltung *f* sample-and-hold circuit
Abtastintervall *n* sampling interval
Abtastkopf *m* sensing head; scanning head; pick-up head; viewing head (*Photozelle*)
Abtastsignal *n* sampled-data signal
Abtasttheorem *n* (*Rt*) sampling [Nyquist] theorem
Abtastzeit *f* 1. scanning time; 2. (*Rt*) sampling time, action period [phase]
Abwärtsflanke *f* falling edge
Abwärtszähler *m* down-counter
Abzweig *m* stub, branch connection; tap (*Leitung*); branch (*z. B. Netzwerk*)
Abzweigdose *f* junction [distribution, branch, conduit] box, access fitting
abzweigen *v* branch (off), tee; tap off
Abzweiger *m* (*Nrt*) tap
Abzweigleitung *f* branch
Abzweigmuffe *f* 1. cable jointing sleeve; tee joint; 2. (*Nrt*) multiple cable joint, branch-T
Abzweig(sammel)schiene *f* branch bar
Abzweigstecker *m* socket-outlet adapter
Abzweigung *f* 1. branching, branch(ing)-off; tap(ping) (*Leitung*); 2. (*Et*) branch (line) (*Magnetschwebetechnik*)
AC 1. (*Rt*) adaptive control; 2. alternating current; 3. accumulator
ACAD analog-digital-analog converter
ACC 1. (*Rt*) adaptive control constraint; 2. automatic cruise control; 3. adaptive control constraint, area control center, automatic cruise control
Achse *f* axis; axle; shaft (*Welle*)
Achtbit-Binär-Dezimal-Code *m*/**erweiterter** (*Dat*) extended binary-coded decimal interchange code, EBCDIC (*für alphanumerische Zeichen*)
ACMOS *n* (*ME*) ACMOS, advanced CMOS
A/D, A-D, AD analogue-(to-)digital, (*AE*) analog-(to-)digital
Adapter *m* adapter
Ader *f* wire, core, conductor (*Kabel*)
Aderbruch *m* cable fault; break of conductor
Aderendhülse *f* wire end ferrule
Aderkennzeichnung *f* core identification
Adernpaar *n* pair (of wires); core pair (*Kabel*)
Aderschluss *m* intercore short-circuit
Adervierer *m* quad
Admittanz *f* admittance (*Scheinleitwert*)
ADPCM-CODEC mit Aufspaltung in Teilbänder der Digitalfilter (*Nrt*) subband coding, SBC-ADPCM-CODEC, subband ADPCM-CODEC (*Sprachcodierung/Decodierung nach ITU-T-rec. G.731 mit 5 Teilbändern; 16kbit/s*)
Adressbus *m* address bus
ADSL 1. (*Nrt*) asymmetrische digitale Teilnehmerleitung; 2. (*If*) asymmetric digital subscriber line, ADSL (*Transport großer Datenmengen über Kupfer-Telefonleitungen, Verfahren zum schnellen Zugang zum Internet über Telefonleitungen*); 3. asynchronous digital subscriber line
ADU (*Analog-Digital-Umsetzer*) Analog-Digital-Wandler *m* A-D converter [conversion unit], analogue-(to-)digital converter, A.D.C.
AFN *f* (*automatische Frequenznachstimmung*) automatic frequency control, AFC
Akku *m*, **Akkumulator** *m* accumulator
Akkumulatorbetrieb *m* battery (accumulator) operation
Akkumulatorzelle *f* accumulator cell, storage (battery) cell

aktivieren *v* 1. activate; 2. enable (*einschalten, freigeben*)
Aktor *m* (*Stellglied*) actuating mechanism, actuator; control [controlling, positioning] element; final control element (*z. B. am Ausgang einer Messeinrichtung*); executing [correcting] device, effector, regulating element
Alarmanlage *f* alarm system
Aliasing *n* (*Nrt*) aliasing, undersampling (*Überlappung im Spektralbereich durch Undersampling bzw. Unterabtastung*)
Aliasing-Fehler *m* (*Nrt*) aliasing error, undersampling error (*Spektrenüberlappung durch Verletzung des Abtasttheorems*)
Allrichtungsempfang *m* omnidirectional reception
Allstromgerät *n* a.c.-d.c. device
Allwellenempfänger *m* (*Nrt*) multirange receiver
Alterungsbeständigkeit *f* resistance to aging, aging resistance
Aluminiumdraht *m* **mit Stahlader** steel-cored aluminium wire
AM *siehe* Amplitudenmodulation
Amateurfunk-Empfangsbestätigungskarte *f* QSL-card
AM-Demodulation *f* (*Fs*) detection of amplitude modulation, detection of AM, demodulation of amplitude modulation, demodulation of AM, demodulation of AM-converted FM
A-Modulation *f* class-A modulation
Ampere *n* ampere, amp., a, A (*1. SI-Einheit der elektrischen Stromstärke; 2. SI-Einheit der magnetischen Spannung*)
Amperemeter *n* (*Mess*) amperemeter, ammeter
Amperewindung *f* ampere turn (*IEC 50-411-16-02*)
Amplitude *f* amplitude
Amplitudenbegrenzer *m* amplitude [peak] limiter, clipper
Amplituden(frequenz)gang *m* amplitude-frequency characteristic, amplitude(-frequency) response, amplitude characteristic [curve]
Amplitudenhüllkurve *f* amplitude envelope
Amplitudenmodulation *f* 1. amplitude modulation, AM (*analoges HF-Trägermodulationsverfahren; A3E nach VO Funk*); 2. two-level differential phase-shift keying with amplitude modulation
Amplitudenquantisierung *f* amplitude quantizing (*lineare oder nichtlineare Quantisierung; 16–8192 Stufen 4–13 Codebits*)
Amtszeichen *n* (*Nrt*) exchange tone, dial(ling) tone, dial hum
an (*eingeschaltet*) on
Analogbaustein *m* analogue module
Analog-Digital-Wandler *m* A-D converter [conversion unit], analogue-(to-)digital converter, A.D.C.
Analog-Digital-Wandler *m* **nach dem Zwei-Rampen-Prinzip** dual-slope A-D-converter
Analogschalter *m* analogue switch
Analogschaltkreis *m* analogue circuit
Analysator *m* analyzer
Analyse *f* **von Einschwingvorgängen** transient analysis
Anbieter *m* (*Dat*) provider (*von Diensten für den Zugang eines Anwenders zu einem Datennetz*)
Anbindung *f* lacing (*Kabel*)
ändern *v* change, alter, modify
ändern *v*/**sich ständig** fluctuate (*z. B. Strom, Spannung*)
ändern *v*/**sich zeitlich** vary with time
Änderung *f* change, alteration; modification
Änderung *f*/**sprunghafte** discontinuous change
Änderungsgeschwindigkeit rate of change
anfahren *v* start up; start
Anfahrkennlinie *f* starting characteristic (line)
Anfahrmoment *n* starting torque; break-away torque
Anfahrwiderstand *m* (*Et*) starting resistor (*IEC 50-811-27-01*)
Anfangsbedingung *f* initial condition
Anfangsbeschleunigung *f* initial acceleration
Anfangseinstellung *f* (*Rt*) initial adjustment [alignment] (*z. B. einer Nachformeinrichtung*)
Anfangslader *m* bootstrap loader (*Vorbereitungsprogramm für das Programmeinlesen*)
Anfangslage *f* initial position
Anfangsstellung *f* starting position
Anfangswert *m* 1. initial [original] value; reset value; 2. initial argument (*Vektor*)

Anforderung *f* 1. claim; 2. demand, requisition, requirement; 3. command, order
angepasst adapted; matched
angeschlossen connected; linked; on-line
angleichen *v* adjust; adapt; match
anheben *v* 1. raise; elevate; lift; 2. (*Ak*) boost (*z. B. Leistung*); emphasize (*Tonfrequenzbereiche*)
Anion *n* anion, negative ion
Anker *m* 1. (*MA*) armature (*Wicklung, in der Spannung induziert wird*; *IEC 50-811-16-07*); core; 2. anchor; stay (*z. B. Masten*)
Anker *m*/**genuteter** slotted armature
Anker *m*/**glatter** smooth armature
Ankerabfall *m* release of armature
Ankerblech *n* armature core disk, armature stamping [punching, lamination]
Ankerblechpaket *n* armature core
Ankerkühlschlitz *m* armature duct
Ankerkurzschlussbremsung *f* braking by armature short-circuiting
Ankerprellen *n* armature bounce (*Relais*); armature chatter (*Kontakte*)
Ankerquerfeld *n* (*MA*) armature cross-field
Ankerrückwirkung *f* (*MA*) armature reaction (*IEC 50-411-19-01*)
Ankerstab *m* 1. armature bar [conductor]; 2. stay rod
Ankerstreufluss *m* armature leakage flux
Ankerzweig *m* path of armature winding
anklemmen *v* clamp; connect
Anklopfen *n* (*Nrt*) call waiting (*Systembetrieb*)
Anlage *f* 1. equipment; installation; assembly; set, system; plant; 2. arrangement, layout • **unabhängig von der Anlage arbeitend** (*Rt, Dat*) off-line
Anlage *f*/**Daten verarbeitende** data processor
Anlage *f*/**elektrische** electrical installation; electric plant
Anlagenausfall *m* system failure
Anlagennullpotenzial *n* central ground
Anlagensteuerung *f* plant control
Anlassen *n* 1. starting (operation), start(-up) (*IEC 50-811-17-20*); 2. tempering; annealing (*Metalle*)
Anlasser *m* (*MA*) starter, motor [resistance] starter; starting box (*Schalter*)
Anlassregler *m* starting rheostat
Anlassstromkreis *m* starting circuit (*IEC 50-811-25-10*)
Anlasstransformator *m* transformer starter; starter autotransformer (*in Sparschaltung*)
Anlauf *m* start(-up), starting (*IEC 50-411-22-01*) • **Anlauf mit direktem Einschalten** (*MA*) direct-on-line starting, (*AE*) across-the-line starting (*IEC 50-411-22-18*) • **Anlauf mit Kondensator** capacitor starting • **Anlauf mit Sparumspanner** (*MA*) auto-transformer starting (*IEC 50-411-22-20*) • **Anlauf mittels Vorschaltdrossel** reactor starting • **Anlauf mit Widerstand** rheostatic starting
Anlauf-Hilfswicklung *f* (*MA*) auxiliary starting winding (*IEC 50-411-07-15*)
Anlaufkäfig *m* amortisseur (*bei Synchronmaschinen*)
Anlaufmoment *n* starting [initial, stall, breakaway] torque (*IEC 50-411-18-05*)
Anlaufversuch *m* (*MA*) starting test (*IEC 50-411-23-33*)
Anlaufwicklung *f* (*MA*) amortisseur winding (*bei Synchronmaschinen*); starting winding (*IEC 50-811-14-32*); auxiliary starting winding (*eines Einphasenmotors*)
Anlaufzeit *f* 1. start(ing) time; response time; 2. rise time (*der Übergangsfunktion*)
Anlegemessgerät *n* (*Mess*) hook-on meter (*z. B. Zangenstrommesser*)
anlegen *v* apply, feed (*z. B. Spannung*)
Anlieferungszustand *m* as-received condition
anlöten *v* solder to
Annäherungskurve *f* approximate curve
Annäherungsschalter *m* proximity switch
Anode *f* anode; plate (*Elektronenröhre*) • **mit mehreren Anoden** multianode
anodenseitig anode-end
Anodenzündung *f* (*LE*) anode ignition [firing]
Anordnung *f* arrangement; assembly; set-up; layout; configuration; bank; array
anpassen *v* 1. adapt; adjust; match; fit; suit; 2. accommodate; 3. line up
anpassen *v* **an** adapt to; fit to
Anpassstück *n* adapter
Anpassübertrager *m* matching transformer
anpassungsfähig adaptable, adaptive; compatible; flexible

Anregungsenergie *f* excitation [stimulation] energy
Anregungsfrequenz *f* excitation frequency; forcing frequency
Anreicherungs-MOS-Transistor *m* enhancement MOS transistor
anschließen *v* 1. connect; link; plug in (*durch Steckkontakt*); 2. (*ME*) bond; attach • **an Erde anschließen** connect to earth • **an Masse anschließen** connect to frame • **in Reihe anschließen** join in series • **mit Kabel anschließen** cable-connect, join by cable • **phasenrichtig anschließen** connect in correct phase sequence
Anschluss *m* 1. connection; telephone connection; interface for connecting external devices to a computer; 2. (connecting) terminal, termination (*IEC 50-411-11-18*); port (*Mikrorechner*); pin (*Steuerschaltkreis*); 3. Anschlussstelle
Anschlussauge *n* terminal pad (*Leiterplatten*)
Anschlussbaugruppe *f* adapter board
Anschlussbelegung *f* pin connections (*z. B. eines Chips*); pin configuration (*z. B. eines Steckers*); pinning (diagram); terminal lead designation
Anschlussbezeichnung *f* terminal marking
Anschlussbuchse *f* connecting socket
Anschlussdose *f* connection [connecting, junction] box; wall socket (*unter Putz*)
Anschlusseinheit *f* attachment unit interface
Anschlussfahne *f* tag, connection lug
Anschlussfaser *f* fibre optic pigtail
Anschlussfinger *m* connection finger
Anschlussfläche *f* terminal pad (*Leiterplatten*)
anschlussfrei connectionless
Anschlusshülse *f* ferrule terminal
Anschlussimpedanz *f* supply impedance
Anschlussisolation *f* connection insulation
Anschlusskabel *n* connection [connecting] cable, power cord
Anschlusskapazität *f* access capability
Anschlusskennung *f* calling line identity, station answerback
Anschlussklemme *f* connecting [wiring, junction] terminal, (clamp) terminal, terminal [feeder] clamp; clamping part
Anschlussklemmleiste *f* terminal strip
anschlusskompatibel pin-compatible
Anschlussleistung *f* (*An*) installed power
Anschlussleitung *f* 1. (*Et*) connecting attachment, flying lead; service line; 2. (*Rt*) access line; 3. (*Nrt*) subscriber [branch] line • **mit einer Anschlussleitung versehen** cord-connected
Anschlussmodul *n* electrical link module (*im BUS-System*); line module
Anschlussplan *m* terminal connection diagram
Anschlussspannung *f* a.c. side voltage
Anschlussstrom *m* a.c. side current
Anschlussvorschriften *fpl* power supply regulations
Anschlusswert *m* 1. connected load (*Gerät*); 2. (*An*) installed load
Anschlusszubehör *n* connection accessories
Anschnittsteuerung* *f* (*LE*) phase control, voltage phase control (*IEC 50-811-30-12*)
anschwellen *v* 1. rise, increase; 2. (*Ak*) swell
Anschwingen *n* oscillation build-up, starting of oscillations
ANSI-Code *m* American National Standard Institute code, ANSI code (*abweichend vom ASCII-Code, andere Sonderzeichen ab Nr. 128; der ANSI-Zeichensatz wird als Standard-Zeichensatz bei MS Word verwendet*)
Ansprechdauer *f* 1. melting [prearcing] time (*Schmelzsicherung*); 2. (*Ak*) reacting duration
Ansprechempfindlichkeit *f* responsivity, response [operate] sensitivity, responsiveness
Ansprechmoment *n* pull-up torque (*Relais*)
Ansprechschwelle *f* 1. response [operation, operating] threshold (*Relais*); 2. (*Mess*) discrimination threshold, dead band, threshold sensitivity, control resolution
Ansprechspannung *f* minimum operating voltage; threshold [critical, pick-up] voltage (*Relais, MOS-FET*); spark-over voltage (*Ableiter*)
Ansprechstrom *m* minimum operating [working] current, threshold current; operating [actuating, pick-up] current (*Relais*); fusing [minimum blowing] current (*Sicherung; IEC 50-441-16-45*)

Ansprechwert *m* minimum operating value; threshold (value); responding [switching] value, pick-up [must-operate] value (*Relais*)
Ansprechzeit *f* 1. reaction time; responding [response, pick-up, operating] time (*Relais*); time to spark-over (*Ableiter*); 2. (*Mess*) answering time; attack time (*Musikinstrument*; *IEC 50-441-18-21*); application time (*einer Bremse*)
anspringen *v* latch on (*z. B. Anzeige*)
ansteigen *v* rise, increase; ascend
Ansteuereinheit *f* (*LE*) gate [drive] unit (*für IGBT und GTO*)
Ansteuerelektronik *f* control electronics
ansteuern *v* 1. drive; 2. (*ME*) trigger (*durch Impuls*); gate (*Elektronenröhre*)
Ansteuerschaltkreis *m* driver circuit, driver IC
Ansteuerung *f* 1. drive; 2. (*ME*) activation (*z. B. eines Gatters*); 3. (*Dat*) selection
Ansteuerungsleitung *f* (*Dat*) selection line
Ansteuerungssatz *m* (*Nrt*) access circuit
Anstieg *m* rise, rising, increase; slope (*Kurve*)
Anstiegsantwort *f* (*Rt*) ramp response (*Rampenfunktion*)
Anstiegsdauer *f* rise time (*Impuls*)
Anstiegsgeschwindigkeit *f* rate [rating] of rise, rise rate [speed]
Anstiegsgeschwindigkeit *f*/**maximal mögliche** slew [slewing] rate
Anstiegssteilheit *f* rise gradation
Anstiegsverzögerung *f* ramp response
Anstiegszeit *f* 1. rise time, time of rise; build-up time; 2. (*Rt*) ramp response time
Anteil *m* portion; proportion; fraction; component
Antenne *f* (*BE*) aerial, (*AE*) antenna
Antennenableiter *m* aerial discharger
Antennenabschwächer *m* aerial attenuator
Antennenabstimmung *f* aerial tuning
Antennenankopplung *f* 1. aerial coupling (*Vorgang*); 2. aerial (coupling) coil
Antennenblitzschutz *m* (*Fs*) antenna lightning protection
Antennencharakteristik *f* (aerial) radiation pattern, directional pattern [characteristic], radiation characteristic [diagram]
Antennenerdungsschalter *m* aerial earthing switch, (*AE*) antenna grounding switch
Antennenmast *m* aerial mast [tower]
Antennenspiegel *m* aerial reflector
Antennenverstärker *m* aerial amplifier [booster], (*AE*) antennafier
Antennenweiche *f* 1. combiner; 2. (*Nrt*) multiplexer
Anti-Alias(ing)-Filter *n* (*Mess, Ak*) anti-alias(ing) filter (*zur Vermeidung von Abtastverzerrungen*)
antimagnetisch antimagnetic, non-magnetic
Antiparallelschaltung *f* antiparallel [back-to-back] connection
Antischlupfregelung *f* anti-slip control
Antistatikbelag *m* antistatic coating
antreiben *v* (*MA*) drive; propel
Antrieb *m* 1. (*MA*) drive; propulsion; 2. prime mover (*für Generatoren*) • **mit elektrischem Antrieb** electrically driven
Antriebskennlinie *f* drive characteristics
Antriebsleistung *f* (*Et*) tractive power
Antriebsmaschine *f* prime mover (*für Generatoren*)
Antriebsmoment *n* (**beim Schalter**) active moment (*VDE 0660*)
Antriebsregelung *f* drive control
Antriebsschlupfregelung *f* (*Ka*) drive slide control
Antriebsseite *f* (*MA*) driving side
Antriebstechnik *f* drive engineering
Antriebsüberwachung *f* propulsion control
Antriebswelle *f* drive shaft [spindle], driving [drive] axle; capstan (*Magnetbandgerät*)
Antwortimpuls *m* reply (im)pulse
Antwortwelle *f* (*Nrt*) answering wave
Antwortzeit *f* (*Dat*) acknowledge time
anwachsen *v* increase, grow, rise
anwärmen *v* warm up, preheat
Anweisung *f* 1. assignment; 2. (*Dat, If*) statement, instruction, command
anwenden *v* apply, use
Anwenderoberfläche *f* user environment
Anwendersoftware *f* (*Dat*) custom [user] software; application software
anwenderspezifisch user-specific, user-oriented
Anwendungsgebiet *n* field, application field, field of use [application]
Anwurfmotor *m* starting motor (*IEC 50-411-03-50*)
Anzapfdrossel *f* tapped inductor

anzapfen *v* tap (off); bleed (*Dampf*) • **eine Leitung anzapfen** tap a wire
Anzeigebereich *m* (*Mess*) range of indication
Anzeigeeinheit *f* display unit
Anzeigefehler *m* indication error, error of indication [response]
Anzeigegenauigkeit *f* indicating accuracy
Anzeigetafel *f* annunciator board, indication [indicator] panel; display board
Anzeigewert *m* indicated value, (meter) reading
anziehen *v* 1. pick [pull] up, respond, operate (*Relais*); 2. attract (*z. B. Elektronen*)
Anziehungskraft *f* attractive force [power]
Anzugsstrom *m* making current; pick-up current (*Relais*)
AOL 1. America Online, AOL; 2. application oriented language
aperiodisch aperiodic, non-periodic • **aperiodisch ausschwingend** [**gedämpft**] dead-beat, aperiodic damped, non-oscillatory damped
Apparat *m* 1. apparatus, device, set, equipment; 2. (*Nrt*) telephone (set), phone • **am Apparat bleiben** (*Nrt*) hold the line
APT (*Dat, If*) automatically programmed tool, APT (*höhere, universelle NC-Programmiersprache*)
Äquipotenziallinie *f* equipotential [isopotential] line
Arbeit *f* 1. (*Ph*) work, energy; 2. operation; function
arbeiten *v* work, operate; run (*z. B. Maschine, Motor*); function
Arbeitsablauf *m* sequence of operations, operating sequence, operational procedure
Arbeitsbereich *m* operating [working] range (*z. B. eines Reglers*); region of operation (*Relais*)
Arbeitsbereich *m*/**sicherer** (*SOAR*) (*ME*) safe operation area
Arbeitsgang *m* operation, working process; procedure; cycle (of operation); pass
Arbeitskennlinie *f* working [operating, load] characteristic; performance characteristic
Arbeitskontakt *m* 1. normally open contact [interlock]; make [operating] contact, make-contact element [unit] (*Relais*); 2. (*Ap*) off-normal contact
Arbeitslage *f* operative position
Arbeitspunkt *m* operating [working] point; bias point (*Kennlinien*)
Arbeitsschutzbestimmungen *fpl* safety regulations
Arbeitsspannung *f* operating [working] voltage, work tension; closed-circuit voltage, on-load voltage (*Batterie*)
Arbeitsspeicher *m* (*Dat*) working memory, internal memory; main memory [store] (*Digitalrechner*); active store
Arbeitsstellung *f* working position; on-position
Arbeitsweise *f* working [operating] method, (mode of) operation; operating [working] procedure; function (*Gerät*)
Arbeitswiderstand *m* load resistance
Arbeitszustand *m* operate condition (*Relais*)
Arbeitszyklus *m* 1. operating [working] cycle, cycle (of operation); 2. (*MA, Ap, Rt*) duty cycle (*IEC 50-811-20-07*)
ARC automatic remote control
Archiv *n* 1. (*Dat*) folder; 2. repository
Arithmetik-Logik-Einheit *f* (*Dat*) arithmetic-logic unit, ALU, arithmetical unit
Armatur *f* fitting(s)
Armaturenbrett *n* instrument board; dashboard (*Kraftfahrzeug*)
Aron-Schaltung *f* (*Mess*) Aron measuring circuit (*2-Wattmeter-Schaltung*)
arretieren *v* lock, arrest, stop
ASCII-Code *m* (*Dat*) American Standard Code for Information Interchange (*7-Bit-Code für Darstellung von Buchstaben, Ziffern, Sonder- und Steuerzeichen*)
ASIC application specific integrated circuit (*siehe auch: anwendungsspezifische integrierte Schaltung*)
Ast *m* bough, branch (*z. B. eines Netzwerks*); limb
Ast *m*/**aufsteigender** ascending branch (*einer Kurve*)
astabil astable
Asynchronbetrieb *m* asynchronous operation (*z. B. Rechner, Steuerung*)
Asynchron-Linearmotor *m* (*MA*) linear induction motor (*IEC 50-811-16-03*)
Asynchronmaschine *f* (*MA*) asynchronous [induction] machine (*IEC 50-411-01-07*)

AT-Bus *m* (*Dat*) integrated device equipment (*Schnittstellenstandard zum Anschluss von Speichereinheiten, Diskettenlaufwerken, Festplattenspeicher*)
Atomenergie *f* atomic energy, nuclear power
Atomhülle *f* atomic shell
Atomkern *m* (atomic) nucleus
Atommodell *n* atomic model
ATT-Diode *f* avalanche transit time diode (*mit Lawinen- und Laufzeiteffekt*)
ätzen *v* 1. etch (*z. B. Metalle*); 2. cauterize (*Elektromedizin*)
Audiokarte *f* sound card
Audio-Signal *n* (*Fs*) audio signal, audio-frequency signal, low-frequency signal (*Niederfrequenzsignal; Bandbreite 20 Hz–20 kHz*)
aufbauen *v* build up, mount, assemble; set up; erect; construct
aufbewahren *v* store; keep, preserve
Aufeinanderfolge *f* sequence, succession
Auffangelektrode *f* 1. collecting [gathering] electrode, (electron) collector; 2. target electrode
auffangen *v* 1. collect (*z. B. Elektronen*); catch; 2. (*Nrt*) intercept; pick up (*z. B. Signale*)
Auffang-Flipflop *n* latch, D-type flip-flop
Auffangspeicher *m* (*Dat*) cache
auffrischen *v* (*Dat*) refresh (*z. B. Speicher*)
Aufhängung *f* 1. suspension (*z. B. in Messwerken*); nose suspension (*Tatzlagermotor*); 2. suspension mount; nose (*Tatzlagermotor*)
aufheben *v* cancel • **eine Verbindung aufheben** (*Nrt*) clear a connection
aufheizen *v* heat up, warm up
aufkleben *v* glue on, bond (*z. B. Dehnmessstreifen*)
aufladen *v* 1. charge (*Kondensator, Batterie*); electrify; 2. load; 3. reload
Aufladezeitkonstante *f* charging time constant
auflösen *v* 1. resolve (*Optik*); 2. (*Ch*) dissolve; disintegrate, decompose; 3. solve (*Mathematik*) • **eine Gleichung auflösen** solve an equation
Auflösung *f* 1. resolution, image resolution (*Bildpunktanzahl bei Bildschirmen (XxY) und digitalen Kameras in Pixel*); 2. (*Rt*) (control) resolution; 3. (*ME*) pattern definition (*der Struktur*); 4. (*Ch*) dissolution; disintegration, decomposition
Auflösung *f* **eines Messgeräts** discrimination of a measuring instrument
aufmagnetisieren *v* magnetize
Aufnahme *f* 1. acceptance (*z. B. von Elektronen*); reception (*z. B. von Impulsen*); absorption; take-up, uptake; 2. input (*Leistung*); 3. (sound) recording; plotting (*Diagramm*); 4. (*Nrt*) pick-up (*z. B. Signale*); 5. (*Fs*) taking, shooting; 6. photo(graph); take, shot; record; 7. receptacle; bushing; housing
Aufnahmevermögen *n* 1. (*Et*) susceptibility; 2. absorbency, absorbing capacity; absorptivity, absorptive power
Aufnehmer *m* (*Mess*) pick-up, sensor, sensing element; transducer; susceptor (*z. B. von Proben in einem Epitaxiereaktor*)
Aufputzschalter *m* surface switch, switch for surface mounting
aufspalten *v* split (up); break up; delaminate
aufsteckbar plug-in, clip-on; attachable
auftreffen *v* impinge (upon), strike
auftrennen *v* separate, open, split • **eine Leitung auftrennen** open a line
Aufwärtsflanke *f* rising edge
Aufwärtstransformator *m* step-up transformer
Aufwärtsumsetzer *m* up-converter
Aufwärtszähler *m* (*Dat*) up-counter
aufwickeln *v* reel [wind, coil] up, roll (up)
Augenblickswert *m* instantaneous [momentary] value
Aus *n* 1. low (*unterer Signalpegel in der Digitaltechnik*); 2. off (*Schalterstellung*)
Ausbildung *f* education
ausblenden *v* 1. (*Dat*) extract (*Informationen*); 2. fade down [out] (*Film, Ton*); gate out (*durch Torung*)
Ausbreitung *f* propagation (*z. B. von Wellen*); spread, spreading (*Streuung*)
ausdehnen *v*/**sich** expand, extend
Ausfall *m* 1. failure (*in E-Anlagen*); outage; breakdown; malfunction; 2. (*Dat*) drop-out, shut-down
ausfallen *v* fail, break down; drop out (*z. B. Relais*)
Ausfallwinkel *m* reflecting angle
Ausfallzeit *f* outage time; down-time; fault time

Ausgabe *f* output; write-out; read-out (*Speicher*)
Ausgang *m* output; outlet
Ausgangsbuchse *f* output jack
Ausgangsdämpfung *f* output attenuation
Ausgangsgröße *f* 1. output quantity [value]; 2. initial [basic] parameter
Ausgangskennlinie *f* output characteristic
Ausgangslast *f* (*LE*) output load
Ausgangslastfaktor *m* (*ME*) fan-out
Ausgangsleistung *f* 1. (*Et, MA*) output power, (power) output; output wattage (*in Watt*); 2. (*Rt*) drive capability
Ausgangssignal *n* 1. (*Rt*) output signal; 2. (*Dat*) read-out signal
ausgeben *v* output (*Daten*); read out
ausgerüstet mit fitted [equipped] with
Ausgleich *m* 1. balance, compensation; equalization; 2. (*Rt*) self-recovery, self-regulation (*z. B. bei P-Gliedern*)
Ausgleicher *m* equalizer; balancer; compensator
Ausgleichsvorgang *m* 1. transient, transient process [reaction, effect, phenomenon], transient response; switching transient (*beim Schalten*); circuit-breaking transient (*beim Ausschalten*); 2. compensation process
Auslastung *f* loading; duty (*von Maschinen*); (rate of) utilization; capacity utilization
Auslastungsgrad *m* (*Et*) load factor
Auslauf *m* 1. (*MA*) retardation; 2. outlet, discharge point; 3. (*Et*) ramp (*IEC 50-811-34-07*); coasting (*IEC 50-811-04-03*)
auslaufen *v* 1. run down [out] (*Motor*); 2. wear out (*Lager*)
auslegen *v* lay out; design; rate
Auslenkung *f* deflection; displacement; deviation (*Zeiger*)
auslesen *v* (*Dat*) read out; extract, (*sl*) grab, (*sl*) rip (*z. B. Daten von CD*)
Auslösekennlinie *f* tripping characteristic
Auslösekontakt *m* release contact
auslösen *v* 1. release, trip; trigger; 2. initiate; actuate; activate; fire (*Zündung*); 3. liberate, knock off (*Elektronen*); 4. unlatch; disconnect (*Kupplung*)
Auslöser *m* 1. trigger; tripping device, trip, release; 2. (*Ap*) cut-out switch; initiating switch; 3. acknowledgement key
auslöten *v* unsolder
ausmessen *v* (*Mess*) measure
ausrichten *v* align; straighten, make straight; direct; orient (*z. B. Kristall*); adjust
ausrollen *v* run out (*Kabel*)
Ausrüstung *f* equipment, installation
ausschalten *v* switch [turn] off, cut out [off]; break, interrupt, disconnect
Ausschalter *m* 1. contact breaker, interrupter; switch; circuit breaker; 2. (*Ap*) cut-out (switch); single-throw switch
Ausschaltthyristor *m* turn-off thyristor
Ausschaltvermögen *n* breaking [interrupting, interruptive] capacity, breaking power (*IEC 50-441-17-08*)
Ausschaltzeit *f* off-time off-period; break [contact-opening] time; gate-controlled turn-off time (*Thyristor*); clearing [total operating] time (*Sicherung; IEC 50-441-17-39*)
Ausschlag *m* 1. (*Mess*) deflection, excursion, deviation, swing, throw (*Zeiger*); response; 2. amplitude
Außen... out-door
Außenabmessungen *fpl* average overall dimensions
aussenden *v* 1. emit; 2. (*Nrt*) so send out; give out; beam (*gerichtet*)
außerhalb off-board
Außertrittfallen *n* falling out of step, pulling out of synchronism (*bei Drehstrommotoren; IEC 50-411-22-13*); loss of synchronism [synchronization]
Aussetzbetrieb *m* intermittent operation [duty, action, service]; discontinuous operation; periodic duty (*IEC 50-411-21-12*); intermittent periodic duty-type with starting (*IEC 50-411-21-17; mit Einfluss des Anlaufs auf die Temperatur*)
aussetzen *v* 1. intermit, interrupt; discontinue; 2. fail; die (*Motor*); 3. expose (*einer Einwirkung*)
Ausstattung *f* equipment; outfit
Aussteuerbereich *m* modulation range, range of modulation
aussteuern *v* 1. modulate; 2. control
ausstoßen *v* eject, expel
ausstrahlen *v* 1. emit, radiate (*z. B. Licht, Wärme*); 2. (*Nrt*) transmit
austasten *v* (*Nrt, Fs*) blank; gate (*z. B. Zeitsignale*); key off
austauschen *v* 1. exchange, interchange; replace; 2. swap (*z. B. Programme*)
Austrittsarbeit *f* (electronic) work function

Auswahl *f* selection; choice
auswählen *v* select, pick out
auswechselbar exchangeable, interchangeable; replaceable; plug-in (*durch Stecken*)
auswerten *v* 1. evaluate; analyze; 2. (*Dat*) interpret; 3. plot (*Kennlinien, Kurven*)
Auszug *m* 1. extension; 2. extraction (*z. B. aus einer Gesamtentwurfszeichnung*); 3. (*Dat*) dump (*aus einem Speicher*)
Automat *m* (*Rt*) automaton, automatic machine
automatisch automatic, self-acting, operating by itself
Automatisierung *f* automation, automatization
Automatisierungstechnik *f* automation technique, automatic control engineering
Avalanche-Diode *f* avalanche diode
A-Verstärker *m* class-A amplifier
AWE (*automatische Wiedereinschaltung*) autoreclosing, automatic circuit reclosing, automatic reclosure

B

Backward-Diode *f* backward diode
Bahnstromfrequenz *f* main frequency of the railway (*elektrische Zugförderung*)
Bahnwiderstand *m* path [bulk] resistance
Bajonettverschluss *m* bayonet lock [catch, joint]
Balanceregler *m* (*Ak*) balance control
Ballastwiderstand *m* 1. ballast resistor; 2. ballast resistance
Bananenbuchse *f* banana jack
Bananenstecker *m* banana pin [plug], split plug
Bandantenne *f* tape aerial
Bandaufhängung *f* ribbon [strip] suspension
Bandaufteilung *f* band sharing, band partition
Bandbreite *f* (*Nrt*) B, bandwidth (*in Hz, 1/s; IEC 50-731-01-52*)
Banderder *m* strip earth conductor
Bändermodell *n* (*ME*) (energy) band model
Bandfilter *n* band-pass filter, (wave-)band filter
Bandgrenze *f* band edge
Bandheizwiderstand *m* ribbon heating resistor
Bandkabel *n* tape [ribbon, flat] cable (*IEC 50-731-04-06*)
Bandkondensator *m* tape capacitor
Bandmitte *f* mid-band (*Frequenzband*)
Bandpass *m* band-pass (filter), band filter
Bandsperre *f* band-elimination filter, band-stop filter, band-rejection filter
Bandweiche *f* band dividing filter
BARITT-Diode *f* (*ME*) barrier injection transit-time diode, BARITT diode
Basis *f* base; basis
Basisanschluss *m* 1. base terminal (*Transistor*); base contact; 2. (*Nrt*) basic access, BA (*2 B-Kanäle je 64 kbit/s,* B_1 *und* B_2 *+ 1 · 16 kbit/s-D-Kanal,* S_0*-Schnittstelle*)
Basisband *n* baseband (*Frequenzbereich*)
Basiseinheit *f* 1. (*Mess*) base unit (*im Maßsystem*); 2. (*Dat, Rt*) functional [base] unit
Basisschaltung *f* 1. basic circuit; 2. (*ME*) common-base circuit [connection, configuration], grounded-base circuit
Bassanhebung *f* bass boost(ing), low-note accentuation
Bassentzerrer *m* bass compensator
Bassfilter *n* bass-cut filter
BAS-Signal *n* composite picture signal (*Videotechnik, Videosignal*)
Basslautsprecher *m* bass loudspeaker
Bassreflexbox *f* bass reflex cabinet, (bass) reflex box
Batterie *f* 1. (single-cell) battery; (*AE*) (storage) battery, accumulator (*IEC 50-811-20-02*); 2. (capacitor) bank • **ohne Batterie** batteryless
Batterieantrieb *m* battery drive; accumulator drive • **mit Batterieantrieb** battery-driven, battery-operated
Batteriebetrieb *m* battery operation
Batterieentladungsanzeiger *m* low-battery indicator
Bauanleitung *f* assembly instruction
Bauart *f* design; type; make; construction
Bauch *m* antinode, bulge (*z. B. einer Schwingung*)
Baud *n* (*Schritte/s*) (*Nrt*) baud (*Einheit der Schrittgeschwindigkeit*)
Baud-Rate *f* (*Nrt*) baud rate, line digit rate (*nur von der Bandbreite begrenzt; maximal:* $1/\tau_{ein} = 2B$)

Bauelement *n* 1. (*ME*) component; (structural) element; unit; device; 2. (*Ap*) constructional member
Bauform *f* design; structural form, form of construction
Baugruppe *f* package, (packaged) unit, unit package; (sub)assembly; module
Baureihe *f* series
Bausatz *m* assembly kid
Baustein *m* unit; building block; module, (standard) modular unit; component; package
Bausteinauswahl *f* chip select, CS
Bausteinfreigabe *f* chip enable, CE
Bausteinsystem *n* modular system
Bauteil *n* component, structural element [member], (structural) part
BCC 1. blind carbon copy; 2. blind courtesy copy
BCCD (*ME*) BCCD, bulk charge-coupled device; BCCD, buried channel charge-coupled device
BCD-Zähler *m* (*binärcodierter Dezimalzähler*) BCD counter
Binär-Dezimal-Umsetzer *m* binary-(to-) decimal converter
Binärzahl *f* binary number
Binärzeichen *n* binary digit, bit
Bindeglied *n* (connecting) link
binden *v* 1. (*Ph*, *Ch*) bond, bind, link; 2. set, harden; cement; 3. tie, fasten
Biochip *m* biochip, molecular electronic device
BIOS *n* basic input output system (*im Computer*)
Bipolarbetriebsart *f* bipolar mode
Bipolar-Feldeffekttransistor *m* bipolar insulated field-effect transistor, BIFET
Bipolarschaltung *f* (*ME*) bipolar circuit
Bipolartransistor *m* bipolar transistor
B-ISDN (*Breitband-ISDN*) (*Nrt*) B-ISDN
bistabil bistable
Bit *n* (*Dat*, *If*) bit, binary digit (*1. Einheit des Informationsinhalts in der Nachrichtentechnik, Datenverarbeitung und Informatik; 2. dimensionslose Einheit der Speicherkapazität in der Datenverarbeitung*)
Bitfehler *m* bit error
Bitfolgefrequenz *f* (*Nrt*) bit repetition rate; bit sequence frequency
Bitfrequenz *f* bit frequency, bit rate
Bitmuster *n* bit pattern
bitweise in bit mode
B-Kanal *m* (*Nrt*) B-channel (*zwei Nutzkanäle* B_1 *und* B_2 *zu je 64 kbit/s am ISDN-Teilnehmer-Anschluss*)
b-Komplement *n* complement on b (*z. B. Zehnerkomplement im Dezimalsystem*)
Black-box (*Rt*) black box (*Glied unbekannter Struktur*)
blank bare (*Draht*); uninsulated
Blankverdrahtung *f* 1. bare wiring; 2. (*Nrt*) strapping, piano wiring
Blase *f* 1. bubble; 2. blister, blow-hole (*bei Gießharzen*) • **Blasen erzeugen** (*Dat*) nucleate bubbles (*Blasenspeicher*) • **eine Blase vernichten** collapse a bubble (*im Blasenspeicher*)
Blaswirkung *f* blowing action (*Lichtbogen*)
Blatt *n* 1. leaf; 2. blade (*Turbine, Lüfter*)
Blättchen *n* lamina, lamella; foil
Blattkupfer *n* copper foil
„Blauzahn" *m* "bluetooth" (*offenes Normsystem für drahtlose, kabellose Übertragung von Daten über kurze Strecken*)
Blech *n* 1. sheet (metal), plate; 2. lamination, lamella, lamina (*Trafokern*)
Blechpaket *n* stack of sheets, laminated core (*IEC 50-411-10-02*); core stack (*Transformator elektrische Maschine*)
Bleiakkumulator *m* lead(-acid) accumulator, lead-acid (storage) battery, lead cell [storage battery]
Blindkomponente *f* reactive [reactance, wattless, quadrature] component
Blindlast *f* reactive [wattless] load
Blindleistung *f* reactive [wattless] power
Blindleistungsfaktor *m* power [reactive] factor
Blindleistungskompensation *f* power-factor compensation, reactive power compensation [correction]
Blindleistungskondensator *m* reactive power compensating capacitor
Blindleistungsmaschine *f* (*MA*) rotating capacitor
Blindleistungsmesser *m* (*Mess*) reactive volt-ampere meter, varmeter, idle-current wattmeter
Blindleistungsregelung *f* reactive power control
Blindleitwert *m* susceptance (*IEC 50-131-01-31*)
Blindpermeabilität *f* reactive permeability

Blindschaltfeld *n* (*An*) blank [empty] panel
Blindsicherung *f* dummy fuse
Blindstromtarif *m* power factor rate
Blindverbrauchszähler *m* reactive power meter, reactive-energy meter, var-hour meter, wattless component meter
Blindwiderstand *m* reactance, reactive impedance
Blindwiderstand *m*/**induktiver** inductance, inductive [magnetic] reactance
Blindwiderstand *m*/**kapazitiver** capacitive [negative] reactance, condensance
Blinkgeber *m* blinker unit; flasher unit
Blinkrelais *n* flasher relay
Blitzableiter *m* 1. lightning arrester [conductor, protector, rod]; 2. (*EE*) surge arrester [diverter]
blitzen *v* flash
Blitzentladung *f* lightning discharge
Blitzerscheinung *f* lightning phenomenon
Blitzgerät *n* flash gun [unit]
Blitzlicht *n* flash(light), flashing light
Blitzschlag *m* lightning stroke
Blitzschutz *m* lightning protection
Blitzschutzanlage *f* lightning arrester [protector]
Bloch-Wände *fpl* Bloch walls
Block *m* 1. block; unit (*Baustein*); 2. (data) block; 3. power-station unit (*Kraftwerk*)
blockieren *v* 1. block, lock; interlock; 2. (*MA*) jam (*festfressen*); 3. (*Nrt*) place [take] out of service
Blockierkennlinie *f* off-state characteristic (*Thyristor*)
Blockierschaltung *f* clamping circuit
Blockierzustand *m* off-state (*Thyristor*)
Blockkondensator *m* blocking capacitor
Blockschaltbild *n* (*Dat, Rt*) block diagram; functional block diagram (*mit Darstellung der Gliedfunktionen*)
B-Modulation *f* class-B modulation
Bode-Diagramm *n* Bode diagram [plot]
Bodenantenne *f* (*FO*) terrestrial antenna, ground antenna (*z. B. $\lambda/2$ = 15 km langes Erdkabel als OMEGA-Antenne*)
Bogen *m* 1. (electric) arc; 2. conduit elbow (*Rohrverbindung*); 3. bend; curve; curvature
Bogenlampe *f* (carbon-)arc lamp
Bogenrückschlag *m* arc back (*bei Rückzündung*)
Bogenzündung *f* (arc) initiation
Bohrmaschine *f* drilling machine
Boltzmann-Konstante *f* Boltzmann constant
Bonddraht *m* (*ME*) bonding wire
bonden *v* (*ME*) bond
Bondinsel *f* (*ME*) bond(ing) island, bonding pad
Booster *m* (power) booster
Bootstrap-Schaltung *f* bootstrap circuit
Bordnetz *n* 1. airborne supply system, onboard network; 2. (*Kfz*) vehicle electrical distribution system
Bordnetzumrichter *f* (*Et*) on-board converter
Bordrechner *m* car computer
Breitband-ISDN *n* (*Nrt*) broadband integrated services digital network, B-ISDN (*Bitraten* $>$ *2 Mbit/s*; *betrieben im ATM*)
Breitbandkabel *n* broad-band [wide-band] cable; high-frequency carrier cable
Breitbandübertragung *f* broad-band [wide-band] transmission
Breitbandverstärker *m* broad-band [wide-band] amplifier
Breite *f* width
Bremsbetrieb *m* brake operation
Bremsdrossel *f* (*Et*) braking reactor (*IEC 50-811-26-23*)
Bremsleuchte *f* stop lamp (*Kfz*)
Bremsmagnet *m* 1. brake [braking] magnet; 2. (*Mess*) meter braking element, damping magnet (*zum Dämpfen des Messwerks*)
Bremsmoment *n* braking [retarding] torque (*IEC 50-411-18-12*)
Bremsweg *m* (*Et*) stopping distance (*IEC 50-811-06-43*); braking distance
Bremswiderstand *m* (*LE*) braking resistor (*IEC 50-811-27-02*)
Brenndauer *f* 1. burning [operating, working, service] life, lifetime (*Lampe, Röhre*); arc duration (*Lichtbogen*); 2. (*LE*) conduction time, conducting period; 3. baking time (*Einbrennlack*); firing time (*Isolierkeramik*)
Brennstoffelement *n* fuel cell
Brennweite *f* focal distance [length]
bringen *v*/**auf den neuesten Stand** update (*z. B. Informationen*)
bringen *v*/**in Gang** initiate
bringen *v*/**zum Stillstand** arrest, stop
Bruch *m* break, fracture, rupture
bruchsicher break-proof

Brücke *f* bridge
Brücke *f*/**abgeglichene** balanced bridge
Brücke *f*/**halbgesteuerte** (*LE*) half-controlled bridge
Brücke *f*/**vollgesteuerte** (*LE*) controlled bridge
Brückenanordnung *f* bridge configuration [arrangement, assembly]
Brückenbildung *f* bridge formation (*durch Fasern in Isolierölen*)
Brückendemodulator *m* ratio detector
Brückenfilter *n* lattice filter
Brückengleichgewicht *n* bridge balance
Brückengleichrichter *m* bridge(-connected) rectifier
Brückenschaltung *f* (*LE*) bridge circuit [connection, network]; diamond circuit (*Gleichrichterbrücke*; *siehe auch*: *Brücke*); bridge transition (*IEC 50-811-30-19*) • **in Brückenschaltung** bridge-connected
Brückenspannung *f* bridge voltage
Brückenzweig *m* bridge arm [branch], arm [leg] of the bridge
Brummabstand *m* signal-to-hum ratio
Brummanteil *m* hum component
Brummspannung *f* hum voltage, ripple (voltage)
Brummstörungen *fpl* hum troubles
Bruttoleistung *f* gross output (*z. B. eines Kraftwerks*)
Btx-ISDN-Anschluss *m* videotex-ISDN access
Büchse *f* caddy
Buchse *f* 1. socket (connector); jack; cable entry body; 2. bush (*für Lager*)
Buchsenleiste *f* contact strip; edge socket connector (*für Leiterplatten*)
Buchsensteckverbinder *m* female connector
Bügelkontakt *m* (*Ap*) bow contact
Bügelstromabnehmer *m* (*Et*) current collector bow, bow collector (*Bahn*; *IEC 50-811-32-03*)
Bündel *n* 1. beam, cone (*z. B. von Strahlen*); 2. bundle; 3. (*Nrt*) group (of lines); (*LWL*) fibre bundle, bundle (*IEC 50-731-04-09*)
Bündelfunk *m* (*Km*) trunked radio
Bündelkabel *n* bunched [bank] cable
bündeln *v* 1. bundle; 2. focus, concentrate (*Strahlen*); 3. (*Licht*) collimate
Bündelungselektrode *f* focussing electrode
Bürste *f* (*MA*) (contact) brush (*IEC 50-811-14-19*) • **ohne Bürsten** brushless
Bürstenfeuer *n* brush light [spark], sparking (of brushes), commutator sparking
Bürstenhalter *m* (*MA*) (commutator-) brush holder (*IEC 50-811-14-20*)
bürstenlos brushless
Busabschluss *m* bus terminator
Busadapter *m* bus adapter
Busfreigabesignal *n* bus enable signal
Busleitung *f* bus line
Bustreiber *m* bus driver
B-Verstärker *m* class-B amplifier
Byte *n* (*Dat*) byte (*Speichereinheit einer Folge von 8 Bit*)
byte-organisiert byte-organized

C

c-Ader *f* (*Nrt*) C-wire, sleeve wire
Call-by-Call *n* call by call (*frei wählbarer Zugang zu Telefonnetzanbietern*)
CAN controller area network, CAN (*Feldbusnorm zur einfachen Verbindung von Elektronikkomponenten mit einer Leitstelle, Multimaster-Bus in Anlehnung an das ISO/OSI-Schichten-Referenzmodell, entwickelt für den ursprünglichen Einsatz im Kraftfahrzeug*)
CASE computer-aided software engineering, CASE
C-Betrieb *m* (*Verstärker*) class C operation
CB-Funk *m* citizens-band radio(-communication), CB radio communications (*im Funkfrequenzbereich um 27 MHz*)
CCD-Anordnung *f* CCD array, charge-coupled (device) array
CCD-Bildaufnehmer *m* CCD imager, charge-coupled (device) imager
CCD-Speicher *m* charge-coupled memory
CD *f* CD, compact disk
Chip *m* (*ME*) chip, individual die (*Siliciumplättchen*); chip (*integrierter Schaltkreis*) • **außerhalb des Chips** off the chip • **innerhalb eines Chips** (**befindlich**) intra-die • **zwischen verschiedenen Chips** inter-die
Chiparchitektur *f* chip architecture

Chipentwurf *m* chip layout
Chipentwurf *m* **nach Kundenwunsch** custom-chip design
Chipfläche *f* chip area
CHL-Technik *f* (*ME*) current hogging logic, CHL (*Schaltkreistechnik mit Lateralinjektion*)
Chopper *m* chopper (*siehe auch*: *Zerhacker*)
Choppermotor *m* pulsed current motor
Cinch-Stecker *m* (*Ku*) Cinch plug
CMOS *m* CMOS, complementary metal-oxide semiconductor
CMOS-Technik *f* CMOS technology, complementary metal-oxide semiconductor technology
C-Netz *n* (*Km*) C-net, analog cellular mobile radio network at 450 MHz (*ab 01.01.2001 außer Betrieb genommen*)
Codeerkennung *f* code recognition
Codescheibe *f* code [coded, encoder] disk
codieren *v* code, encode
Colpitts-Oszillator *m* Colpitts oscillator
COMFET *m* COMFET, conductivity-modulation field-effect transistor
Common-Mode-Ausfall *m* common mode failure (*Mehrfachausfall aufgrund einer gemeinsamen Ursache*)
cos-φ-Messgerät *n* (*Mess*) phase meter, reactive factor meter
Coulomb *n* coulomb (*SI-Einheit der Elektrizitätsmenge oder der elektrischen Ladung*)
CSJFET CSJFET, charge-storage junction field-effect transistor
Curie-Temperatur *f* magnetic transition temperature
C-Verstärker *m* class-C amplifier

D

D-A, D/A, DA digital-analogue
DAB *n* (*digitale Übertragung von Audiodaten*) DAB; digital audio broadcasting
DAC (*Nrt*) DAC, dual attached concentrator
Dach *n* top (*Impuls*)
Dachschräge *f* (pulse) tilt, droop
d-Achse *f* (*MA*) direct axis
Dahlander-Schaltung *f* Dahlander (pole-changing) circuit
Dämmerungsschalter *m* daylight control (switch)
dämpfen *v* 1. attenuate, damp, dampen (*z. B. Schwingungen*); muffle, mute, deafen (*z. B. Schall*); subdue (*z. B. Farben*); 2. baffle (*mechanisch*); buffer (*Stoß*); cushion
Dampfentladungslampe *f* vapour-discharge lamp
Dämpfung *f* 1. attenuation, loss (*Licht*; *IEC 50-731-01-48*); damping, extenuation (*eines Schwingkreises*); 2. (*Ak*) muffling, muting; coupling loss (*bei Lichteinkopplung oder -auskopplung auftretender Effekt eines Lichtwellenleiters*)
Dämpfungsmaß *n* attenuation constant [ratio, factor], attenuation equivalent [standard]
Dämpfungsmesser *m* 1. (*Mess*) attenuation-measuring set, decremeter; 2. (*Ak*) attenuation [decibel] meter
Dämpfungswiderstand *m* 1. damping [dissipative] resistance; loss resistance (*Stoßspannungsanlage*); 2. damping resistor (*IEC 50-811-27-06*)
Darlington-Leistungstransistor *m* power darlington
Darlington-Schaltung *f* Darlington circuit
Darlington-Transistor *m* Darlington transistor
Darstellung *f* 1. (re)presentation; 2. (*Dat*) notation; 3. display; plot (*grafisch*); 4. (*Dat*) font (*Schriftart*)
Darstellungsgenauigkeit *f* precision
Darstellungsschicht *f* 1. (*Dat, If*) presentation layer* (*im ISO-Referenzmodell*: *Festlegungen zu Informationsdarstellung und Informationsaustausch*); 2. (*Nrt*) presentation layer, OSI-layer No. 6 (*Schicht 6 im OSI-Ebenenmodell*; *netzunabhängig*)
Darstellungsweise *f* image-modus
DAS (*Nrt*) dual attached station, DAS
DAT DAT, digital audio tape
Datenblatt *n* data sheet; specification sheet (*technische Beschreibung*)
Daten-Eingabe-Ausgabe *f* data in-out, data in/out, data I/O, DIO
Datenempfang *m* data reception
Datenfeld *n* array
Datenfernübertragung *f* (*Nrt*) long-distance data transmission, remote data transmission, remote data transfer
Datenfluss *m* data flow

Datenformat *n* data format
Datenkanal *m* port
Datenkommunikationsnetz *n* world-wide web, WWW (*z. B. Internet*)
Datenkomprimierung *f* data compaction
Datenkoppler *m* data coupler
Datenmenge *f* data bulk [quantity], volume of data
Datenmodem *m*(*n*) (*Nrt*) data modem (*hierzu Serie von V.-Empfehlungen der ITU-T*)
Datenpaketübertragung *f* (*Nrt*) frame transmission
Datenquittungsleitung *f* data accepted line
Datenschnittstelle *f* data interface
Datenschutz *m* data protection; privacy data protection
Datensicherheit *f* data integrity [security]
Datensichtgerät *n* (*Dat*) video terminal, data display module [unit], display, cathode-ray tube display (screen)
Datenstrom *m* data stream
Datenträger *m* data carrier [medium]
Datenübertragung *f* (*Nrt*) data transmission, data transfer
Datenübertragungsgeschwindigkeit *f* 1. data transfer rate; 2. (*Nrt*) data signalling rate
Datenverkehr *m* data traffic
Datenverlust *m* overrun, loss of data
Datenverschlüsselung *f* data (en-) coding, data encryption
DAU (*Digital-Analog-Umwandler*) Digital-Analog-Wandler
Dauerbelastung *f* continuous [permanent, steady-state] load
Dauerbetrieb *m* 1. continuous duty [operation], permanent operation [service]; 2. (*MA*) continuous running (duty) (*IEC 50-411-21-14*)
Dauermagnet *m* permanent magnet
Dauerversuch *m* 1. long-time test(ing), xtended-time test(ing); 2. (*MA*) continuous run trial; fatigue test(ing)
Dauerzustand *m* steady state
D-Auffangflipflop *n* D-latch
Daumenregel *f* thumb [Ampere's] rule, Amperian float law
DBB DBB, dynamic bass boost
dechiffrieren *v* decode, decipher
Deckel *m* cover (plate), cap, lid; header (*Transistor*); roof (*Lichtbogenofen*)
Deckelschalter *m* lid-operated switch
Deckenabzweigdose *f* ceiling tapping box
Deckenbeleuchtung *f* ceiling lighting
Deckendurchführung *f* ceiling bushing; ceiling duct
Decoder *m* decoder
Decodierbaum *m* decoding tree (*in D-A-Wandlern*)
Decodierschaltung *f* decoding circuit, decoder
DECT Digital European Cordless Telephony (*europäischer Übertragungsstandard für digitale schnurlose Telefone*)
DECT-Grundfunktionen *f* (*Nrt*) DECT public access profile, DECT PAP
Defekt *m* defect, fault
Defekthalbleiter *m* defect [hole] semiconductor, p-type semiconductor
Dehnung *f* extension, expansion; dila(ta)tion; elongation; stretch; strain; magnification (*eines Zeitmaßstabs*)
Dehnungsfaktor *m* 1. gauge factor (*Dehnungsmessstreifen*); 2. zoom factor (*Darstellung*)
Dehnungsmessbrücke *f* strain(-gauge) measuring bridge, strain bridge
Dehnungsmesser *m* strain gauge; extensometer, dilatometer
Dehn(ungs)messstreifen *m* (resistance) strain gauge, foil [wire] strain gauge
Dekadenwiderstand *m* (*Mess*) ten-turn rheostat, decade resistor
Delogarithmierschaltung *f* antilog converter
Demodulation *f* demodulation, detection
Demonstrationsmodell *n* demonstration model
Demultiplexer *m* (*Nrt*) demultiplexer, DEMUX
Depolarisation *f* depolarization
Detektor *m* detector
Dezibel *n* decibel, dB (*dekadisch-logarithmisches Pegelmaß*)
Dezimalanzeige *f* decimal display [presentation, reading]
Dezimal-Binär-Umwandlung *f* decimal-(to-)binary conversion
Dezimalcode *m* decimal code
Dezimaldämpfungsregler *m* decimal attenuator
Dezimaldarstellung *f* decimal notation
Dezimalzahl *f* decimal number
Dezimalzähler *m* 1. (*Dat*) decimal [decade] counter; 2. (*Mess*) decimal scaler, scale-of-ten circuit

D-Flipflop *n* delay flip-flop, D-type flip-flop (*Verzögerungsspeicherbaustein für Schieberegister*)
D-Glied *n* (*Rt*) differentiator, derivating block [element]
Diac diac (*bidirektionale Triggerdiode*)
Diagnosegerät *n* diagnostic device
Diagramm *n* 1. (*Dat*) site-map; 2. chart, diagram, graph, graphics, plan
Dialogbetrieb *m* (*Dat*) interactive mode, conversation(al) mode • **im Dialogbetrieb arbeitend** conversational
diamagnetisch diamagnetic
dicht tight, (leak)proof, impervious; sealed, closed; dense, compact (*Struktur*)
Dichte *f* 1. (*Et*) density (*bei Strömungsfeldern*); 2. (mass) density (*Masse je Volumeneinheit*); 3. density (*Schwärzungsdichte*); 4. Dichte/optische; 5. (*Dat*) density (*Aufzeichnungsdichte bei Speichern*)
Dickenschwinger *m* (*Ak*) thickness [compression-type] vibrator, thickness resonator
Dickschichtbauelement *n* thick-film element [component]
Dielektrikum *n* dielectric (material), nonconductor
dielektrisch dielectric, non-conducting
Dielektrizitätskonstante *f* dielectric constant [coefficient], permittivity
Dielektrizitätskonstante *f*/**absolute** absolute dielectric constant
Dienstanbieter *m* service provider, server (*im Internet*)
Diensteintegration *f* (*Nrt*) services integration, integrated services (*Sprach-, Daten-, Text-, Fax- und Bild-Dienste*; *im ISDN*)
Dienstvorschrift *f* service instruction
Dieselgeneratoranlage *f* Diesel generating set
Differenzeingang *m* differential input
Differenzialübertrager *m* (*Nrt*) differential transformer, hybrid transformer [coil]
Differenzierer *m* (*Rt*) derivative unit
Differenzierglied *n* 1. (*Rt*) differentiating network; 2. (*Rt*) differentiating [advance] element
Differenzmesser *m* differential measuring instrument
Differenz-Pulscodemodulation *f* differential pulse-code modulation
Differenzquotient *m* difference quotient
Differenzstromauslösung *f* differential-current tripping
Differenzträgerfrequenz *f* (*Fs*) intercarrier frequency
Differenzverstärker *m* differential [difference] amplifier; comparator (device)
Digitalabtastvoltmeter *n* (*Mess*) sample-and-hold digital voltmeter
Digital-Analog-Umsetzer *m*, **Digital-Analog-Wandler** *m* digital-(to-) analogue converter, D/A converter
Digitalanschluss *m* (*Nrt*) digital connection; digital line; digital interface
Digitalanzeige *f* digital display [read-out]
Digitalauflösung *f* digital resolution
Digitalbaustein *m* digital module, digital block (module)
Digitalelement *n* (*Nrt*) digit
Digitalmultimeter *n* (*Mess*) digital multimeter, DMM
Digitalsignal *n* (*Nrt*) digital signal, time-and-value-discrete signal
DIL-Gehäuse *n* dual-in-line package
Dimension *f* 1. dimension, size; 2. dimension (*einer physikalischen Größe*)
Dimmer *m* (*Licht*) dimmer
Diode *f* diode
Diodenanordnung *f* diode array
Diodenbegrenzer *m* diode limiter [clipper]
Diodenbrücke *f* rectifier bridge
Diodengleichrichter *m* 1. (*LE*) diode rectifier; 2. (*ME*) diode detector
DIP-Gehäuse *n* dual-in-line package, DIP
Diplexbetrieb *m* (*Nrt*) diplex operation
Dipol *m* 1. dipole, (electric) doublet; 2. (*FO, Nrt*) dipole (aerial)
DIP-Schalter *m* dual-in-line package switch, DIP switch (*Einstellschalter für Gerätefunktionen*; *„Mäuseklavier"*)
Dirac-Impuls *m* Dirac (im)pulse
Direktantrieb *m* (*Et*) direct drive, gearless drive (*IEC 50-811-15-19*)
Direktleitung *f* (*Nrt*) tie trunk; hot line
Direktor *m* director (*Antenne*)
Direktumrichter *m* cycloconverter
Direktzugriff *m* (*Dat*) direct access
Direktzugriffsspeicher *m* direct-access memory, random-access memory, RAM (*siehe auch*: *RAM*)
Display *n* display (unit), screen
Dissoziation *f*/**elektrolytische** electrolytic ionization [dissociation]

Distanzhalter *m* separator, spacer
Dividierglied *n* (*Dat*) division unit (*Bauelement*)
D-Kanal *m* (*Nrt*) D-channel (*16 kbit/s-Signalisierungskanal im ISDN*)
DLL dynamic link library
DMOS-Feldeffekttransistor *m* double-diffused metal-oxide silicon field-effect transistor, double-diffused MOSFET
DMS-Messgerät *n* (*Mess*) magnetostriction gauge
D-Netz *n* 1. (*Km*) digital cellular radio system, DCS, digital cellular mobile radio system (*Mobilfunknetze nach GSM-Standard*); 2. (*Km*) D-net (*um 900 MHz nach GSM-Standard des ETSI*); 3. *digitales Funkfernsprechnetz*
DNS *m* (*If*) domain name server, DNS (*Internet*)
Dokumentation *f* (*Dat*) documentation
Dolby-System *n* Dolby system (*Rauschminderung*)
Donator *m* (*ME*) donor
Doppelader *f* pair, twin wire
Doppelbasisdiode *f* unijunction transistor, double-base diode
Doppelbrückenschaltung *f* bridge duplex connection
Doppelgate *n* dual gate
Doppelleiter *m* twin conductor, two-core cable
Doppelleitung *f* two-wire line, double-circuit line, double(-conductor) line, double lead, pair (of leads) (*Freileitung*)
Doppelnutkäfig *m* double-slot (squirrel) cage, twin-slot (squirrel) cage (*Kurzschlusskäfig*)
Doppelnutmotor *m* double-slot motor, twin-slot motor
Doppelschlussmotor *m* compound motor
Doppelschritt *m* dual slope (*bei der Digital-Analog-Wandlung*)
Doppler-Effekt *m* Doppler effect
Dopplung *f* 1. doubling (*Frequenz*); 2. (*Dat*) duplication
Dose *f* box; capsule (*z. B. Tonabnehmer*); jack (*siehe auch*: *Abzweigdose, Verteilerdose*)
dotieren *v* (*ME*) dope
DPL digital power line
Draht *m* wire
Drahtanschluss *m* wire termination
Drahtbruch *m* 1. break [rupture] of wire, wire break; 2. broken wire
Drahtende *n* pigtail
drahtgebunden (*Nrt*) on-wires
drahtlos wireless
Drahtseil *n* steel cable [rope], wire cable
Drain *m* drain (*Elektrode eines Feldeffekttransistors*)
Drain-Schaltung *f* common drain (*Transistor*)
Drall *m* 1. spin, angular momentum; 2. twist (*Kabel, Leitungen*)
Drehachse *f* 1. rotation axis, axis of rotation (*gedachte Linie*); 2. rotating shaft (*rotierende Welle*); 3. axis of gyration
Drehanker *m* (*MA*) rotating armature
Dreheiseninstrument *n* (*Mess*) moving-iron instrument, soft-iron instrument, electromagnetic [ferrodynamic] instrument
Drehfeld *n* (*MA*) rotating (magnetic) field, revolving (magnetic) field
Drehfeldumformer *m* rotating field converter, induction frequency converter (*IEC 50-411-04-14*)
Drehknopf *m* (rotating) knob
Drehkondensator *m* variable capacitor
Drehmoment *n* 1. torque; 2. torsion(al) moment • **ein Drehmoment ausüben** apply a torque (on)
Drehmoment-Drehzahl-Kennlinie *f* torque-speed characteristic, mechanical characteristic
Drehmomentmessgerät *n* (*Mess*) torquemeter, torsimeter, torsion meter
Drehpotenziometer *n* rotary potentiometer
Drehpunkt *m* centre of gyration
Drehrichtung *f* direction of rotation, rotational direction
Drehrichtungsumkehr *f* change of rotation
Drehschalter *m* 1. rotary [turn] switch (*IEC 50-441-14-47*); 2. (*Hsp*) rotating insulator switch; screwdriver-actuated switch
Drehschritt *m* (*Nrt*) rotary step
Drehspulinstrument *n* (*Mess*) (permanent-magnet) moving-coil instrument, magnetoelectric instrument, torque coil magnetometer
Drehstrom *m* three-phase current
Drehstromasynchronmotor *m* three-phase asynchronous motor
Drehstrombrücke *f* three-phase bridge

Drehstromgenerator *m* three-phase generator
Drehstrominduktionsmotor *m* three-phase induction motor
Drehstromkreis *m* three-phase circuit
Drehstromnetz *n* three-phase (supply) network, three-phase system
Drehstromsteller *m* three-phase alternating-current chopper
Drehstromsynchronmotor *m* three-phase synchronous motor
Drehstromtrennschalter *m* three-phase switch
Drehtransformator *m* (*MA*) moving-coil transformer, rotary [adjustable] transformer, rotatable phase-adjusting transformer, induction regulator
Drehung *f* revolution; turn
Drehwähler *m* (*Nrt*) rotary switch, uniselector, single-motion selector
Drehzahl *f* speed (of rotation), rotational speed; number of revolutions (per unit time)
Drehzahlabfall *m* falling-off in speed, speed drop
Drehzahländerung *f* speed variation, change of speed, regulation (*IEC 50-411-22-37*)
Drehzahlanstieg *m* speed rise
Drehzahlbereich *m* (operating) speed range
Drehzahl-Drehmoment-Kennlinie *f* speed-torque characteristic [curve]
Drehzahlgeber *m* speed sensor
Drehzahlmesser *m* speed [revolution] counter; speedometer, tachometer (*IEC 50-811-24-05*)
Drehzahlregelung *f* 1. (rotary) speed control, speed regulation; closed-loop speed control; 2. (*Ak*) pitch control (*Schallaufzeichnung*)
drehzahlveränderlich variable-speed
dreiadrig three-wire, three-core
Dreieckimpuls *m* triangle [triangular] (im)pulse
Dreieckschaltung *f* delta connection
Dreieckspannung *f* delta [mesh] voltage, phase-to-phase voltage
Dreierkonferenz *f* (*Nrt*) add-on third party, three-way conversation, three-party service, three-party call, three-party conference, 3PTY (*Dienstmerkmal im Euro-ISDN*)
Dreifingerregel *f* hand rule
Dreileitersystem *n* three-wire system
Dreileitersystem *n* **ohne Nullleiter** [**Sternpunktleiter**] three-phase three-wire system
Dreiphasenanschluss *m* three-phase connection
Dreiphasenbrückenwechselrichter *m* **mit Pulsweitenmodulation** (*LE*) three-phase bridge pulse-width-modulated inverter
Dreiphasengleichrichter *m* three-phase rectifier
Dreiphasensechspulsstromrichter *m* (*LE*) three-phase full-wave bridge converter
Dreiphasensechspulswechselrichter *m* (*LE*) three-phase bridge six-step inverter
Dreiphasenstromwendermaschine *f* three-phase commutator machine
Dreiphasensystem *n* three-phase system
Dreiphasentransformator *m* three-phase transformer
dreipolig tripolar, three-terminal, triple-pole
Dreipulssternschaltung *f* (*LE*) three-pulse star connection
Dreipunktregelung *f* (*Rt*) three-step control, three-position control
Dreipunktregler *m* three-position controller
Dreipunktschaltung *f* three-point connection [circuit]
Dreipunktschaltung *f*/**induktive** Hartley oszillator
Dreipunktschaltung *f*/**kapazitive** Colpitts oscillator
Dreizustandsausgang *m* three-state output, tri-state output
DRM *n* digital radio mondiale, DRM (*neuer Standard für digitalen Mittel- und Kurzwellenrundfunk*)
Drossel *f* choke, choking coil, reactor, inductor (*IEC 50-811-26-19*) • **ohne Drossel** chokeless • **Drossel mit Mittelpunktsanzapfung** equalizing coil • **Drossel mit Stabkern** bar-core reactor
Drossel *f* **einer Leuchtstofflampe** fluorescent lamp ballast
Druckaufnehmer *m* (*Mess*) pressure transducer [pick-up, sensor, gauge]; barometric sensor
druckbetätigt pressure-actuated, pressure-operated

Druckknopf *m* push button, (press) button, key
Druckluftleistungsschalter *m* air-blast circuit breaker
Druckluftschalter *m* 1. (*Ap*) air-pressure circuit breaker, air-blast (circuit) breaker (*IEC 50-811-29-04*); air-pressure switch; 2. (*Ap*) pneumatic switch
Druckluftventil *n* pneumatic [air control] valve
Druckstock *m* artwork, printed circuit [wiring] master, master pattern, photomaster (*Leiterplatten*)
Drucktaster *m* push-button switch (*IEC 50-441-14-53*)
DSL (*digitale Anschlussleitung*) DSL, digital subscriber line (*für Abonnenten*)
DTP desk-top publishing
DTV *n* digital television, DTV
Dual-Band-Handy *n* (*Km*) dual-band radio telephone, dual-band handheld telephone, db-mobile (*für das 900 MHz- und 1800 MHz-Band der GSM-Netze verwendbar*)
Dual-in-line-Gehäuse *n* dual-in-line package, DIP (*mit zwei Reihen Anschlusskontakten*)
Dual-slope-Methode *f* (*ME*) dual-slope method
Dualsystem *n* binary (number) system
Dualzahl *f* binary number
DÜ-Block *m* (*Nrt*) data transmission block
Dummy *n* dummy (*funktionslose Leiterbahn*)
Dunkeltastung *f* (*Fs, Nrt*) blanking
Dunkelwiderstand *m* dark resistance
Dünnschicht *f* thin film [layer]
Duoschaltung *f* dual lamp circuit, twin-lamp circuit (*Leuchtstofflampen*)
durchbrennen *v* blow (out), fuse (*Sicherung*); burn out (*Lampe, Spule*)
Durchbruch *m* 1. breakdown, disruptive discharge (*elektrische Spannung*); 2. cut, opening
Durchbruchdiode *f* avalanche [breakdown] diode
Durchbruchfeldstärke *f* breakdown field strength
Durchbruchspannung *f* breakdown voltage, disruptive discharge voltage; avalanche voltage (*Diode*)
durchdrehen *v* 1. turn (*Turbogenerator*); 2. (*Nrt*) hunt over a complete level
durchfließen *v* flow [pass] through (*Strom*)
Durchflussmesser *m* (*Mess*) flowmeter, rate meter, flow gauge
Durchflutung *f* magnetomotive force, mmf
Durchflutungsgesetz *n* Ampere's law [principle]
durchführen *v* pass [lead] through (*z. B. elektrische Leitungen*)
Durchführung *f* 1. (*Hsp*) bushing, grommet (*für Kabel*); outdoor bushing (*Freiluftausführung*); lead-through, feed-through (lead); 2. leading through; 3. execution (of) (*z. B. eines Programms*)
Durchgang *m* 1. passage, pass; transit; 2. transmission (*Strahlung*); 3. continuity (*Leitung*)
durchgehen *v* race, run away (*Maschine*)
Durchgriff *m* inverse amplification factor, reciprocal of amplification (factor) (*Elektronenröhren*)
durchkontaktieren *v* plate through
Durchlassbereich *m* 1. pass-band (width), pass [filter] range (*Filter*); transmission band [range]; 2. conducting region
Durchlasskennlinie *f* forward characteristic; conducting voltage-current characteristic (*z. B. eines Halbleiters*)
Durchlassrichtung *f* 1. forward [conducting] direction; 2. (*Licht*) direction of transmission; 3. (*LE*) conducting direction (*IEC 50-811-28-28*)
Durchlassspannung *f* 1. forward voltage; 2. (*ME*) on-state voltage; conducting voltage
Durchlasswiderstand *m* 1. forward resistance; 2. (*ME*) on-state resistance
Durchlasswiderstand *m*/**differenzieller** differential forward resistance, on-state slope resistance
Durchlasszustand *m* conducting condition [state]; on state (*Thyristor*)
Durchlaufbetrieb *m* continuous (operation) duty
Durchlauferhitzer *m* continuous-flow water heater, flow-type heater
Durchlaufprüfung *f* scanning test (*z. B. bei Kabeln*)
Durchlaufspeicher *m* 1. (*Dat*) first-in-first-out-memory, FIFO store; 2. (*Nrt*) transit store

Durchlaufzeit *f* 1. run time, turn-around time (*eines Programms*); 2. throughput time (*z. B. bei Fertigung*)
durchschalten *v* 1. connect through; switch through (*mit Schalter*); 2. (*Nrt*) put through, patch (through); jumper (*Kabeladern*)
Durchschaltzeit *f* (*LE*) gate-controlled rise time (*eines Thyristors*)
durchschlagen *v* break down, puncture (*Dielektrikum*)
Durchschlagfeldstärke *f* breakdown field strength
Durchschlagfestigkeit *f* 1. breakdown [dielectric, electric, disruptive, puncture] strength, dielectric rigidity; 2. (*Ap*) critical gradient
Durchschlagspannung *f* breakdown [puncture] voltage, disruptive (discharge) voltage
durchschmoren *v* scorch (*Kabel*)
durchstimmen *v* tune
durchtunneln *v* (*ME*) tunnel (through), channel
D-Verhalten *n* (*Rt*) derivative (control) action, D-action
Dynamik *f.* dynamic(s); dynamic response [characteristic]
Dynamo *m* dynamo
Dynamoblech *n* dynamo sheet

E

EAROM(-Speicher) *m* EAROM, electrically alterable read-only memory
Ebene *f* 1. bay (*einer Antenne*); 2. (*MA*) tier (*einer Wicklung*)
Echtzeitbetrieb *m* real-time processing [operation]
Eckfrequenz *f* edge [corner, break, cut-off] frequency
ECL ECL, emitter-coupled logic
Effekt *m* effect
Effekt *m*/**innerer lichtelektrischer** internal photoelectric effect, photoconductive effect
Effektivleistung *f* actual power
Effektivspannung *f* effective [root-mean-square] voltage, r.m.s. voltage
Effektivwert *m* (mean) effective value, root-mean-square value, r.m.s. value
eichen *v* calibrate; standardize
Eichfaktor *m* calibration factor
Eichfehler *m* calibration error
Eichstelle *f* calibrating facility
eigenbelüftet self-ventilated
Eigeninduktivität *f* self-inductance, inherent inductance
eigenleitend (*ME*) intrinsic, intrinsically conducting, i-type
Eigenrauschen *n* inherent [internal, basic] noise, self-noise; background noise; residual noise
Eigenresonanz *f* self-resonance, natural resonance
eigenschwingungsfrei dead-beat, aperiodic(al)
Eigenverbrauch *m* power consumption (*z. B. von Messgeräten*)
Eigenversorgung *f* 1. in-plant generation, internal power supply, self-generated supply; 2. (*An*) independent power supply; 3. auxiliary service
Eignungsprüfung *f* aptitude [ability] test(ing)
„Ein" "on" (*Schalterstellung*)
einadrig single-wire, single-core, single-conductor
Ein-Ausgabe *f* input-output, I/O, IO
Ein-Aus-Schalter *m* on-off switch, single-throw switch
Einbau *m* 1. installation, mounting, building-in; 2. (*ME*) introduction, incorporation, addition; 3. integration
Einbaubuchse *f* panel jack
Einbaufassung *f* insert socket (*Steckverbindung*)
Einbaugerät *n* rack-mount model (*in ein Gestell*)
Einbauinstrument *n* (*Mess*) panel [flush-mounting] instrument, panel(-type) meter
Einbaumotor *m* built-in motor; shell-type motor (*ohne Gehäuse und Welle*)
einblenden *v* fade in (*Film, Ton*); insert; gate (*Impulse*); superimpose (*Frequenz*)
einbrennen *v* 1. burn in; bake (*z. B. Lack*); 2. fire (*Elektronenröhre*)
Einbruch *m* notch (*z. B. bei der Netzspannung von Stromrichtern*)
eindiffundieren *v* diffuse into, indiffuse
einfallen *v* arrive, be impingent (*Strahl, Welle*)
einfangen *v* capture, trap (*z. B. Elektronen*); synchronize (*Oszillatoren*)

Einflussgröße *f* 1. influence variable [quantity]; 2. (*Rt*) actuating variable
einfügen *v* insert; fit in
einführen *v* introduce; lead in (*Leitung*); plug in (*Stecker*)
Eingabe *f* 1. (*Dat*, *Mess*) input (*allgemein*); read-in; write-in (*Speicher*); 2. feed(ing)
• **„Eingabe löschen"** "clear entry"
Eingabegerät *n* 1. input device [equipment, unit]; feed equipment; 2. tape loader
Eingang *m* input; entry
Eingangsbuchse *f* input socket
Eingangsgröße *f* (*Rt*) inhibiting variable
Eingangsimpedanz *f* input [driving-point] impedance
Eingangskennlinie *f* input characteristic
Eingangslastfaktor *m* (*ME*) fan-in
Eingangsleistung *f* (active) input power, input
Eingangspegel *m* input level
Eingangsprüfung *f* receiving inspection
Eingangsruhestrom *m* input bias current
Eingangsseite *f* sending end
eingebaut built-in; self-contained
eingeprägt applied, impressed (*z. B. Spannung*)
eingeschaltet on, switched on; closed (*Stromkreis*)
eingeschwungen steady-state
eingrenzen *v* 1. limit; 2. localize; isolate
Einheit *f* 1. unit (*Maßeinheit*); 2. unit, set; component
Einheitssprungantwort *f* unit step response, transient response
einhüllen *v* envelop; sheath; encapsulate
einklinken *v* latch
einkoppeln *v* couple into (*in einen Lichtwellenleiter*)
einkristallin single-crystal(line), monocrystalline
einlagig single-layer
einlaufen *v* run in [warm] (*z. B. eine Maschine*)
Einphasenasynchronmotor *m* single-phase asynchronous motor
Einphasenbetrieb *m* single-phase operation
Einphasenbrückenschaltung *f* (*LE*) single-phase bridge connection (*IEC 50-811-28-11*)
Einphasennetz *n* single-phase mains [system], single-phase power supply
einphasig single-phase, monophase, one-phase
einpolig single-pole, unipolar, one-pole
Einpulsgleichrichter *m* single-pulse rectifier, simple rectifier
einpulsig single-pulse, monopulse
Einquadrantenantrieb *m* one-quadrant drive
Einrastdruckschalter *m* lock-down switch
einrasten *v* lock (in place); latch; snap (*z. B. Funktionswerte auf Koordinatengitter*)
Einrastrelais *n* latch-in relay
einregeln *v* 1. adjust; 2. (*Nrt*) line up
einrichten *v* install; set up; arrange; adjust
Einrichtung *f* 1. equipment, device, unit; facility; 2. installation; set-up; 3. setting-up; arrangement; adjustment
Einrichtungswandler *m* unilateral transducer
Einsatzbedingungen *fpl* operational conditions, field conditions
Einschaltbedingung *f* closing condition (*Thyristor*)
Einschaltdauer *f* cyclic duration factor, percentage duty cycle; on-period
einschalten *v* 1. switch on, turn on; connect; energize; 2. insert
Einschalter *m* circuit closer, (closing) switch, contactor
Einschaltphasenwinkel *m* turn-on phase
Einschaltsperre *f* closing lock-out
Einschaltspitze *f* 1. inrush load; 2. surge peak (*z. B. Spannungsspitze*)
Einschaltstellung *f* on [switch-on] position, closed position (*Schalter*)
Einschaltstrom *m* starting [making, make] current, inrush current
Einschaltstrombegrenzer *m* inrush current limiter
Einschaltüberspannung *f* closing overvoltage [surge]
Einschaltverluste *mpl* (*LE*) turn-on power loss
Einschaltverriegelung *f* closing lock-out
Einschaltverzögerung *f* 1. turn-on delay; 2. (*Rt*) closing delay; make time (*Relais*)
Einschaltvorgang *m* circuit closing; turn-on transient
Einschaltzeit *f* 1. turn-on time; closing time; on-time; 2. gate-controlled rise time

(*Thyristor*); 3. on-period; 4. (*Ap*) make time (*IEC 50-441-17-40*)
Einschaltzustand *m* closed-circuit condition, on-state
Einschnüreffekt *m* 1. (*Ph*) pinch(-in) effect; magnetic pinch effect; 2. (*ME*) crowding effect
Einschraubsicherung *f* screw-in fuse
Einschub *m* plug-in (unit), slide-in module; removable part (*IEC 50-441-13-08*)
Einschubkarte *f* (*Dat*) slip-in card, plug-in board
Einschubschrank *m* rack
Einschwingdauer *f* build-up time
Einschwingverhalten *n* transient behaviour [response]
Einschwingvorgang *m* (initial) transient, transient effect [phenomenon], building-up process [transient]; switching transient (*beim Schalten*)
Einschwingzeit *f* 1. transient period, response time, transient time, time of response; build(ing)-up time, building-up period; 2. settling [settle-out] time, damping period
Einseitenband-Amplitudenmodulation *f* single-sideband amplitude modulation
Einseitenband-Demodulation *f* (*Nrt*) single-sideband demodulation (*in der TF-Technik durch Abmischen auf null*)
Einseitenband-Frequenzmodulation *f* (*Fs*) single-sideband frequency modulation (*theoretisch mögliches Modulationsverfahren; keine Vorteile gegenüber 2SB-FM, da keine konstante Einhüllende und keine kleine Bandbreite*)
einspeisen *v* feed (into); supply
Einspeisepunkt *m* feeding [feed-in, supply] point
Einspeisung *f* 1. (*EE*) feeding; supply; 2. (*EE*) line entry (*Freileitung*); incoming feeder; 3. (*Rt*) mains infeed (*Energieversorgung*)
Einsteck... plug-in
einstecken *v* plug (in) (*z. B. Stecker*); insert
Einstellbedingung *f* setting parameter
einstellen *v* 1. adjust, set; 2. dial, tune in (*Sender*); attune
Einstellpunkt *m* index dot
Einstellschraube *f* adjusting [setting] screw; levelling screw; tuning screw
Einstellung *f* 1. adjustment, adjusting, setting, set-up; positioning; 2. regulation, setup
„Ein"-Stellung *f* "on" position
Einstellungen *fpl* set-up (*Gesamtheit*)
Einstellwert *m* setting (value), adjustment value; governor setting (*eines Regelparameters*)
Einstrahloszilloskop *n* single-beam oscillo-scope
Eins-Zustand *m* one-state (*binärer Schaltkreis*)
Eintaktausgang *m* single-ended output
Eintakt-Schaltnetzteil *n* single-ended switching power supply
Einteilung *f* 1. classification; 2. (sub)division (*Skale*); partitioning (*eines elektronischen Systems auf einzelne Chips*)
eintragen *v* 1. plot, record; register; map (*auf einer Karte*); 2. enter, carry in (*Information*)
eintrimmen *v* align
Eintritt *m* entrance, entry (*z. B. Strahl*); admission, inlet
Eintrittsfläche *f* (*Laser*) acceptance surface
Einwahl *f* (*Dat, Nrt*) dial-in, dialup (*in ein Netz*); log in (*in einen Netzrechner*)
Einweggleichrichter *m* half-wave rectifier, single-wave rectifier, single-way rectifier, one-way rectifier
Einwegleitung *f* (*Nrt*) unidirectional circuit [trunk, line]; one-way circuit
Einwegübertragung *f* (*Nrt*) one-way transmission [communication]
„Ein"-Widerstand *m* "on" resistance (*Leistungstransistor*)
einwirken *v* act (on); influence • **A wirkt auf B ein** B is exposed to A
Einwirkung *f* influence; effect, action; exposure (to) • **einer Einwirkung aussetzen** expose to
Einzelabtastung *f* single scan
Einzelimpuls *m* single (im)pulse, individual (im)pulse
Einzelschrittsteuerung *f* (*Nrt*) individual step control
Einzelschützsteuerung *f* (*Et*) individual contactor equipment, unit switch equipment (*IEC 50-811-30-04*)
Einzelteil *n* individual component [part], component, part
einziehen *v* pull [draw] in (*z. B. Kabel*)

einzügig single-duct (*Kabelkanal*)
Ein-Zustand *m* high (*logischer Zustand H*)
„Ein"-Zustand *m* "on" state
Eisenblechkern *m* laminated iron core
Eisenfeilspäne *mpl* iron filings
eisenfrei iron-free, non-ferrous
Eisenkern *m* iron core
Eisen(kern)füllfaktor *m* core space factor
Eisenkreis *m* ferromagnetic [iron] circuit
Eisenlänge *f* (iron-)core length
eisenlos iron-free, non-ferrous; coreless, air-core (*Spule*)
Eisenpulverkern *m* iron-dust core, (compressed) iron-powder core
Eisenquerschnitt *m* (iron-)core cross section
Eisensättigung *f* magnetic saturation
Eisenverlust *m* iron [core] loss
Elektretmikrofon *n* electret microphone, prepolarized capacitor microphone
Elektrik *f* electrical installation; electrical equipment
Elektriker *m* electrician
elektrisch electric(al)
elektrisieren *v* electrize
Elektrisiermaschine *f* electrostatic [static electricity] machine, friction(al electric) machine
Elektrizität *f* electricity
Elektrizitätsmenge *f* electric charge (*SI-Einheit*: *Coulomb*)
Elektrizitätsversorgung *f* electricity [power] supply
Elektrizitätswerk *n* (electric) power station
Elektrizitätszähler *m* electricity [supply] meter, electric (energy) meter, kilowatt-hour meter; electric integrating-meter
Elektroätzen *n* electrolytic etching; 7electroengraving
Elektrobiologie *f* electrobiology
Elektroblech *n* (*MA*) magnetic sheet steel, lamina
Elektrochemie *f* electrochemistry
Elektrodenabbrand *m* electrode burn-off
Elektrodenabstand *m* (electrode) clearance, (electrode) spacing [separation, gap]
Elektrodenanschluss *m* electrode connection
Elektrodendraht *m* electrode wire (*Schweißdraht*)
Elektrodennachsteller *m* electrode adjusting gear
Elektroenergieübertragung *f* electric power [energy] transmission
Elektroenergieverbrauch *m* consumption of electricity, electric power consumption
Elektroenergieverteilung *f* electric power distribution
Elektroerosion *f* electroerosion (*elektroerosive Metallbearbeitung*)
Elektrofahrzeug *n* battery vehicle
Elektrofilter *n* electrostatic precipitator [filter], electrical precipitator
Elektrogeräte *npl* electrical equipment [appliances]
Elektrographit *m* electrographite, Acheson graphite
Elektroinstallation *f* electrical installation
Elektrokardiogramm *n* electrocardiogram
Elektrokeramik *f* electroceramics
Elektrokocher *m* electric boiler
Elektrolyse *f* electrolysis
Elektrolysebad *n* electrolytic bath
Elektrolyseschlamm *m* electrolytic slime
Elektrolyt *m* 1. electrolyte, electrolytic conductor; 2. (*Galv*) (electro)plating solution, bath
Elektrolytkondensator *m* electrolytic capacitor
Elektrolytkupfer *n* electrolytic [electrolyte, cathode] copper
Elektrolytlösung *f* electrolytic [electrolyte] solution
Elektrolytschmelze *f* fused [molten] electrolyte
Elektromagnet *m* electromagnet
Elektromechanik *f* electromechanics
Elektromotor *m* electric motor, electromotor
Elektron *n* electron
Elektronenaustrittsarbeit *f* electron(ic) work function, thermionic work function
Elektronenbeweglichkeit *f* electron mobility
Elektronengas *n* electron gas
elektronenleitend electron-conducting, n-type
Elektronenmangel *m* electron deficit [deficiency]
Elektronenmasse *f* electron(ic) mass
Elektronenspin *m* electron spin
Elektronenstrahl *m* electron beam

Elektronenstrahlablenksystem *n* electron-beam deflection system
Elektronenstrahloszilloskop *n* cathode-ray oscillograph, Braun oscillograph
Elektronenstrahlröhre *f* 1. electron-beam tube, cathode-ray tube; 2. beam-deflection tube
Elektronenüberschuss *m* electron excess
Elektronenverarmungszone *f* depletion region (*Halbleiter*)
Elektronenvolt *n* electron volt, eV
elektroneutral electrically neutral
Elektronik *f* 1. electronics (*IEC 50-811-28-01*); 2. electronic engineering; 3. electronic equipment
Elektroniker *m* electronician; electronics engineer
elektropneumatisch electropneumatic
Elektroschweißen *n* electric (arc) welding
elektrostatisch electrostatic(al)
Elektrotechnik *f* 1. electrical engineering (*Fachrichtung*); 2. electrical technology (*Verfahren*); 3. electrical [electrotechnical] industry
Elektrotechniker *m* electrician
Elektrotod *m* electrocution
Elektrowärme *f* electric heat
Element *n* 1. element, component; 2. cell, battery
Elementarladung *f*/**elektrische** elementary charge, unit (electric) charge, (elementary) electronic charge
Elko *m* (*Elektrolytkondensator*) electrolytic capacitor
eloxieren *v* anodize, oxidize in an electrolytic cell (*bes. Aluminium*)
E-Mail-Adresse *f* (*Kn*) e-mail address, domain address (*Internetpostadresse, z. B.: fachverlag@langenscheidt.de*)
Emitter *m* emitter (electrode)
Emitteranschluss *m* emitter terminal
Emitter-Basis-Diode *f* emitter-base diode
Emitterfolger *m* emitter follower
Emitterschaltung *f* (common) emitter circuit, common emitter configuration
EMK electromotive force, emf (*elektromotorische Kraft*)
Empfänger *m* (*Nrt*) receiver, receiving set; detector
Empfangsantenne *f* receiving aerial, wave collector
empfangsbereit (*Nrt*) ready to receive
Empfangsbestätigung *f* (*Nrt*) acknowledgement of receipt
Empfindlichkeit *f* 1. sensitivity, sensitiveness; responsivity, responsiveness (*IEC 50-731-06-36*); response; 2. susceptibility (*Anfälligkeit*)
EMV *f* (*elektromagnetische Verträglichkeit*) electromagnetic compatibility, EMC (*Teil der Störfestigkeit*)
EMV-Prüfzentrum *n* electromagnetic compatibility analysis center
Endabnahme *f* final acceptance (testing)
Endausschlag *m* full-scale deflection [travel] (*Messinstrument*)
Ende *n* termination (*Abschluss*); (exit) edge (*eines Linearstator*)
Endeinrichtung *f* (*Nrt*) terminal, terminal device, terminal equipment, TE, terminal installation
Endemarke *f* end mark, end ID
Endezeichen *n* (*Nrt*) final character
Endgerät *n* (*Nrt*) terminal, terminal device, terminal equipment, TE, terminal installation
Endgeräteanpassung *f* terminal adapter
Endgeräteschnittstelle *f* (*Nrt*) terminal interface (*ISDN-X-Schnittstelle, analog, 8 Leitungen; ISDN-Y-Schnittstelle, digital, 4 Leitungen*)
Endlagenschalter *m* limit switch
Endmontage *f* final assembly
Endmuffe *f* socket end
Endprüfung *f* final test(ing); final inspection
Endschalter *m* limit switch; overtravel switch; position switch
Endsignal *n* sign-off signal
Endstellung *f* end [ultimate] position
Endstufe *f* 1. (power) output stage, power amplifier (*Leistungsverstärker*); 2. final stage
Endverbraucher *m* ultimate user
Endverstärker *m* 1. power [output] amplifier (*Leistungsverstärker*); 2. (*Nrt*) terminal amplifier [repeater]; main amplifier
Endverzweiger *m* (*Nrt*) pedestal
Endwert *m* 1. final value; 2. (*Nrt*) accumulated value
energetisch energetic
Energie *f* energy; power
Energieabfall *m* energy drop

Energieabgabe *f* energy release [delivery], output of energy
Energiebänderschema *n* energy band model [scheme, diagram]
Energiebedarf *m* energy requirement(s), power demand
Energiebilanz *f* energy balance
Energiedichte *f* energy density
Energieerhaltungssatz *m* energy conservation law, energy principle [theorem]
Energieerzeugung *f* power generation [production], energy production
Energiefreisetzung *f* energy release
Energielücke *f* energy (band) gap, forbidden band (*im Energiebändermodell*)
Energiemesser *m* (*Mess*) ergometer
Energieniveau *n* energy level
Energiequelle *f* 1. power source, source of energy; 2. power supply; network feeder (*Netzeinspeisung*)
Energierückspeisung *f* (*Et*) energy regeneration
Energiesparlampe *f* energy-saving lamp
Energieumwandlung *f* energy conversion [transformation]
Energieverbrauch *m* (*Et*) specific power consumption
Energieverlust *m* energy loss [dissipation], power loss
Energieversorgung *f* power supply
Energieversorgungsunternehmen *n* (*EVU*) (power) utility
Energiewirtschaft *f* 1. power economy; 2. power industry; energy sector, (*AE*) energy utilities
Energiezustand *m* energy state
Energiezuwachs *m* gain of energy
E-Netz *n* (*Km*) E-net, digital cellular system 1800, DCS 1800 (*Mobilfunknetz um 1800 MHz nach GSM-Standard des ETSI*)
engmaschig close-meshed
Entbrummen *n* hum filtering
entdämpfen *v* reduce damping
entdrillen *v* untwist (*z. B. Kabel, Freileitungen*)
entkoppeln *v* decouple, uncouple
entladen *v* 1. discharge (*IEC 50-811-20-05*); 2. unload
Entladeschlussspannung *f* cut-off voltage (*Batterie*)
Entladungsfunke *m* discharge spark
Entladungsstrecke *f* discharge path; discharge gap
Entladungsvorgang *m* discharge reaction
Entladungswiderstand *m* 1. discharge resistance (*Größe*); 2. discharge [discharging] resistor (*Bauelement*)
entlasten *v* remove the load, unload
Entlötwerkzeug *n* solder extraction tool [device], unsoldering [de-soldering] tool
entlüften *v* deaerate, de-air; ventilate
entmagnetisieren *v* demagnetize, degauss
Entprellung *f* debouncing
entriegeln *v* unlock; unlatch
entschachteln *v* (*Nrt, Dat*) demultiplex
entschlüsseln *v* decode
entsperren *v* 1. unlock, unblock; 2. (*Nrt*) reconnect; 3. reset
entstören *v* eliminate interference; suppress noise; clear faults; screen
Entstörfilter *n* RFI [radio-frequency interference] suppression filter
entstört interference-suppressed, interference-free
entwerfen *v* design; lay out; plan; project; draft
entwickeln *v* 1. evolve, liberate, generate (*z. B. Gase*); 2. develop (*z. B. Fotografien*)
Entwurf *m* design, layout; plan; draft (*z. B. einer Vorschrift*); sketch, draft
Entzerrer *m* 1. equalizer, correcting device [filter], anti-distortion device, compensator; 2. (*Ak*) equalizing filter; equalizing [correction, correcting] network
Epoxidharz *n* epoxide [epoxy] resin
EPROM(-Speicher) *m* EPROM, erasable PROM, erasable programmable read-only memory
Erdanschluss *m* earth (terminal) connection
Erdatmosphäre *f* earth's [terrestrial] atmosphere
Erdbeschleunigung *f* acceleration of [due to] gravity, acceleration of free fall
Erdbuchse *f* earth jack
Erde *f* 1. (*Et*) earth, (*AE*) ground; 2. neutral earth (*Nullpotenzial*); 3. ground level
• **über Erde** above ground level
erden *v* connect to earth, (*AE*) ground
Erder *m* earth(ing) electrode
Erdfehlerschutz *m* earth-fault relaying
Erdfeld *n* earth field

erdfrei earth-free, floating; (*AE*) ungrounded
Erdkabel *n* underground [buried] cable
Erdmagnetismus *m* earth [terrestrial] magnetism, geomagnetism
Erdpotenzial *n* earth potential • **auf Erdpotenzial liegen** be at ground • **ohne Erdpotenzial** *siehe* erdfrei
Erdsammelleitung *f* earth bus
Erdschleife *f* earth circuit; (*AE*) ground loop
Erdschluss *m* (*EE*) earth fault, line-to-earth fault, earth-leakage fault, short circuit to earth
Erdung *f* 1. (*Et*) earthing, (*AE*) grounding; 2. earth connection, connection to earth, earthing system; 3. (*An*) direct earthing
erfassen *v* 1. register (*schriftlich*); log; 2. capture, acquire (*z. B. Messwerte*); 3. (*FO, Mess*) cover (*einen Bereich*)
erfüllen *v* comply (with) (*z. B. Schutzbestimmungen*); satisfy
ergänzen *v* complete; supplement; add; back up
erhöhen *v* raise, elevate (*z. B. Temperatur*); step up (*Spannung*); boost (*Druck*); increase (*z. B. eine Größe*)
Erhöhung *f* raising, raise, elevation; rise, elevation; step-up (*Spannung*); increase
Erholung *f* recovery
erkennen *v* detect; recognize; sense
ermüden *v* fatigue (*z. B. Werkstoffe*)
Erneuerung *f* renewal (*z. B. von Bauteilen*)
EROM(-Speicher) *m* erasable read-only memory, EROM
Erregerfeld *n* exciter [excitation] field, field system (*IEC 50-811-14-11*)
Erregermagnet *m* exciter [excitation, field] magnet
Erregermaschine *f* (*MA*) exciter (*IEC 50-811-18-06*)
Erregerwicklung *f* exciting [excitation, magnet] winding, field winding [coil]; control field winding (*IEC 50-411-07-16*)
Ersatzbatterie *f* reserve [standby] battery; emergency battery (*Notstrombatterie*)
Ersatzleiter *m* spare conductor
Ersatzquellenverfahren *n* charge simulation method
Ersatzschaltung *f* equivalent network [circuit]
π-Ersatzschaltung *f* equivalent circuit, equivalent π
Ersatzspannungsverfahren *n* insert-voltage technique (*Kalibrierung*)
Ersatzteil *n* spare [replacement] part, spare
Ersatzwiderstand *m* substitutional [equivalent] resistance; on-state slope resistance (*im Grundstromkreis*)
Erstkurve *f* virgin curve (*Magnetisierung*)
Erstmagnetisierung *f* initial magnetization
Erwärmung *f* 1. heating, warming, warm-up; 2. temperature rise
Erwartungswert *m* expectation [expected, anticipated] value (*Statistik*)
Erweiterung *f* dilatation, expansion, extension, enlargement, widening, broadening, aggrandizement, making lager, making more powerful
Ethernet *n* Ethernet (*IEEE 802.3 Bussystem für Übertragungsgeschwindigkeit von 10 bis 100 Mbps; siehe auch: Netzwerktechnik für lokale Datennetze*)
ETSI-Sonderkomitee *n* **für Mobilfunk** (*Km*) ETSI special mobile group, ETSI SMG (*vormals GSM, Groupe Spéciale Mobile*)
Euro-ISDN-Signalisierungsprotokoll *n* **DSS 1** (*Nrt*) D-channel protocol (*DSS 1 löst 1TR6 der Telekom ab*)
Europaplatte *f*, **Europlatine** *f* Eurocard, Europe card, European standard-size (p.c.) board
experimentell experimental, by laboratory means
Exponentialfunktion *f* exponential function
Extremwert *m* extremum
exzentrisch eccentric, off-centre
Exzess-Drei-Code *m* excess-three code, three-excess code

F

Facharbeiter *m* skilled worker
Fächerantenne *f* fan [fanned-beam] aerial
Fadenaufhängung *f* 1. filament tensioning support (*Spannvorrichtung für Heizfäden*); 2. fibre [filament] suspension (*z. B. bei Messgeräten*)

Fadingautomatik *f* (*Nrt*) automatic volume control circuit, AVC circuit
Fahnenanschluss *m* flag terminal
Fall *m*/**ungünstigster** worst case
fallen *v* fall, drop, decrease (*z. B. Spannung, Temperatur*)
Fallhöhe *f* head (*Wasserkraftwerk*)
Fallrohr *n* downpipe
falsch false, No, N
FAMOS floating(-gate) avalanche-injection metal-oxide semiconductor, FAMOS
FAMOST(-Transistor) *m* floating(-gate) avalanche-injection MOS transistor
Fan-in *n* (*ME*) fan-in
Fan-out *n* (*ME*) fan-out
FAQ *f* (*Dat*) frequently asked question (*Frage- und Antwortdatei*)
Faraday-Käfig *m* Faraday [screened] cage
Farbcode *m* colour code (*z. B. auf Widerständen*)
Farbstoff-Flüssigkristallanzeige *f* guest-host liquid crystal display, guest-host LCD
Fassung *f* socket, mount; (fuse) base (*Sicherung*); bulb [lamp] holder
Fast-Ethernet-USB-Adapter *m* Fast Ethernet universal serial bus adapter, Fast Ethernet USB adapter (*100 Mbit/s Anpassungsschaltung zwischen Ethernet-LAN und PC- universellem seriellen Bus, USB*)
FASTON-Steckklemme *f* FASTON plug terminal
FBSOA *m* forward bipolar safe operating area, FBSOA
Federkontakt *m* spring contact
Federleiste *f* **für gedruckte Schaltung** printed circuit connector
Fehlabstimmung *f* mistuning
Fehlanpassung *f* mismatch(ing), faulty adaptation
Fehlanzeige *f* erroneous indication
Fehlbedienung *f* wrong manipulation, faulty operation
Fehlbelegung *f* (*Nrt*) false occupation
Fehleinstellung *f* misadjustment, maladjustment; misplacement
Fehler *m* error; fault, defect (*z. B. im Material*); imperfection (*eines Kristalls*); trouble; (*AE*) bug • **vor dem Fehler** prefault (*Stabilität*)
Fehlerbeseitigung *f* removal of faults, fault clearance [clearing]; (*AE*) debugging
Fehlerdiagnose *f* 1. (*Et*) (fault) diagnosis; 2. (*Dat*) error diagnostic(s), diagnostic message
Fehlerfortpflanzungsgesetz *n* error propagation theorem [law]
fehlerfrei error-free, free from error; free from defects, non defective; faultless
fehlerhaft faulty; imperfect; defective
Fehlerstromschutzschalter *m* 1. (*Ap*) fault-current circuit breaker; 2. (*EE*) current-operated earth-leakage circuit breaker, earth-leakage mcb, current balance circuit breaker, miniature circuit breaker with fault current release
Fehlfunktion *f* malfunction
Fehlstrom *m* non-operate current (*bei Schaltgeräten*)
Fehlverhalten *n* erratic behaviour
Feinabgleich *m* fine adjustment, trimming (adjustment)
Feinabstimmung *f* fine [sharp, vernier] tuning
Feinabtastung *f* (*Fs*) fine [close] scanning
Feinantrieb *m* vernier drive
Feineinstellung *f* fine [sensitive] adjustment, fine [slow-motion] control, fine setting; vernier adjustment (*mit Nonius*); fine tuning control
Feinsicherung *f* microfuse, miniature [fine-wire] fuse, heat coil fuse
Feinstellvorrichtung *f* slow-motion drive
Feld *n* 1. field (*z. B. elektrisch, magnetisch*); 2. (*Fs, Nrt*) frame; 3. panel (*z. B. eines Gestells*); 4. (*Nrt*) section (*einer Strecke*); 5. (*Dat*) array, domain, area
Feldbild *n* field pattern [configuration]; flow pattern (*Flussbild*)
Feldbus *m* field bus (*Kommunikations-Medium zur Kopplung unterschiedlicher Stationen eines Rechnernetzes, z. B. Multimaster-Bus in Anlehnung an das ISO/OSI-Schichten-Referenzmodell, *Profibus als wichtige deutsche Feldbusnorm*)
Feldeffekttransistor *m* (*FET*) field-effect transistor, FET, unipolar transistor (*siehe auch: FET*)
Feldemission *f* field [cold] emission, autoelectronic [field electronic] emission
feldfrei field-free, zero-field
Feldgröße *f* field quantity
Feldlinie *f* (electric) flux line, field [gradient, characteristic] line

Feldplatte *f* magnetic dependent resistor
Feldplatte *f* **mit digitalem Ausgangssignal** (*Mess*) Hall-effect digital switch
Feldregler *m* 1. (*MA*) (exciter) field rheostat, field regulator; 2. automatic field rheostat
Feldschwächer *m* field suppressor
Feldschwächung *f* (*MA*, *Rt*) field weakening (*IEC 50-811-13-20*)
Feldspule *f* field [magnetizing] coil (*IEC 50-411-08-12*)
Feldstärke *f* field strength [intensity]
Feldstärke *f*/**elektrische** electric field strength, electric force [intensity], intensity of electric field; voltage gradient (*im Feldbild*)
Feldstärke *f*/**magnetische** (applied) magnetic field strength [intensity], magnetizing force
Feldtrennschalter *m* field break(-up) switch
Feldumkehr *f* (*MA*) (exciting) field reversal, exciter field reversal
Feldwicklung *f* (*MA*) field winding (*IEC 50-811-14-29*)
Fernamt *n* (*Nrt*) trunk exchange, trunk [toll] office
Fernanzeige *f* 1. remote indication [display, read-out]; 2. (*Nrt*) remote signalling
Fernbedienung *f* 1. remote operation [control] (*Vorgang*); 2. remote control [controller, control unit] (*Gerät*)
Ferndiagnose *f* remote diagnosis
Ferndrehzahlmesser *m* teletachometer
ferngesteuert remotely controlled, remote(-operated), telecontrolled; remotely piloted
Fernhörer *m* (telephone) receiver, telephone earphone
Fernmeldeanlage *f* telecommunication facility [installation], communication facility [system]
Fernmeldetechnik *f* telecommunications, telecommunication engineering
Fernsehabstimmsystem *n* video tuning system
Fernsehantenne *f* television aerial
Fernsehbildröhre *f* (television) picture tube
Fernsehen *n* television, t.v., TV • **über Fernsehen ausstrahlen** [**übertragen**] televise
Fernsehen *n*/**hochauflösendes** [**hochzeiliges**] high-definition television, HDTV
Fernsehgerät *n* television receiver [set], TV set
Fernsehkanal *m* television channel
Fernsehnorm *f* (*Fs*) television standard, television system (*PAL*, *SECAM*, *NTSC*)
Fernsehsendestation *f* television (broadcasting) station, television transmitter (station)
Fernsehumsetzer *m* (*Fs*) television transponder, television transposer (*zur Versorgung abgeschatteter Gebiete*)
Fernspeisung *f* (*Nrt*) remote power supply, remote power feeding, remote feeding (*Gleichstromversorgung von Fernsprechendgeräten*; *starkstromnetzunabhängig, auch bei Stromausfall funktionsfähig*)
Fernsprechanlage *f* telephone installation [plant, equipment]
Fernsprechanschluss *m* telephone (connection); line • **Fernsprechanschluss haben** be on phone, be connected to the telephone network
Fernsprechapparat *m* telephone (set), phone
Fernsprechapparat *m*/**digitaler** digital telephone, ISDN telephone
Fernsprechautomat *m* coin telephone (station), coin-box phone
Fernsprechband *n* (*Nrt*) telephony band, voice band (*Frequenzbereich*: *300 Hz–3400 Hz*)
Fernsprechfreileitung *f* open-wire telephone line
Fernsprechnetz *n* telephone network [system]
Fernsprechnetz *n*/**analoges** (*Nrt*) analog telephone network (*zunehmend ersetzt durch digitale IDN und volldigitale ISDN*)
Fernsprechnetz *n*/**digitales** (*Nrt*) digital telecommunication network (*digitales Nachrichtennetz, IDN, volldigitales ISDN*)
Fernsteuerung *f* remote [supervisory] control (*IEC 50-441-16-07*); telecontrol
Ferritantenne *f* ferrite aerial
Ferritfolie *f* ferrite polymer composite (*zum Abschirmen*)
Ferritkern *m* ferrite core
ferroelektrisch ferroelectric
ferromagnetisch ferromagnetic
Fertigmontage *f* final assembly

Festigkeit *f* strength, stability, resistance (*z. B. von Werkstoffen gegen verschiedenste Einflüsse*); durability, endurance (*Dauerhaftigkeit*)
Festkleben *n* **der Schweißelektrode** freezing of the electrode
festklemmen *v* clamp (in place)
Festkörperchip *m* (*ME*) monolithic chip
Festkörperelektronik *f* solid-state electronics
Festkörperlaser *m* solid-state laser [optical maser]
festlegen *v* determine
Festmarke *f* (*Rt*) fixed mark
Festnetz *n* (*Nrt*) public switched telephone network, PSTN (*öffentliches TK-Netz*); fixed network (*im Gegensatz zum Mobilfunknetz*)
feststellen *v* 1. detect, ascertain; determine; 2. lock, clamp; fix, fasten; arrest
Festverdrahtung *f* (*ME*) fixed wiring
Festwert *m* fixed value
Festwertregler *m* (*Rt*) constant value controller, automatic stabilizer
Festwertspeicher *m* read-only memory, ROM (*siehe auch*: *ROM*)
Festwertspeicher *f*/**maskenprogrammierter** mask programmed read-only memory
FET *m* FET, field-effect transistor, unipolar transistor
FET *m*/**hexagonaler** hexagonal field-effect transistor, HEXFET
FET *m*/**magnetfeldabhängiger** magneto FET, MAGFET
FET *m* **mit einstellbarer Isolierschicht** adjustable threshold MOS, ATMOS
FET *m* **mit isoliertem Gate** [**Tor**] insulated-gate field-effect transistor, IGFET
FET *m* **mit Ladungsspeicherung** charge-storage junction field-effect transistor, CSJFET
FET *m* **mit Leitfähigkeitsmodulation** conductivity-modulation field-effect transistor, COMFET
FET *m*/**optischer** (*Mb*) optical field effect transistor
FET *m*/**selbstleitender** depletion-type field-effect transistor
FET *m*/**selbstsperrender** enhancement-type field-effect transistor
FET *m*/**vertikaler** vertical field-effect transistor, VFET
Feuchtesensor *m* (*Mess*) moisture sensor
Feuchtraumsteckdose *f* moisture-proof outlet
FFT fast Fourier transform(ation), FFT
FIFO-Prinzip *n* (*Dat*) first-in-first-out principle, FIFO (principle) (*Speicherprinzip, bei dem die zuerst eingegebenen Informationen als erste wieder ausgelesen werden*)
FIFO-Speicher *m* first-in-first-out memory, FIFO store, push-up storage
File-Transfer-Protokoll *n* (*Kn*) file transfer protocol, FTP (*Protokoll zur Übertragung von Dateien in Netzen*)
Film *m* 1. film, layer; 2. motion picture, movie (film)
Filter *n* filter; harmonic absorber
π-Filter *n* π-type filter
Filterkette *f* filter ladder [network], ladder-type filter
Filterweiche *f* notch diplexer
Fingerkontakt *m* finger(-type) contact, contact finger
FIP factory instrumentation protocol (*französische Feldbusnorm*)
FIR-Digitalfilter *n* finite impulse response digital filter, FIR digital filter, nonrecursive digital filter
FI-Schutzschalter *m siehe* Fehlerstromschutzschalter
Flachbandkabel *n* flat [ribbon] cable
Flachbatterie *f* flat-type battery
Flachbildschirm *m* 1. TFT liquid crystal display, TFT LCD; 2. (*Fs*) flat screen, flat display screen (*neben TV auch bei PC und Laptop*)
Flachdraht *m* flat [rectangular] wire
Fläche *f* area; face (*Kristall*); land (*auf einer Schaltungsplatte*); surface
Flachgehäuse *n* flat pack; slim cabinet
flackern *v* (*Licht*) flicker
Flanke *f* 1. slope, edge (*z. B. eines Impulses*); skirt (*z. B. einer Filterkurve*); 2. ramp (*z. B. einer Funktion*)
Flankensteilheit *f* slope [edge] steepness, slope rate (*Impuls*)
flankenzustandsgesteuert (*Ms*) edge level triggered
Flasche *f*/**Leidener** Leyden jar (*Glaskondensator*)
flattern *v* flutter (*z. B. Empfangssignale*); bounce (*z. B. Ventil*); wobble
Flattern *n* **der Kontakte** bouncing [chattering] of contacts
Fliehkraft *f* centrifugal power [force]

Fliehkraftbremse *f* centrifugal brake
Fliehkraftkupplung *f* centrifugal clutch
fließen *v* 1. flow; 2. yield (*Werkstoffe*)
Fließlöten *n* flowsoldering
flimmerfrei (*Licht*) flicker-free
flimmern *v* flicker; scintillate
Flip-Chip *m* flip chip (*Bauelement mit nach unten gerichteter aktiver Seite*)
Flipflop *n* flip-flop, bistable multivibrator
Flipflop *n*/**monostabiles** one-shot multivibrator
Flipflop *n*/**taktgesteuertes** clocked flip-flop
Flipflop *n*/**zweiflankengesteuertes** clock-skewed flipflop
Floating-Gate *n* floating gate (*Schwebegate*)
flüchtig 1. volatile; 2. transient
flüchtig/nicht non-volatile (*z. B. Speicher*)
Fluchtweg *m* escape walkway
Flügelanker *m* vane armature (*z. B. eines Relais*)
Fluoreszenz *f* fluorescence
Fluorglühlampe *f* fluorine-cycle incandescent lamp
Fluss *m* flux, flow
Flussdichte *f* flux density
Flussdichte *f*/**magnetische** magnetic flux density
Flüssigkeitsstandanzeiger *m* liquid level indicator
Flüssigkristallanzeige *f* liquid-crystal display, LCD
Flussmesser *m* (*Mess*) fluxmeter
Flussmittel *n* (brazing) flux
Flussmittelentferner *m* flux remover
Flussrichtung *f* 1. direction of flux; 2. flow direction (*im Flussdiagramm*)
Flussverkettung *f* flux linkage [interlinking]
Flusswandler *m* flux converter, flow transducer
FM (*Nrt*) FM, frequency modulation (*analoges Trägermodulationsverfahren; F3E nach VO Funk*)
FM-Demodulation *f* (*Fs*) detection of frequency modulation, detection of FM, demodulation of frequency modulation, FM-demodulation, FM-demodulation by conversion to AM
Folge *f* sequence; series
Folgeantrieb *m* follow drive
Folgediagramm *n* sequence chart
Folgefehler *m* consequential fault (*IEC 50488*)
folgegesteuert sequence-controlled
Folgekontakt *m* sequence(-controlled) contact
Folgepolläufer *m* (*MA*) salient-pole rotor
Folgepolmaschine *f* consequent pole machine
Folgeschaltung *f* sequence [follow-up] circuit
Folge- und Halteschaltung *f* track-and-hold circuit
Folie *f* foil; film; sheet; lamina (*Kunststoff*)
Foliendehnungsmessstreifen *m* foil strain gauge
Formänderung *f* change of [in] shape; strain
Formfaktor *m* form factor (*Verhältnis des Effektivwerts zum Mittelwert einer periodischen Funktion*)
Forschungs- und Entwicklungsabteilung *f* research and development department, R&D department
Fortpflanzungsgeschwindigkeit *f* propagation velocity [speed], velocity of propagation
Fotothyristor *m* light activated controlled silicon rectifier
Fourier-Analyse *f* Fourier [harmonic] analysis
frei 1. free; unbound (*z. B. Teilchen*); disengaged (*z. B. Leitung*); 2. (*Nrt*) idle, not busy • **frei halten** keep clear
Freiauslösung *f* trip-free release, free-tripping • **mit Freiauslösung** trip-free • **mit mechanischer Freiauslösung** mechanically trip-free
Freigabe *f* release, releasing (*z. B. Schaltgerät*); clearing, opening
Freigabe *f* **des Zugriffes** access, access enable, ACEN
Freigabeschaltung *f* 1. (*Nrt*) drop-out circuit (*Monitor*); 2. (*Dat*) release circuit
Freigabesignal *n* enabling signal
freigeben *v* release; clear; enable (*ermöglichen*)
Freilauf *m* (*MA*) freewheel
Freilaufdiode *f* (*LE*) free-wheeling diode, inverse diode; regenerative diode
Freilaufkreis *m* 1. free-running circuit, freewheeling circuit; 2. freewheeling arm
Freileitung *f* overhead [open] line, open-wire (pole) line, open wire
Freimeldung *f* (*Nrt*) idle status indication

freischalten *v* disconnect (*z. B. Register*); release
Freiwerdezeit *f* 1. (*ME*) recovery time; 2. (*LE*) circuit commutated recovery time, hold-off interval
Freizeichen *n* (*Nrt*) ringing tone [signal], call-connected signal, free-line signal, line-clear signal
fremdbelüftet forced [separately] air-cooled, separately ventilated; fan-cooled
Fremdeinspeisung *f* outside supply, power supply from outside
fremderregt separate-excited
fremdgekühlt separately cooled
Frequenz *f* frequency; oscillation [oscillating, vibrational] frequency
frequenzabhängig frequency-dependent
Frequenzanalyse *f* frequency [spectrum] analysis; harmonic analysis
Frequenzband *n* frequency band [range]; service band (*Funkdienst*)
Frequenzbandausnutzungsineffektivität *f* **der Bandaufteilung** (*Km*) frequency-band usage inefficiency by band-splitting (*Teilung der Frequenzbänder im D- und E-Netz, statt Bündelung; je 2 Träger*)
Frequenzdemodulation *f* (*Fs*) frequency demodulation
Frequenzdurchlauf *m* frequency sweep
Frequenzgang *m* frequency response (characteristic), harmonic response (characteristic), response (*IEC 50-411-17-13*)
Frequenzgenerator *m* frequency synthesizer, frequency-generating set
Frequenzmesser *m* (*Mess*) frequency meter; frequency counter (*Impulszählverfahren*)
Frequenzmodulation *f* frequency modulation, FM (*analoges Trägermodulationsverfahren; F3E nach VO Funk*)
Frequenzmultiplexverfahren *n* frequency multiplexing, frequency division multiplexing (principle)
Frequenznachstimmung *f* **automatische** automatic frequency control, AFC
Frequenzspektrum *n* frequency spectrum
Frequenzteiler *m* 1. frequency divider; 2. (*Fs*) field [line] divider
Frequenzumformer *m* frequency converter [transformer], frequency changer (*IEC 50-811-19-07*)
Frequenzumrichter *m* frequency converter, variable-frequency inverter, VFI (*IEC 50-551-01-07*)
Frequenzverdoppler *m* frequency doubler
Frequenzverhalten *n* frequency (harmonic) response, harmonic response
Frequenzvervielfacher *m* frequency multiplier
Frequenzweiche *f* 1. frequency-dividing [cross-over] network; 2. (*Nrt*) diplexer
Frequenzwobbelung *f* frequency scanning, wobbling
Frequenzzähler *m* frequency counter (*Impulszählverfahren*)
Frontplatte *f* face(plate), front panel [plate, cover]
Frühausfall *m* early failure, wear-in failure, infant mortality
fühlen *v* (*Mess*) sense
führen *v* conduct, lead, guide
Führung *f* 1. guidance, guide; 2. run (*von Kabeln*)
Führungsgröße *f* (*Rt*) reference input variable
Führungsregler *m* (*Rt*) master controller
Führungsschiene *f* guide rail [bar], table track
Füllfaktor *m* 1. space [filling] factor, fullness factor (*Spule, Wicklung*); 2. (*ME*) stacking factor
Fundament *n* foundation (plate) (*für Maschinen*)
Funk *m* radio, wireless • **durch Funk** by radio
Funkamateur *m* radio amateur; old man, OM
Funke *m* spark
Funkempfang *m* radio reception
funken *v* 1. radio; radiotelegraph; 2. spark (*am Stromwender*); arc (over) (*am Schaltgerät*)
Funkenableiter *m* spark [gap] arrester
Funkenbildung *f* sparking
Funkenbüschel *n* pencil of sparks
Funkenentladung *f* spark discharge
Funkenerosion *f* spark erosion, discharge destruction
Funkenfänger *m* 1. spark catcher; 2. (*Et*) spark arrester
funkenfest spark-proof
funkenfrei (*ME*) non-arcing; spark-free
Funkeninduktor *m* spark [induction] coil, hammer-break spark coil

Funkenkammer *f* arc chute
Funkenlöscher *m* spark extinguisher [quencher, absorber]; arc break
Funkenlöschkreis *m* spark quenching circuit
Funkenlöschspule *f* spark blow-out coil, (magnetic) blow-out coil
Funkenstrecke *f* spark discharge [gap], sparking distance; arcing air gap
Funkentstördrossel *f* radio interference suppression choke
funkentstört noise-suppressed
Funkfernsprecher *m* radiotelephone, radiophone
funkgesteuert radio-controlled
Funkhaus *n* broadcasting centre
Funk-LAN *n* (*Nrt*) wireless local area network, wireless LAN, radio local area network, radio-LAN
Funkloch *n* (*Fs*, *Km*) radio fade-out (*im Kurzwellen- bis Dezimeterwellenbereich*; *bei GSM*)
Funknachricht *f* radio message
Funknetz *n* radio network
Funkortung *f* radio position finding, radiolocation
Funkprotokoll *n* **für DECT-Systeme** (*Km*) generic access profile, GAP (*GAP-Schnittstelle gesteuerter Gerätebetrieb unterschiedlicher Hersteller*)
Funkreichweite *f* range (*eines Senders*)
Funkschatten *m* radio shadow, dead spot
Funkspruch *m* radiogram, radio message
Funkstille *f* radio silence; silence [silent] period
Funkstörfestigkeit *f* immunity to noise
Funkstörmessgerät *n* radio interference meter, interference measuring apparatus
Funkstörung *f* radio interference [noise, disturbance], radio-frequency interference, RFI
Funktechnik *f* radio engineering
Funkteilnehmer *m* subscriber
Funktelefon *n* mobile phone, cordless telephone
Funktelefonstandard *m*/**allgemeiner** universal mobile telephone standard
Funktelefonsystem *n*/**digitales** (*Km*) digital radiotelephone system (*siehe GSM*)
Funktionsdiagramm *n* 1. functional (block) diagram; 2. (*Dat*) action [function] chart
funktionsfähig functional; in working order; efficient
Funktionsgenerator *m* function generator
Funktionsplan *m* sequential function chart, control system flowchart [function chart], logic diagram
Funktionsprüfung *f* functional test [check], performance test
Funktionsschema *n* operating schematic diagram
Funktionssicherheit *f* (functional) reliability
Funktionsstörung *f* malfunction
Funktionstaste *f* 1. function key; 2. (*Dat*) soft key; control key
Funktionsteilung *f* 1. function sharing; 2. (*Nrt*) task sharing
Funktionsverstärker *m* operational amplifier
Funktionsweise *f* mode of operation
Funkverbindung *f* 1. radio communication; 2. radio link (*Übertragungsweg*); 3. radio connection
Funkwellenausbreitung *f* radio wave propagation
Fuß *m* base; foot; stem; pinch (*Elektronenröhren*); pole footing (*Mast*)
Fußkontakt *m* pedal [foot-switch, floor] contact
Fußpunkt *m* base (*Antenne*)
Fußschalter *m* foot(-operated) switch (*IEC 50-441-14-52*); pedal switch

G

Gabelkontakt *m* forked [bifurcated] contact (*Steckerleiste*)
Gabelmuffe *f* trifurcating joint (*Drehstromkabel*); bifurcating joint (*Zweileiterkabel*)
Gabelschaltung *f* (*Nrt*) hybrid (switching); terminating set [unit], hybrid four-wire terminating set
Gabelung *f* bifurcation
Galliumarsenid-Feldeffekttransistor *m* gallium arsenide field-effect transistor, GaAs FET [field-effect transistor]
galvanisch 1. galvanic, voltaic (*z. B. Strom*); 2. electroplated (*Überzug*)
• **galvanisch getrennt** indirect-coupled,

indirect-connected • **galvanisch verbunden** direct-coupled, direct-connected
galvanisieren *v* electroplate, plate; electrodeposit
Galvanometer *n* (*Mess*) galvanometer
Gammastrahlung *f* gamma radiation
GAP 1. general access profile; 2. generic access profile; 3. graphics application program
Gasentladungslampe *f* (electric) gas-discharge lamp
Gate *n* 1. gate (electrode) (*Feldeffekttransistor*); 2. Gatter
Gateschaltung *f* (grounded-)gate circuit; common gate (*Transistor*)
GATS global automotive telematics standard (*Standard für weltweite Automobilverbindung*)
Gatter *n* gate, gating circuit (*logisches Verknüpfungselement*)
gealtert/künstlich artificially aged
Geber *m* 1. transmitter; primary [detecting] element, detector; pick-up; 2. (*Rt*) primary unit (*erstes Glied des Reglers*); 3. (*Nrt*) sender; telegraph transmitter
Geberseite *f* (*Nrt*) sending [transmitting] end
Gebiet *n* 1. region, area; field; domain, range; 2. band (*Spektrum*)
Gebläse *n* blower (set), fan, air [fan] blower, ventilator
geblecht laminated (*z. B. Eisenkerne*)
Gebrauchsanleitung *f* instructions [directions] for use
Gebrauchsanweisung *f* reference user guide
Gebrauchskategorie *f* utilization category (*IEC 50-441-17-19*)
gebündelt 1. bundled; 2. focussed (*Strahlen*); directed, directional
geerdet earthed, earth-connected, (*AE*) grounded
Gefahr *f* hazard (*in elektrischen Anlagen*)
Gefahrenklasse *f* danger class, dangerous material class (*z. B. bei Isolierlacken*)
gefahrlos without [free from] danger; safe, secure
Gefälle *n* (downward) slope; gradient, (*AE*) grade
Gefällebremsung *f* holding brake
Gefrierpunkt *m* freezing point
Gefüge *n* structure; texture
Gegenanschluss *m* mating connector (*Steckverbinder*)
Gegendrehmoment *n* (*MA*) countertorque
Gegendruck *m* backpressure
Gegengewicht *n* 1. counterweight; 2. counterpoise (*Antennen*)
Gegeninduktion *f* mutual induction
Gegeninduktivität *f* 1. mutual inductance; 2. mutual inductor (*Spule*; *IEC 50-131-01-43*)
Gegenkompoundierung *f* counter compounding
Gegenkontakt *m* opposite [mating] contact
Gegenkopplung *f* negative feedback, inverse [reversed, degenerative] feedback
gegenläufig 1. counterrotating, contrarotating, backward-travelling; 2. (*Et*) negative-sequence
gegenphasig in phase opposition, opposite in phase, antiphase
Gegenpol *m* antipole
Gegenspannung *f* 1. back(-off) voltage, backlash potential [voltage], back [reverse] potential, countervoltage; 2. (*ME*) offset voltage
Gegensprechanlage *f* interphone system, intercommunication [intercom] system
Gegenstecker *m* counterplug
Gegensteckverbinder *m* mating connector
Gegenstrombremsung *f* (*MA*) countercurrent [plug] braking, braking by plugging, plugging (*beim Asynchronmotor*); regenerative braking of a machine (*IEC 50-411-22-54*)
Gegentaktausgang *m* push-pull output
Gegentaktunterdrückung *f* normal mode rejection
Gegentaktverstärker *m* push-pull amplifier, paraphase [reversed feedback] amplifier
Gegenverbundmotor *m* differential compound-wound motor, decompounded motor
Gegenwindung *f* back-turn
Gehäuse *n* 1. case, casing, housing; box, cubicle; cabinet; enclosure; 2. (*MA*) frame (*IEC 50-811-14-02*); 3. (*ME*) package
Gehör *n* hearing • **nach Gehör** by ear
Gehörschutz *m* 1. hearing conservation; 2. Gehörschützer

gekapselt encapsulated, enclosed; protected (*in Schutzgehäuse*)
gekoppelt coupled
geladen charged
GEMFET *m* gain enhancement-mode field-effect transistor, GEMFET
Gemeinschaft *f*/**Europäische** European Community, CE (*EG-Kennzeichnung für zertifizierte Geräte lt. EMVG*)
gemittelt averaged
Genauigkeit *f* accuracy • **von hoher Genauigkeit** high-accuracy
Generator *m* 1. (electric) generator; alternator; 2. (*Et*) lighting dynamo (*IEC 50-811-23-05*)
Generatorbetrieb *m* alternator operation
Generatorleistung *f* generator rating [output]
geöffnet open-circuited (*z. B. Kontakt*)
geomagnetisch geomagnetic, earth-magnetic
gepanzert armoured, shielded (*z. B. Kabel*); iron-clad
gepulst pulsed
Gerade *f* straight (line)
Gerät *n* apparatus, instrument, unit, device; equipment; appliance; set • **„Gerät auslösen“** (*Dat*) “device trigger” (*Interface*) • **„Gerät löschen“** (*Dat*) “device clear” (*Interface*) • **„Gerät rücksetzen“** (*Dat*) “device clear” (*Interface*)
Geräteanschlussschnur *f* connecting cable [cord]
Geräteidentitätsnummer *f*/**internationale** international mobile equipment identity, IMEI
Geräteinterfacebus *m*/**universeller** (*Dat*) general-purpose interface bus, GPIB
Geräuschleistung *f*/**äquivalente** (*Licht*) noise equivalent power (*IEC 50-731-06-40*)
geräuschlos noiseless, noise-free, soundless
geregelt automatically controlled
Germaniumdiode *f* germanium diode
Gerüst *n* framework, frame, stand, stage, staging
Gesamt... total, overall
Gesamtabmessung *f* overall dimension
Gesamtausfall *m* (*Ap*) blackout, total (outage)
Gesamtfehler *m* total [accumulated] error, composite error
Gesamtgewicht *n* (*Et*) mass in working order (*IEC 50-811-11-26*)
Gesamtprüfung *f* checkout, overall test(ing)
Gesamtverlust *m* total (power) loss, overall (net) loss (*IEC 50-411-23-09*)
gesättigt saturated
geschachtelt nested
geschaltet connected; switched
geschichtet layered (*aus Schichten bestehend*); sandwiched (*z. B. Dämmplatten*); laminated (*lamelliert, z. B. Trafokern*)
geschlitzt slotted
geschlossen 1. closed (*Stromkreis*); 2. encapsulated, enclosed (*z. B. Maschinenteile*)
Geschwindigkeit *f* speed (*IEC 50-811-13-02*); rate • **mit hoher Geschwindigkeit** at high velocity, high-speed
Gesetz *n* law • **FET Gesetz über die elektromagnetische Verträglichkeit von Geräten** electromagnetic compatibility of equipment, EMCE (*BGBl.I 47/95 vom 08. 09. 1995*)
Gesetz *n*/**erstes kirchhoffsches** first Kirchhoff('s) law, Kirchhoff's current law (*Knotenpunktsatz*)
Gesetz *n*/**zweites kirchhoffsches** Kirchhoff('s) second law, Kirchhoff's voltage law (*Maschensatz*)
Gesetze *npl*/**kirchhoffsche** (*Netzwerkberechnung*) Kirchhoff's laws (of networks)
Gestell *n* 1. (apparatus) rack; frame, stand; 2. (*Nrt*) bay • **in Gestellen untergebracht** (*Nrt*) bay-mounted
Gestelleinschub *m* rack-assembly, plug-in unit
gesteuert controlled
gestört 1. disturbed; 2. (*Nrt*) out-of-order; contaminated with noise, noisy (*durch Rauschen*)
gestuft stepped; cascaded
Getriebe *n* gear (drive)
Getriebemotor *m* back geared motor
getriggert triggered
Gewebeband *n* fabric tape (*für Isolierungen*)
gewendelt coiled, spiralled
Gewicht *n* weight
gewickelt wounded (*Spule*); twisted
Gewinde *n* thread
Gewitter *n* thunderstorm

Gezeitenkraftwerk *n* (*EE*) tide [tidal] power station, bay-type hydroelectric power station
Gipfel(punkt) *m* peak (*einer Kurve*)
Gitter *n* 1. gate; grid (*z. B. eines Transistors*); 2. lattice (*Kristall*); 3. (optical) grating; 4. grille (*Verkleidung*)
Gitterableitwiderstand *m* grid leak resistance
Gitterfehler *m* lattice defect [imperfection] (*Kristall*)
Glaselektrizität *f* vitreous electricity (*positive Reibungselektrizität*)
Glasfaser *f* (*LWL*) glass fibre, fibre [fibrous] glass, all-glass fibre, optical fibre (*IEC 50-731-02-01*)
Glasfaserkabel *n* (*LWL*) optical-fibre cable, optical cable (*IEC 50-731-04-01*)
Glasfaserkoppler *m* optical-fibre coupler
Glasfaserverteilnetz-Datenschnittstelle *f* (*Nrt*) fiber distributed data interface, FDDI
glasieren *v* glaze (*Isolierkeramik*)
glätten *v* spline (*Kurvenverlauf*)
Glättungsdrossel *f* smoothing (filter) choke, ripple-filter choke, smoothing reactor [inductor] (*IEC 50-811-26-21*)
Glättungsfilter *n* smoothing [ripple] filter
Glättungskondensator *m* smoothing (filter) capacitor (*IEC 50-811-27-17*)
Gleichanteil *m* (*Rt*) direct component, steady component state)
gleichförmig uniform
gleichgerichtet unidirectional
Gleichgewicht *n* equilibrium, balance • **aus dem Gleichgewicht** off-balance • **aus dem Gleichgewicht bringen** unbalance • **ins Gleichgewicht bringen** balance, equilibrate, bring into equilibrium • **nicht im Gleichgewicht** non-equilibrium
Gleichkanalbetrieb *m* (*Nrt*) common-channel operation, co-channel operation
Gleichkomponente *f* steady component
Gleichlauf *m* synchronism, synchronous operation • **auf Gleichlauf bringen** synchronize • **im Gleichlauf** synchronous; in step • **nicht im Gleichlauf** asynchronous
gleichlaufend 1. synchronous (*elektrisch*); 2. (*ME*) common-mode; ganged (*mechanisch*)
Gleichlaufschwankung *f* (*Ak*) wow (*langsame Schwankung*); flutter (*schnelle Schwankung*); wow and flutter
gleichmachen *v* equalize
gleichmäßig uniform (*z. B. Beschleunigung*); even, smooth (*z. B. Oberfläche*); constant (*z. B. Temperatur*)
gleichphasig equiphase, equal-phase, cophasal, in-phase • **gleichphasig sein** agree [be] in phase
gleichpolig homopolar
gleichrichten *v* 1. rectify; 2. (*Nrt*) demodulate, detect (*im Empfänger*)
Gleichrichter *m* 1. (*LE*) Rectifier (*IEC 50-811-19-12*); 2. (*Nrt*) demodulator; (signal) detector (*im Empfänger*)
Gleichrichter *m*/**gesteuerter** (*LE*) controlled rectifier (*IEC 50-811-28-04*)
Gleichrichterbrücke *f* rectifier bridge
Gleichrichterwirkung *f* 1. rectifying [valve] action; 2. asymmetric conductivity (*physikalische Eigenschaft*)
Gleichrichtwert *m* rectified value
Gleichspannung *f* direct voltage [potential], d.c. voltage, DC voltage
Gleichspannungsquelle *f* direct-current (voltage) source, d.c. source [supply], constant potential source [supply]
Gleichspannungsspeisegerät *n* d.c. (voltage) supply unit, d.c. bridge supply unit
Gleichspannungssteller *m* d.c. (voltage) controller
Gleichspannungsverstärker *m* d.c. (voltage) amplifier
Gleichspannungswandler *m* d.c. voltage transformer, d.c.-to-d.c. converter
Gleichspannungszwischenkreis *m* constant-voltage d.c. link
Gleichstrom *m* direct current, d.c., D.C.
Gleichstrom *m*/**gepulster** chopped direct current
Gleichstromanker *m* d.c. armature
Gleichstromantrieb *m* d.c. drive
Gleichstrombetrieb *m* d.c. operation
Gleichstrombremsung *f* d.c. injection braking, (*AE*) d.c. braking (*Drehstrommotor*, *IEC 50-411-22-52*)
Gleichstromerregung *f* d.c. excitation
Gleichstromgenerator *m* d.c. generator (*IEC 50-411-02-02*)
Gleichstrom-Gleichstrom-Einankerumformer *m* (*MA*) dynamotor (*IEC 50-411-04-03*)
Gleichstromhochspannung *f* high direct [d.c.] voltage

Gleichstrom-Kommutatormaschine *f* (*MA*) direct current commutator machine (*IEC 50-411-01-05*)
Gleichstromkomponente *f* d.c. component, zero-frequency component
Gleichstromkopplung *f* d.c. coupling
Gleichstromkreis *m* d.c. circuit
Gleichstrommotor *m* (*MA*) d.c. motor (*IEC 50-811-12-18*)
Gleichstrommotor *m*/**bürstenloser** permanent magnet synchronous motor, permanent brushless d.c. motor, PMBLDC- motor (*dynamisch hochwertiger Stellmotor*)
Gleichstromnachlaufregler *m* d.c. positional servomechanism
Gleichstromschweißgenerator *m* d.c. (arc) welding generator
Gleichstromschweißumformer *m* d.c. arc welding converter
Gleichstromsteller *m* (*LE*) d.c. motor controller, d.c. chopper (*IEC 50-811-19-11*)
Gleichstromtachometerdynamomaschine *f* d.c. tachogenerator
Gleichstromtastung *f* (*Nrt*) d.c. keying
Gleichstromumformer *m* (*MA*) d.c. converter (*IEC 50-811-19-10*; *IEC 50-551-01-11*)
Gleichstromversorgung *f* d.c. (power) supply
Gleichstromverstärker *m* d.c. amplifier
Gleichstromverstärkungsfaktor *m* d.c. amplification factor (*Transistor*)
Gleichstromvormagnetisierung *f* d.c. bias, d.c. magnetic biasing
Gleichstromwandler *m* d.c. transformer [measuring transductor]
Gleichstrom-Wechselstrom-Umsetzer *m* direct-current/alternating current converter, d.c.-to-a.c. converter (*bei digitalen Regelungen*)
Gleichstromwendermaschine *f* d.c. commutator machine
Gleichstromwiderstand *m* d.c. resistance, ohmic resistance
Gleichstromzwischenkreis *m* d.c. link, d.c. intermediate circuit (*Umrichter*)
Gleichtaktunterdrückung *f* common-mode rejection (ratio), in-phase suppression
Gleichtaktverstärkung *f* common-mode gain, in-phase gain
Gleitantrieb *m* slipping drive
Gleitkontakt *m* sliding [gliding, rubbing] contact (*IEC 50-441-15-22*)
Gleitkupplung *f* slipping clutch
Gleitlager *n* 1. sliding [plain] bearing; 2. (*Et*) plain bearing axle-box, (*AE*) friction bearing, journal bearing (*IEC 50-411-12-02*)
Glied *n* 1. element, block (*im Blockschaltbild*); 2. unit, device (*Bauglied*); 3. link (*einer Kette*); 4. term (*Mathematik*)
Glimmanzeigeröhre *f* glow indicator tube; neon indicator tube
Glimmentladungsröhre *f* glow-discharge valve, glow(-discharge) tube
Glimmer *m* mica
Glimmlampe *f* glow(-discharge) lamp, negative [neon-filled] glow lamp, neon indicator tube
Glimmstabilisatorröhre *f* neon-stabilizer, gas regulator tube
Glimmzünder *m* (*Licht*) glow starter (switch)
GLSI giant large-scale integration
Glühdraht *m* (heating) filament, glow wire
Glühelektrode *f* hot electrode
Glühemission *f* thermionic emission
glühen *v* 1. glow; 2. anneal (*Metall*); bake (*Keramik*)
Glühfaden *m* (incandescent) filament, lighting filament (*Lampe*)
Glühfadenlampe *f* filament lamp
Glühkatode *f* hot [thermionic] cathode, glow [incandescent] cathode
Glühlampe *f* incandescent(-filament) lamp, filament lamp
GPRS (*Km*) general packet radio service (*Paketdatenübertragungssystem für GSM-Netze*)
GPS (*betrieben vom US-DoD*) global positioning system, GPS (*Satellitenortungssystem zur Positionierung beweglicher Objekte*)
Graben-MOS-Transistor *m* (*Mb*) trench metal-oxide semiconductor transistor, TMOS
Grad *m* degree
Gradient *m* gradient
Graetz-Schaltung *f* Graetz [bridge] rectifier, full-wave bridge circuit
Graphitbürste *f* graphite brush
Gravitationsbeschleunigung *f* gravitation [gravity] acceleration
Gravitationsfeld *n* field of gravity
Gray-Code *m* (*Dat*) Gray code

Greinacher-Schaltung *f* Greinacher circuit, Greinacher half-wave voltage doubler (*zur Spannungsverdopplung*)
Grenzbedingung *f* limiting [boundary] condition; threshold condition
Grenzdaten *npl* maximum ratings
Grenzfall *m* limiting case
Grenzfläche *f* boundary (area), boundary [bounding] surface; interface
Grenzfrequenz *f* limiting [cut-off, critical, threshold] frequency; edge [cross-over] frequency; penetration frequency (*der Ionosphäre*)
Grenzfrequenz *f*/**obere** high-frequency cut-off, upper limiting frequency
Grenzfrequenz *f*/**untere** low-frequency cut-off
Grenzgebiet *n* 1. boundary region; 2. fringe area (*Interferenzgebiet mehrerer Sender*)
Grenzkennlinie *f* cut-off characteristic
Grenzkontakt *m* limit contact (*z. B. bei Steuerungen*)
Grenzkurve *f* limit cycle (*bei nichtlinearen Systemen*); limiting curve, limit curve of critical state
Grenzlast *f* maximum load
Grenzschalter *m* (main) limit switch
Grenzschicht *f* 1. boundary layer, interface; 2. (*ME*) barrier (layer) (*mit Potenzialbarriere*; *siehe auch*: *Sperrschicht*; *IEC 50-731-02-55*)
Grenzwert *m* (*Rt*) limit (*auch Mathematik*)
Grenzwertschalter *m* limit (value) switch
Grieß *m* snow (*Bildstörung*)
Griff *m* hand gear
Grob… coarse
Grobeinstellung *f* coarse [flat] adjustment, coarse setting
Größe *f* bigness, largeness, bulk, volume, mass, extent, range
Größe *f*/**komplexe** complex value, complex quantity ($Z = X + jY$)
Grundausrüstung *f* basic equipment
Grundband *n* baseband (*Frequenz*)
Grundbaustein *m* basic element [unit, building block, module], standard modular unit
Grundbegriff *m* basic term, fundamental term
Grundeinheit *f* 1. (*Mess*) base unit (*eines Einheitensystems*); 2. fundamental [elementary] unit (*z. B. einer Struktur*)
Grundgeräusch *n* 1. (back)ground noise; 2. (*Ak*) noise floor; idle-channel noise (*eines Kanals*)
Grundlast *f* base [basic] load
Grundplatte *f* **des Motors** motor support
Grundprinzip *n* basic principle
Grundschaltung *f* basic [elementary, principal] circuit; basic circuitry, basic network, basic connection
Grundschwingung *f* fundamental [dominant, principal] mode, fundamental oscillation; fundamental [first] harmonic, fundamental (component); basic motion
Grundschwingungsgehalt *m* relative fundamental content (*IEC 50-551-06-08*); fundamental factor
Grundschwingungsleistungsfaktor *m* fundamental power factor, power factor of the fundamental, displacement factor
Grundstellung *f* 1. (*Rt*) normal position (*z. B. eines Schalters*); initial state (*einer teuerung*); centre position; 2. basic setting [status]
Grundstromkreis *m* 1. fundamental circuit; 2. (*Nrt*) bearer circuit
Grundtakt *m* basic pulse rate; basic clock rate
Grundwelle *f* fundamental [basic, dominant] wave
Grundzustand *m* 1. ground state [level, term], normal [fundamental] state, basic term; 2. standby status
Gruppe *f* group; set; assembly; array; block; bank (*z. B. von Transformatoren*)
GSI (*ME*) GSI, giant-scale integration
GSM 1. Global Standard for Mobile Communication; 2. Global System for Mobile Communication (*Europäischer Standard für Mobilfunk*)
GTO-Thyristor *m* gate turn-off thyristor, GTO
Gunn-Diode *f* Gunn element [diode], Gunn oscillator
Gunn-Element *n* Gunn element (*Mikrowellen-Halbleiterbauelement*)
gussgekapselt cast-metal clad, cast-encapsulated
Güte *f* quality
Güte(faktor) *m* (*Qu*) Q factor, quality [performance] factor, figure of merit
Güteklasse *f* (*Qu*) quality class
Gütevorschrift *f* (*Qu*) quality specification
Gütezeichen *n* (*Qu*) quality mark

H

Haftmagnet *m* clamping magnet, magnetic clamp [chuck], magnet base mount
Halbleiter *m* semiconductor
Halbleiterbauelement *n* semiconductor component [element], solid-state device; chip
Halbleiterschalter *m* semiconductor switch
Halbwelle *f* half-wave
Halbwertszeit *f* 1. (radioactive) half-life, half-value period; 2. (*Ch*) half-time; full duration half maximum, FDHM (*IEC 50-731-01-58*)
Hall-Element *n* Hall-effect device, Hall cell; Hall-effect pick-up
Halogenglühlampe *f* (tungsten-)halogen (incandescent) lamp, regenerative cycle lamp
halten *v* hold; retain (*Daten sichern*); keep; freeze (*Anzeigewerte*)
Halter *m* holder; clip; base (*Sicherung*); bracket (*für Isolatoren*); support (*z. B. zur Leuchtdrahtbefestigung*)
Halteschaltung *f* holding circuit
Haltestrom *m* hold [holding, retaining] current (*Thyristor*)
Haltetaste *f* 1. hold key; 2. (*Nrt*) holdover key
Haltezeit *f* hold(ing) time (*Relais*); stability duration (*Pulscodemodulation*)
handbetätigt hand-operated, manually operated
Handbetrieb *m* manual operation [working] (*IEC 50-811-04-12*) • **mit Handbetrieb** hand-operated, manually operated
Handgerät *n* hand-held instrument; hand set (*Sender und Empfänger*)
handhaben *v* operate; handle, manipulate
Handregel *f* hand rule
Handy *n* 1. (*Km*) dual mode mobile (phone) (*gleichzeitig Schnurlostelefon zum Festnetz*); 2. (*Nrt*) mobile (phone), (*AE*) cell(ular) phone
Harmonische *f* harmonic (component)
hartlöten *v* braze, hard-solder
hartmagnetisch magnetically hard, hard magnetic (*Werkstoff*)
Haupt... main
Hauptanschluss* *m* 1. main tap, main lead [line]; 2. (*Nrt*) main (telephone) station, subscriber's main station
Hauptbelastungszeit *f* peak time (*Energieversorgung*)
Hauptstromkreis *m* 1. (*MA*) main circuit (*IEC 50-441-13-02*); 2. (*EE*) power circuit
Haupt- und Zwischenverteiler *m* (*Nrt*) combined distribution frame
Hauptverteiler *m* (*Nrt*) main distribution frame, MDF
Hausanschluss *m* 1. service tap [line]; 2. (*Nrt*) private [house] connection
Hausanschlusskasten *m* service box
Haushaltelektronik *f* 1. domestic (appliance) electronics; 2. (domestic) electronical appliance, household electronical appliance
Hausinstallation *f* house wiring, domestic [house] installation
Hautwiderstand *m* skin resistance
HDSL high-speed digital subscriber
Hebdrehwähler *m* (*Nrt*) two-motion selector
Hebel *m* hand gear, lever
Heim... home
Heißleiter *m* negative temperature coefficient resistor, thermistor, NTC resistor
Heißwasserspeicher *m* (thermal) storage water heater
Heizkraftwerk *n* thermal power-station, heat-generating station
Heizleistung *f* heating power; filament power [wattage]
Heizleiter *m* heating conductor, heater
Heizlüfter *m* fan heater
Heizschütz *n* (*Et*) heating contactor; train [auxiliary] power supply contactor (*IEC 50-811-23-10*)
Heizwiderstand *m* 1. heating [heater, filament] resistance; 2. heating resistor [element] (*Widerstand zu Heizzwecken*); filament rheostat (*für Röhren*)
Hell-Dunkel-Tastung *f* Z-axis modulation (*Oszillograph*)
Helligkeitsmodulation *f* (*Fs*) brightness [intensity] modulation; brilliance modulation (*Oszilloskopmesstechnik*)
Helligkeitsregler *m* lighting (control) dimmer, lighting controller, dimmer, dimming device; dimmer switch
herabsetzen *v* reduce, lower, degrade; decrease (*z. B. Leistung*)
herauftransformieren *v* step up
Herstellungstoleranz *f* manufacturing [fabrication] tolerance

Hertz *n* hertz, cycles per second, cps (*SI-Einheit der Frequenz*)
heruntertransformieren *v* step down
Herzkammerflimmern *n* ventricular fibrillation (*E-Unfall*)
Hexadezimalcode *m* hexadecimal code
HEXFET *m* hexagonal field-effect transistor, HEXFET
HF high frequency, HF, h.f. (*3 bis 30 MHz*); radio frequency, Rf, r.f. (*30 kHz bis 3 MHz*)
HF-Abschirmung *f* high-frequency shielding
HF-Ersatzschaltung *f* high-frequency equivalent circuit
HF-Filter *n* high-frequency attenuator
HF-Generator *m* high-frequency generator, radio-frequency generator
HF-Kabel *n* high-frequency cable, radio-frequency cable
HF-Störung *f* high-frequency interference, radio-frequency interference, HF interference, radio-frequency disturbance
HF-Technik *f* high-frequency engineering, radio-frequency engineering
Hi-Fi (*Ak*) high fidelity, hi-fi (*Qualitätsbegriff für weitgehend originalgetreue Tonwiedergabe*)
Hilfs... (*Ku*) auxiliary, AUX (*Bezeichnung von Anschlüssen, Kanälen an Heimelektronikgeräten*)
Hilfsstromkreis *m* auxiliary circuit
hintereinander schalten *v* connect in series; ascade, connect in cascade
Hin- und Rückleitung *f* go-and-return line, up-and-down line
Hitzdrahtinstrument *n* (*Mess*) hot-wire instrument, expansion instrument
HMOS-Technik *f* (*ME*) high-performance MOS [metal-oxide semiconductor] technique, H-MOS technique
hochauflösend high-resolution, highly resolving
hochempfindlich highly sensitive; highly responsive
Hochfahren *n* (automatic) sequential starting (*Sender*); running-up (*Motor*)
Hochfrequenz *f* high frequency, HF, h.f. (*3 bis 30 MHz*); radio frequency, RF, r.f. (*30 kHz bis 3 MHz*; *Zusammensetzungen siehe unter*: *HF*)
Hochgeschwindigkeits-Ethernet *n* (*Nrt*) Fast Ethernet, high-speed Ethernet (*schnelles Ethernet*: *100 Mbit/s*)
Hochlauf *m* run-up, start-up (*siehe auch*: *Anlauf*)
Hochlaufkurve *f* starting characteristic
Hochleistungsthyristor *m* high-power thyristor
hochohmig high-resistive, high-impedance
Hochpass *m* (*Ak*, *Nrt*) high-pass, HP
Hochpegellogik *f* high-level logic, HLL
Hochsetzsteller *m* boost chopper (*Gleichstromsteller*); step-up chopper
Hochspannung *f* high voltage [tension], h.v., H.V., HV
Hochspannungslastschalter *m* high-voltage (load) switch
Hochspannungsnetz *n* high-voltage mains, high-voltage system
Hochspannungsschaltgerät *n* high-voltage switchgear
Hochspannungsschutz *m* high-voltage protection
Hochspannungsseite *f* high-voltage side [end]
Höchstwert *m* maximum (value); peak [crest] value
Hochtonlautsprecher *m* tweeter (loud-speaker), high-frequency (loud)speaker, treble loudspeaker
Höckerspannung *f* peak point voltage (*Tunneldiode*)
Höhenentzerrer *m* (*Ak*) treble corrector [compensator]
Höhenregler *m* (*Ak*) treble control, (tone) control for treble
Höhensonne *f* artificial sun(light); ultra-violet [sun] lamp
Höhen- und Tiefenregelung *f* (*Ak*) bass-treble control
Hohlader-Aufbau *m* (*LWL*) loose tube structure (*IEC 50-731-04-05*)
Hohlader-Kabel *n* (*LWL*) loose tube cable (*IEC 50-731-04-07*)
Hohlleiter *m* 1. waveguide (*Mikrowellentechnik*); 2. hollow conductor (*z. B. zur Kühlmittelführung*)
homogen homogeneous; uniform
Hörbarkeitsschwelle *f* threshold of audibility
Hörbereich *m* range [area] of audibility; auditory area, audible [audio] range (*zwischen Hör- und Schmerzschwelle*) • **über dem Hörbereich (liegend)** superacoustic, supra-acoustic • **unter dem Hörbereich (liegend)** infrasonic, subaudio

Hörer *m* 1. headphone, earphone, (head) receiver (*siehe auch: Kopfhörer*); 2. (*Nrt*) (telephone) receiver, receiving set, phone; 3. listener (*Person*)
Hörfrequenzbereich *m* audio(-frequency) range
Horizontalablenkung *f* horizontal deflection [sweep], line sweep
h-Parameter *m siehe* Hybridparameter
H-Pegel *m* 1. (*ME*) high (level), high state (*oberer Signalpegel bei Binärsignalen*); 2. (*Dat*) high level (*logischer Pegel*)
HSL high-speed logic
HTML hyper text markup language
HTTP hypertext transport(transfer) protocol
Hub *m* 1. (*MA*) stroke; 2. (*Ap*) (contact) travel; lift; 3. (frequency) deviation, swing (*Frequenzmodulation*)
Hufeisenmagnet *m* horseshoe magnet
Hüllkurve *f* envelope (curve)
Hüllkurvendetektor *m* (*Fs*) envelope detector, peak rectifier (*AM-2SB-Demodulation mit Spitzengleichrichter*)
Hutschiene *f* top-hat rail, DIN rail
Hybridparameter *m* h-parameter, hybrid parameter (*Transistor*)
Hybridschrittmotor *m* hybrid stepping motor
Hysterese *f* hysteresis
Hysteresekurve *f* hysteresis curve, (magnetic) hysteresis loop, hysteresis [magnetic] cycle; BH curve (*bei Ferromagnetika*)
Hystereseverlust *m* (magnetic) hysteresis loss

I

I^{2}L (*ME*) integrated injection logic, I^{2}L, IIL
I^{3}L (*ME*) isoplanar integrated injection logic, I^{3}L
IC integrated circuit
ID identification code, ID
IDE-Schnittstelle *f*/**erweiterte** AT attachment packet interface, ATAPI (*PC-Bus-Schnittstelle*)
IEC (*Internationale elektrotechnische Kommission*) International Electrotechnical Commission
IEC-Bus *m* IEC bus, IEC interface system
IEEE (*Verband der Elektrotechnik- und Elektronikingenieure*) The Institute of Electrical and Electronics Engineers
IGBT insulated-gate bipolar transistor, integrated-gate bipolar transistor
IGCT integrated gate-commutated thyristor
IGFET *m* insulated-gate field-effect transistor
I-Glied *n* (*Rt*) integral [integrating] element
i-Halbleiter *m* intrinsic [i-type] semiconductor
Imaginärkomponente *f* imaginary component imaginary part, Y (*Imaginärteil einer komplexen Größe* $Z = X + jY$)
Immittanz *f* immittance (*Oberbegriff von Impedanz und Admittanz; IEC 50-131-01-32*)
IMPATT-Diode *f* impact avalanche and transit-time diode
Impedanz *f* 1. impedance, apparent resistance (*Größe*); 2. impedor (*Bauelement*)
Impedanzwandler *m* impedance converter [transformer]
Impuls *m* (*Et, ME*) impulse, pulse; burst (*Tonimpuls, Rauschimpuls; siehe auch Zusammensetzungen unter Puls...*)
Impulsabfall *m* (im)pulse decay [fall]
Impulsabstand *m* (im)pulse spacing [interval, separation], pulse-digit spacing
Impulsamplitudenmodulation *f* pulse-amplitude modulation, PAM
Impulsanstieg *m* rise of (im)pulse
Impulsantwort(funktion) *f* pulse response, impulse response (*IEC 50-731-01-55*)
Impulsauswahlschaltung *f* (im)pulse selecting circuit
Impulsbetrieb *m* 1. impulse(d) operation, pulsed operation, (im)pulse action, pulsing; 2. intermittent operation
Impulsbreite *f* (im)pulse width [duration]
Impulsbreitendiskriminator *m* (im)pulse-width discriminator
Impulsbreitenmodulation *f* (im)pulse-width modulation
Impulsdach *n* (im)pulse top
Impulsdauermodulation *f* (im)pulse-duration modulation, PDM
Impulsdemodulator *m* (im)pulse detector
Impulsdichte *f* (im)pulse rate
Impulsflanke *f* (im)pulse edge

Impulsflankensteilheit *f* (im)pulse slope
Impulsfolgefrequenz *f* 1. (im)pulse repetition frequency [rate], PRF, (im)pulse (recurrence) frequency; 2. (*Hsp*) discharge repetition rate, (im)pulse repetition rate (*bei Teilentladungen*)
Impulsformer *m* (im)pulse shaper
Impulsgenerator *m* (im)pulse generator, pulser
Impulslagenmodulation *f* (im)pulse-position modulation, (im)pulse-phase modulation, PPM
Impulslaufzeit *f* (im)pulse-time delay
Impulspaket *n* burst
Impulspause *f* (im)pulse interval, off-time of an impulse
Impulssteuerung *f* (im)pulse control; (im)pulse triggering
Impulstaktschwankung *f* (*Nrt*) jitter (*Jitter, bei PCM-Übertragung, Beseitigung im PCM-Regenerator*)
Impulstastverhältnis *n* 1. (im)pulse duty factor; burst duty factor (*z. B. bei Tonimpulsen*); 2. (*Dat*) mark-to-space ratio
Impulsübertrager *m* 1. (im)pulse transformer; 2. (*Nrt*) (im)pulse repeater
Impulsverformung *f* (im)pulse distortion
Impulsverzögerungszeit *f* (im)pulse delay time
Impulswahlverfahren *n* (*Nrt*) pulse dialling, loop disconnect pulsing, pulse selection (*durch Schleifenunterbrechung mit dem nsi-Nummernscheiben-Impulskontakt*)
Impulszähler *m* (im)pulse counter, (im)pulse(-counting) meter, (pulse) scaler
Inbetriebnahme *f* (*MA*) putting into operation [service], bringing into service; starting; commissioning (*Kraftwerk*)
Induktanz *f* inductive reactance
Induktion *f* 1. induction (*Auftreten von elektrischer Spannung*); 2. magnetic flux density (*magnetische Größe*)
Induktion *f*/**gegenseitige** mutual induction
Induktion *f*/**magnetische** magnetic induction
Induktionsbremse *f*/**elektromagnetische** electric induction brake (*IEC 50-811-06-29*)
Induktionserwärmung *f* induction heating
Induktionsgesetz *n*/**faradaysches** law of induction
Induktionsmaschine *f* (*MA*) induction machine (*IEC 50-411-01-09*)
Induktionsmotor *m* (*MA*) induction motor (*IEC 50-411-03-14*)
Induktionsschleife *f* induction [inductive] loop
Induktionsspannung *f* induced voltage [electromotive force]
Induktionstachogenerator *m* (*Mess*) induction tachogenerator
Induktivgeber *m* (*Mess*) induction transducer, inductive [inductance] pick-up
Induktivität *f* 1. inductance, inductivity (*Größe*); 2. inductance coil, inductor (*IEC 50-131-01-18*)
Induktivität *f*/**gegenseitige** mutual inductance
Induktivitätsbelag *m* distributed inductance, inductance per unit length
Induktor *m* inductor, induction (heating) coil
Industrieelektronik *f* industrial electronics
induzieren *v* induce
Influenz *f* influence, electrostatic [electric] induction
Informationsaustausch *m* 1. information interchange; 2. (*Nrt*) communication
Informationsbit *n* 1. (*If*) information bit; 2. (*Nrt*) data bit, information carrying bit
Informationsblatt *n* folder
Informationsdichte *f* information [packing] density
Informationserfassung *f* information acquisition
Informationsfluss *m* information flow [rate]
Informations- und Telekommunikationsdienste-Gesetz *n* information and telecommunication services law, IaTCSL (*BGBl.I 52/97 vom 22.07.1997*)
Infrarot *n* (*Licht*) infrared, IR (*IEC 50-731-01-05*)
Infrarotschnittstelle *f* (*Km, Ku*) optical interface, infrared interface (*bei Handys und Digitalkameras zum PC bzw. Laptop*)
Infraschall *m* infrasonics, infrasound, subaudio sound
inhomogen inhomogeneous, non-homogeneous; non-uniform
Injektionslogik *f*/**integrierte** (*ME*) integrated injection logic I^2L, IIL

Inklination *f*/**magnetische** magnetic inclination, (magnetic) dip
Inkrement *n* increment, increase
INMARSAT-CODEC *m* **mit verbesserter Mehrbandanregung** (*Kl*) INMARSAT improved multiband excitation CODEC, INMARSAT-IMBE-CODEC (*CODEC mit 4,15 kbit/s*)
Innenanschluss *m* indoor connection; inside [internal] connection; inner lead (*Bonden*)
Innenaufbau *m* 1. internal structure; 2. (*Dat*) internal organization (*Mikroprozessor*)
Innenleiter *m* inner [centre, central] conductor, central carrier wire (*eines Koaxialkabels*)
Innenpolmaschine *f* inner-pole machine, revolving-field machine
Innenwiderstand *m* 1. internal resistance; 2. anode (differential) resistance; (*AE*) plate resistance (*Elektronenröhren*); 3. source resistance (*Generator*)
Inselbetrieb *m* (*An*) isolated operation
instabil instable, unstable; non-equilibrium
Installationsabnahmeprüfung *f* installation test
Installationsplan *m* architectural diagram (*IEC 113-11*)
Installationsrohr *n* insulating conduit (*in isolierter Ausführung*)
installieren *v* 1. install (*z. B. elektrische Geräte*); 2. (*An*) mount; 3. (*Dat*) install (*z. B. Software*)
instandhalten *v* maintain, service
Instandsetzung *f* repair, reconditioning; corrective [breakdown] maintenance (*z. B. nach Ausfall einer Anlage*)
Institut *n* **für Standardisierung/Amerikanisches*** American National Standards Institute, Inc
Institut *n* **für Telekom-Standards/ Europäisches** European Telecommunications Standards Institute, ETSI
Instrumententafel *f* instrument board [panel]
Integralregler *m* (*Rt*) integral(-action) controller, I controller, floating [reset] controller
Integrationsgrad *m* (*ME*) integration level, integration
Integrationsverstärker *m* integrating amplifier
Integrationszeit *f* integration time [period, interval], integrating time; averaging time
Integrierglied *n* (*Rt*) integrating element [unit]
Interface *n* interface (*Anpassungsschaltung*)
Interferenzmotor *m* (*MA*) subsynchronous reluctance motor (*IEC 50-411-03-13*)
Interferenzmuster *n* interference pattern
Internet-Anbieter *m* (*Kn*) internet service provider, ISP (*z. B.: T-online, AOL*)
Internet-Protokoll *n* (*Kn*) internet protocol, IP
Internetprovider *m siehe* Internet-Anbieter
Internetzugangsprotokoll *n* (*Kn*) transmission control protocol/internet protocol, TCP/IP (*abweichend vom OSI-Referenzmodell*)
Internet-Zugriffsprogramm *n* **auf das WWW** (*Kn*) browser, Web-browser (*z. B. Navigator von Netscape, Internet Explorer von MS*)
Intranet *n* intranet (*internes Netz eines Betriebes/einer Organisation*)
Intrinsic-Halbleiter *m* intrinsic [i-type] semiconductor
Intrittfallen *n* pulling in(to) synchronism
Inverswiderstand *m* negative phase-sequence resistance (*IEC 50-411-20-19*)
Inverter *m* (*Nrt*) inverter, phase-inverting; invert gate (*Schaltlogik*)
invertieren *v* invert (*z. B. Zeitfunktion*)
Ionenaustauscher *m* ion exchanger
Ionenbindung *f* ionic [electrovalent, heteropolar] bond, electrovalence
IP 1. interelement protection (*Kennzeichen für Schutzgrad*); 2. international protection; 3. internet protocol
IRASER, Iraser (*Laser*) infrared laser, iraser
IRC *n* internet relay chat
IRED infrared emitting diode
i-Schicht *f* i-type layer, intrinsic layer (*Halbleiter*)
ISDN (*Nrt*) ISDN, integrated services digital network
ISDN-Basisanschluss *m* (*Nrt*) ISDN basic access, ISDN BA (*2 B-Kanäle zu 64 kbit/s + 1 · 16 kbit/s-D-Kanal an* S_0*-Schnittstelle*)
ISDN-PC-Karte *f* (*Nrt*) ISDN controller, ISDN PC card (*Steckkarte für PC-Zugang zum ISDN-Basisanschluss*)
ISDN-Stecker *m* RJ-45 plug, Western Bell plug (*8polig*)

ISDN-Teilnehmeranschlussleitung *f* (*Nrt*) ISDN subscriber line (*digitale Übertragung von $B_1 + B_2$ + D-Kanal mit 160 kbit/s; durch MMS43-Codierung Reduzierung auf 120 kBaud*)
ISO *f* International Organization for Standardization (*entwickelt und empfiehlt international anerkannte Normen*)
Isolation *f* 1. (*Et*) isolation (*Trennung von Potenzialen*); insulation (*durch nicht leitendes Material*); 2. (*Ak, Wä*) insulation (*Dämmung*)
Isolationsdurchschlag *m* insulation [dielectric] breakdown
Isolationseigenschaft *f* insulating property
Isolationsklasse *f* insulation class (*IEC 50-811-13-33*)
Isolationswiderstand *m* insulation resistance
Isolator *m* insulator dielectric
isolieren *v* 1. (*Et*) isolate (*Potenziale trennen*); insulate (*mit nicht leitendem Material*); 2. (*Ak, Wä*) insulate (*dämmen*); lag (*mit Dämmstoff verkleiden*)
ISO-Schichtenmodell *n* multilayer-system (*ISO-Normvorschlag für die Vereinheitlichung von Schnittstellen und Protokollen; legt in sieben Schichten die Informationsübertragung fest*)
ISP internet service provider
Istabweichung *f* actual deviation
Istposition *f* actual position
I-Stromrichter *m* constant-current d.c.-link converter
Istwert *m* actual [true, real, measured] value; feedback value (*im Regelkreis*)
Istwert-Sollwert-Vergleich *m* comparison of actual and setpoint values, actual/setpoint comparison

J

Ja, J (*Dat*) true, Yes, Y
Jahres... annual
JFET junction field-effect transistor
Jitter *m* jitter
JK-Flipflop *n* JK-flip-flop
Joch *n* (*MA*) yoke (*magnetischer Kreis; IEC 50-811-26-30*)
Jochgestell *n* frame yoke
Jod... iodine
Joule *n* joule, J (*SI-Einheit für Arbeit, Energie und Wärmemenge*)
justieren *v* adjust; calibrate
Justiergerät *n* adjusting device [unit], adjuster

K

Kabel *n* 1. cable; 2. (*Nrt*) cablegram, cable
Kabelanschluss *m* cable port; cable connection; cable terminal (*Klemmenanschluss*)
Kabelaufbau *m* cable construction, cable design
Kabelbaum *m* cable harness [trunk], harness form, harness (of connections), wire harness
Kabelbruch *m* cable break
Kabeldämpfung *f* cable attenuation
Kabelendverschluss *m* cable terminal box [enclosure], cable termination, cable end box [piece]; cable pothead
Kabelendverstärker *m* line amplifier
Kabelsalat *m* cable clutter
Kabelschelle *f* cable clamp [clip, collar]
Kabelschuh *m* (cable) lug, cable [wire] terminal, cable socket [thimble]
Kabelseele *f* cable core (*Mehrleiterkabel*)
Kabelspleißung *f* cable splice
Kabeltrommel *f* cable drum [reel]
Kabelverbindung *f* cable connection [joint]; cable coupling (*meist Steckverbindung*)
Käfig *m* cage
Käfig *m*/**faradayscher** Faraday cage [screen, shield], electrostatic screen
Käfiganker *m* quirrel-cage rotor
Käfigläufer *m* squirrel-cage rotor
Käfigläufer-Induktionsmotor *m* (*MA*) cage induction motor, (*AE*) squirrel cage induction motor (*IEC 50-411-03-15*)
kalibrieren *v* calibrate; gauge
Kaltlötstelle *f* cold solder joint, dry-soldered connection
Kaltstart *m* cold start(-up), start from cold state; cold booting (*Rechner*)
Kaltwiderstand *m* initial resistance (*Anfangswiderstand*)
Kanal *m* 1. (*Nrt, Fs*) channel; 2. (*Dat*) channel; port; group chat on the internet, routes of communication; 3. (*ME*) channel; 4. (cable) conduit; canal, duct; tunnel

Kanalwählerprogrammautomatik *f* (*Fs*) automatic tuner search and storage, ATS (*Bedienungskomfort für VCR, TV- und Satellitenempfänger*)
Kanalweiche *f* (*Nrt*) channel separating filter
Kapazität *f* 1. capacitance, C (*Kenngröße*); 2. ampere-hour capacity (*z. B. eines Sammlers*); 3. capacitor (*Bauelement*; *IEC 50-131-01-17*; *Zusammensetzungen siehe unter: Kondensator*)
Kapazitätsbelag *m* 1. distributed capacitance; 2. (*Hsp*) capacitance per unit length (*Parameter*); 3. capacitor coating, me
Karnaugh-Diagramm *n* (*Rt*) Karnaugh map
Kaskadenschaltung *f* cascade connection, cascaded circuit; concatenation (*zur Drehzahlstellung für Asynchronmotoren*)
Katode *f* cathode
Kellerspeicher *m* (*Dat*) last-in-first-out memory, LIFO stack, push-down store [stack]
Kelvin *n* kelvin, K, degree Kelvin (*SI-Einheit der Temperatur und Temperaturdifferenz*)
Kennbuchstabe *m* code letter; classification letter
Kenndaten *npl* characteristic data, characteristics
Kennfrequenz *f* (*Nrt*) assigned frequency
Kennlinie *f* characteristic (curve, line)
Kennlinie *f***/dynamische** dynamic characteristic
Kennlinie *f***/rückläufige** fold back characteristic
Kennlinie *f***/statische** static characteristic
Kennliniensteilheit *f* modulation sensitivity
Kennung *f* 1. (*Nrt*) identification signal; 2. characteristic of a beacon (*eines Leuchtfeuers*)
Kennwert *m* characteristic value; parameter (value); final endurance value (*Relais*)
Kennwiderstand *m* (*Fs*) image impedance
Kennziffer *f* 1. index (figure), identification number; characteristic; 2. (*Nrt*) code letter
Kern *m* 1. core (*z. B. einer Magnetspule*; *IEC 50-731-02-04*); 2. nucleus (*z. B. bei Kristallisation*); 3. (*Dat*) kernel (*eines Betriebssystems*) • **mit Kern** cored • **ohne Kern** coreless
Kernblech *n* core lamination [plate], core sheet (*Transformator*)
Kernklammer *f* (*Mss*) core clamp (*Transformator*)
Kernkraftwerk *n* nuclear power plant [station], atomic power plant
kernlos coreless
Kernquerschnitt *m* core cross section; core area
Kerzenlampe *f* candle lamp
Kettenbeleuchtung *f* catenary lighting
Kettenleiter *m* ladder [lattice] network
Kettenschaltung *f* cascade connection, chain connection; chain circuit
Keule *f* lobe (*im Richtdiagramm*)
K-Faktor *m* gauge factor (*Dehnungsmessstreifen*)
Kindersicherung *f* parental lock
Kippen *n* (*LE*) commutation failure (*IEC 50-811-28-37*)
Kippmoment *n* (*MA*) pull-out torque, (*AE*) breakdown torque (*IEC 50-411-18-10*)
Kippschaltung *f* sweep [time-base] circuit
Kippschaltung *f***/astabile** multivibrator
Kippschaltung *f***/bistabile** flip-flop (circuit), Eccles-Jordan (bistable) circuit, bistable [scale-of-two] multivibrator
Kippschaltung *f***/monostabile** monostable [one-shot] multivibrator, monoflop, delay flop
Kippspannung *f* 1. sweep [time-base, saw-tooth] voltage; 2. (*ME*) peak off-state breakover voltage
Kippversuch *m* (*MA*) pull-out test, (*AE*) breakdown test (*IEC 50-411-23-35*)
Klangfarbenregler *m* tone regulator, sound corrector, bass-treble control
Klappanker *m* (*An*) clapper, hinged armature
klappern *v* chatter, rattle
Klauenpolmaschine *f* claw-pole machine
Klebefolie *f* adhesive film
kleben *v* paste, cement, bond; splice (*Tonband, Film*); stick, adhere
Kleben *n* **des Relais** relay sticking [freezing]
Kleinmotor *m* small-power motor (*IEC 50-411-03-40*); small-type motor, fractional [integral] horsepower motor
Kleinsignalersatzschaltbild *n* small-signal equivalent circuit

Kleinsignalparameter *m* small-signal parameter
Kleinsignalverstärker *m* low-level amplifier
Kleinspannung *f* low voltage
Kleinstmotor *m* subminiature [pilot] motor
Kleinstschalter *m* (sub)miniature switch
Kleinstspannung *f* extra-low voltage, e.l.v.
Klemmbrett *n* connecting terminal plate, terminal board (*IEC 50-411-11-34*)
Klemme *f* terminal (*IEC 50-411-11-17*); clamp, clip
klemmen *v* clamp
Klemmenbezeichnung *f* terminal marking
Klemmenkasten *m* terminal [lead, conduit] box, motor connection box (*IEC 50-811-14-27*)
Klemmenleiste *f* terminal strip [block], connection [connecting] block, connection strip, strip terminal (*IEC 50-411-11-20*)
Klemmenspannung *f* terminal voltage [potential difference]
Klemmverbindung *f* clipped connection
Klingeldraht *m* bell [ringing] wire
Klingeltransformator *m* bell ringing transformer
Klinke *f* 1. pawl; latch; 2. (*Nrt*) detent; jack; 3. (*Ap*) spring jack
Klinkenbuchse *f* **für Kopfhörer** phone jack
Klinkenstecker *m* jack plug
Klirrfaktor *m* (harmonic) distortion factor, distortion coefficient, percentage harmonic content, ripple factor; total harmonic distortion, THD (*mit allen Harmonischen*)
Klirrleistung *f* total harmonic power, THP
Knack *m* (*z. B. durch Signalsprung*) glitch
Knackbeseitigung *f* declicking; decrackling
Knall *m* crack, crash; acoustic shock
knattern *v* crackle; sizzle (*Funkempfang*)
Knick *m* break, bend (*Kurve*)
Knickspannung *f* buckling [critical] stress
Kniespannung *f* knee voltage, breakover voltage
knistern *v* crackle; sizzle (*Funkempfang*)
Knopf *m* knob, button
Knopfzelle *f* button cell
Knoten *m* 1. node; 2. vertex (*Eckpunkt eines Netzes*)
Knotenpunkt *m* 1. (*Dat*) hub; 2. branch point, junction (point), joint, nodal point (*Verzweigungspunkt des Netzwerks*); 3. node, nodal point (*Schwingung*)
Knotenpunktgleichung *f* nodal equation
Knotenpunktsatz *m* Kirchhoff('s) current law, first Kirchhoff's law
Knotenspannungsverfahren *n* nodal voltage method
Koaxialbuchse *f* coaxial socket [jack]
Koaxialkabel *n* coaxial (cable), coax, coaxial (transmission) line, concentric cable [line]
Koaxialstecker *m* coaxial connector, coaxial (entry) plug
Koerzitivfeldstärke *f* coercive force [intensity], coercivity (*eines Ferroelektrikums*)
Kohlebürste *f* carbon brush
Kohlehalter *m* carbon holder
Kohleschichtwiderstand *m* carbon-film resistor, carbon-layer resistor, carbon (deposited) resistor
Kohle-Zink-Element *n* carbon-zinc cell
Kolben *m* 1. bulb, envelope (*Röhre, Lampe*); cone (*Elektronenstrahlröhre*); piston (*Mikrowellenröhre*); 2. piston, plunger (*z. B. Hydraulikkolben*)
Kollektor *m* 1. (*MA*) collector, commutator; 2. (*ME*) collector (electrode); 3. (*Licht*) light collector, lamp condenser, collector lens
Kollektorbasis-Schaltung *f* (*ME*) common-collector circuit, grounded-collector circuit
Kolophonium *n* colophony, (pine) resin, rosin
Kombinationsschalter *m* combination [multiple] switch
Kommunikation *f* **offener Systeme** open systems interconnection, OSI
Kommunikationsnetz *n* communications network; personal communication network, PCN
Kommunikationsprotokoll *n* communication protocol (*Regeln für Verbindungen im Rechnernetz*)
Kommunikationsschnittstelle *f* communication interface
Kommutator *m* (*MA*) commutator, collector
Kommutatorabbrand *m* burning of commutator

Kommutator-Drehstromerregermaschine *f* (*MA*) phase advancer (*IEC 50-411-04-06*)
Kommutatorgleichrichter *m* commutator rectifier
Kommutatorläufer *m* commutator armature
Kommutierung *f* (*LE, MA*) commutation (*IEC 50-811-28-19*)
Kompaktbaustein *m* micromodule, packaged unit, microcircuit module
Komparator *m* (*Rt*) comparator (device), comparing element
kompatibel compatible
Kompensationskondensator *m* (*LE, MA*) power factor correction capacitor (*IEC 50-811-27-22*)
kompensieren *v* compensate, balance; equalize; slide back (*Instrumentenausschlag*)
Kompounderregung *f* compound excitation
Kompoundmotor *m* compound motor
Kondensator *m* 1. (*Et*) capacitor; condenser; 2. condenser (*Verflüssiger*)
Kondensatorbremsen *n* (*MA*) capacitor braking (*IEC 50-411-22-51*)
Kondensatordurchführung *f* capacitor bushing
Kondensatorlautsprecher *m* capacitor [electrostatic] loudspeaker
Kondensatormikrofon *n* condenser [capacitor, electrostatic] microphone, capacitor transmitter
Kondensatormotor *m* (*MA*) capacitor motor; capacitor split-phase motor; capacitor-run motor (*mit Betriebskondensator; IEC 50-411-03-24*)
Kondensatorstromversorgung *f* capacitor back-up power supply
konjugiert-komplex conjugate complex
Konstantandraht *m* constantan wire
Konstante *f* constant (quantity)
konstanthalten *v* maintain constant; stabilize
Konstantspannungsquelle *f* constant-voltage source [power supply]
Konstantstromladung *f* constant-current charging
Konstantstromquelle *f* constant-current source [power supply]; stabilized power supply
Konstruktionsabteilung *f* design department
Kontakt *m* 1. contact (*IEC 50-441-15-05*); 2. Kontaktstück • **Kontakt haben** contact • **einen Kontakt schließen** close a contact
Kontaktabbrand *m* contact burn, contact erosion, burning of contact
Kontaktabhebekraft *f* contact repulsion
Kontaktabstand *m* contact distance [clearance, separation, gap]; break distance
Kontaktanordnung *f* contact arrangement; contact configuration
Kontaktbauelement *n* contact device
Kontaktbelegung *f* contact assignment; connector pin assignment
Kontaktbildschirm *m* touch screen
Kontaktbürste *f* (contact) brush, carbon brush
Kontakteinführung *f* contact lead-in
Kontaktfeder *f* contact spring, cantilever; brush spring (*Wählerkontaktarm*)
Kontaktfinger *m* contact finger
Kontaktfläche *f* contact (sur)face, contact area [land]
Kontaktgeber *m* contactor, contact maker [making device]
Kontakthaltekraft *f* contact force
Kontakthub *m* contact gap
Kontaktkleben *n* contact sticking
kontaktlos contactless, non-contacting
Kontaktplan *m* **KOP** ladder diagram
Kontaktprellen *n* contact bounce [chatter]; armature chatter
Kontaktsatz *m* 1. contact set [unit, complement]; 2. (*Nrt*) contact bank, (line) bank
Kontaktschließzeit *f* contact time
Kontaktsicherheit *f* contact stability (*IEC 257*)
Kontaktspannung *f* 1. contact voltage; contact potential difference; 2. (*Ap*) contact electricity
Kontaktstellung *f* contact position
Kontaktstück *n* contact (member), contact piece [plate] (*IEC 50-441-15-06*)
Kontaktthermometer *n* contact thermometer
Kontaktverschweißen *n* contact welding
Kontrastregelung *f* (*Fs*) contrast control
Kontrolllampe *f* control lamp, indicator [pilot, signal, warning] lamp
Kontrollschalter *m* control switch(group), function switch
Konverter *m* converter, convertor

Kopfhörer *m* headphone, earphone, phone, (head) receiver
Kopfstation *f* 1. terminal station; 2. head-end (*LAN*)
Kopierschutz *m* copy prohibit [protection]
Koppelelement *n* 1. coupling element; 2. (*Nrt*) switching element
Koppelkapazität *f* mutual capacitance
koppeln *v* couple; interconnect; interface
Kopplung *f* (*Et*) coupling; interconnection; switching; linkage
Kopplungsfaktor *m* coupling factor, coefficient of (inductive) coupling
Kopplungsschleife *f* coupling loop
Kopplungstransformator *m* coupling transformer; jigger (*bei Sendeanlagen*)
Korbwicklung *f* basket winding
Korkenzieherregel *f* corkscrew rule
kornorientiert grain-oriented
Koronaentladung *f* corona discharge, (electric) corona
Körper *m* 1. body; 2. carrier (*Body einer E-Mail*)
Körperschluss *m* 1. body contact; 2. (*An*) fault to frame
Körperstrom *m*/**gefährlicher** shock current
Korrekturfaktor *m* correction factor; cable correction (*für Kabellänge*)
Korrekturglied *n* 1. correcting element [filter], compensating element (*im Blockschaltbild*); 2. correcting unit, compensating network (*Bauglied*); 3. correction term (*in einer Gleichung*)
korrosionsbeständig corrosion-resistant, non-corroding, corrosion-proof
Korrosionsschutz *m* 1. corrosion protection, protection against corrosion; 2. corrosion-protective serving (*Kabel*)
Kraft *f* 1. force; power; 2. thrust (*Schubkraft*)
Kraftbetätigung *f* power operation
Kraftfahrzeugelektrik *f* automotive electrical equipment; (car) electrical system (*Anlage*)
Kraftmaschine *f* prime mover (*zum Antrieb von Generatoren*)
Kraftsensor *m* force sensor
Kraftsteckdose *f* power receptacle [socket outlet]
Kraftstecker *m* power plug
Kraftstrom *m* power(-line) current
Kraftwerk *n* electric power station, power plant, generating station [plant]
Kreis *m* 1. circuit (*Stromkreis*); 2. loop (*Regelkreis*); 3. circle
Kreis *m*/**magnetischer** magnetic circuit (*IEC 50-131-01-45*)
Kreisdiagramm *n* **der Asynchronmaschine** Heyland diagram
Kreisfrequenz *f* angular [radian] frequency, pulsatance
Kreisgüte *f* circuit quality, circuit magnification (factor)
Kreisstrom *m* ring current; loop current; circular [circulating] current (*Stromrichter*)
kreisstromfrei circulating-current-free
Kreisverstärkung *f* (*Rt*) (closed-)loop gain
Kreuzschalter *m* intermediate switch
Kreuzschaltung *f* cross connection, back-to-back connection
Kreuzspulmessinstrument *n* crossed-coil (measuring) instrument
Kreuzung *f* 1. overcrossing, crossing (*von Leitungen*); 2. (*Nrt*) transposition (*am Gestänge*); 3. (*Et*) plain track crossing, (*AE*) diamond
Kriechentladung *f* creep discharge [leakage], charge dissipation
Kriechfestigkeit *f* creep resistance
Kriechstrecke *f* creeping [tracking] distance, leakage distance (*beim Isolator*); creep [leakage current] path
Kriechstrom *m* creeping [tracking] current, (surface) leakage current
Kristall *m*/**piezoelektrischer** piezoelectric crystal
Krokodilklemme *f* alligator [crocodile] clip
Kryptonlampe *f* krypton-filled incandescent lamp
Kugelantenne *f* isotropic aerial
Kugelblitz *m* ball lightning
Kühlblech *n* cooling plate
Kühlflüssigkeit *f* cooling liquid
Kühlgebläse *n* cooling fan
Kühlkörper *m* 1. cooling attachment [body]; 2. heat sink (*in Halbleiterbauelementen*)
Kühlkreislauf *m* cooling cycle; coolant circulation
Kühlleistung *f* temperature difference rating, heat removal capacity
Kühlmittel *n* cooling agent [medium], coolant
Kühlschlange *f* cooling coil

Kundendienst *m* service to customers, field service; after-sales service [maintenance] (*Wartung*)
Kundenentwurfsschaltung *f* application-specific integrated circuit, ASIC
Kunstharz *n* artificial [synthetic] resin
Kunstlicht *n* artificial light
Kunststoffgehäuse *n* (*Mb*) moulded package; plastic case [casing], plastic package
Kupferdraht *m* copper wire
Kupferfolie *f* copper foil
Kupferfüllfaktor *m* copper space factor
kupferkaschiert copper-coated, copper-clad
Kupferkohle *f* copper-plated carbon, coppered carbon
Kupferlackdraht *m* enamelled copper wire
Kupferlitze *f* copper strand [litz wire], stranded copper (wire)
Kupferoxid-Lithium Batterie *f* copper-oxide-lithium battery
Kupferoxid-Zink Batterie *f* copper-oxide-zinc battery
Kupferverlust *m* copper loss
Kupfer-Zink-Element *n* copper-zinc cell [element]
Kuppelleitung *f* interconnecting feeder [bar]
Kupplung *f* (*MA*) coupling (*starr*); clutch, electric coupling (*IEC 50-411-14-17*)
Kupplungsleitung *f* (*Et*) jumper cable (*IEC 50-811-25-25*)
Kupplungsschalter *m* 1. coupled switch; 2. clutch operator
Kupplungsseite *f* (*MA*) back (*z. B. eines Generators, eines Motors*)
Kurbelinduktor *m* hand [magneto] generator (*z. B. für Isolationsprüfung*)
Kurbelwiderstand *m* rotary switch-type resistor
Kurvenscheibe *f* (*MA*) cam disk
Kurvensteilheit *f* slope of the characteristic
Kurzbezeichnung *f* short designation
kurzgeschlossen short-circuited
Kurzmitteilung *f* short message (*für Nachrichten bis 160 Zeichen zwischen Mobiltelefonen und Personalcomputer*)
Kurzschließer *m* 1. (*EE*) short-circuiting device, short-circuiter; 2. (*LE*) crowbar (*IEC 50-811-29-18*)
Kurzschluss *m* short circuit, short
Kurzschlussanker *m* squirrel-cage armature [rotor]
Kurzschlussausgangsleitwert *m* short-circuit output conductance
Kurzschlussauslöser *m* short-circuit trip
Kurzschlussausschaltvermögen *n* (*EE*) short-circuit breaking [rupturing] capacity (*IEC 50-441-17-11*)
Kurzschlussbeanspruchung *f* short-circuit stress
Kurzschlussbremsung *f* short-circuit braking
Kurzschlussbrücke *f* jumper
kurzschlussfest short-circuit-proof
Kurzschlusskäfig *m* squirrel-cage winding
Kurzschlusskennlinie *f* (*MA*) locked-rotor impedance characteristic, short-circuit characteristic (*IEC 50-441-17-06*)
Kurzschlussläuferinduktionsmotor *m* squirrel-cage induction motor
Kurzschlusslöschung *f* (*LE*) circuit interruption by grid control
Kurzschlussring *m* short-circuit ring, (rotor) end ring, cage ring; shading coil (*im Spaltpol*)
Kurzschlussschnellauslösung *f* (*EE*) short-circuit high-speed release
Kurzschlussschutz *m* short-circuit protection, protection against short circuits
Kurzschlussspannung* *f* short-circuit voltage; impedance voltage [drop] (*Transformator*); percentage reactance (*beim Transformatorkurzschluss*)
Kurzschlussstrom *m* short-circuit current, s-c current (*IEC 50-441-11-07*)
Kurzschlussstrombegrenzer *m* (*EE*) fault-current limiter, short circuit current limiter
Kurzschlussversuch *m* short-circuit test (*z. B. beim Transformator*)
Kurzschlusswicklung *f* short-circuit winding, cage winding; shading coil (*im Spaltpol*)
Kurzschlusswiderstand *m* short-circuit impedance, closed-end impedance
Kurzunterbrechung *f* rapid reclosing (*einer Leitung*); automatic reclosing
Kurzwelle *f* short wave, s-w (*3 bis 30 MHz*)
Kurzwellenbänder *npl* (*Fs*) short-wave bands (*10 m–100 m; 11-, 13-, 16-, 19-, 25-, 31-, 41-, 49-, 80-m-Band*)
Kurzzeitbetrieb *m* short-time duty [service] (*IEC 50-411-21-15*)
Kurzzeitspeicher *m* short-time memory [store]

L

Laborversuch *m* laboratory test
Lackdraht *m* enamelled [enamel-insulated] wire, lacquered [varnished] wire
Ladegerät *n* (battery) charger, charging set
Ladekennlinie *f* charging characteristic
Ladekondensator *m* charging capacitor
Ladespannung *f* **im vollgeladenen Zustand** open-circuit voltage, OCV
Ladestrom *m* capacitance current; charging [charge] current
Ladung *f* 1. (*ME*) charge (*z. B. einer Batterie*); 2. load, batch
Ladungsausgleich *m* charge balancing
Ladungserhaltung *f* charge conservation [retention]
ladungsgekoppelt charge-coupled
Ladungsmenge *f* quantity of electricity (*Elektrizitätsmenge*)
Ladungsspeicherbaustein *m* charge-coupled device, CCD (*Zusammensetzungen siehe unter: CCD*)
Ladungsträgerbeweglichkeit *f* charge carrier mobility
Ladungsträgerdichte *f* charge carrier density [concentration], density of carriers
Ladungsträgerverarmung *f* carrier depletion
Ladungstrennung *f* charge separation
Lage *f* 1. layer, coat (*Schicht*); 2. position, location; 3. topology (*der Elemente in integrierten Schaltungen*); 4. site
Lagegeber *m* (*FO*) position encoder
Lagenabstand *m* layer to layer spacing (*Leiterplatte*)
Lagenwicklung *f* layer winding
Lageplan *m* 1. layout (plan); 2. location plan
Lager *n* 1. (*MA*) bearing (*IEC 50-441-12-01*); 2. store; 3. repository
Lageregelung *f* (closed-loop) position control
Lagerung *f* 1. bearing; support; suspension (*z. B. in Messwerken*); mounting; 2. storage
Lamelle *f* 1. lamella; blade (*z. B. einer Irisblende*); 2. (*MA*) commutator bar (*des Stromwenders*)
Lampenfassung *f* lamp holder [socket, cap]; bulb holder
LAN *n* (*Dat*) local area network
Lang-, Mittel- und Kurzwellen *fpl* (*Ku*) long, medium, short waves; LMS
Langlebensdauerlampe *f* long-life [duro-life] lamp
Längsglied *n* series element (*eines Netzwerks*)
Langstreckennetz *n* (*Nrt*) wide area network, WAN
Längstrennschalter *m* sectionalizing switch
Längstwellenfrequenz *f* very low frequency, VLF (*Myriameterwellen, 3 kHz–30 kHz, nach DIN 40015 und VO Funk*)
Langwellenfrequenz *f* low frequency, LF (*Kilometerwellen, λ = 1 km–10 km, 30 kHz – 300 kHz, nach DIN 40015 und VO Funk*)
Langzeitspeicher *m* long-term storage [memory]
LAN-LAN-Kopplung *f* local area network linking, LAN-LAN linking
LAN-Netzübergangseinheit *f* LAN gateway
LAP *n* (*Nrt*) link access procedure, LAP, link control procedure, LCP
Laserdiode *f* laser diode
Laserstrahl *m* laser beam • **durch Laserstrahl angeregt** [**ausgelöst**] laser-beam induced
Last *f* (electrical) load load • **Last zuschalten** connect the load • **unter Last** on-load
lastabhängig load-dependent
Lastabschaltung *f* load breaking
Lastabwurf *m* (emergency) load shedding, load rejection [decrease, dump], throwing-off, load disconnection
Laständerung *f* load change [variation]
Lastanpassung *f* load matching
Lastfaktor *m* load factor; output factor • **Lastfaktor am Ausgang** (*ME*) fan-out • **Lastfaktor am Eingang** (*ME*) fan-in
Lastschalter* *m* on-load switch, power circuit breaker; air-break switch, switch (*IEC 50-441-14-10*)
Lastschwankung *f* load fluctuation
Lastseite *f* (*LE*) output end
Lastspitze *f* load peak, peak load
Laststeuerung *f* system demand control
Laststufenschalter *m* on-load tap changer

Lasttransistor *m* load transistor
Lasttrennschalter *m* switch disconnector (*IEC 50-441-14-12*); load-break switch, load-interrupter switch
Lasttrennschalter *m* **mit Sicherungen** switch-disconnector-fuse (*IEC 50-441-14-16*)
Lastumschaltung *f* load transfer
lastunabhängig load-independent
Lastwiderstand *m* load impedance
Latchflipflop *n* latch [D-type] flip-flop
Lauf *m* run(ning) (*einer Maschine*); travel
Laufeigenschaften *fpl* (*Et*) riding quality (*IEC 50-811-08-01*)
laufen *v* run (*z. B. Maschine*); travel; operate
Läufer *m* (*MA*) rotor (*IEC 50-811-14-08*); armature (*Gleichstrommaschine*)
Läuferanlasser *m* rotor (resistance) starter
Läuferblech *n* rotor-core lamination
Läuferblechpaket *n* rotor lamination, rotor core
Läuferkreis *m* rotor circuit
Läuferwicklung *f* (*MA*) rotor winding (*IEC 50-411-07-10*)
Läuferwiderstand *m* rotor resistance; armature resistance (*Gleichstrommaschine*)
Laufrichtung *f* direction of motion
Laufrichtungsumkehr *f*/**automatische** auto reverse
Laufzeit *f* 1. (*Rt*) delay (time), lag (time), dead time; 2. running time [period]; object time (*z. B. eines Programms*); 3. transit [travel] time (*z. B. Impuls*)
Laufzeitdiode *f* velocity-modulated diode, trapped plasma avalanche triggered transit diode, trapatt diode
Laufzeitfehler *m* relative time delay; phase delay error (*in rotierenden Systemen*)
Laufzeitglied *n* (*Rt*) lag element
Laufzeitüberwachung *f* 1. execution time check; 2. watchdog timer
Lautsprecher *m* loudspeaker, reproducer, speaker
Lautsprecherkabel *n* loudspeaker drive cable
Lautstärke *f* loudness level, (sound) volume, volume [intensity] of sound (*in Phon*)
Lautstärkeregler *m* volume control [regulator], attenuator
Lawinendurchbruch *m* avalanche breakdown
Layout *n* (*ME*) layout (*z. B. Anordnung von Schaltelementen*)
LCD liquid crystal display
LC-Generator *m* LC oscillator
Lebensdauer *f* lifetime, life (period), duration of lifetime, life-cycle; operating [working, service] life (*z. B. von Anlagen*); lamp life (*Glühlampe*)
Lecher-Leitung *f* Lecher wires [line], parallel-wire line, two-wire resonant line
Leckstrom *m* leakage current
LED *f* LED, light-emitting diode, injection luminescence diode (*IEC 50-731-06-04*)
Leerlauf *m* 1. no-load running [operation], no-load (*IEC 50-441-21-02*); running without load; open-circuit (operation); 2. (*MA*) idle running, idling
Leerlaufdrehmoment *n* drag torque
Leerlaufdrehzahl *f* (*MA*) no-load speed, idling speed (*IEC 50-811-17-14*)
Leerlaufkennlinie *f* no-load characteristic; open-circuit characteristic (*IEC 50-441-17-03*)
Leerlaufleistung *f* no-load power
Leerlaufspannung *f* no-load voltage; open-circuit voltage
Leerlaufspannungsrückwirkung *f* open-circuit output admittance, open-circuit reverse voltage transfer ratio
Leerlaufspannungsverstärkung *f* open-loop voltage gain
Leerlaufverluste *mpl* idle-run losses, no-load run losses; constant losses
Leerlaufversuch *m* (*MA*) open circuit test (*Generator*; *IEC 50-411-23-22*); no-load test (*Motor*; *IEC 50-411-23-21*)
legen *v*/**an Masse** connect to frame, connect to earth [ground]
legen *v*/**eine Leitung** install [erect] a line
Leistung *f* 1. power, P; wattage (*in Watt*); 2. performance; efficiency; output; intensity (*Licht*; *IEC 50-731-01-27*) • **mit voller Leistung** on full power • **Leistung im Dauerbetrieb** continuos rating
Leistung *f*/**installierte** installed power [capacity]
Leistungsanpassung *f* matching for power transfer
Leistungsaufnahme *f* power consumption; (power) input; power requirement, wattage; input (*IEC 50-411-21-06*)

Leistungsbereich *m* 1. power range; 2. (*An*) range of capacity
Leistungselektronik *f* (*LE*) power electronics (*IEC 50-811-28-02*)
Leistungsfaktor *m* 1. power factor, cos φ; 2. factor of merit (*z. B. eines Strahlungsempfängers*)
Leistungshalbleiter *m* power semiconductor
leistungslos wattless
Leistungsmesser *m* (*Mess*) (active) power meter; wattmeter; dynamometer
Leistungs-MOSFET *m* power metal-oxide semiconductor field-effect transistor, power MOSFET
Leistungsregler *m* power controller [regulator], load regulator
Leistungsschalter *m* 1. (*Hsp*) power circuit breaker (*IEC 50-811-29-01*); (heavy-current) circuit breaker, short-circuit breaker; 2. (*LE*) power interrupter, power switch
Leistungsschild *n* rating plate
Leistungstransistor *m* power transistor
Leistungstrennschalter *m* (*LE*) power interrupter, circuit interrupter, isolating [disconnecting] switch
Leistungsumsatz *m* power conversion
Leistungsverbrauch *m* 1. power consumption; 2. (*ME*) power drain
Leistungsverminderung *f* 1. power reduction, reduction of power; 2. degradation of [in] performance, power degradation
Leistungsverstärker *m* power amplifier [booster]; power element (*im Regelkreis*)
leiten *v* 1. conduct (*Strom, Wärme*); 2. (*Nrt*) route
leitend conductive, conducting • **leitend machen** render conducting • **leitend werden** go into conduction
Leiter *m* conductor; core (*Kabel*)
Leiterabstand *m* conductor spacing (*gedruckte Schaltung*)
Leiterbahn *f* 1. (conducting) track, conductive track, conductor line [path]; 2. (*Mh*) interconnection trace
Leiterbahnabstand *m* (*Mh*) line separation
Leiterbahnseite *f* conductor side, circuit trace side
Leiterbruch *m* conductor [wire, circuit] break
Leiter-Erde-Spannung *f* phase-to-earth voltage, phase-to-ground voltage
Leiterisolation *f* conductor [wire, strand] insulation (*IEC 50-411-09-01*); core insulation (*bei Kabeln*)
Leiter-Leiter-Abstand *m* phase-to-phase clearance
Leiterplatte *f* (printed) circuit board, pc board, pcb, printed (wiring) board, pwb, (printed wiring) circuit card • **auf der Leiterplatte** on-board
Leiterplattenbestückung *f* pcb insertion; pcb assembling
Leiterplattenentwurf *m* pcb layout
Leiterquerschnitt *m* conductor cross section
Leiterschleife *f* conductor loop
Leiterseele *f* core of conductor
Leiterspannung *f* line voltage; circuit voltage (*zwischen Phasen*)
Leiterzug *m* (conducting) track, conductor run, (printed circuit board) trace, wiring path [track] (*einer Leiterplatte*)
leitfähig conductive, conducting
Leitung *f* 1. (electric) line; (conducting) wire, cable; (flexible) lead; cord; main (*Hauptleitung*); 2. conduit (*Kabelleitung*); piping (*Rohrleitung*); transmission line; circuit line; 3. conduction • **in der Leitung** on the line • **in der Leitung bleiben** (*Nrt*) hold the line • **in die Leitung gehen** (*Nrt*) enter the line
Leitungsabgleich *m* line compensation
Leitungsabschluss *m* (*Nrt*) line termination, LT (*der ISDN-DIVO mit* U_{ko}*-Schnittstelle zur ISDN-Teilnehmeranlage*)
Leitungsanschluss *m* line terminal, output terminal, load terminal; input [supply] terminal
Leitungsband *n* conduction [conductivity, conductance] band (*Energiebändermodell*)
Leitungsdämpfung *f* 1. line attenuation (*Antennenleitung*); standard cable equivalent (*in Standard Cable Miles*); 2. line loss; transmission loss
Leitungseingang *m* line input, line-in
Leitungselektron *n* conduction electron
Leitungsführung *f* 1. (electric) wiring, arrangement of conductors; 2. (*Nrt*) (cable) route; routing (*beim Schaltungsentwurf*)
leitungsgebunden line-conducted
Leitungsschutzschalter *m* circuit breaker; automatic cut-out; miniature circuit breaker

Leitungstreiber *m* line [output] driver; line [output] transmitter

Leitungsverlegung *f* (line) installation, wiring • **Leitungsverlegung auf Putz** surface wiring • **Leitungsverlegung unter Putz** buried [concealed] wiring

Leitungsverlust *m* 1. line [transmission] loss; mains leakage; 2. conduction loss

Leitungsverstärker *m* 1. line amplifier; 2. (*Nrt*) line repeater

Leitungswiderstand *m* line [conductor] resistance

Leitwert *m*/**elektrischer** (electric) conductance (*SI-Einheit: Siemens*)

Leitwert *m*/**magnetischer** magnetic conductance (*SI-Einheit: Henry*); permeance (*IEC 50-131-01-47*)

Leseleitung *f* read [sense] wire

Lese-Schreib-Kopf *m* read-write head

Lese-Schreib-Speicher *m* read-write memory

Leseverstärker *m* read(-out) amplifier, sense amplifier

Leuchtanzeige *f* illuminated display

Leuchtbaustein *m* luminous tile

Leuchtdiode *f* light-emitting diode, LED, injection luminescence diode

Leuchtdiodenanzeige *f* LED display

Leuchtdrucktaste *f* illuminated push button, illuminated key

Leuchte *f* lighting fitting, (lighting) luminaire

leuchten *v* emit [give off] light; glow; luminesce

Leuchtstofflampe *f* (tubular) fluorescent lamp

Leuchtstofflampenvorschaltgerät *n* fluorescent lamp ballast

Leuchttaster *m* illuminated control push button, indicator push-button unit

LF *f* low frequency (*Kilometerwellen, λ = 1 km – 10 km, 30 kHz – 300 kHz, nach DIN 40015 und VO Funk*)

Lichtanlage *f* electric light plant, electric lighting installation

Lichtausbeute *f* light [luminous] efficiency, light yield

Lichtbogen *m* (electric) arc

Lichtbogenentladung *f* arc discharge

Lichtbogenerdschluss *m* arc over earth-foult, arcing ground foult

Lichtbogenlöschkammer *f* arcing [arc quench] chamber (*Löschrohrableiter*); blow-out chute, arc chute (*Schalter*)

Lichtbogenlöten *n* arc brazing [hard soldering]

Lichtbogenschweißapparat *m* arc welding apparatus [set]

Lichtempfänger *m* optical receiver, light detector

Lichtempfindlichkeit *f* photosensitivity, sensitivity to light, luminous sensitivity; photoresponse

Lichtenergie *f* light energy; optical power

Lichtgeschwindigkeit *f* (*Fs*) velocity of light ($c = 1/\sqrt{\mu\varepsilon}$; $c_0 = 1/\sqrt{\mu_0\varepsilon_0} = 3 \times 10^8$ m/s)

Lichtimpulsgeber *m* light (im)pulse generator

Lichtleistung *f* light output [power]; optical power (*eines Lasers*)

Lichtleiter *m* light guide [pipe, line], optical guide; optical [glass] fibre

Lichtleiterstecker *m* optical connector

Lichtleitertechnik *f* optical guided-wave technology

Lichtleiterverbindung *f* fibre-optic transmission link

Lichtmodulation *f* light modulation, modulation of light

Lichtquelle *f* light [luminous] source

Lichtschranke *f* 1. light barrier; on-off-photocell control device; 2. photosensitive relay

Lichtsender *m* optical transmitter

Lichtspektrum *n* light [luminous] spectrum

Lichtstrahl *m* light ray [beam], ray of light (*IEC 50-731-03-01*)

Lichtstrom *m* luminous flux; light flux

Lichtwellenleiter *m* (optical) waveguide (*IEC 50-731-01-45*); (optical) fibre (*IEC 50-731-02-01*)

LIFO(-Prinzip) *n* (*Dat*) last-in-first-out (*Speicherprinzip, bei dem die zuletzt eingegebenen Informationen als erste wieder ausgelesen werden*)

LIFO-Speicher *m* LIFO [last-in-first-out] stack, push-down store [stack]

LIN local interconnect network

linear linear; flat (*Frequenzgang*) • **linear bewertet** flat(-weighted)

Linearantrieb *m* linear drive

Linearisierung *f* linearization (*z. B. von Kennlinien*)

Linearitätsbereich *m* linear range, zone of linearity (*z. B. einer Kennlinie*)

Linearitätsfehler *m* linearity error

Linearmotor *m* linear motor, LIM

Linke-Hand-Regel *f* left-hand rule, Fleming's rule
linksläufig left-hand(ed) (*Gewinde*)
Linksverschiebung *f* left shift(ing) (*Schieberegister*)
Linkswicklung *f* left-handed winding
Lithium-Ionen-Akku *m* (*Km*) lithium ion accumulator, Li-Ion accumulator (*gedächtnisloser Akku für tragbare Geräte, Handys*)
Litze *f* stranded wire [conductor], strand; litz (wire), litzendraht (*Hochfrequenzlitze*)
Lochanker *m* armature with closed slots
Löcherleitung *f* (*ME*) hole [p-type] conduction
Lochmaske *f* 1. (*Fs*) shadow [aperture] mask; 2. (*ME*) via mask
Logarithmierverstärker *m* logarithmic amplifier
Logik *f* **programmierbarer Datenfelder** [**Felder**] programmable array logic, PAL
Logikanalysator *m* logic analyzer
Logikentwurf *m* logic design
Logikfamilie *f* logic family
Logikgatter *n* logic gate
Logikschaltung *f* logic(al) circuit, logic array
Logiksimulator *m* logic simulator (*Gerät oder Programm*)
LON local operating network
Lorentz-Kraft *f* Lorentz force
Löscheingang *m* clear input, reset(ting) input
löschen *v* 1. erase, delete, clear (*z. B. Magnetband*); reset (*z. B. Speicher*); 2. quench (*Lichtbogen*); extinguish (*Feuer*)
Löschkondensator *m* 1. quench capacitor; 2. (*LE*) commutating capacitor (*IEC 50-811-27-19*)
Löschkreis *m* 1. quenching circuit; 2. (*LE*) commutating circuit
Lot *n* solder
Lötanschluss *m* soldered connection; solder(-type) terminal, soldering terminal
Lötauge *n* soldering eye [tag, pad, land], eyelet
Lötbad *n* solder bath
Lotbrückenbildung *f* solder bridging
Lötdraht *m* solder wire, wire solder
löten *v* solder
Lötfahne *f* solder(ing) lug, solder(ing) tag
Lötfett *n* soldering paste
Lötflussmittel *n* (soldering) flux
Lötkolben *m* (soldering) iron
Lötöse *f* soldering lug [tag, eye], pad
Lötseite *f* (flow) solder side, opposite [solder dip] side (*einer Leiterplatte*)
Lötstelle *f* soldering point; (soldered) joint, junction
Lötstelle *f*/**kalte** dry junction, dry [cold, faulty soldered] joint
Lötverbindung *f* soldering [soldered] joint, solder(ed) connection
Lötzinn *n* soldering tin, tin-base solder
L-Pegel *m* 1. (*ME*) low (level), low state (*unterer Signalpegel bei Binärsignalen*); 2. (*Dat*) low level (*logischer Pegel*)
LSB (*Dat*) least significant bit
LSI (*ME*) large-scale integration
Lückbetrieb *m* intermittent flow (*IEC 50-551-05-63*)
Lücke *f* gap, interstice; (lattice) vacancy (*Kristall*)
Lüfterantrieb *m* blower drive
luftgekühlt air-cooled; fan-cooled
Luftisolation *f* air insulation
Luftspalt *m* air gap (*IEC 50-811-14-12*); magnet gap (*Magnet*); head gap (*Tonkopf*)
Luftspaltbreite *f* (air-)gap clearance
Luftspaltinduktion *f* air-gap flux density
Luftspaltstreuung *f* (*MA*) circumferential gap leakage
Luftspule *f* air coil, core-less coil, air-core coil
Luftstrecke *f* **zwischen spannungsführenden Teilen** clearance between poles (*IEC 50-441-17-32*)
Lumineszenzdiode *f* light-emitting diode, LED, luminescence [luminescent] diode

M

Magnet *m* magnet
Magnetanker *m* (magnet) armature
Magnetfeld *n* magnetic field
Magnetfeld *n* **der Erde** terrestrial [earth's] magnetic field
Magnetfluss *m* magnetic flux
Magnetisierungsarbeit *f* magnetization power
Magnetisierungskurve *f* magnetization curve [characteristic], B-H curve, saturation curve

Magnetisierungsschleife *f* hysteresis loop [cycle], curve of cyclic magnetization, cycle of magnetization
Magnetisierungsstrom *m* magnetizing [exciting] current
Magnetismus *m* 1. magnetism; 2. magnetics (*als Lehre*)
Magnetismus *m*/**permanenter** permanent magnetism
Magnetismus *m*/**remanenter** remanent [residual] magnetism
Magnetjoch *n* magnet yoke [frame]
Magnetkern *m* magnetic core, core
Magnetkissen *n* magnetic cushion
Magnetkreis *m* magnetic circuit (*IEC 50-811-26-28*); magnetic flux guide
Magnetkupplung *f* 1. magnetic clutch (*bei Wellen*); 2. (*Et*) magnetic coupling, magnetic transmission (*IEC 50-811-17-21*)
Magnetlager *n* magnetic (suspension) bearing
Magnetnadel *f* magnetic needle
Magnetpol *m* magnetic pole
Magnetschwebetechnik *f* (*Et*) magnetic levitation
Magnetwerkstoff *m* magnetic material
Majoritätsträger *m* (*ME*) majority (charge) carrier
Mantel *m* cover, coat; sheath(ing) (*Kabel*); jacket, shell; (*LWL*) cladding (*IEC 50-731-02-05*)
Manteldurchmesser *m* (*LWL*) cladding diameter (*IEC 50-731-02-29*)
Mantelkern *m* shell-type core
Mantelleitung *f* light plastic-sheathed cable, non-metallic-sheathed cable
MAP manufacturing automation protocol, MAP (*Fabrikbus, Standardisierungsmodell für Schnittstellen in der Fertigung*)
Masche *f* 1. mesh (*in Netzwerken*); delta network (*aus drei Zweigen bestehend*); 2. (*Rt*) loop
Maschengleichung *f* mesh equation
Maschensatz *m* Kirchhoff('s) voltage law, second Kirchhoff's law
Maschenstrom *m* mesh current
Maschenstrommethode *f* mesh (current) method, loop method (*zur Netzwerkberechnung*)
Maschine *f* machine; engine; motor • **Maschine mit Fremderregung** (*MA*) separately excited machine (*IEC 50-411-06-01*)
Maschine *f*/**bürstenlose** (*MA*) brushless machine (*IEC 50-411-06-17*)
Maschine *f*/**eigenerregte** machine with direct-coupled exciter
Maschinensatz *m* 1. set (of machines); 2. (*MA*) composite machine; cascade set
maschinenseitig machine-end
Maschinenumformer *m* motor-generator set
Maser *m* maser, microwave amplification by stimulated emission of radiation
Masse *f* 1. earth, (*AE*) ground (*Erdanschluss*); 2. mass; 3. compound
Masse *f*/**virtuelle** virtual earth
Masseanschluss *m* earth port; earthing; mass [frame] connection
massefrei off-earth, floating
Massekabel *n* compound-impregnated cable, solid-type cable, earthing cable
Massekern *m* powdered-iron core, (iron-) dust core
Masseverbindung *f* earth connection (*Erdanschluss*); bonder
Mast *m* tower, pylon (*für Hochspannungsleitungen*); mast (*Antenne*); pole (*IEC 50-811-33-20*); post
Master *m* master (*z. B. steuerndes Gerät, Aufzeichnungsoriginal*)
Matrixspeicher *m* matrix memory [store], array store
Mattglaslampe *f* frosted lamp
Maximalwert *m* maximum (value), peak value
Maximum *n* maximum; peak • **mit zwei Maxima** double-humped
MAYDAY (*Nrt*) MAYDAY (*internationales Notrufzeichen*)
Mechatronik *f* mechatronics (*Kunstwort aus Mechanik, Elektronik und Informatik*)
mehradrig multicore, multiwire
Mehrbandcodierung *f* (*Km*) multiband coding, MBC (*Aufteilung des Sprachbandes in mehrere Teilbänder*)
Mehrbereichsinstrument *n* multirange instrument [meter]
Mehrfachstecker *m* multiple (outlet) plug, multipoint [multicontact] plug (*Kontaktleiste*); multipoint [multiway] connector; socket-outlet adapter
Mehrfachübertragung *f* 1. (*Nrt*) multiplex [multiple] transmission; 2. multipath transmission
Mehrfachverteiler *m* (*Nrt*) multiplex distributor mechanism

Mehrfrequenzwahlverfahren *n* (*Nrt*) dual tone dialling, multifrequency dialling, DTMF dialling
mehrgängig multi-turn (*eine Wicklung*)
Mehrgeräteanschluss *m* (*Nrt*) multipoint interface (*ISDN-Basisanschluss*: *3 Rufnummern und 2 Leitungen*)
Mehrkanalbetrieb *m* (*Nrt*) multiplexing, multiplex operation
Mehrlagenleiterplatte *f* (ultra-thin) multilayer-board (*bestehend aus dünnen Schichten*)
Mehrlagenwicklung *f* multilayer winding
Mehrphasennetz *n* polyphase power system
Mehrphasensystem *n*/**symmetrisches** balanced polyphase system (*IEC 50-131A*)
Mehrphasentransformator *m* polyphase transformer
mehrpolig multipolar, multipole; multiterminal
Mehrpunktregler *m* (*Rt*) multipoint [multiposition, multistep] controller
mehrstufig multistage, multi-stage
Mehrwegeempfang *m* multipath reception
Mehrwegeschalter *m* multiple-unit switch
Mehrwegeübertragung *f* (*Nrt*) multipath transmission
Meißner-Schaltung *f* Meissner circuit, feedback oscillator circuit
Meldeeinrichtung *f* (*Et*) annunciator (*IEC 50-811-31-02*)
Meldekontakt *m* alarm contact
Meldelampe *f* lamp repeater
Meldeleuchte *f* signal lamp; indicating lamp
Merker *m* flag, marker
MESFET *m* metal-semiconductor field-effect transistor, MESFET
Messanordnung *f* measuring arrangement [set-up], test [experimental] set-up
Messanschluss *m* measuring connector, measuring terminal, test connector
Messbereich *m* measuring range, range of measurement
Messbereichsendwert *m* full-scale reading, rating (*auf der Skale*)
Messbereichserweiterung *f* range extension
Messbereichs(um)schalter *m* meter (scale) switch, range switch
messen *v* measure, meter; gauge; sense
Messergebnis *n* result of measurement, measuring [test] result, test reading
Messfehler *m* measuring [metering] error, error of [in] measurement
Messfühler *m* (measuring) sensor, measuring [sensing, detecting, primary] element (*IEC 50-811-24-06*); detector; (measuring) probe, sensing head; pick-off, pick-up (*im Sinne von Geber*)
Messgenauigkeit *f* (*Mess*) accuracy of [in] measurement, measurement accuracy [precision], (measuring) accuracy
Messgröße *f* quantity to be measured; quantity being measured, quantity under measurement; measurable variable; measured quantity [value]
Messinstrument *n* measuring instrument, meter
Messschaltung *f* measuring [metering] circuit; gauging circuit
Messsonde *f* measuring [sensing] probe; test probe
Messspitze *f* (measuring) tip; probe tip
Messung *f* measurement, metering
Messunsicherheit *f* uncertainty of measurement, measurement uncertainty
Messverfahren *n* measuring [metering] method, measurement method [technique]; test(ing) technique
Messverstärker *m* measuring amplifier; meter amplifier; test amplifier
Messwandler *m* measuring [measurement] transformer, (measuring) transducer, instrument [control] transformer, instrument converter
Messwert *m* measuring [measured] value; measurable value
Messwerterfassung *f* data acquisition
Messwertgeber *m* (data) transmitter; primary (measuring) element, detecting element, measuring converter; sensing device; pick-up
Messwiderstand *m* measuring [precision] resistor; instrument shunt
Metall-Aluminiumoxid-Halbleiter-FET *m* (*Mb*) MESFET, metal semiconductor FET
Metallbindung *f* metallic bond
Metall-Halbleiter-Feldeffekttransistor *m* metal-semiconductor field-effect transistor, MESFET
Metall-Halbleiter-Sperrschicht *f* metal-semiconductor barrier

Metall-Isolator-Halbleiter-Feldeffekt-transistor *m* metal-insulator-semiconductor field-effect transistor, MISFET
Metalloxidhalbleiter-Feldeffekt-transistor *m* metal-oxide-semiconductor field-effect transistor, MOSFET
Metallpapierkondensator *m* metallized-paper capacitor, MP capacitor
Metallschichtwiderstand *m* metal film resistor
Metall-Silicium-Feldeffekttransistor *m* metal silicon field-effect transistor, MESFET
MF *f* medium frequency, MF (*Hektometerwellen, 300 kHz–3 MHz, nach DIN 40015 und VO Funk*)
MFDT mean failure detection time
MFM modified frequency modulation
MHD-Generator *m* magnetohydrodynamic [MHD] generator
Mikroelektronik *f* microelectronics
Mikrofon *n* microphone, (*sl*) mike, (electroacoustic) transmitter
Mikroprozessor *m* (*Dat*) microprocessor, MP, microprocessing unit
Mikroschalter *m* microswitch
Mikroschrittmotor *m* microstep motor
Mikrotaster *m* micro key, micro-key button
Mikrowelle *f* microwave
Mindestbetriebswerte *mpl* minimum ratings
Minoritäts(ladungs)träger *m* (*ME*) minority (charge) carrier
Mitkopplung *f* positive [regenerative] feedback, feedforward
Mitlaufeffekt *m* pulling effect, locking effect (*Frequenz*)
Mittel *n*/**arithmetisches** arithmetic average
Mittelabgriff *m* centre [central, midpoint] tap
Mittelanzapfung *f* center [central, midpoint] tap • **mit Mittelanzapfung** center-tapped, central-tapped, midpoint-tapped
Mittelleiter *m* neutral wire [conductor], middle wire (*Nullleiter*); centre [inner] conductor (*Kabel*); centre bar (*Sammelschiene*)
Mittelpunkt *m* 1. midpoint (*in E-Anlagen*); 2. centre (point); 3. neutral point
Mittelpunktanschluss *m* midpoint connection; neutral terminal
Mittelpunktleiter *m* midpoint conductor
Mittelpunktschaltung *f* centre tap connection
Mittelspannung *f* 1. medium voltage; medium-high voltage, distribution voltage; 2. intermediate voltage (*beim Spannungsleiter*); 3. centre volt (*bei einer Schaltungsgruppe*)
Mittelspannungsnetz *n* (*EE*) medium-high-voltage system; intermediate-high-voltage system
Mittelwellenbereich *m* medium-frequency range (*300 bis 3000 kHz*)
Mittelwert *m* mean value, average (value)
Mittenfrequenz *f* centre [mean, mid-band] frequency, mid-frequency
MKL-Kondensator *m* metallized-plastic capacitor (*mit metallisierter Kunststofffolie*)
MLCB multilayer circuit board
MMS43-Code *m* (*Nrt*) modified monitored sum 4/3 code, MMS43-code (*gleichstromfreier 4B/3T-Code für ISDN-Teilnehmerleitung*)
MNOS metal-nitride-oxide semiconductor
MNOS-Feldeffekttransistor *m* (*MNOSFET*) metal-nitride-oxide silicon field-effect transistor, MNOSFET
Mobilfunk *m* mobile radio
Mobilfunknetz *n* (*Km*) mobile radio network
Mobilfunknetz *n* **nach GSM-Standard** (*Km*) mobile radio networks by GSM-standard, GSM nets (*D-Netz und E-Netz*)
Mobilfunksystem *n*/**weltweites** global system for mobile communication, GSM
Mobilfunkvermittlungsstelle *f* (*Km*) mobile services switching center, MSC (*MSC des GSM*; *enthält VLR, HLR, AC und EIR*)
Mobiltelefon *n* mobile (phone), cellular phone
Mode *f* mode; fibre mode (*in einem Lichtwellenleiter*; *IEC 50-731-03-04*)
Modell *n* 1. model; 2. prototype
Modell *n* **des menschlichen Körpers** human body model (*z. B. zur Untersuchung des Einflusses elektrischer Größen auf den Menschen*)
Modem *n* (*Nrt*) modulator/demodulator for data transmission, modem (*standardisiert durch ITU-T-Empfehlungen der V.-Serie*)
Modulation *f* 1. modulation; 2. (*Ak*) inflection

Modulationsgrad *m* modulation factor [index], degree of modulation
Modulationsverhältnis *n* (*Rt*) modulation ratio
Modulator/Demodulator *m* **zur Datenübertragung** (*Nrt*) modulator/demodulator for data transmission, modem (*standardisiert durch ITU-T-Empfehlungen der V. Serie*)
Moment *n* 1. moment, momentum; 2. torque (*Drehmoment*)
Momentanwert *m* instantaneous value
Momentschalter *m* quick-action switch, quick-break switch, quick make-and-break switch
Monoflop *n* one-shot multivibrator, monoflop
MOS-Anreicherungstransistor *m* enhancement-mode MOS transistor
Motor *m* (*MA*) motor (*IEC 50-411-03-01*); engine
Motoranlassschalter *m* motor-starting switch
Motoranschlusskasten *m* motor connection box
Motornennleistung *f* motor (output) rating
Motorschutzschalter *m* motor protection [protecting] switch; motor circuit breaker
Motorstarter *m* (*MA*) motor starter (*IEC 50-441-14-38*)
Motorsteuerung *f* motor-speed control
MP3-Codierer *m* (*Ku*) MP3-encoder (*komprimiert Wave-Dateien 1 : 10 bis 1 : 12 in MP3-Dateien*)
MP3-Decoder *m* (*Ku*) MP3-decoder (*expandiert MP3-Dateien in Wave-Dateien*)
MPEG-Audio-Layer 3 *f* (*Fs*) MPEG-audio-layer 3, MP3 (*Kompressions-Code für digitale Musikaufzeichnungen auf 1/10; für Musik aus dem Internet*)
Multifunktionsbaustein *m* **/programmierbarer** programmable multifunction universal asynchronous receiver transmitter, MUART
Multiplexanschluss *m* primary rate access
Multiplexbetrieb *m* (*Nrt*) multiplexing
Multiplexer *m* (*Nrt*) multiplexer, MUX, multiplex equipment (*Einrichtung zur Kanalbündelung*)

N

nacheilen *v* lag (behind)
nachladen *v* recharge
Nachlaufregelung *f* (*Rt*) follow-up control (system)
Nachleuchtdauer *f* persistence (time); afterglow duration
Nachrichtentechnik *f* telecommunications, communication(s) engineering
Nachrichtenübermittlung *f* information transfer [transmission]
Nachrichtenübertragungsnetz *n* communication network
Nachrichtenverkehr *m* communication (traffic), telecommunication traffic
nachschalten *v* connect in outgoing circuit, connect on load side
nachtriggern *v* retrigger
Nachtspeicherheizgerät *n* night storage heater
Nachttarif *m* night rate, off-peak tariff
Nadelimpuls *m* 1. needle (im)pulse, Dirac (im)pulse; 2. spike
Nahbereich *m* 1. short (close) range; near zone (*Antenne*); 2. (*Nrt*) direct service area; close-up area
Näherungsschalter *m* proximity switch (*IEC 50-441-14-51*)
Nahfeld *n* near field
Nassätztechnik *f* (*Mh*) wet etch technique
Nasselement *n* wet [hydroelectric] cell (*mit flüssigem Elektrolyten*)
Natriumhochdrucklampe *f* high-pressure sodium discharge lamp
n-Bereich *m* n-type region, n-region (*Halbleiter*)
Nebenkanal *m* side chain
Nebenschluss *m* shunt, bypass, parallel connection • **in Nebenschluss** bridge-connected • **in Nebenschluss schalten** shunt
Nebensprechabstand *m* signal-to-crosstalk ratio
Neigung *f* 1. tilt, slope; inclination; 2. trend
Nenn... nominal
Nennanschlussspannung *f* rated [nominal] supply voltage
Nennbedingungen *fpl* ratings
Nennbetrieb *m* (*MA*) rating (*IEC 50-411-21-22*)
Nennwert *m* rated [nominal] value (*IEC 50-811-11-01*); rating

Neper *n* (*Nrt*) neper, Np (*Dämpfungsmaß in der Nachrichtentechnik*; *ln U/U$_0$ nach DIN 5493*)
Nettoleistung *f* net output (*Kraftwerk*)
Netz *n* (*EE*) (electric) network; mains; power supply system (*Starkstrom*)
netzabhängig mains-dependent
Netzabschaltung *f* mains disconnection, diconnection from line
Netzabzweigung *f* line tap
Netzadapter *m* mains [AC] adapter
Netzanschluss *m* power supply, mains connection • **mit Netzanschluss** mains-operated, mains-powered
Netzanschlussleitung *f* mains lead
Netzarchitektur *f* network architecture
Netzausfall *m* power fail, mains failure; power-line failure, (mains) blackout, (mains) outage (*Energienetz*)
Netzauswahl *f*/**automatische** (*Km*) automatic network selection (*bei Mobilfunk*; *Netzbetreiber- und Frequenzband-Auswahl*)
netzbetrieben mains-operated, mains-powered, mains-energized; line-operated
Netzbrummen *n* (mains) hum, 50 [60] Hz cycle hum, power-line hum [noise], a.c. hum, system hum; mains ripple
Netzdaten *npl* line data, line parameters
Netzdrossel *f* 1. line inductor; 2. (*LE*) line reactor
Netzeinspeisung *f* 1. power supply; 2. network feeder
Netzerdungspunkt *m* (*EE*) power system earthable point
Netzfilter *n* line filter
Netzfrequenz *f* mains frequency, power (-line) frequency
netzgeführt (*LE*) line-commutated, phase-commutated
Netzgerät *n* mains unit [pack], power (supply) unit, power pack
Netzgleichrichter *m* power [mains] rectifier
Netzkopplung *f* system interconnection [tie]
Netzkurzschluss *m* system short circuit
Netzleistung *f* net output
Netzleiter *m* line conductor
Netzleittechnik *f* (*EE*) power system control
Netzleitung *f* power line, mains lead
Netzmodell *n* 1. (*Dat*) network (analogue) computer, circuit [network] analyzer (*zur Nachbildung von Netzen*); 2. simulated network, artificial-mains network
Netzplan *m* 1. (*Nrt*) exchange area layout, network map; 2. arrow diagram
Netzrückwirkung *f* feedback to supply network, system pertubation
Netzruf *m* (*Nrt*) net call
Netzschalter *m* mains [power] switch
Netzschnittstelle *f* (*Nrt*) network interface (*ISDN-Uko-*, *So-*, *R-Schnittstelle*)
Netzschnur *f* line [power, supply] cord
Netzschutz *m* mains protection, network limiter (*Strombegrenzer*, *Sicherung*)
Netzschwankung *f* mains fluctuation, line voltage variation
Netzspannung *f* mains [supply, line, net] voltage, a.c. side voltage
Netzstecker *m* mains [power] plug; wall plug; electric coupler plug
Netzstörung *f* 1. mains-borne interference; 2. (*EE*) system incident
Netzteil *n* power pack [supply unit]
Netztransformator *m* power [mains] transformer
Netztrennschalter *m* line disconnector
Netzüberlastung *f* network congestion
Netzumschalter *m* power switch, mains (supply) switch
netzunabhängig mains-independent
Netzverbindung *f* mains connection, network interconnection
Netzverbund *m* (system) interconnection
Netzwerkanalyse *f* network analysis
Netzwerktechnik *f* **für lokale Datennetze** (*Nrt*) Ethernet network technology for LAN (*Standard-Ethernet*: *10 Mbit/s*; *Bussystem mit CSMA/CD*)
Netzzusammenbruch *m* system split-up, (major) shut-down, system collapse, (mains) blackout, (mains) outage
Netzzweig *m* network branch
Neukurve *f* initial magnetization curve, virgin curve (*Magnetisierung*)
Neunerkomplement *n* nines complement
neutral/elektrisch (electrically) neutral; uncharged
Neutralleiter *m* neutral
Neutralpunktverlagerungsspannung* *f* neutral point displacement voltage
NF-Ausgang *m* (*Ku*) audio-frequency output
Nichtleiter *m* non-conductor, dielectric (material), (electrical) insulator

Nickel-Cadmium-Akkumulator *m* nickel-cadmium accumulator, cadmium-nickel storage battery
Nickel-Eisen-Akkumulator *m* nickel-iron accumulator, storage battery of iron-nickel type, Edison accumulator
Nickel-Metallhydrid-Akku *m* (*Km*) nickel metal hydride accumulator, NiMH accumulator (*gedächtnisarmer Akku für tragbare Geräte, Handys*)
Niederdrucklampe *f* low-pressure (discharge) lamp
Niederfrequenz *f* low frequency, LF, l.f., audio frequency, AF, a.f. (*30 bis 300 kHz*)
Niederfrequenzverstärker *m* low-frequency amplifier
Niederspannungsanlage *f* low-voltage installation; low-voltage (power) plant, low-voltage system
Niederspannungsnetz *n* low-voltage mains, low-voltage system, low-voltage power-installation network
Niederspannungsschaltgerät *n* low-voltage switchgear [switching device], low-voltage contacting switchgear
Niederspannungsschutz *m* low-voltage protection
Niederspannungstransformator *m* low-voltage transformer
Niederspannungsverteilung *f* low-voltage distribution
Nierencharakteristik *f* cardioid characteristic [diagram], apple-shaped diagram
Niveau *n* level
n-Kanal-Feldeffekttransistor *m* n-channel field effect transistor
n-leitend (*ME*) n-conducting, n-type
NMOS n-doped metal-oxide semiconductor
Nockenendschalter *m* cam limit switch
Nominalwert *m* face value (*einer Messgröße*)
Nomogramm *n* nomogram, nomograph, nomographic [alignment] chart
Nordpol *m*/**magnetischer** north magnetic pole, magnetic north pole
Normal *n* (measuring) standard, standard of measurement; master
Normalausrüstung *f* regular equipment
Normalbedingungen *fpl* normal [standard] conditions (*Prüftechnik*)
Normalbelastung *f* standard load
Normbauteil *n* standardized component [part], standard component
Normbedingungen *fpl* normal conditions, standard conditions (*Prüftechnik*)
Normbezugswert *m* (*Qv*) standard reference value
Normblatt *n* standard sheet
Normformat *n* standard size
normieren *v* normalize
Normmotor *m* (*MA*) standard dimensioned motor, standard motor (*IEC 50-411-03-38*)
Normvorschrift *f* standard specification
Normwert *m* standard (value)
Notabschaltung *f* (*An*) emergency-off switching, emergency shutdown [cut-out]
Notausschalter *m* emergency (stop) switch, emergency(-off) switch
Notbatterie *f* emergency battery
Notbeleuchtung *f* emergency lighting (*IEC 50-811-23-03*)
Notbetrieb *m* emergency operation
Notebook *n* laptop, notebook (*kleiner, tragbarer PC; beim Notebook im Buchformat*)
Notendschalter *m* (*An*) emergency limit switch
Notruf *m* (*Nrt*) emergency [distress] call
Notstromaggregat *n* emergency power generating set, standby generator set
Notstrombatterie *f* floating battery
NOVRAM non-volatile random-access memory
npn-Transistor *m* n-p-n transistor
np-Übergang *m* (*ME*) n-p junction
NRZ-Signal *n* (*Nrt*) non-return-to-zero signal, NRZ signal
NTC-Widerstand *m* negative temperature coefficient resistor, thermistor (*Heißleiter*)
Null *f* 1. zero; null; 2. low (*unterer Signalpegel in der Digitaltechnik*) • **auf null bezogen** zero-based • **über null** above zero • **von null abweichend** non-zero
Nullabgleich *m* zero balance [balancing], null balance
Nulldurchgang *m* zero passage [crossing, transition], passing through zero, cross-over; bridge balance point
nullen *v* 1. zero, null; reset to zero; 2. neutralize, connect to earth [neutral]
Nullleiter *m* zero [neutral] conductor, neutral (wire); third wire (*Gleichstrom*)
Nullleiterstrom *m* neutral current
Nullmarke *f* zero mark
Nullphasenwinkel *m* zero phase angle
Nullpotenzial *n* zero [earth] potential

Nullpunkteinstellung *f* 1. zero adjustment [setting]; 2. zero position [adjusting] control (*Einrichtung*)
Nullsetzen *n* initializing, zeroing (*z. B. von Zählern*)
Nullspannungsauslöser *m* no-voltage trip, zero cut-out
Nullspannungsschalter *m* zero-voltage switch
Nullstelle *f* zero (value)
Nullstellung *f* zero [null] position
Nummernschalter *m* (*Nrt*) dial
Nur-Lese-Speicher *m* (*Dat*) read-only memory, ROM
Nut *f* 1. (*MA*) slot (*IEC 50-811-14-14*); 2. (*ME*) groove
Nutzbremsung *f* (*MA*) regenerative braking, recuperation (*IEC 50-811-06-25*)
Nutzenergie *f* usefull energy
Nutzsignal *n* effective signal, useful signal; foreground audio (*Tonsignal*)
Nyquist-Diagramm *f* Nyquist diagram [plot] (*Ortskurve, Stabilitätsanalyse*)

O

Oberflächenmontage-Bauelement *n* surface-mounted device [component], SMD; surface-mounting component
Oberlage *f* upper coil side (*einer Spule*)
Oberleitung *f* (*Et*) catenary, overhead line, overhead (contact) line (*IEC 50-811-33-02*); aerial contact line; trolley wire (*IEC 50-30-10-005*); overhead contact system
Oberschwingung *f* 1. harmonic (oscillation); 2. (*Ak*) (harmonic) overtone
Oberseite *f* top face [side]
Oberspannungsseite *f* high-voltage side
Oberwellenanteil *m* harmonic content; percent ripple, ripple content
Oberwellenfilter *n* harmonic filter [trap]
Oberwellenleistung *f* harmonic power
OEM original equipment manufacturer, OEM
offen 1. open; open-type (*Gerät*); non-protected; open-ended (*z. B. Leitung, System*); 2. uncoded (*Nachricht*)
öffnen *v* open; break (*z. B. Kontakte*)
Öffner *m* break contact (*VDE 0435*)
Offsetspannung *f* offset voltage
Ohm *n* ohm (*SI-Einheit des elektrischen Widerstands*)
Ohmmeter *n* (*Mess*) ohmmeter
ohmsch ohmic
Ohrhörer *m* (*Ku*) insert earphones, earphones
OLE *f* object linking and embedding (*vorwiegend Textverarbeitung*)
OLED organic light-emitting diode
Ölkabel *n* oil-filled (pipe) cable
Ölkondensator *m* oil-filled capacitor, oil dielectric capacitor
Ölleitung *f* oil line (*in hydraulischen Einrichtungen*)
Ölschalter *m* oil(-break) switch, oil circuit breaker (*IEC 50-811-29-02*); dead-tank oil circuit breaker (*mit Ölzusatzbehälter*); live-tank oil circuit breaker (*mit Schaltstrecke im Ölgefäß*)
Öltransformator *m* oil-immersed transformer, oil(-filled) transformer (*IEC 50-811-26-07*)
Operationsverstärker *m* operational amplifier, op-amp
Opferelektrode *f* sacrificial [expendable, galvanic] electrode
Optoelektronik *f* optoelectronics
Optokoppler *m* opto-coupler, optoelectronic (signal) coupler, optical coupler, opto-isolator
Ortskurve *f* locus (diagram); circle diagram
Ortsnetz *n* 1. (*Nrt*) local exchange [telephone] network, local network; local (telephone) area (*Bereich*); 2. (*EE*) urban network, local (distribution) system
ortsveränderlich mobile, non-stationary; portable
Öse *f* eyelet, lug, eye
OSI open systems interconnection
OSI-Ebenen *fpl* (*Nrt*) OSI layers (*nach dem OSI-Ebenen-Modell mit 7 Schichten*)
OSI-Sieben-Schichten-Modell *n* (*Nrt*) OSI-seven-layer model
Oszillator *m* oscillator
Oszillogramm *n* oscillogram
Oszillograph *m* oscillograph, cathode-ray oscillograph, CRO
Oszilloskop *n* oscilloscope, cathode-ray oscilloscope
Oxidschicht *f* oxide layer [film]; oxide coating (*Schutzschicht*)
Oxidsperrschicht *f* (*ME*) oxide barrier

P

paarig paired, in pairs; matched (*paarweise abgeglichen, z. B. Mikrofone*)
Packungsdichte *f* 1. packing density (*z. B. im Speicher*); 2. (*ME*) packaging density, component density (*in Schaltkreisen*)
Paketdatenübertragungssystem *n* **für GSM-Netze** (*Km*) general packet radio system, GPRS (*maximal 40 kbit/s, nur für das Internet*)
Paketschalter *m* cam disk switch, gang switch
PAL 1. phase-alternating lines; 2. programmable array logic
PAL-Farbfernsehsystem *n* (*Fs*) phase-alternating line, PAL, PAL system, PAL colour-TV system
Papierkondensator *m* (fixed-)paper capacitor
Parabolantenne *f* parabolic (reflector) aerial
Paralleldrahtleitung *f* parallel wire [conductor] line, Lecher [double] line; twin lead [feeder]
Parallelkompensation *f* shunt compensation
Parallelkreis *m* parallel [shunt] circuit
Parallelresonanz *f* parallel (phase) resonance, antiresonance
Parallelschaltung *f* parallel [shunt] connection, connection in parallel, shunting, parallel(l)ing; parallel grouping (*z. B. von Motorengruppen*) • **in Parallelschaltung** in parallel; in bridge
Parallelschnittstelle *f* parallel interface
Parallelschwingkreis *m* parallel resonant [resonance] circuit, antiresonant circuit, branched resonant circuit; tank circuit (*Anodenschwingkreis*)
Parallel-Serien-Wandler *m* parallel-(to-)serial converter, dynamicizer, serializer
Parallelumsetzer *m* flash converter
Parallelwiderstand *m* 1. parallel [shunt] resistance; 2. bleeder resistor
Parallelzweig *m* parallel branch
Passteil *n* adapter, mating [fitting] part
p-Bereich *m* p-type region, p-region (*Halbleiter*)
PCI-Bus *m* peripheral-components interface bus
PC-ISDN-Anwenderprogramm-Schnittstelle *f* (*Nrt*) common ISDN application program interface, CAPI (*bei PC mit ISDN-Steckkarte; de facto Industriestandard*)
PCL programmable logic control, PCL
PCM *f* pulse-code modulation, PCM
PCMCIA-Karte *f* PCMCIA-card
PCM-Codierer/Decodierer *m* (*Nrt*) PCM coder/decoder, PCM-CODEC (*Sprachcodierung/Decodierung nach ITU-T--Empfehlung G.711; 64 kbit/s*)
PCM-Signal *n* (*Nrt*) puls-code modulated signal, PCM signal
PCN personal communication network, PCN (*Standard für Mobilfunk*)
PD-Regler *m* (*Rt*) PD controller, proportional-derivative(-action) controller
PEARL PEARL, process and experiment automation real-time language, PEARL (*Prozessrechner-Programmiersprache, deutsche Norm*)
Pedalschalter *m* foot switch
Pegel *m* level
Pegelbereich *m* level range
Pegelschwankung *f* level variation; level fluctuation (*regellos*)
Pegelumsetzer *m* level converter
Peltier-Effekt *m* Peltier effect (*thermoelektrischer Effekt*)
PEN-Leiter *m* PEN-conductor (*Schutzleiter mit Neutralfunktion*)
Periodendauer *f* cycle duration; period interval (duration)
periodisch periodic; cyclic
Permanentmagnet *m* permanent magnet
Permeabilität *f.* permeability
Pfad *m* path
Phase *f* 1. phase (*Schwingung*); 2. phase conductor [wire] (*Leiter*); phase winding (*Wicklung*) • **aus der Phase bringen** outphase • **außer Phase** out-of-phase, dephased • **in Phase** in-phase; in step • **in Phase bringen** phase • **ungleiche Phase haben** differ in phase
Phasenamplituden-Modulation *f* phase-to-amplitude modulation
Phasenanschnittsteuerung *f* phase-angle control
Phasenanzeiger *m* phase indicator [meter], power-factor indicator
Phasenausfall *m* phase failure
Phasenausgleich *m* phase compensation [correction]

Phasendrehung *f* phase rotation [displacement], (angular) phase shift
Phasenerdschluss *m* one-phase earthing
Phasenfehler *m* phase error
Phasenfolge *f* phase sequence, sequential order of the phases
Phasengang *m* phase response, phase-frequency characteristic
phasengleich in-phase, in the same phase; in step • **phasengleich sein** be in phase
Phasenlage *f* phase position • **in gleicher Phasenlage** cophasal
Phasenmodulation *f* phase modulation, PM
phasenrichtig in-phase
Phasenschieberkondensator *m* phase-shifting capacitor, power-factor capacitor
Phasenschiebernetzwerk *n* phase shift network
Phasenspannung *f* phase voltage; line-to-neutral voltage, voltage to neutral, line-to-earth voltage (*Strangspannung*)
Phasensprung *m* phase jump, (sudden) phase shift
Phasenumwandlung *f* 1. phase transformation; 2. phase change [transition]
Phasenunterspannungsschutz *m* phase undervoltage protection
Phasenvergleicher *m* phase comparator
phasenverkehrt phase-inverted; misphased
phasenverriegelt phase-locked
Phasenverschiebung *f* phase shift [displacement, difference], difference [shift] in phase, angular displacement
Phasenverschiebungswinkel *m* (*EE*) power factor angle
phasenverschoben out-of-phase, outphased, dephased, displaced [shifted, offset] in phase • **phasenverschoben sein** be out of phase • **um $\pi/2$ phasenverschoben** in (phase) quadrature
Phasenvoreilung *f* phase advance [lead], leading of phase
Phasenwinkel *m* phase angle
Phonobuchse *f* phono jack
Photodetektor *m* (*Mo*) light detector; photodetector, photoconductive detector; photosensor; photoelectric transducer
Photodiode *f* photodiode
Photoeffekt *m* photoelectric effect, photoeffect
Photoeffekt *m*/**äußerer** external photoelectric effect, photoemissive effect
Photoeffekt *m*/**innerer** internal [inner] photoelectric effect, photoconductive effect
Photoelement *n* photovoltaic [barrier-layer] cell, semiconductor [barrier-layer, boundary-layer] photocell
Photoemission *f* photoemission, photoelectric emission
Photospannung *f* photovoltage, photopotential, photoelectric voltage
Photostrom *m* photocurrent, photoelectric current
Photothyristor *m* photothyristor, light-activated thyristor
Phototransistor *m* phototransistor
Photowiderstand *m* 1. photoresistor, photoresistive [photoconductive] cell, light-dependent resistor; 2. photoresistance
PID-Regler *m* (*Rt*) PID controller, proportional-integral-derivative(-action) controller
Piezoeffekt *m* piezo(electric) effect
Pilotfrequenz *f* (*Nrt*) pilot frequency
PIN PIN, personal identification number
Pinch-off-Spannung *f* (*ME*) pinch-off voltage
PIN-Diode *f* p-i-n diode, p-intrinsic-n diode
pin-kompatibel (*ME*) pin-compatible
PIO parallel input-output, PIO
PI-Regler *m* (*Rt*) PI controller, proportional-integral(-action) controller
p-Kanal-Feldeffekttransistor *m* p-channel field-effect transistor
PLA programmable logic array
Plan *m* 1. schedule, program(me); 2. design (*Entwurf*); layout
Platine *f* 1. edge board, mounting plate; 2. (*ME*) p.c. card, printed circuit [wiring] board
Platte *f* 1. plate; slab (*stark*); sheet (*dünn*); board; panel; 2. record, disk; vinyl, (*sl*) platter (*Schallplatte*); magnetic disk; fixed disk
p-Leiter *m* (*ME*) p-type conductor, hole [defect] conductor
PLL-Demodulator *n* (*Km*) phase-locked loop demodulator, P^2L demodulator (*für PSK-Modulation*)
Pluspol *m* 1. positive pole [terminal]; 2. anode (*z. B. eines Gleichrichters*)

PM BL DC Motor *m* permanent-magnet brushless d.c. motor
pmm, PMM permanent-magnet motor
pneumatisch pneumatic(al); air-powered, air-operated
pnp-Transistor *m* p-n-p transistor
pn-Übergang *m* (*ME*) p-n junction [transition]
Pol *m* 1. electric pole (*im Stromkreis*); terminal; 2. pole (*Mathematik, Physik*)
Polarisation *f* polarization
Polarität *f*/**entgegengesetzte** opposite polarity
Polfläche *f* pole surface [face]
Polkern *m* pole body
Polklemme *f* 1. pole terminal; electrode [cell] terminal (*Batterie*); 2. binding post
Polpaar *n* pole pair, pair of poles
Polradspannung *f* synchronous generated [internal] voltage, internal voltage, field e.m.f.
Polradwinkel *m* (*MA*) load angle, rotor (displacement) angle, lagging angle
Polschritt *m* pole step
Polschuh *m* pole shoe [piece]
Polumkehr *f* pole [polarity] reversal
Polumschalter *m* pole changing [changeover] switch, change-pole switch
Polumschaltschütz *n* contactor-type pole-changer, pole changing starter
Polwender *m* polarity inverter
Porzellanisolator *m* porcelain insulator
Positioniersystem *n*/**weltweites** global positioning system, GPS
Positionsdienst *m*/**Deutscher satellitengestützter** German global position service, GGPS
Potenzial *n* potential • **auf einem Potenzial erhalten** maintain at a potential • **von gleichem Potenzial** equipotential
Potenzialausgleich *m* equipotential bonding, potential equalization
Potenzialdifferenz *f* potential difference
Potenziometer *n* potentiometer
Präzisionsinstrument *n* (high-)precision instrument
Präzisionswiderstand *m* precision resistor, precistor
prellen *v* bounce (back), chatter (*Kontakt, Relais*)
Primärelement *n* primary cell
Primärkreis *m* primary circuit
Primärwicklung *f* **des Transformators** transformer primary (winding)
Prinzipschaltbild *n* schematic (diagram), schematic [basic] circuit diagram, circuit [wiring] diagram, elementary connection diagram, circuit principle; single-line diagram
Profibus *m* profi process field bus (*wichtige deutsche Feldbusnorm*)
Profilsammelschiene *f* rigid busbar
Programmablaufplan *m* program flow chart
Programmiergerät *n* programming device, programmer (unit), programming terminal, program panel
Programmiersprache *f* (*Dat, If*) programming language, (coding) language
PROM *m* PROM, programmable read-only memory
PROM *m*/**elektrisch löschbarer** electrically erasable PROM
Proportionalitätsfaktor *m* (*Rt*) proportionality [proportional-action] factor
Proportionalverhalten *n* (*Rt*) proportional control action, P-action (*eines Reglers*); offset behaviour (*Regelabweichung*)
Prozessautomatisierung *f* automatic process control, process automation
Prozessdatenbus *m* process data highway, PROWAY
Prozessleittechnik *f* process control engineering; computer-integrated process control
Prozessüberwachung *f* process monitoring (*rechnergestützt*)
Prüfanweisung *f* inspection instruction
Prüfbedingung *f*/**allgemeine** general test(ing) condition
Prüfbericht *m* inspection record; test(ing) record
Prüffeld *n* 1. test(ing) department [laboratory], proving ground; 2. test(ing) panel
Prüfling *m* 1. test object [specimen, sample, component], check sample; 2. (*Ap*) device under test, DUT
Prüfplatz *m* 1. (*Qu*) test bench; 2. (*Nrt*) test(ing) position
Prüfprogramm *n* (*Qu*) inspection program [routine, schedule], check program; test(ing) program [routine, schedule]
Prüfspitze *f* test tip, (test) prod
Prüfung *f* 1. (*Qu*) test(ing), acceptance test, check(ing); inspection; audit; 2. (*Dat*) numerical check; 3. (*Mess*) qualification (*von Messmitteln*)

Prüfvorschrift *f* test(ing) standard, test(ing) specification [instruction]
Prüfzeichen *n* 1. test mark (*zur Abnahmekennzeichnung*); check character [digit] (*für Prüfzwecke*); 2. error detection character, EDC
PTC-Widerstand *m* PTC resistor, positive temperature coefficient resistor
Pufferbatterie *f* buffer [back-up] battery
Pufferkondensator *m* back-up capacitor, buffer capacitor
Pulsabfallzeit *f* (im)pulse decay [fall] time
Pulsamplitude *f* pulse amplitude [height]
Pulsamplitudenmodulation *f* pulse amplitude modulation
Pulsanstiegszeit *f* pulse rise time
Pulsantwort *f* pulse response
Pulsbetrieb *m* pulsing duty; chopping operation
Pulsbreite *f* pulse width
Pulsbreitenabtastung *f* pulse-width sampling
Pulsbreitenmodulation *f* pulse-width modulation
Pulscodemodulation *f* pulse-code modulation, PCM
Pulsdauermodulation *f* pulse-duration modulation, PDM, pulse-length modulation
pulsen *v* pulse; chop (*z. B. Gleichstrom*)
Pulsfolgesteuerung *f* pulse frequency control (*IEC 50-551-05-25*)
Pulsformerschaltung *f* pulse forming network
Pulsfrequenzmodulation *f* pulse-frequency modulation, PFM, pulse rate modulation
Pulsphasenmodulation *f* pulse phase modulation
Pulssteller *m* chopper (*für Gleichstrom*)
Pulssteuerung *f* pulse control (*IEC 50-551-05-22*)
Pulsstromrichter *m* pulse-controlled converter
Pulsübertrager *m* (*LE*) pulse transformer
Pulsweitenmodulation *f* pulse width modulation, PWM
Pulverkern *m* powder core
Pumpspeicher(kraft)werk *n* pumped-storage (hydro)station, pumped-storage hydro power station, storage power station
Punktschweißen *n* spot welding
PWM *f* pulse-width modulation, PWM

Q

QSL-Karte *f* QSL-card
Quad-in-line-Gehäuse *n* (*ME*) quad-in-line package, QUIL(-package)
quadratisch quadratic; square
• **quadratisch abhängig** in proportion to the square • **quadratisch gemittelt** mean-sqare; root-mean-square (*bei Rückkehr in den linearen Bereich*)
• **zeitlich quadratisch gemittelt** time-mean-square
Quadraturamplitudenmodulation *f* (*Nrt*) quadrature amplitude modulation, QAM
Quadraturausgang *m* quadrature output
Quadraturoszillator *m* quadrature oscillator
Quadratwurzel *f* square root
Quadrophonie *f* (*Ak*) quadrophony
Qualitätssicherung *f* quality assurance
Quantisierungsfehler *m* (*Nrt*) quantization error
Quantisierungsstufe *f* (*Nrt*) quantization level [size]
Quarzfrequenz *f* crystal frequency
Quarzgenerator *m* crystal generator
Quarzglasfaser *f* all-silica fibre (*IEC 50-731-01-68*)
Quasieffektivwertmesser *m* quasi-r.m.s detector
Quecksilberbogenlampe *f* mercury (-arc) lamp
Quecksilberdampflampe *f* mercury-vapour lamp, mercury discharge lamp
Quellenspannung *f* internal voltage
Quellenwiderstand *m* source resistance
Querfeld *n* transverse [cross] field
Querglied *n* shunt component [element, arm] (*Vierpoltheorie*)
Quermagnetisierung *f* transverse [perpendicular] magnetization
Querschnitt *m* cross section • **mit rundem Querschnitt** circular-sectioned, circular in section
Querschnittsfläche *f* cross-sectional area
Querverbindung *f* 1. cross-connection, interconnection; 2. (*Nrt*) interswitchboard line, tie trunk [line]
Querwelle *f* transverse wave
Querzweig *m* shunt arm (*Vierpoltheorie*)

Quetschkontakt *m* crimped contact, crimp(-type) contact
Quetschverbindung *f* 1. pressure-type connection (*von Drähten*); 2. (*ME*) crimp connection (*Anschlusstechnik*); crimped joint, crimp
QUIL-Gehäuse *n* (*ME*) quad-in-line package, QUIL(-package)
quittieren *v* 1. accept, acknowledge; 2. (*Nrt*) receipt

R

Radar *n*(*m*) (*FO*) radar (*Kurzwort*); radio detection and ranging (*Rückstrahlortung*)
radialsymmetrisch radially symmetric
Radio *m* radio receiver [set], radio
RALU register and arithmetic-logic unit (*eines Mikrorechners*)
RAM *n* random-access memory, RAM, write-read memory • **„RAM freigeben"** "RAM enable"
Rampe *f* ramp, slope
Rampenantwort *f* (*Rt*) ramp response
Rasterabstand *m* (*ME*) pitch spacing; grid space [spacing] (*z. B. auf Leiterplatten*); scan spacing
Rastknopf *m* release button
Rastmoment *n* cogging torque
Rastrelais *n* latch-in relay
Rauchmelder *m* (*Mess*) smoke sensor, smokometer (*elektronische Warnanlage*)
Raumbeleuchtung *f* room illumination, interior lighting
Raumladungsdichte *f* space-charge density
Rauschabstand *m* signal-to-noise ratio
Rauschamplitude *f* noise amplitude
rauscharm low-noise
Rauschfaktor *m* noise figure [factor]
Rauschfilter *n* noise filter
Rauschleistung *f*/**äquivalente** noise equivalent power, NEP
Rauschpegel *m* noise level; background level
Rauschsignal *n* 1. noise signal; 2. (*Nrt*) contaminating signal
RC-... resistance-capacitance...
RC-Brücke *f* resistance-capacitance bridge, RC bridge
RC-Differenzierglied *n* resistance-capacitance differentiator, RC differentiator
RC-Kopplung *f* resistance-capacitance coupling, RC coupling
RCT reverse conduction thyristor
RDS (*Ka, Ku*) radio date system
Reaktanz *f* 1. reactance (*Blindwiderstand*); 2. reactor (*Spule*)
Reaktionszeit *f* reaction time; response time; attack time (*z. B. auf Tastendruck*)
Reaktor *m* reactor; nuclear reactor, (atomic) pile
Realteil *m* real part [component]
Rechenwerk *n* arithmetic-logic unit, arithmetical unit, arithmetical and logical unit, ALU, arithmetical element [organ]
Rechnerankopplung *f* computer interfacing
Rechnereinsatz *m* computer application
rechnergestützt computer-based, computer-assisted, computer-aided
Rechnung *f* (*Dat*) computation, calculation; account
Rechnung *f*/**komplexe** complex analysis; symbolic method (*Wechselstromlehre*)
Rechteckgenerator *m* square-wave generator
Rechteckimpuls *m* rectangular (im)pulse, square(-wave) (im)pulse
Rechte-Hand-Regel *f* right-hand rule, corkscrew rule
Rechtsbewegung *f* right-hand motion [movement]
rechtsdrehend 1. clockwise; 2. dextrorotatory, dextrogyratory, dextrogyric (*optische Aktivität*)
Rechtsgewinde *n* right-hand thread
Rechts-Links-Schieberegister *n* bidirectional [right-left] shift register
Rechtsschieberegister *n* shift-right register
Rechtsschraube *f* right-hand screw
Rechtssystem *n* right-handed system (*z. B. Koordinatensystem*); clockwise rotating system
rechtwinklig rectangular, right-angle(d), orthogonal
Reduktionsfaktor *m* (*An*) derating factor
reduzieren *v* reduce, decrease
Reedkontakt *m* (dry-)reed contact
Reedrelais *n* (dry-)reed relay
Referenzspannung *f* reference voltage
Reflektor *m* reflector (*Antennentechnik*)

Reflexempfänger *m* (*Nrt*) reflex [dual] receiver
Reflexlichtschranke *f* reflected light barrier
Regel *f* rule, law
Regelabweichung *f* (*Rt*) system deviation, control deviation; (controlling) error, control offset, upset; droop (*beim P-Regler*)
Regelantrieb *m* 1. variable-speed drive; 2. (*Rt*) control drive
Regelart *f* control mode
regelbar (*Rt*) controllable; adjustable
Regelbereich *m* control [regulating] range, control band
Regeldifferenz *f* (*Rt*) error, error signal
Regeleinrichtung *f* (*Rt*) automatic control equipmentcontrol assembly [device], (automatic) control system, automatic regulator [controller], servomechanism
Regelfaktor *m* control factor, control-action coefficient
Regelgenauigkeit *f* (*Rt*) control accuracy [precision], accuracy
Regelgröße *f* (*Rt*) controlled value [variable]
Regelgüte *f* (*Rt*) control performance, regulating quality
Regelkreis *m* (closed loop) control system, feedback control system, (control) loop, (automatic) control circuit
regeln *v* (*Rt*) control; regulate; govern; adjust
Regelstrecke *f* (*Rt*) open-loop control system, controlled system [process]
Regelung *f* (*Rt*) automatic [closed-loop] control, AC, (feedback) control, (automatic) regulation; control process
Regelungstechnik *f* 1. (automatic) control engineering; 2. control technique
Regelverhalten *n* control response [behaviour, action]
Regelverstärker *m* automatic gain control amplifier, AGC amplifier, variable-gain amplifier, regulating amplifier
Regeneration *f* regeneration; recovery
Register- und Arithmetik-Logik-Einheit *f* register and arithmetic-logic unit, RALU (*eines Mikrorechners*)
Regler *m* 1. (*Rt*) (automatic) controller, control(ling) unit, control device, regulating unit; regulator; governor; 2. operating [control] element, control (knob) (*Bedienelement*)
Reglereinstellung *f* controller setting; governor setting (*eines Regelparameters*)
reglergesteuert governor-controlled (*Motoren*)
Reglerverhalten *n* controller action [response]
Regressionskurve *f* curve of best fit (*z. B. Kennlinienauswertung*)
regulieren *v* regulate, control; adjust
Reibkupplung *f* friction clutch
Reibungsbeiwert *m* friction factor
Reibungselektrizität *f* triboelectricity, frictional electricity, electricity by friction
Reichweite *f* 1. range; 2. (*Nrt*) working distance, range of transmission, coverage • **außer Reichweite** out-of-range
Reihenabschluss *m* series termination
Reihenbetrieb *m* (*Nrt*) tandem operation
Reihengegenkopplung *f* series (negative) feedback
Reihenkompensation *f* series compensation
Reihenparallelschaltung *f* series-parallel connection
Reihenresonanzfrequenz *f* series resonance frequency
Reihenschalter *m* series [multicircuit] switch
Reihenschaltung *f* series connection, connection in series
Reihenschlusskommutatormotor *m* series commutator motor
Reihenschlussmaschine *f* series(-wound) machine
Reihenschlussverhalten *n* series characteristic
Reihenschwingkreis *m* series resonant circuit
Reihenwiderstand *m*/**äquivalenter** equivalent series resistance, ESR (*Kondensator*)
Relais *n* relay • **das Relais zum Abfallen bringen** release the relay • **Relais mit Abfallverzögerung** slow-release relay • **Relais mit Ansprechverzögerung** slow-acting relay; slow-operating relay
Relaisanker *m* relay armature
Relaisansprechwert *m* relay just-operate value
Relaisdurchschaltzeit *f* relay bunching time
Relaiskleben *n* relay freezing

Relaiskontaktanordnung *f* relay contact arrangement
Reluktanz *f* (magnetic) reluctance, magnetic resistance
Reluktanz-Motor *m* (*MA*) reluctance motor (*IEC 50-411-03-12*)
Reluktanzschrittmotor *m* reluctance switch motor, stepping motor, variable reluctance motor
Remanenz *f* remanence, remanent magnetization [magnetism], residual magnetization [induction, flux density]
Repulsionsinduktionsmotor *m* (*MA*) repulsion induction motor (*IEC 50-411-03-34*)
Reserve *f* reserve, standby; back-up
Reservebatterie *f* standby battery (*Notstrombatterie*); reserve [spare] battery (*Ersatzbatterie*)
Resonanz *f* resonance • **bei Resonanz** at resonance • **in Resonanz befindlich** resonant • **in Resonanz geraten** resonate • **in Resonanz sein** (**mit**) be resonant
Resonanzfrequenz *f* resonance [resonant] frequency
Resonanzgüte *f* (resonance) quality factor
Resonanzkreis *m* resonant [resonance, resonating] circuit; tuned circuit
Resonanzkurve *f* resonance curve
Resonanznähe *f* vicinity of resonance
Resonanzschärfe *f* sharpness of resonance
Resonanzstelle *f* resonance point
Resonanzüberhöhung *f* resonant rise
Restmagnetisierung *f* residual magnetization
Restseitenband *n* (*Nrt*) vestigial sideband, VSB
Restseitenbanddatenübertragung *f* vestigial sideband data transmission
Restseitenbandmodulation *f* (*Nrt*) vestigial sideband modulation
Restspannung *f* 1. residual voltage; 2. locked-up stress
Reststrom *m* residual current; tail current (*Transistor*)
Restwelligkeit *f* residual ripple
RFI *f* radio frequency interference, RFI
Richtantenne *f* directional [beam] aerial
Richtcharakteristik *f* 1. directional pattern [characteristic]; 2. (*Ak*) directivity characteristic, polar response [pattern]; beam pattern
Richtempfang *m* directional (wireless) reception, directive beam reception
Richtkoppler *m* directional coupler, directive feed (assembly)
Richtlinie *f* guideline, regulation
Richtung *f* 1. direction; 2. bearing (*einer Peilung*) • **abwechselnd in beiden Richtungen** (*Nrt*) two-way alternate • **gleichzeitig in beiden Richtungen** (*Nrt*) two-way simultaneous • **in alle Richtungen** omnidirectional • **in zwei Richtungen** bidirectional
Richtungsschalter *m* direction switch
richtungsunabhängig non-directional, non-directive
Richtungsverkehr *m* (*Nrt*) simplex operation, simplex transmission
Richtungswähler *m* 1. directional selector; 2. (*Nrt*) route connector [selector]
Richtungswechsel *m* 1. change of [in] direction; 2. turnaround (*Modem*)
Richtwert *m* recommended [guide] value; approximate value
RIGFET (*Mb*) resistive insulated-gate FET
Ringanker *m* (*MA*) ring(-wound) armature
Ringbus *m* (*Dat*) ring [token] bus
ringförmig ring-shaped, annular; toroidal
Ringkabelanschluss *m* ring main cable connection; two-way supply
Ringkern *m* (*MA*) annular [ring] core, toroid(al) core, toroidal choke (*z. B. einer Spule*)
Ring-LAN *n* (*Nrt*) ring-type local area network, ring-type LAN, ring LAN
Ringleitung *f* (*EE*) ring mains [system], closed-loop network, loop (feeder)
Ringsammelschiene *f* ring bus (bar), mesh
Ringschaltung *f* 1. (*LE*) polygon connection; 2. (*Nrt*) closed-circuit arrangement
Ringschieberegister *m* circular shift register
Ringspule *f* toroidal [annular] coil
RISC (*Dat*, *If*) reduced instruction set computer
RLC-Brücke *f* resistance-inductance-capacitance bridge, RLC bridge, universal bridge
RMM read-mostly memory, RMM
Robotertechnik *f* robotics
Röhre *f* valve, (*AE*) tube (*Elektronenröhre*)
Röhrendiode *f* thermionic diode

Röhrenvoltmeter *n* valve [thermionic] voltmeter, (electron) tube voltmeter, electronic voltmeter
Rollenkontakt *m* roller contact
ROM *n* read-only memory, ROM
röntgen *v* X-ray
Rotor *m* 1. (*MA*) rotor; armature; 2. curl
Rotorblech *n* rotor [armature] core disk, rotor lamination [stamping]
Rotorpaket *n* rotor [moving] plates (*Drehkondensator*)
RPE *f* (*Nrt*) regular pulse excitation, RPE
R-Schnittstelle *f* (*Nrt*) R-interface (*Anschlussstelle von Nicht-ISDN-Endgeräten über Adapter*)
RS-Flipflop *n* RS flip-flop, set-reset flipflop
RSM reluctance switch motor
rückbilden *v* reshape (*z. B. Impulse*)
Rücken *m* 1. tail (*eines Impulses*); 2. (*Hsp*) wave tail [back] (*einer Stoßspannungswelle*)
Rückfallrelais *n* step-back relay
Rückfaltung *f* (*Nrt*) aliasing, undersampling (*Überlappung im Spektralbereich durch undersampling*); deconvolution
rückfedernd resilient, elastic
Rückflanke *f* trailing edge (*Impuls*)
Rückflussdämpfung *f* (*Nrt*) reflection loss, active [structural] return loss
Rückführgröße *f* (*Rt*) feedback signal, return signal
Rückführkreis *m* feedback loop
Rückholfeder *f* return [pull-off] spring; controlling spring
Rückkopplung *f* feedback, response
Rückleiter *m* return conductor [wire]
Rückmeldung *f* 1. (*Nrt*) reply; 2. (*Rt*) audible ringing signal, check-back (signal), check, static signal
Rückseite *f* back(side), rear (*z. B. eines Geräts*)
Rücksetzbedingung *f* reset condition
Rücksetzeingang *m* reset input
rücksetzen *v* reset; release (*Relais*)
rückstellen *v* reset, clear (*z. B. einen Zähler*)
Rückstrom *m* reverse [return, inverse] current; back(ward) current
Rückstrombremsung *f* regenerative braking
Rückwärtsdiode *f* backward diode
Rückwärtsdurchbruch *m* (*LE*) reverse breakdown
Rückwärtsrichtung *f* back(ward) direction, reverse direction
Rückwärtszähler *m* (*Dat*) down-counter, count-down counter
Rufumleitung call redirection
Ruhekontakt *m* rest(ing) contact, normally closed contact [interlock]
Ruhelage *f* rest position; equilibrium position; home position (*z. B. Zeiger*)
Ruheleistung *f* standby power
ruhend 1. at rest; non-operative; idle; 2. stationary; static
Ruhespannung *f* open-circuit voltage, static [off-load] voltage (*galvanische Zelle*)
Ruhestellung *f* position of rest (*z. B. eines Schützes*); home position, off-position (*z. B. eines Schalters*); idle position
Ruhestrom *m* closed-circuit current, rest [quiescent] current; zero-signal current
Ruhezustand *m* 1. quiescent [rest] state; 2. (*Nrt*) free-circuit condition; release condition (*Relais*); source idle state; 3. (*Dat*) acceptor idle state, AIDS
Rundfunkempfänger *m* radio receiver [set], radio, receiving set, broadcast receiver
Rundfunktechnik *f* 1. radio engineering; 2. broadcasting technique (*Sendetechnik*)
Rundlauf *m* concentricity, true running
Rundstecker *m* circular connector [plug]
Rundsteuerung *f* centralized ripple control
Rutschkupplung *f* (*MA*) slip friction clutch, (safety) slipping clutch
RZ-Signal *n* (*Nrt*) return-to-zero signal, RZ signal (*Zeichenlänge kürzer als Taktzeit; uni- und bipolar*)

S

Saft *m* (*sl*) juice, power (*Strom*)
Sägezahnspannung *f* sawtooth voltage
Sammelschiene *f* (*An*) bus (bar), collecting bar
Sammler *m* accumulator; accumulator (storage) battery, secondary cell, stor-

age battery [cell] (*Zusammensetzungen siehe unter: Akkumulator*)
Sampling-Diode *f* sampling diode
Sampling-Oszilloskop *n* sampling oscilloscope
Sanftanlaufregelung *f* (*MA*) acceleration-rate control
Sattelmoment *n* cogging [pull-up] torque (*IEC 50-411-18-07; niedrigstes Drehmoment hochlaufender Asynchronmaschinen*)
Sattelpunkt *m* 1. dip (*Drehmomentsattel*); 2. (*Rt*) saddle (point)
Sättigung *f* saturation
Satz *m* 1. set (*z. B. von Maschinen*); assembly (*Montagegruppe*); 2. (*Dat*) record; sentence; block (*NC-Satz*); 3. theorem, law
Saugkreis *m* acceptor circuit, series-tuned wave trap; absorption [absorber] circuit, trap circuit
SAW-Ableiter *m* non-linear resistor-type arrester
SCCD surface charge coupled device
Schalenkern *m* pot core (*HF-Technik*)
Schallsender *m* sound [audio] transmitter; sound [acoustic] source, sound generator [projector]
Schaltanlage *f* switchgear (assembly), switch-gear
Schaltanwendung *f* switching application
Schaltausrüstung *f* (*Et*) contactor equipment (*IEC 50-811-30-03*)
Schaltbetrieb *m* (*MA*) switching mode
Schaltbild *n* (circuit) schematic; (schematic) circuit diagram, connection diagram; wiring diagram (*Verdrahtungsbild*)
Schaltbrett *n* switchboard, switch [prepatch] panel, plug board
schalten *v* 1. switch; connect (*Verbindung herstellen*); 2. change over (*Getriebe*) • **an Masse schalten** connect to frame [ground] • **in Dreieck schalten** connect in delta [mesh] • **in Reihe schalten** connect in series • **parallel schalten** connect in parallel
Schalter *m* switch; circuit breaker (*für große Leistungen*); contactor; pull-down (*eines Inverters*)
Schalter *m*/**nicht rastender** non-locking switch, spring-return switch
Schalter *m*/**prellfreier** no-bounce switch
Schalteranlassen *n* switch starting
Schalterkombination *f* switchgroup (*IEC 50-811-29-19*)
Schalterkontakt *m* switch contact
Schalterprellen *n* chatter of switch, bounce
Schalter-Sicherungseinheit *f* fuse-combination unit (*IEC 50-441-14-04*)
Schalterstellung *f* switch position
Schaltfeld *n* switchboard (section), (switch) panel, switch [patch] bay, functional unit (*IEC 50-441-13-04*)
Schaltfolge *f* switching sequence (*z. B. bei einem Zweipunktglied*); duty cycle; operating sequence, operating cycle (*IEC 50-441-16-02*)
Schaltfrequenz *f* switching frequency, frequency of switching
Schaltfunke *m* spark at break
Schaltgerät *n* switchgear, switching device; control gear (*IEC 50-441-14-01*)
Schalthysterese *f* (*Rt*) switching hysteresis, overlap, differential gap, (operating) differential
Schaltimpuls *m* switching (im)pulse
Schaltkammer *f* (*Ap, Hsp*) arc [quenching] chamber; explosion chamber (*bei Leistungsschaltern*); live tank circuit-breaker (*IEC 50-441-14-26*)
Schaltkontakt *m* single throw
Schaltkreis *m* (*ME*) (switching) circuit
Schaltkreisfamilie *f* (*Ms*) circuit family
Schaltkupplung *f* clutch (coupling), shifting clutch
Schaltmotor *m* timing [time] motor
Schaltnetz *n* 1. switching network; 2. (*Dat*) combinatory circuit
Schaltnetzteil *n* (*LE*) switching(-mode) power supply, switch mode power supply
Schaltpause *f* switch interval
Schaltplan *m* (schematic) circuit diagram, connection [wiring] diagram, circuit layout
Schaltregler *m* chopper-type regulator
Schaltrichtung *f* direction of switching
Schaltschrank *m* switch cabinet, cubicle
Schaltschritt *m* 1. make-and-break cycle; 2. front pitch (*bei Wicklungen*)
Schaltschwelle *f* switching threshold
Schaltspannung *f* switching voltage (*IEC 50-441-18-31*)
Schaltspiel *n* 1. switching cycle; 2. (*MA*) operating cycle (*IEC 50-441-16-02*)
Schaltstrecke *f* clearence between contacts, clearance between open contacts (*IEC 50-441-17-34*); contact-break distance, length of gap [break]

Schaltstück *n* contact element [piece, stud, member]; contactor (*IEC 50-441-15-06*)
Schaltstufe *f* 1. switching stage (*beim Stufenschalter*); 2. (*Ap*) controller notch
Schaltsymbol *n* circuit [wiring] symbol
Schalttabelle *f* (switching) sequence table, sequence chart (*IEC 50-811-29-40*)
Schalttafel *f* 1. switchboard, panel (board), control panel [board]; 2. (*Dat*) plugboard, patchboard (*für Programme*)
Schaltüberspannung *f* switching overvoltage [surge], overvoltage due to switching transients
Schaltuhr *f* switch clock, timer, clock relay
Schaltung *f* 1. circuit (arrangement), wiring, circuitry; connection; 2. switching (operation)
Schaltung *f*/**anwendungsspezifische integrierte** (*ASIC*) application specific integrated circuit (*IC*)
Schaltung *f*/**diskrete** discrete-component circuit (*mit Einzelbauelementen*)
Schaltung *f*/**integrierte** integrated circuit, IC
Schaltung *f*/**kombinatorische** combinatorial circuit
Schaltungsentwicklung *f*/**rechnergestützte** computer-aided circuit design, CACD (*für integrierte Schaltungen*)
Schaltungsentwurf *m* circuit design [concept], design of circuits
Schaltungsfehler *m* circuit fault; circuit failure
Schaltungssimulation *f* circuit simulation
Schaltungstechnik *f* 1. circuit engineering; 2. circuitry (*Ausrüstung*)
Schaltverhalten *n* switching performance
Schaltverlust *m* (*Nrt*) switching loss
Schaltvermögen *n* switching capability; breaking capacity
Schaltverstärker *m* switching amplifier
Schaltverzögerung *f* switching delay, time delay of switch
Schaltvorgang *m* 1. switching, switching action [process, operation]; 2. (switching) transient (*Übergangsvorgang*)
Schaltzeichen *n* circuit [graphic] symbol (*in Stromlaufplänen*); logical symbol (*für logische Schaltungen*)
Scharfeinstellung *f* 1. focus(s)ing (adjustment), sharp focussing (*z. B. Bild, Elektronenstrahl*); critical focussing; 2. fine tuning control, critical adjustment (*Frequenzabstimmung*)
Schätzwert *m* estimated value
Schaubild *n* diagram, graph; operational chart (*Programmierung*)
Schauzeichen *n* annunciator; flag; visual signal [indicator] (*IEC 50-811-31-05*)
Scheinleistung *f* apparent power [volt-amperes, voltamps], vector power, complex power
Scheinleistungsmesser *m* (*Mess*) voltammeter, volt-ampere meter
Scheinleitwert *m* admittance
Scheinwiderstand *m* a.c. resistance
Scheitelfaktor *m* crest [peak] factor; amplitude factor (*Schwingung*)
Scheitelwert *m* peak (value), crest value magnitude; mode (*Statistik*)
Schelle *f* 1. clamp (fitting), clip; brace; anchor log, stay strap (*am Mast*); 2. sliding tap (*am abgreifbaren Widerstand*)
Schema *n* 1. pattern, system, schema; 2. diagram, scheme; 3. wiring [circuit] diagram
Schenkel *m* leg; limb (*z. B. eines Magnetkerns*; *IEC 50-811-26-29*)
Schenkelpol *m* (*MA*) salient pole (*IEC 50-411-10-06*)
Scherenstromabnehmer *m* (*Et*) pantograph (*IEC 50-811-32-02*)
Scherung *f* shearing
Schicht *f* 1. layer; film (*dünn*); 2. (*Galv*) coat(ing), deposit
Schichtenmodell *n* (*Nrt*) layer model (*eines Netzes*)
Schichtkern *m* laminated core
Schichtwiderstand *m* 1. film resistor; (*speziell*) thin-film resistor or thick-film resistor; 2. film [sheet] resistance, layer resistivity
Schieberegister *n* (*Dat*) shift register
Schieberegler *m* sliding control(ler), flat-scale fader
Schiebeschalter *m* sliding [slide] switch
Schiebewiderstand *m* sliding [slide] resistor, (variable) rheostat
Schieflast *f* asymmetric [unbalanced] load, load unbalance
Schiene *f* 1. rail, bar; guide [slide] bar (*Gleitschiene*); 2. (*An*) bus(-bar) (*Strom*)

Schirm *m* 1. screen (*z. B. einer Elektronenstrahlröhre*); 2. (protective) screen; shield; 3. (*Ak*) acoustic shield; 4. (lamp) shade
Schirmgitter *n* screen grid (*Elektronenröhre*)
Schirmleiter *m* shieldwire
Schirmung *f* screening, shielding
Schlag *m* 1. shock (*Stromberührung*); 2. stroke (*Blitzschlag*); 3. eccentricity, run-out (*exzentrischer Lauf*); wobble • **einen Schlag bekommen** get an electric shock
Schlauchleitung *f* hose (line), (rubber-) sheathed cable
Schleichdrehzahl *f* crawling speed
Schleifdraht *m* slide wire
Schleifenmessung *f* (*Nrt, Mess*) loop measurement [transmission test], go-and-return measurement
Schleifenverstärkung *f* loop gain
Schleifenwicklung *f* (*MA*) lap [parallel] winding (*IEC 50-411-07-29*); lap-type coil
Schleifenwiderstand *m* loop resistance
Schleifkontakt *m* 1. sliding [friction, rubbing] contact; continuity-preserving contact (*Relais*); 2. wiper
Schleifring *m* (concentric) slip ring, slip [collector] ring (*IEC 50-811-14-22*)
Schleifringläufermotor *m* slip-ring (induction) motor, wound-rotor (induction) motor
Schleusenspannung *f* treshold voltage (*IEC 50-551-06-27*)
schließen *v* close (*z. B. eine Datei*)
Schließer *m*, **Schließkontakt** *m* (*Ap*) closer, make contact [element] (*IEC 50-811-31-03*); a-contact, normally open contact [interlock], NO contact
Schlitzleitung *f* strip line, strip-type ransmission [waveguide] line
Schlitzscheibe *f* slotted disk
Schlupf *m* 1. (*MA*) slip, slippage; 2. (*Ak*) drift; creep (*IEC 50-811-16-15*)
Schlupfdrehzahl *f* (*MA*) asynchronous speed
Schlupffrequenz *f* slip frequency
Schlupfkupplung *f* (*MA*) induction coupling (*IEC 50-411-04-18*)
Schlupfregelung *f* 1. (*Rt*) slip regulation; 2. (*MA*) slip control
Schmalband *n* (*Nrt*) narrow band
Schmelzbrücke *f* fusible link (*zerstörbare Leiterbahn*)
Schmelzdrahtsicherung *f* wire fuse
Schmelzsicherung *f* (safety) fuse, fuse [fusible] cut-out, blow-out fuse
Schmitt-Trigger *m* Schmitt trigger, threshold detector
schmoren *v* scorch (*z. B. Kabel*)
Schnappkontakt *m* snap-action contact; instantaneous make-and-break contact
Schneidklemm-Steckverbinder *m* insulation displacement connector
Schnellabschaltung *f* high-speed disconnection [switching-off]
schnellansprechend fast-response, fast-acting, quick-operating
Schnellauslösung *f* instantaneous tripping (*einer Schaltung*); quick release
Schnellladung *f* quick [boost] charge, rapid charging (*Batterie*; *IEC 50-811-20-09*)
Schnittpunkt *m* intersection point (*z. B. der Peilstrahlung*); crossing (*von Kurven*)
Schnittstelle *f* 1. interface; port, interface (*Anschluss*); 2. cutting point (*Stelle, an der geschnitten wird*)
Schnittstelle *f*/**parallele** parallel interface
Schnittstelle *f*/**serielle** serial interface
Schnittstellenkarte *f* (*Nrt*) interface card, interface board (*z. B. PC-ISDN-Anschlusskarte*)
Schnittstellensteckverbindungen *fpl* (*Nrt*) interface connections, interface lines
Schnur *f* (flexible) cord
schnurlos cordless
Schottky-Diode *f* 1. (*Mb*) Schottky diode; 2. (*Mb*) hot carrier diode, HCD
Schottky-Transistor-Logik *f*/**leistungsarme** low-power Schottky TTL (*mit gegenüber TTL stark vermindertem Leistungsbedarf*)
Schrank *m* 1. cabinet (*für Geräte*); 2. (*Nrt*) switchboard
Schraubanschluss *m* screw terminal
Schraubkern *m* 1. threaded core (*Kern mit Gewinde*); 2. screw core (*Abstimmspule*)
Schraubkontakt *m* screwed contact
Schraubsicherung *f* screwed-type fuse, screw-plug fuse
Schreib-Lese-Speicher *m* (*Dat*) write-read memory, random-access memory, RAM
Schrittgeschwindigkeit *f* modulation rate; telegraph(ic) speed, signalling speed; line digit rate; symbol rate

Schrittmotor *m* stepping motor, stepper
Schrittrate *f* (*Nrt*) baud rate, line digit rate (*nur von der Bandbreite begrenzt*; *maximal*: $1/\tau_{ein} = 2\,B$)
Schrittregler *m* step(-by-step) controller, step regulator
Schrittschaltwerk *n* step-by-step switch(gear), stepping mechanism [switch], step switching mechanism
Schrittspannung *f* step [pace] voltage
Schrittweite *f* increment
Schrumpfverbindung *f* contraction connection
Schutz *m* protection
Schutz *m* **durch Abstand** protection by placing out of reach
Schutz *m* **gegen direktes Berühren** protection against direct contact
Schutz *m* **gegen indirektes Berühren** protection against indirect contact
Schütz *n* 1. contactor (*IEC 50-811-29-07*); 2. (*EE*) control gate
Schutzabdeckung *f* protection [protecting] cover
Schutzabstand *m* 1. working clearance; 2. (*Et*) electrical clearance (*zur Fahrleitung*; *IEC 50-811-09-05*)
Schutzart *f* international protection, IP (*internationaler Standard*); protective system; type of enclosure
Schutzeinrichtung *f* protector, protective equipment
Schutzerdung *f* protection [protective] earthing
Schutzgehäuse *n* protective casing [enclosure]
Schutzisolierung *f* protective insulation
Schutzkleinspannung *f* safety extra low-voltage, protective extra low voltage
Schutzkontakt *m* 1. (centre) earthing contact, grounding contact; protective contact; 2. sealed contact
Schutzleiter *m* protective [earthed] conductor, protective earthing conductor
Schutzschalter *m* 1. protective [safety] switch, automatic circuit breaker; 2. (*Ap*) earth-leakage trip [circuit breaker] (*FI*, *FU*)
Schützspule *f* contactor coil
Schutztrennung *f* protection by electrical separation
Schutzwiderstand *m* 1. (*LE*) protecting [protective, guard] resistor, bleeder (resistor) (*Bauelement*); 2. protective resistance (*Größe*)
schwächen *v* attenuate, damp; diminish; muffle (*Schall*)
Schwachstromtechnik *f* light-current engineering, weak-current engineering; communication engineering
Schwalllöten *n* flow [wave] soldering (*Leiterplattenherstellung*)
schwanken *v* fluctuate (*z. B. Strom, Spannung*); vary
Schwebegate *n* floating gate
Schwebungsfrequenz *f* beat frequency
Schweißgerät *n* welding equipment [set]
Schwelle *f* 1. (*ME*) threshold; threshold value; 2. (*Et*) sleeper; (*AE*) tie
• **unterhalb der Schwelle (liegend)** subthreshold
Schwellwert *m* threshold (value)
Schwimmerschalter *m* float switch, liquid level switch
schwinden *v* 1. (*Nrt*) fade; 2. shrink (*Werkstoffe*)
schwingen *v* 1. (*Ph*) oscillate; vibrate; resonate; 2. swing; rock
Schwingkreis *m* resonating circuit; oscillating [oscillator, oscillatory] circuit
Schwingquarz *m* quartz(-crystal) oscillator, oscillator [oscillating] crystal
Schwingung *f* (*Ph*) oscillation; vibration (*meist mechanisch*); swing • **in Schwingung geraten** self-oscillate
Schwingungsdauer *f* 1. vibration [oscillation] period; 2. (*Mess*) period of an instrument
Schwingungspaketsteuerung *f* multicycle control
Schwund *m* (*Nrt*) fading (effect)
• **Schwund haben** fade (*Funkwellen*)
Schwundausgleichkreis *m* automatic volume [gain] control circuit
SCR silicon controlled rectifier
Sechspulsstromrichter *m* (*LE*) six-step inverter
Seebeck-Effekt *m* Seebeck [thermoelectric] effect
Seele *f* core (*Kabel*)
Seelenelektrode *f* cored [flux-cored] electrode, flux core type electrode (*Lichtbogenschweißen*)
Segment *n* segment (*z. B. des Stromwenders*) • **aus Segmenten** segmental
Seilerder *m* conductor earthing electrode
Seilzugschalter *m* conveyor trip switch
Seite *f* 1. side; end (*z. B. einer Maschine*); 2. page (*z. B. Block digitaler Daten*)

Seitenband *n* (*Nrt*) sideband
Seitenbandbeschneidung *f* sideband reduction
Seitenbandmodulation *f* sideband modulation
Seitenbandunterdrückung *f* sideband suppression
Seitenschneider *m* side-cutting pliers
Sekundäranker *m* secondary armature
Sekundärelement *n* secondary element [cell]
Sekundärspannung *f* secondary (terminal) voltage
Sekundärspule *f* secondary coil
Sekundär(strom)kreis *m* secondary circuit
Sekundärwicklung *f* secondary winding, secondary (*IEC 50-811-26-10*)
selbstabgleichend self-adjusting; self-balancing
Selbstanlasser *m* auto starter
Selbstanlauf *m* automatic start
Selbstausschalter *m* automatic circuit breaker
selbstbelüftet dry-type self-cooled (*Transformator*)
Selbstentladung *f* self-discharge, spontaneous [self-sustained] discharge
Selbsterregung *f* self-excitation (*IEC 50-811-13-34*)
Selbsthaltekontakt *m* self-holding contact, lock-type contact; seal-in contact
Selbsthalteschaltung *f* seal-in circuit
Selbstheilung *f* self-healing (*z. B. von Kondensatoren, Bauelementen*)
Selbstinduktion *f* (self-)induction
Selbstinduktivität *f* 1. self-inductor; 2. (self-) inductance
Selbstkommutierung *f* (*LE*) self-commutation
Selbstmordschaltung *f* (*MA*) oppose-field connection
Selbstsynchronisation *f* (*Nrt*) self-synchronization autosynchronization (*bei der PCM-PDH durch Stopfen*)
Sendeantenne *f* transmitting aerial
Sende-Empfangs-Weiche *f* 1. transmitter-receiver filter [circuit]; 2. (*FO*) duplexer
Sender *m* (*Nrt*) transmitter, sender; projector (*Ultraschall*)
Senke *f* 1. drain (*Elektrode eines Feldeffekttransistors*); 2. sink; dip
Sensor *m* (*Mess*) sensor
seriell serial (*z. B. Speicherung*)
Serienbetrieb *m* series [serial] operation
Serienfertigung *f* series [quantity] production; batch fabrication
Seriengegenkopplung *f* series feedback
Serien-Parallel-Anlasser *m* series-parallel starter
Serien-Parallel-Umsetzer *m* series-to-parallel converter, staticizer
Serienresonanzkreis *m* series resonance circuit
Serienschalter *m* multicircuit switch
Serienschnittstelle *f* serial interface
Serienwiderstand *m* 1. series resistor; 2. series resistance
Serviceanleitung *f* maintenance manual
Servomotor *m* servomotor, servo (*in Regelsystemen*)
Setzeingang *m* set [S] input
setzen *v*/**außer Betrieb** put out of operation, take out of service; stop
setzen *v*/**in Betrieb** put [set] into operation, start (up), actuate
SF_6-Leistungsschalter *m* SF_6 [sulphur hexafluoride] circuit breaker
SF_6-Überspannungsableiter *m* SF_6-insulated surge diverter
SHF *f* super high frequency, SHF (*Zentimeterwellen, 3 Ghz– 30 Hz, nach DIN 40015 und VO Funk*)
Sicherheitsabschaltung *f* (*Et*) safety cut-out
Sicherheitsanforderungen *fpl* safety requirements
Sicherheitsbestimmungen *fpl* safety regulations
Sicherheits- und Funktionserdung *f*/**kombinierte** combined protective and functional earthing
Sicherheitsverriegelung *f* (*Rt*) safety interlock
sichern *v* 1. secure; (safe)guard, protect; 2. (*Dat*) back-up; 3. fuse
Sicherung *f* 1. fuse (unit); fuse link (*IEC 50-441-18-01*); 2. safeguard; lock (*Vorrichtung*); 3. protection
Sicherungsautomat *m* automatic circuit breaker; current cut-out device
Sicherungslastschalter *m* fuse-switch (*IEC 50-441-14-17*)
sichtbar visible • **sichtbar machen** render visible; display
Sichtprüfung *f* visual inspection
Siebdrossel *f* filter reactor, filter [smoothing] choke

Sieben-Schichten-Modell *n* (*Nrt*) seven-layer model
Siebensegmentanzeige *f* seven-segment display, seven-bar segmented display, stick display
Siebglied *n* (*ME*) filtering unit, filter (element)
Siebkondensator *m* filter capacitor, smoothing capacitor
SI-Einheit *f* SI unit
Signalanpassung *f* signal matching
Signalausfall *m* (*Nrt*) drop-out
Signalerkennung *f* signal recognition
Signalerneuerung *f* signal regeneration
Signalflussplan *m* (*Rt*) signal-flow diagram [graph], (functional) block diagram
Signal-Freigabe *f* enabling signal
Signalgeber *m* (*Dat*) transducer
Signalgenerator *m* signal generator [oscillator]
Signallampe *f* signal [indicator, pilot, annunciator] lamp; panel indicator lamp (*an Schalttafeln*; *IEC 50-811-31-06*); alarm lamp
Signallaufzeit *f* signal transfer [propagation] time, signal delay time
Signal-Rausch-Verhältnis *n* signal-to-noise ratio
Signal-Stör-Abstand *m* (*Nrt*) wanted-to-unwanted signal ratio
Signalstromkreis *m* 1. signal circuit; 2. (*Nrt*) line circuit
Signalübertragung *f* signal transmission
Signalverarbeitung *f* **mit DSP** signal processing with digital signal processor, signal processing with DSP
Silber-Cadmium-Element *n* silver-cadmium cell
Silber-Zink-Akkumulator *m* silver-zinc storage battery, zinc-silver accumulator
Silicium-Dehnungsmessstreifen *m* silicon tensometer
SIM-Chip *m* (*Km*) subscriber identity module, SIM-chip
Simplexbetrieb *m* (*Nrt*) simplex operation [working], one-way operation
Simulationsprogramm *n* simulator (program), simulation routine (*zur Nachbildung einer Anlage, eines Systems*)
Simultanbetrieb *m* simultaneous [composite] working
sinken *v* drop, fall, decrease (*z. B. Spannung, Temperatur*)
sinusförmig sinusoidal, sine-shaped
Sinuspulsweitenmodulation *f* (*LE*) sinusoidal PWM
Sinusschwingung *f* sinusoidal vibration [oscillation], sine(-wave) oscillation, harmonic oscillation
Sinus(wellen)generator *m* sine-wave generator [oscillator], sinusoidal [harmonic] oscillator
Skalen(ein)teilung *f* graduation, scale division, scale
Skalenendwert *m* maximum [end, full] scale value
Skineffekt *m* skin effect (*Stromverdrängung*)
Slave *m* slave (*gesteuertes Gerät*)
SLIP serial line interface protocol
SMD surface-mounted device, SMD
SMS short message service
SMTP simple mail transfer protocol
SNA-Protokoll *n* (*Nrt*) system network architecture protocol (*bei LAN*)
SOAR-Bereich *m* **in Durchlassrichtung** forward-bias safe operation area
Sockel *m* 1. socket, lamp base [cap]; base (*Elektronenröhre*); fuse base (*Sicherung*); (mounting) plug (*Relais*); 2. pedestal
Soffittenlampe *f* tubular (line) lamp
Solarbatterie *f* solar battery; solar-cell array
Sollwert *m* 1. (*Rt*) reference value, control point; 2. set point, set value; 3. (*Dat*) set path, scheduled value, selected value (*IEC 50-811-11-34*)
Sonde *f* probing device; (sensing) probe, sensor, measuring probe; sonde (*Radiosonde*); search electrode (*z. B. im elektrolytischen Trog*)
SOS 1. (*ME*) silicon-on-sapphire, SOS; 2. (*Nrt*) SOS (*internationales Notrufzeichen*)
Sourceschaltung *f* (*ME*) (grounded-) source circuit
Spaltphasenmotor *m* split-phase motor
Spaltpolmotor *m* (*MA*) shaded-pole motor, split-field motor (*IEC 50-411-03-20*)
Spanndraht *m* bracing [span, anchoring] wire, tension cable
Spannung *f* 1. voltage, potential difference; 2. stress; strain; tension (*mechanisch*) • **Spannung gegen Erde** voltage to earth • **unter Spannung (befindlich)** live, alive, voltage-carrying • **unter Spannung setzen** apply a voltage • **unter Spannung stehen** be live

Spannungsabfall *m* voltage [potential] drop, fall of potential; voltage loss
Spannungsausgleicher *m* voltage balancer
Spannungsauslöser *m* shunt release (*IEC 50-441-16-41*)
Spannungsbegrenzer *m* voltage limiter
Spannungserzeugung *f* induction (*erstes maxwellsches Gesetz*); voltage generation
spannungsfest voltage-proof
Spannungsfolger *m* unity-gain amplifier
Spannungs-Frequenz-Umsetzung *f* voltage-(to-)frequency conversion
spannungsführend live, alive, voltage-carrying, hot
Spannungsgegenkopplung *f* inverse [negative] voltage feedback
Spannungsprüfer *m* voltage [potential] tester, voltage detector [indicator], circuit [live-line] tester
Spannungsquelle *f* voltage source [supply]
Spannungsregler *m* 1. voltage control(ler), voltage regulator; constant-voltage regulator, stabilized-voltage regulator (*Spannungskonstanthalter*); variable-voltage regulator (*für wählbare Spannungswerte*); 2. line drop compensator (*für Übertragungsleitung*)
Spannungsstabilisator *m* constant-voltage regulator, stabilized-voltage regulator, voltage stabilizer
Spannungssteller *m* (automatic) voltage regulator, voltage control(ler)
Spannungsteiler *m* 1. (capacitance-) voltage divider (*IEC 50-811-27-10*); potential divider; attenuator; static balancer (*Transformator*); 2. (*Mess*) volt box
Spannungsübersetzung *f* voltage transformation [transfer]
Spannungsverdoppler *m* voltage doubler
Spannungsvervielfacherschaltung *f* voltage multiplication circuit, Bouwer's circuit, Cockcroft-Walton cascade generator (*Greinacher-Schaltung mit Villard-Grundstufe*)
Spannungswandler *m* voltage [potential] transformer, voltage transducer
Spannungszeiger *m* voltage vector (*Wechselstrom, komplexe Rechnung*)
Spannungszwischenkreisstromrichter *m* (*LE*) voltage-controlled converter, voltage source d.c. link converter
Spannvorrichtung *f* 1. clamping device; 2. (*Et*) tensioning equipment, tensioning device, tensioner (*IEC 50-811-33-45*)
Spanplatte *f* chipboard
Sparstelltransformator *m* auto connected regulating transformer
Speicher *m* 1. (computer) memory, store, storage (device); 2. (*Nrt*) director; 3. accumulator
Speicher *m* **mit wahlfreiem Zugriff** random-access memory [store], RAM
Speicherfähigkeit *f* storage capability; storage capacity
Speicherorganisation *f* memory [store] organization; storage architecture
Speicheroszilloskop *n* storage oscillograph [oscilloscope]
Speicherplatz *m* memory [store] location, storage location [position]; memory space
Speicherprogrammsteuerung *f* stored-program control
Speicherregister *n* memory (data) register, storage register
Speicherung *f* 1. (*Dat*) storage; 2. storage, accumulation; 3. capture, hold (*eines Momentanzustands*)
Speicherzelle *f* array memory, memory [storage] cell; register (*Wortspeicher*)
Speiseleitung *f* feeder (line), feed [supply] line, feeder cable (*IEC 50-811-36-08*)
Speisespannung *f* supply [energizing] voltage; rail voltage
Spektralanalysator *m* (*Mess*) spectrum analyzer
Sperrbereich *m* 1. (*ME*) off region; nonconducting zone (*Thyristor*); 2. (*Nrt*) suppressed frequency band, (filter) stop band, (filter) attenuation band
sperren *v* 1. lock, interlock; block; disable; 2. (*Dat*) inhibit; 3. (*Nrt*) take out of service, intercept, suspend (*einen Anschluss*)
Sperrerholungszeit *f* reverse recovery time (*Thyristor*)
Sperrkennlinie *f* 1. blocking characteristic; 2. (*ME*) reverse [inverse] characteristic
Sperrkreis *m* rejection [rejector, stopper, antiresonance] circuit, wave trap; parasitic stopper [suppressor] (*zur Unterdrückung wilder Schwingungen*)
Sperrrichtung *f* 1. (*LE*) blocking direction; 2. (*ME*) non conducting direction, reverse [inverse, backward, high-resistance] direction (*IEC 50-811-28-29*)

Sperrschicht *f* 1. blocking layer; 2. (*ME*) barrier layer, depletion layer [region], space-charge layer; junction
Sperrschichtfeldeffekttransistor *m* junction field-effect transistor, JFET
Sperrschichtkapazität *f* barrier(-layer) capacitance, junction [transition] capacitance, capacitance of the p-n junction
Sperrverhalten *n* rejection characteristic
Sperrwandler *m* reverse converter
Sperrzustand *m* off-state (*Thyristor*); cut-off state; blocking state (*z. B. Relais*)
Spezialmotor *m* special-purpose motor
SPICE simulation program with integrated circuit emphasis, SPICE
Spiegelfrequenz *f* (*Nrt*) image frequency
Spiel *n* 1. (*MA, Ap*) duty cycle (*IEC 50-411-21-08*); 2. (mechanical) play, backlash; (actual) clearance (*in Antriebssystemen*); 3. game
Spitze *f* 1. tip; pivot (*z. B. bei Lagern in Messinstrumenten*); top (*z. B. eines Mastes*); 2. peak; maximum; crest
Spitzendiode *f* point contact diode
Spitzenwert *m* peak [crest] value, top value
Spitze-Spitze-Wert *m* peak-to-peak value
Spleißverbinder *m* splice reinforcement tube
Sprühentladung *f* corona discharge [brushing], spray discharge
Sprung *m* 1. (*Dat, Rt*) jump, step (*z. B. Unstetigkeit im Signalverlauf*); branch (*in einem Programm*); transfer (of control); 2. hop (*Funkwellen*); 3. transition (*Elektronen*); jog (*Kristallgitter*); 4. crevice; crack
Sprungantwort *f* (*Rt*) step [jump] response, step-function (time) response, transient response
Sprunganweisung *f* branch instruction, jump instruction, command to jump, order to jump
SPS stored-program controller
Spule *f* 1. coil, inductance coil; 2. reel, spool (*z. B. für Magnetband*) • **Spule mit mehreren Windungen** multiturn coil • **Spule mit Mittelanzapfung** centre-tapped coil, mid-tap coil
Spulenkern *m* core
Spulenkörper *m* coil shell, (coil) former; bobbin (core)
Spulenwicklung *f* coil winding
Spulenwiderstand *m* coil resistance
Staberder *m* earth(ing) rod
Stabilisierungsbereich *m* stabilization range
Stabilisierungsschaltung *f* (*Rt*) stabilizing [antihunting] circuit
Stabilität *f* 1. stability (*z. B. einer Regelung*); 2. stability, rigidity (*mechanisch*); resistance
Stabilitätsgrenze *f* stability limit
Stabmagnet *m* bar [rod] magnet, magnetic bar
Stahlader *f*/**mit** steel cored
Stahlblech *n* sheet steel; steel plate
Stand *m* 1. level (*z. B. von Flüssigkeiten*); 2. position; 3. state
Standardabweichung *f* (*Mess*) standard deviation; root-mean-square deviation (*Statistik*)
Standardlast *f* standard load
Stand-by-Stromversorgung *f* battery stand-by supply
Ständer *m* 1. (*MA*) stator (*IEC 50-811-14-01*); 2. pillar, post; stand
Ständerwicklung *f* (*MA*) stator winding (*IEC 50-411-07-09*)
Stärke *f* strength (*z. B. des Stroms*); intensity (*z. B. einer Strahlung*); force (*Kraft*)
Starkstrom *m* power(-line) current, heavy current
Starkstromkabel *n* (electric) power cable
Starkstromnetz *n* heavy-current system, power mains
Startdrehmoment *n* initial torque
Starter *m* 1. starter; 2. (*Licht*) starter (switch); 3. (*LE*) trigger electrode
Startimpuls *m* 1. starting [initiating] (im)pulse, start(ing) impulse; 2. (*FO*) main bang
Start-Stopp-Übertragung *f* (*Nrt*) start-stop transmission
stationär 1. stationary, steady(-state); 2. stationary, fixed
Stator *m* (*MA*) stator, frame(work)
staubdicht dustproof, dust-tight
Steck... plug-in
Steckanschluss *m* plug and socket connection, plug-in connection, push-on termination, quick connector • **mit Steckanschluss** plug-connected
steckbar pluggable, plug-in
Steckdose* *f* socket, (electric) coupler socket, plug connector [box], connector socket, (socket-)outlet, (convenience) receptacle; power point • **in die Steckdose stecken** socket

stecken *v* plug; insert; socket (*in die Steckdose*)
Stecker *m* plug; connector (plug), male connector; attachment plug, coupler
Steckerbelegung *f* (connector) pin assignment
Steckernetzteil *n* plug-in power supply unit
Steckkopplung *f* adapter jack
Steckverbinder *m* connector, plug-and-socket connector, plug-and-socket (connection)
Stegleitung *f* flat-webbed wires
stehen bleiben *v* stall, run down (*Motor*)
steigen *v* rise, increase
Steilheit *f* transconductance, mutual conductance, transadmittance (*Elektronenröhre, Transistor*); slope, steepness (*Maß des Kennlinienanstiegs*)
Stellantrieb *m* servo [motor] drive, actuating mechanism, actuator, motor element
stellbar/stufenlos infinitely adjustable
Stellbereich *m* control [operating] range
Stelle *f* 1. (*Dat*) digit; digit position [place]; 2. site (*z. B. im Kristallgitter*); 3. place, position; location
Stelle *f*/**niederwertigste** [**niedrigstwertige**] least-significant digit, lowest-order digit
stellen *v*/**auf null** zero (*z. B. Messgerät*); reset
Stellglied *n* actuating mechanism, actuator; control [controlling, positioning] element; final control element (*z. B. am Ausgang einer Messeinrichtung*); executing [correcting] device, effector, regulating element
Stellgröße *f* 1. regulated quantity; manipulated variable; 2. (*Rt*) correcting variable
Stellmotor *m* servomotor, servo; pilot motor
Stelltransformator *m* adjustable [adjusting] transformer, (voltage-)regulating transformer, variable(-ratio) transformer
Stellwiderstand *m* regulating resistor, rheostat
Stereoempfang *m* stereo reception
Stern-Dreieck-Anlauf *m* star-delta starting (*IEC 50-411-22-19*); wye-delta [y-d] starting
Stern-Dreieck-Schalter *m* star-delta switch [starter], wye-delta switch
sterngeschaltet star-connected, wye-connected, Y-connected
Sternnetz *n* 1. star layout [network, structure], Y-network; 2. (*Nrt*) radial network
Sternpunkt *m* star [neutral] point • **den Sternpunkt auftrennen** separate the neutral connections
Sternpunktleiter *m* midpoint conductor, neutral conductor
Sternschaltung *f* star connection, Y-connection (*IEC 50-131-04-08*)
stetig continuous, steady(-state); constant
Steuerbereich *m* control area
Steuerbus *m* (*Dat*) control bus
Steuerelektrode *f* control [modulator] electrode; gate (*Transistor*)
Steuergerät *n* control gear, controller, control unit
Steuerkanal *m*/**gemeinsamer** (*Nrt*) common control channel, CCCH
Steuerkennlinie *f* 1. control characteristic; 2. (*LE*) transfer characteristic
Steuerkette *f* 1. (*Rt*) open-loop (control) system; 2. timing chain (*mechanisch*)
Steuerkreis *m* (*Rt*) control circuit [loop]
Steuerleistung *f* 1. (*Rt*) control power; 2. (*ME*) gate power (*z. B. eines Thyristors*)
Steuerprogramm *n* (*Dat*) control program [routine]; master control program; driver (routine) (*für periphere Geräte*)
Steuerschalter *m* 1. control switch(group) (*IEC 50-811-29-29*); controller; pilot switch; 2. (*MA*) camshaft controller; sequence switch (*Folgeschalter*); 3. (*Nrt*) register controller
Steuerspannung *f* control(-circuit) voltage (*z. B. am Kontakt eines Befehlsgeräts*); gate voltage (*Thyristor*); trigger voltage
Steuerteil *n* master control unit
Steuerung *f* 1. (*Rt*) control; open-loop control; 2. (*Nrt*) directing, routing; excitation (*von Sendestufen*); 3. control mechanism; controller
Steuerungs- und Regelungstechnik *f* automatic control engineering
Stichleitung *f* stub (line), dead-end feeder; branch line; (matching) stub (*Antennentechnik*)
Stichprobe *f* (*Qu*) (random) sample
Stift *m* 1. pin; stud; prong; 2. stylus (*Fühlstift*); 3. (light) pen (*für Bildschirm*); stylus; ferrule (*LWL; IEC 50-731-05-02*)

stilllegen *v* close down, shut down (*z. B. eine Anlage*)

Stillstand *m* stop; standstill • **im Stillstand und abgeschaltet** rest and de-energized • **zum Stillstand bringen** arrest; stop

Stirnseite *f* front (end)

Stöpselverbindung *f* plug connection

Störabstand *m* signal-to-noise ratio, SNR, S/N, noise ratio

störanfällig susceptible to interference, interference-prone

Störbeeinflussung *f* (disturbing) interference; electrical interference

stören *v* 1. trouble, disturb; interfere (with) (*durch Überlagerung*); 2. (*Nrt*) jam (*durch Störsender*)

Störfestigkeit *f* immunity to a disturbance

Störgröße *f* 1. disturbing quantity; 2. (*Nrt*) interference quantity; disturbance (variable), perturbation (variable); 3. (*Rt*) disturbance

Störquelle *f* disturbing [noise] source

Störschutz *m* 1. noise suppression, radio shielding; EMI-protection, electromagnetic interference protection; 2. noise-suppression anti-interference device

Störsignal *n* 1. disturbance [unwanted, parasitic, interfering, spurious] signal; 2. (*Dat*) drop-in (signal); extraneous signal (*Umwelteinfluss*); hit (*in Übertragungsleitungen*); 3. error signal

Störstelle *f* 1. (*ME*) (crystal) impurity, imperfection; lattice [crystal] defect; 2. fault

Störung *f* 1. failure, fault, trouble; malfunction; line fault, interruption; breakdown; 2. disturbance; interference; (interfering) noise, parasitic noise; jamming (*durch Störsender*); mush (*beim Funkbetrieb*); 3. imperfection, disorder (*Kristall*)

Stoß *m* 1. impact; shock, push; impulse; 2. (voltage) surge; burst (*z. B. Strahlung*); collision (*Teilchen*); 3. (*Ak*) bump

Stoßbetrieb *m* burst mode

Stoßionisation *f* collision [impact] ionization

Stoßkurzschlussstrom *m* 1. (*LE*) peak short-circuit current; 2. (*EE*) instantaneous [asymmetric] short-circuit current, maximum asymmetric short-circuit current (*IEC 50-441-18-25*)

Strahler *m* 1. emitter; radiator, radiation source; 2. (*Wä*) radiation [radiating] element; wire-type radiator; 3. aerial; 4. (*Ak*) projector (*Ultraschall*)

Strahlrücklauf *m* (*Fs*) beam return; flyback (*Elektronenstrahlröhre*)

Strang *m* 1. strand (*Leiter aus grobem Draht*); 2. (*MA*) phase winding

Strangspannung *f* (*MA*) phase voltage

Streifenleitung *f* strip (transmission) line, microstrip, (microwave) stripline

Streubereich *m* 1. scattering region; 2. spread; zone of dispersion

Streufaktor *m* scattering factor; (magnetic) leakage factor

Streufluss *m* leakage [stray] flux

Streuinduktivität *f* leakage [stray] inductance

Streutransformator *m* constant-current transformer

Streuung *f* 1. (*Licht*) scatter(ing) (*IEC 50-731-03-35*); dispersion; leakage; diffusion; 2. (*Licht*) spreading; variance

Strom *m* 1. (electric) current; 2. stream, flow, flux • **unter Strom (stehend)** live, current-carrying

Strom *m*/**lückender** discontinuous current

stromabhängig current-dependent; current-controlled

Stromabnehmer *m* 1. current collector [pick-up]; trolley (current collector); 2. (*Et*) pantograph (*für Elektrofahrzeuge mit Oberleitungsbetrieb*; *IEC 50-811-32-01*); brush; 3. current consumer

Stromabschaltung *f* power cut-off, current switch-off

Stromanstiegsbegrenzung *f* current rise limitation

Stromanstiegsgeschwindigkeit *f*/**höchstzulässige** maximum allowable rate of rise of forward current

Stromart *f* current type [class], kind [type] of current

Stromausfall *m* power [electric supply] failure

Strombedarf *m* current demand [requirement]

Strombegrenzer *m* current limiter, current-limiting device; demand limiter

Strombelastbarkeit *f* current-carrying capacity (*Leiter, Kabel*); ampacity (*in Ampere*)

Stromdichte *f* (electric) current density

stromdurchflossen current-carrying

Stromeinprägung *f* constrained-current operation

Stromflusswinkel *m* 1. angle of current flow; 2. (*LE*) conducting period
Stromgegenkopplung *f* current feedback
Stromkreis *m* (electric) circuit • **einen Stromkreis schließen** close a circuit • **vom Stromkreis trennen** isolate
Stromkreisunterbrechung *f* open, circuit interruption
Stromlaufplan *m* (schematic) circuit diagram, wiring diagram
Stromleitung *f* 1. (current) conduction; 2. power supply line, current lead
stromlos 1. (*ME*) electro less; 2. dead, de-energized, currentless, zero-current; balanced (*Messbrücke*) • **stromlos machen** de-energize
Stromquelle *f* source (of current), current [power] source, current supply
Stromrichter *m* (*LE*) (current) converter, static converter; rectifier
Stromrichterantrieb *m* converter(-fed) drive
Stromrichtung *f* current direction, direction of current (flow)
Stromschiene *f* 1. line [current] bar, bus (bar) (*in Schaltanlagen*); 2. (*Et*) contact [conductor, third] rail, power rail (*Elektrotraktion*; *IEC 50-811-34-01*)
Strom-Spannungs-Beziehung *f* current-voltage relationship
Strom-Spannungs-Kennlinie *f* current-voltage characteristic [curve], volt-ampere characteristic, I-V characteristic
Stromspiegel *m* (*ME*) current mirror
Stromstärke *f* current intensity [strength]; amperage (*in Ampere*)
Stromstoß *m* current (im)pulse, current surge [rush]
Stromteiler *m* current divider
Stromübersetzungsverhältnis *n* current (transformation) ratio
Stromunterbrechung *f* current interruption
Stromverbrauch *m* current [power, electricity] consumption
Stromverdrängung *f* 1. current displacement; skin effect; 2. proximity effect
Stromversorgungsgerät *n* power supply unit
Stromwandler *m* current transformer, current transducer
Stromwärme *f* Joule heat
Stromwendermaschine *f* commutator machine
Stromzwischenkreisstromrichter *m* current source d.c.-link converter, constant-current d.c.-link converter
Stückliste *f* bill of materials
Stufenschalter *m* step(ping) switch, tap(ping) switch, (on-load) tap changer; multicontact [multiple-contact] switch
Stummschalter *m* mute switch
Stützbatterie *f* back-up battery
Stützkondensator *m* back-up capacitor
Südpol *m*/**magnetischer** south magnetic pole
Summenfrequenz *f* sum frequency
Summierglied *n* (*Rt*) summing element (*z. B. im Regelkreis*)
Summierverstärker *m* summation amplifier
Superpositionsprinzip *n* superposition principle
supraleitend superconducting, superconductive, sc
Symmetrie *f* symmetry; balance (*z. B. von Gegentaktverstärkern*)
Symmetrierübertrager *m* balanced transformer, balanced-to-unbalanced transformer, balun
Synchronantrieb *m* synchronous drive
Synchrondemodulator *m* (*Fs*) synchronous detector, synchronous demodulator
Synchrondrehzahl *f* synchronous speed
Synchronisation *f* synchronizing, synchronization; timing
Synchronlinearmotor *m* synchronous linear motor
Synchronmaschine *f* (*MA*) synchronous machine (*IEC 50-411-01-06*)
Synchron-Phasenschieber *m* (*MA*) synchronous condenser, synchronous compensator (*IEC 50-411-04-05*)
Synchronreluktanzmotor *m* (*MA*) synchronous reluctance motor
Systemerder *m* (*EE*) earth(ing) mat
Systemtakt *m* system clock

T

Tachogenerator *m* tachogenerator (*IEC 50-811-24-02*); tachometer generator, tachodynamo
TAE-Dose *f* (*Nrt*) telecommunication socket, telecom socket, telephone socket

TAE-Stecker *m* (*Nrt*) telecom plug, telephone plug
Takt *m* 1. (*Dat*) clock pulse, clock (cycle) (*Zeitmaß*); stroke (*Verbrennungsmotor*); 2. (*Mus*) bar, measure; 3. (*Ak*) measure
Taktflanke *f* edge (of the clock pulse), slope
taktflankengesteuert edge-triggered
Taktfrequenz *f* clock frequency [rate], clock [timing] pulse rate; repetition rate (*z. B. bei der Abtastung*)
Taktgeber *m* clock [timing] generator; timing [synchronizing] pulse generator, timer; master clock; cabling tapper; cadence tapper (*Telegrafie*); (*Mus*) metronome
taktgesteuert clock-controlled
Taktjitter *m* phase jitter; timing jitter
Taktmuster *n* timing pattern
Taktpause *f* clock pulse space
Taktsignal *n* clock(ing) signal, clock pulse; timing strobe (*Zeitmessung*)
Taktsynchronisation *f* clock synchronization
Taktzeit *f* cycle time
Taktzyklus *m* clock cycle
Talpunkt *m* (*ME*) valley point (*Tunneleffekt*)
Tandemmotor *m* (*Et*) tandem motor (*IEC 50-811-12-03*)
tasten *v* 1. (*Nrt*) key; 2. scan; trace
Tastensatz *m* key set
Taster *m* 1. feeler (pin), tracer (finger); sampling element; 2. (*Mess*) probe; 3. push-button switch, key switch
Tastfrequenz *f* (*Nrt*) keying frequency; scanning frequency
Tastkopf *m* 1. scanning [sensing] head; 2. (*Mess*) probe
Tastspitze *f* probe [feeler, tracer] tip, prod
Tastung *f* keying; sampling (action)
Tastverhältnis *n* 1. keying ratio; 2. (*Rt*) make-to-break ratio; 3. (*Nrt*) mark-to-space ratio; pulse duty factor (*von Impulsfolgen*); duty cycle (*Magnetron*); burst-duty factor, pulse control factor
Tauchankermagnet *m* plunger-type magnet
Tauchbad *n* dipping bath (*z. B. zum Löten*)
Tauchkerntransformator *m* telescoping coil transformer
tauchlöten *v* dip-solder
Tauchspule *f* plunger-type coil; moving coil, MC; voice coil (*z. B. für Lautsprecher*)
TCP *n* (*Dat*) transmission control protocol
T-Dämpfungsglied *n* T-pad
Technik *f* 1. engineering (*Wissenschaft*); technology (*Wissenschaft von der Anwendung im Produktionsprozess*); 2. technique, method, procedure (*Herstellungsweise*); 3. equipment; systems (*Ausrüstung*); 4. (*Dat*) hardware
Technologie *f* (process) technology
teilen *v* 1. split; 2. graduate (*z. B. Skalen*); 3. divide (*Mathematik*)
Teilentladung *f* (*Hsp*) partial discharge, PD; corona
Teiler *m* 1. divider; voltage divider; 2. divisor (*Mathematik*); 3. scaler (*Impuls-Untersetzer*)
Teiler *m*/**kapazitiver** 1. capacitor divider; 2. (*Hsp*) capacitive voltage divider
Teilerkette *f* divider chain (*zur Frequenzteilung*)
Teilkapazität *f* partial capacitance
Teillast *f* (*Et*) partial load, part-load, subload, underload
Teilleiter *m* 1. (*MA*) strand, conductor element, component conductor (*z. B. eines Röbelleiters*); 2. (*EE*) subconductor (*Bündelleiter*)
Teilnehmer *m* 1. (*Nrt*) subscriber, party; 2. (*Dat*) user • **„Teilnehmer besetzt"** "subscriber busy", "subscriber engaged" • **„Teilnehmer nicht anwesend"** "absent subscriber" • **„Teilnehmer vorübergehend nicht erreichbar"** "subscriber temporarily unobtainable"
Teilschritt *m* partial pitch (*Wickeltechnik*)
Teilspannung *f* partial voltage
Teilstrich *m* graduation line [mark], division mark; scale division, index graduation
Teilstrom *m* partial [component] current
Teilung *f* 1. splitting; partition; 2. pitch (*z. B. Polteilung*); 3. graduation (*Skale*); 4. division (*Mathematik*)
Telefon *n* **für Mehrfrequenz- und Impuls-Wahlverfahren** (*Nrt*) MFC and pulse dialling telephone, dual-signalling telephone (*Telefonapparat für beide Wahlverfahren, wahlweise*)
Telefonanlage *f* (*Nrt*) telephone facility
Telefonkanal *m* (*Nrt*) telephone channel, voice channel (*Bandbreite 300 Hz–3400 Hz*)

Telegrafie *f* **und Telefonie in zwei unabhängigen Seitenbändern** telegraphy and telephony in two independent sidebands, B9W (*Bezeichnung nach VO Funk, Genf 1982; alt A9B*)
telegrafisch telegraphic(al), by telegram
Telegramm *n* telegram, message; cable (*Überseetelegramm*)
Telekommunikation *f* (*Nrt*) telecommunication, TC (*Informationstechnik, Nachrichtentechnik, Fernmeldetechnik*)
Telekommunikationsnetz *n* (*Nrt*) telecommunication network, TC network
TEM-Mode *f* (*LWL*) transverse electromagnetic [electric and magnetic] mode, TEM mode (*IEC 50-731-03-56; Wellenleiter*)
temperaturabhängig temperature-dependent
Temperaturbeiwert *m* temperature coefficient
Temperaturfühler *m* (*Mess*) temperature sensor [detector], temperature-sensing device [element], thermometer [pyrometer] probe
Temperaturkompensation *f* temperature compensation
Temperaturregler *m* temperature controller, thermoregulator, (high-sensitivity) thermostat
Temperaturspannung *f* 1. voltage equivalent of thermal energy; 2. thermal stress
TEM-Welle *f* transverse electromagnetic wave, TEM wave
T-Ersatzschaltung *f* T-equivalent circuit, equivalent T circuit, equivalent-T (network)
TE-Welle *f* transverse electric wave, H-wave (*Wellenleiter*)
TF-Leitungsverstärker *m* (*Nrt*) carrier repeater
T-Flipflop *n* trigger flip-flop, T flip-flop
TF-Multiplexeinrichtung *f* (*Nrt*) carrier multiplex equipment
Thermistor *m* thermistor, thermally sensitive resistor (*Heißleiter*)
Thermoauslöser *m* thermal cut-out
Thermoelement *n* thermocouple, thermoelectric element [couple]
Thermoschalter *m* thermal circuit breaker
Thermospannung *f* thermoelectric voltage [potential], thermovoltage, thermoelectromotive force, thermo emf
Thomson-Messbrücke *f* (*Mess*) Thomson [Kelvin, double] bridge
Thyratron *n* thyratron, hot-cathode gas-filled tube [valve]; gas tube switch, electronic relay
Thyristor *m* (*LE*) thyristor, silicon controlled rectifier, SCR
Thyristor *m***/gitterabschaltbarer** gate turn-off thyristor, GTO
Thyristordiode *f***/rückwärts leitende** reverse-conducting diode thyristor
Tiefentladung *f* exhaustive discharge (*Batterie*)
Tiefpass *m* (*Ak, Nrt*) low pass (filter), LP, LPF
Tiefsetzsteller *m* buck chopper (*Gleichstromsteller*)
Tischgerät *n* (*Nrt*) desk set, desk top set [unit], table set
TK TC, telecommunication
TK Übertragungs- und Multiplextechnik *f* (*Nrt*) TC transmission and multiplexing, TC TM
TMC traffic massage channel
Tonblende *f* tone control, sound corrector, bass-treble control(ler)
Tonfrequenzgenerator *m* 1. audio-frequency oscillator, audio(-frequency) generator; 2. (*Nrt*) voice-frequency generator
Tonfrequenzrundsteueranlage *f* audio-frequency remote control system
Topfkern *m* cup core
Topfmagnet *m* pot magnet; screened [shielded] electromagnet
Topologie *f* topology (*beim Leiterplattenentwurf*)
Tor *n* 1. (*ME*) gate; 2. (*Dat*) gate, gateway, port
Totalausfall *m* blackout (failure)
Totmannknopf *m* dead-man's handle, safety control handle; canopy switch
Totzeit *f* (*Rt*) dead [delay] time, lag (time) (*z. B. bei der Signalübertragung*)
Trafostation *f* 1. transformer station; 2. (*EE*) distribution substation
Träger *m* 1. carrier (*z. B. Ladungsträger, Signalträger*); 2. base, substrate; support(ing) material, structures (*IEC 50-811-33-19*); 3. bracket; arm beam
Trägerfrequenz *f* (*Nrt*) carrier frequency
Trägerstaueffektbeschaltung *f* anti-hole storage circuit

Tragfähigkeit *f* (load-)carrying capacity; bearing capacity [strength]
Traktion *f* (*Et*) traction
Transduktor *m* transductor, magnetic amplifier
Transformator *m* transformer
Transformatoranzapfung *f* transformer tap
Transformatorersatzschaltung *f* equivalent circuit of a transformer
Transientenrekorder *m* transient recorder
Transistor *m* transistor
Transistorersatzschaltung *f* transistor equivalent circuit
Transistorpaar *n*/**komplementäres** complementary pair of transistors (*p- und n-Transistoren*)
Transistorrelais *n* transistor relay
Transitfrequenz *f* (*ME*) transition [transit] frequency
Transponder *m* transponder, transmitter responder
Transversalwelle *f* transverse wave
Treiber *m* 1. (*Dat*) driver; 2. exciter (*Elektronenröhrentechnik*)
trennen *v* 1. (*ME*) disconnect; break, interrupt; open, isolate (*Stromkreis*); 2. (*Nrt*) clear, cut off; 3. cut (*Kristalle*); 4. separate; grade (*nach Korngrößen*)
Trenner *m* isolator (switch), air-break disconnector
Trennschalter *m* 1. disconnecting switch, disconnector (*IEC 50-811-29-17*); isolating switch; 2. (*Hsp*) air breaker, air-break disconnector; 3. (*Nrt*) interruption key
Trennschärfe *f* (*Nrt*) selectivity; discrimination
Trennschütz *n* contactor disconnector
Trennsicherung *f* bridge fuse (*in Steckdosen*)
Trennstelle *f* test(ing) point; sectioning point (*eines Trenners*; *IEC 50-811-36-11*)
Trennstrecke *f* 1. air break; 2. (*Hsp*) isolating distance (*IEC 50-441-17-35*); 3. circuit sever
Trenntransformator *m* isolating transformer
Trennverstärker *m* 1. buffer [isolating] amplifier; 2. (*Nrt*) trap amplifier; distribution amplifier (*Antennentechnik*)
Treppengenerator *m* staircase generator
Triac *m* triode alternating current semiconductor switch, TRIAC (*Halbleiterbauelement das in beiden Richtungen Strom führen kann*)
Triggerpegel *m* trigger [triggering] level
Triggerschaltung *f* 1. trigger (circuit) (*zur Erzeugung von Schaltimpulsen*); 2. (*Dat*) toggle circuit
Trimmer *m* trimmer (capacitor), trimming capacitor
Triode *f* triode, three-electrode valve [tube], triode valve
Tri-state-Gatter *n* three-state gate (*Schaltung mit drei Zuständen*)
Tritt *m* 1. step; 2. footstep, footfall (*hörbar*) • **außer Tritt** (*MA*) out-of-step • **außer Tritt fallen** pull out of synchronism (*Synchronmotor*)
Trockenbatterie *f* dry(-cell) battery
Trommelanker *m* drum(-wound) armature, drum rotor
Trommelläufermaschine *f* (*MA*) cylindrical rotor machine (*IEC 50-411-01-15*)
T-Schaltung *f* T network, tee network
Tunneldiode *f* tunnel [Esaki] diode
Tunneleffekt *m* tunnel effect, tunnelling (effect) (*Durchgang eines Ladungsträgers durch einen Potenzialwall*)
Turbine *f* turbine
Turbogenerator *m* (*MA*) turbo-generator, turbo-alternator (*IEC 50-411-06-18*)

U

UART universal asynchronous receiver-transmitter
Überanpassung *f* overmatching
überbelasten *v* overload; overstress; overexpose
überblenden *v* 1. fade [change] over, cross-fade, fade out and in, fade up and down (*Ton*); 2. dissolve (*Film*)
überbrücken *v* bridge; shunt, bypass; jumper (*durch Schaltdraht*)
übererregt overexcited
Übergang *m* 1. transition; 2. change (-over); 3. (*ME*) junction (*Übergangszone*)
Übergangsverhalten *n* 1. transient response [behaviour, performance]; 2. transient characteristic, characteristic [unit step] response (*Kenngröße*)
Übergangsvorgang *m* transient (phenomenon); transient process

Übergangsvorgänge *mpl* **beim Ein- und Ausschalten** make-and-break transients
Übergangswiderstand *m* 1. transition resistance; contact resistance; structure footing resistance (*Freileitungsmast*); 2. (*ME*) junction resistance
Überkompensation *f* overcompensation
überladen *v* overload; overcharge (*z. B. Batterie*)
überlagern *v* 1. super(im)pose; 2. (*Nrt*) heterodyne
Überlagerungsfrequenz *f* 1. heterodyne [beat] frequency; 2. (*Nrt*) supertelephone frequency
Überlagerungssatz *m* superposition theorem
Überlast(aus)schalter *m* overload circuit breaker
Überlastungsschutz *m* 1. overload protection; 2. overload protector [protective device] • **mit Überlastungsschutz** overload-protected
übermitteln *v* transmit
Übermittlungsfehler *m* (*Nrt*) message error
Überputzdose *f* surface-type box
Überreichweite *f* overshoot, overrange, over-coverage
Überschlag *m* 1. arc-over, spark-over, flash-over, breakover (*z. B. Funken, Lichtbogen*); 2. estimate, estimation
überschlagen *v* 1. spark over, flash over (*Lichtbogen*); 2. estimate
Überschlaglöscheinrichtung *f* flash suppressor
Überschlagstrecke *f* spark-over path [distance], flash-over distance [path]
Überschreitung *f* 1. exceeding; overrange (*z. B. des Messbereichs*); overtravel; 2. (*Dat*) overflow (*z. B. des Zahlenbereichs, der Speicherkapazität*)
Überschwingen *n* 1. (*Rt*) overshoot(ing); overtravel; 2. (*Fs*) ringing
Übersetzungsverhältnis *n* 1. transformation [voltage] ratio (*Transformator*); (*Strom- oder Spannungswandler*) active transformation ratio; turn(s) ratio (*der Windungen*); 2. (*MA*) transmission [gear] ratio (*Getriebe*)
Überspannung *f* overvoltage, excess(ive) voltage
Überspannungableiter *m* surge voltage protector
Überspannungsbegrenzer *m* transient protective device, overvoltage limiter [suppressor], voltage surge protector
Überspannungsschutz *m* overvoltage [excess voltage] protection; surge protection (*Wanderwellenschutz*)
Übersteuerung *f* overmodulation, overdriving; overload(ing)
überstreichen *v* sweep (over), cover; scan
Überstrom *m* overcurrent, excess(ive) current; surge current (*Stoßstrom*); forward overload current (*beim Thyristor*)
Überstromauslösung *f* overcurrent [overload] release, overcurrent circuit breaking, tripping
Überstromschalter *m* overcurrent [overload] switch; overcurrent [maximum] circuit breaker; line contactor [circuit breaker]
übersynchron supersynchronous
Übertemperatur *f* excess temperature, overtemperature; temperature rise
übertragen *v* 1. transfer; transmit; 2. radio (*durch Funk*); broadcast (*Rundfunksendung*); 3. (*Dat*) carry (over); 4. map (*Schaltkreisentwurf*)
Übertrager *m* 1. transmitter; transformer; 2. (*Nrt*) repeating coil
Übertragungsfaktor *m* 1. transmission factor; sensitivity; 2. (*Rt*) transfer coefficient [factor]; 3. gain (*Verstärkung*)
Übertragungsfunktion *f* 1. (*Rt*) transfer function; 2. performance operator (*Operatorenrechnung*)
Übertragungsgeschwindigkeit *f* 1. transmission rate [speed]; 2. (*Nrt*) transfer rate, signalling speed
Übertragungskanal *m* communication channel, (transmission) channel
Übertragungskennlinie *f* transfer characteristic [curve] (*Vierpol*); gain characteristic
Übertragungsleitung *f* transmission line
Übertragungsmaß *n* 1. transmission [transfer] constant; image transfer constant (*des Vierpols*); propagation factor [constant]; 2. (*Ak*) sensitivity level
Übertragungsrichtung *f* (*Nrt*) direction of transmission
überwachen *v* monitor; supervise, observe; control
Uhrzeigersinn *m* clockwise direction

UKW-Bereich *m* very-high-frequency range, VHF range [region]
Ultrahochfrequenz *f* (*UHF*) ultra high frequency, UHF (*Dezimeterwellen, 300 Mhz–3 GHz, nach DIN 40015 und VO Funk*)
Ultraschallsender *m* ultrasonic [supersonic] transmitter
Umdrehungen *fpl* **je Minute** revolutions per minute (*technische Kenngröße für Drehzahlen oder Umlauffrequenzen*)
Umformer *m* converter (*z. B. für Energie*); transducer; transformer
Umgebungstemperatur *f* ambient [environmental] temperature
Umkehranlasser *m* reversing starter
Umkehrspanne *f* 1. (*Mess*) hysteresis error; 2. (*Rt*) incremental hysteresis (*nichtlineare Glieder*)
Umkehrstromrichter *m* two-way rectifier
Umkehrstufe *f* inverter stage
umkippen *v* flip (*Multivibrator*)
Umladung *f* recharge, charge exchange
Umlauf *m* 1. (re)circulation, rotation; 2. (*Dat*) cycle; revolution; turn(over)
Umlaufgeschwindigkeit *f* 1. rotation(al) speed; circulation speed, speed of circulation (*z. B. der Kühlflüssigkeit*); 2. (*Dat*) cycle rate
Umlaufrichtung *f* direction of rotation; circulation direction
Umlaufschieberegister *n* (*ME, Dat*) recirculation shift register
Umleitung *f* 1. redirection, alternative routing, rerouting; 2. bypass, by-pass
Ummagnetisierung *f* remagnetization, magnetic reversal, reversal of magnetism; cyclic magnetization
Ummagnetisierungsarbeit *f* (magnetic) hysteresis energy
ummanteln *v* jacket, sheathe (*z. B. Kabel*); (metal-)clad
umpolen *v* change [reverse] the polarity; commutate
Umrichter *m* (*LE*) converter, frequency changer [converter]
UMS unified messaging services
Umschalter *m* change-over switch, double-throw switch [circuit breaker]; two-way switch (*für zwei Stromkreise*); selector switch
Umschaltpunkt *m* switch point (*z. B. auf Kennlinien*); flip-over point (*bei Schalthysterese*)
Umschaltung *f* 1. (change-over) switching; change-over, changing-over; commutation (*Stromwendung*); 2. (*Nrt, Dat*) escape
Umsetzer *m* 1. converter (unit); transformer; 2. (*Dat, Nrt*) converter, translator; coder
Umspanner *m* (*EE*) transformer
Umspannungsverhältnis *n* transformation ratio
Umspannwerk *n* power substation, transformer [transforming] station, transformer substation
Umtastung *f* (*Nrt*) shift keying (*bei digitalen Träger-Modulationsverfahren*)
UMTS *n* (*Km*) Third Generation GSM, 3GGSM, universal mobile telecommunications system (*universelles mobiles Telekommunikationssystem*)
umwandeln *v* convert, change; transform; translate (*Informationen*)
Umweltbelastung *f* environmental pollution
unabgeglichen unbalanced, out-of-balance (*z. B. eine Brücke*)
unabgeschirmt unshielded, unscreened
unabhängig 1. independent; self-contained; 2. (*Rt*) autonomous; 3. (*Dat*) off-line
unbegrenzt unbounded, unlimited; infinite
unbelastet unloaded, non-loaded, off-load; unstressed
unbestückt bare, unloaded (*Leiterplatte*)
undeutlich 1. indistinct, blurred; illegible, unreadable; 2. (*Nrt*) inarticulate, unintelligible; 3. (*Rt*) fuzzy
ungedämpft undamped, non-damped, non-attenuated
ungeladen uncharged, neutral
ungeschützt unguarded, non-protected; bare (*z. B. Draht*); open-type (*Gerät*); unsafe (*z. B. Daten*); unsecured (*z. B. Datei*)
Unijunction-Transistor *m* unijunction transistor, double-base diode
unipolar unipolar, monopolar; homopolar
Unipolarmaschine *f* unipolar [homopolar] machine, acyclic machine
Unipolartransistor *m* unipolar transistor (*Feldeffekttransistor*)
Universalmessbrücke *f* (*Mess*) universal bridge, resistance-iductance-capacitance-bridge (*Wechselstrommessbrücke*)
Universalmotor *m* a.c. commutator motor, universal motor

Univibrator *m* univibrator, monostable [one-shot] multivibrator, monoflop
unkompensiert unbalanced, uncompensated
unmagnetisch anti-magnetic, non-magnetic; unmagnetized
unscharf 1. unsharp; blurred (*z. B. Fernsehbild*); out-of-focus (*Optik*); broad (*Rundfunk*); 2. (*Rt*) fuzzy
Unterbrechung *f* 1. interruption, disconnection; break(ing) (*Kontakt*); cut-out, cut-off; 2. (*Dat*) interrupt; 3. (*Nrt*) spacing (*Trennzeit*) • **mit Unterbrechung** (**auftretend**) intermittent
unterdrücken *v* suppress; damp out (*Schwingungen*); reject
untererregt underexcited
Unterkompensation *f* (*MA*) undercompensation
Unterlast *f* underload
Unterputzdose *f* flush device box, flush socket
Unterschiedsschwelle *f* discrimination [difference, differential] threshold
Unterspannungsauslöser *m* undervoltage trip [release]
Unterspannungsseite *f* low voltage side
Untersynchron-Reluktanz-Motor *m* (*MA*) subsynchronous reluctance motor (*IEC 50-411-03-13*)
Unterverteiler *m* 1. subsidiary distribution box; 2. (*Nrt*) secondary cross-connection point
unverwechselbar non-interchangeable; non-reversible (*z. B. Steckvorrichtung*)
unverzweigt unbranched, non-branched
UPS uninterruptible power supply
Urspannung *f*/**elektrische** electromotive force, emf, internal voltage
Urspannung *f*/**magnetische** magnetomotive force, mmf
U-Stromrichter *m* constant-voltage d.c. link converter

V

VAC *n*, **Vac** *n* volt alternating current
Vakuumglühlampe *f* vacuum (tungsten-filament) lamp
Valenzelektron *n* valence [bonding, outershell] electron
var volt-ampere reactive (*Einheit der elektrischen Blindleistung*)
Varaktor *m* varactor, variable-capacitance diode, varicap, voltage-variable capacitor diode (*Halbleiterdiode mit spannungsabhängiger Kapazität*)
Varistor *m* varistor, voltage-dependent resistor
V-Blech *n* horseshoe electrode (*in Lichtbogenlöschkammern*)
VCO VCO, voltage-controlled oszillator (*spannungsgesteuerter Oszillator*)
VDE-Bestimmung *f* VDE regulation, VDE recommendation
Vektorschreibweise *f* vector notation
Ventil *n* 1. valve (*hydraulisch, pneumatisch*); 2. rectifier, (electric) valve (*elektrisch*)
verbinden *v* 1. connect (*leitend*); interconnect; 2. (*Nrt*) put through; 3. (*ME*) bond; 4. link; couple; join
Verbindung *f* 1. connection; joint (*Verbindungsstelle*); junction; 2. (*Dat*) link; 3. (*ME*) bond; 4. (*Nrt*) (inter)communication; connecting line; 5. connection; joining; junction; interlinking (*z. B. von Systemen*); linkage (*im Programmablaufplan*); 6. (*ME*) bonding • **Verbindung bekommen** (*Nrt*) get through • **eine Verbindung lösen** unplug; disconnect • **„Verbindung hergestellt“** “call connected” • **in Verbindung stehen** 1. contact; 2. (*Nrt*) (inter)communicate • **keine Verbindung bekommen** (*Nrt*) can not get through [a line]
Verbraucher *m* consumer
Verbundleitung *f* (*EE*) tie line
Verbundmotor *m* (*MA*) compound motor (*IEC 50-811-12-16*)
Verbundnetz *n* 1. interconnected network; 2. (*EE*) integrated transmission system, intrasystem; interconnection (*Verbindung von Energieversorgungsnetzen*); 3. (*Nrt*) mixed network
verdrahten *v* wire (up)
Verdrahtungsliste *f* (*Dat*) wiring list
Verdrahtungsplan *m* wiring [connection] diagram, wiring scheme [list]
verdrillen *v* twist; transpose (*Drähte*)
vereinzeln *v* single; separate
Verfahren *n* process, method; procedure, technique
Vergleicher *m* comparator
Vergleichsspannung *f* reference voltage
vergrößern *v* magnify; enlarge; increase

Verhalten *n* behaviour; performance; response, action (*Regelung*)
verkabeln *v* cable
verkapseln *v* encapsulate
Verkehr *m* 1. (*Nrt*) communication; 2. (*Et*) traffic (*IEC 50-811-03-01*)
Verkettung *f* 1. (*Rt*) link, interconnection; 2. interlinking (*von Systemen*); 3. (*Dat*) concatenation; 4. (*Dat*) daisy chain
verknüpfen *v* (inter)link; interconnect
Verknüpfungstafel *f* truth table; boolean operation table
Verlängerungsleitung *f* extension line [lead]
Verlauf *m* 1. course, behaviour (*z. B. einer Kurve, einer Funktion*); 2. run (*eines Kabels*); 3. curve, characteristic
verlegen *v* lay (out) (*Kabel*); wire (*z. B. Drähte*); install
Verlust *m* 1. loss; 2. Dissipation (*IEC 50-731-01-48*)
verlustarm low-loss
verlustbehaftet lossy
Verlustfaktor *m* loss factor; leakage factor, power factor, dissipation factor
Verlustleistung *f* 1. dissipation (power), loss (power); power loss [dissipation]; 2. (*MA*) stray [leakage] power
Verlustwiderstand *m* dissipative resistance, (dissipation) loss resistance
Verlustwinkel *m* (dielectric) loss angle, loss tangent (*bei Dielektrika oder Wandlern*); insulation power factor
vermascht 1. (inter)meshed; 2. (*Rt*) complex, multiloop; interconnected
Verriegelungsschaltung *f* interlock(ing) circuit, blocking circuit
verschachteln *v* interleave, interlace; nest (*z. B. Unterprogramme*)
verschieben *v* shift (*z. B. die Phase*); set off; displace; slide; relocate (*Programmadressen*); rotate (*z. B. Bits in einem Register*); scroll (*z. B. Bildschirminhalte*)
Verschiebungsfluss *m* electric [displacement] flux
Verschiebungsflussdichte *f* dielectric [electric] flux density
verschmoren *v* scorch (*z. B. Kabel*)
Versorgungsnetz *n* (supply) mains; supply circuit (*z. B. im Haushalt*)
Versorgungsspannung *f* (*EE*) (power) supply voltage
Verstärker *m* 1. amplifier; intensifier; 2. (*Nrt*) repeater (*einer Richtfunkverbindung*); booster
Verstärkerbetrieb *m* amplifier operation
Verstärkung *f* 1. amplification; boost(ing); (transmission) gain; 2. (*Nrt*) repeater gain; 3. (amplifier) gain (*Verstärkungsfaktor*); 4. reinforcement, strengthening
Verstärkungsfaktor *m* amplification factor [coefficient], gain (factor)
verstellbar adjustable
Verstellmotor *m* 1. servomotor, pilot motor; 2. brush-shifting motor
verstimmt detuned, mistuned, off-tune, off-resonance
Versuchsanordnung *f* test set-up
Versuchsauswertung *f* evaluation of test
Versuchsfeld *n* (*Qu*) test(ing) bay, test(ing) field
vertauschbar exchangeable, replaceable
Verteiler *m* 1. distributor, distribution board [frame] (*Schaltanlage*); terminal box (*für Kabel*; *siehe auch*: *Verteilerdose*); 2. (*Nrt*) junction box, patching bay
Verteilerdose *f* distribution [distributing, junction] box
Verteilerschrank *m* 1. distributing cabinet [pillar]; 2. (*An*) link box
Vertikalablenkplatten *fpl* vertical plates, Y-plates (*Katodenstrahlröhre*)
Vertikalantrieb *m* vertical drive
Verträglichkeit *f*/**elektromagnetische** electromagnetic compatibility, EMC
Verweilzeit *f* 1. time of stay, retention [holding, hold-up] time; 2. (*MA*) dwell time
Verzerrung *f* distortion (*IEC 50-731-01-47*)
verzögern *v* 1. delay (*zeitlich*); retard; 2. decelerate, slow (down)
Verzögerungszeit *f* 1. delay time, lag time; time delay [lag]; retardation time; propagation delay (*in Digitalschaltungen*); 2. (*ME*) recovery time (*Sperrverzögerung*); 3. decelerating time (*bei Antrieben*)
verzweigt branched
Verzweigungspunkt *m* 1. (*ME*) branch(ing) point; junction point, node; 2. (*Nrt*) connection point; 3. (*Rt*) take-off point, pick-off point (*im Signalflussplan*)
V-FET, VFET vertical field-effect transistor

V-Graben-MOS-Transistor *m* V-groove metal-oxide semiconductor field-effect transistor, V-groove MOSFET, VMOSFET
VHF *f* very high frequency, VHF (*Meterwellen, 30 Mhz–300 MHz, nach DIN 40015 und VO Funk*)
Videofrequenztechnik *f* video frequency engineering
Vidikon *n* vidicon, vidicon camera [pickup] tube
vieladrig multicore, multiwire
Vielfachausnutzung *f* (*Nrt*) multiplexing
Vielfachbus *m* (*Dat*) multiple bus
Vielfachinstrument *n* (*Mess*) multipurpose instrument [meter], multimeter, volt-ohm milliammeter
Vielfachsteckverbinder *m* multipoint [multiway] connector
Vierdrahtschaltung *f* (*Nrt*) four-wire connection [switching]
Vierer *m* 1. quad (*Kabel*); 2. (*Nrt*) phantom circuit
Vierpol *m* quadripole (network), four-pole network [circuit], four-arm network, four-terminal network, two-port (network)
Vierpolersatzschaltbild *n* four-pole equivalent circuit
vierpolig quadripolar, four-terminal, four-pole, tetrapolar
Vierquadrant(en)stromrichter *m* (*LE*) four-quadrant converter
Vierschichtdiode *f* four-layer diode, p-n-p-n diode
Viertelwellenantenne *f* quarter-wave aerial
virtuell virtual (*irreal durch Computer erzeugt, z. B. Bild*)
Vollausschlag *m* (*Mess*) full-scale deflection, full scale
vollgesteuert (*LE*) fully controlled
Volllastanlauf *m* full-load starting
Vollpol *m* (*MA*) non-salient pole (*IEC 50-411-10-05*)
Vollschutz *m* complete protection
Vollwelle *f* full wave
Volt *n* volt, V (*SI-Einheit der elektrischen Spannung*); volt direct current (*bei Gleichspannung Vdc*); volt alternating current (*bei Wechselstrom Vac*)
Volta-Element *n* Volta [voltaic] cell
Volumen *n* volume; bulk (*bei Festkörpern*)
voraltern *v* age before use; burn in
Vorbelastungswiderstand *m* bleeder resistance (*für Gleichrichter*)
Vorderflanke *f* leading edge (*Impuls*)
Vorderseite *f* front (side), face; component side (*Bauteilseite einer Leiterplatte*)
voreilen *v* lead (*Phase*); advance
Voreilwinkel *m* (*MA*) advance angle, lead [advance] angle
Voreinstellung *f* 1. preset(ting); 2. (*Mess*) pointing (*von Skalen*); 3. (*Fs*) prefocus(s)ing
Vorgabewert *m* (pre)set point; default value
Vorgang *m* event, process, procedure, happening, event, action; operation • **während des Vorgangs** on the fly (*z. B. Lesen während des Schreibens*)
vorgegeben default (*z. B. Wert*)
vorgespannt preloaded, biased
Vorhaltregler *m* derivative controller, differential(-action) controller
Vorlage *f* artwork; pattern; original; master; copy
Vorlast *f* initial load
Vorlauf *m* advance; pretravel (*bei Schaltelementen*); forward run
vormagnetisieren *v* premagnetize, bias
Vorrangschalter *m* priority switch
Vorschaltdrossel *f* series reactor
Vorschubregelung *f* feed control
Vorspannung *f* (*ME*) bias (voltage), biasing voltage [potential]; priming voltage
Vorverstärker *m* preamplifier
Vorwärts-Rückwärts-Zähler *m* bidirectional [forward-backward, up-down] counter
Vorwärtssteilheit *f* forward transadmittance
Vorwärtszähler *m* up-counter, count-up counter
Vorwiderstand *m* 1. series resistor, (voltage) dropping resistor; ballast resistor (*bei Elektronenröhren*); 2. (*Mess*) multiplier (resistor); compensating resistor (*Temperaturkompensation*)
Vorzeichen *n* sign • **mit entgegengesetztem Vorzeichen** opposite in sign • **mit negativem Vorzeichen** negative in sign • **mit positivem Vorzeichen** positive in sign • **negatives Vorzeichen haben** be negative in sign • **positives Vorzeichen haben** be positive in sign

W

Wackelkontakt *m* loose connection [contact], defective [poor, intermittent, tottering] contact
wählen *v* 1. (*Dat*) select; 2. (*Nrt*) dial (*eine Nummer*)
Wahrheitswert *m* truth value (*Schaltlogik*)
Wahrnehmungsschwelle *f* threshold of sensation [perception]; detection threshold; visual threshold
Walzenschalter *m* drum(-type) controller, controller (*Elektromotor*); barrel controller [switch], drum switch
Wälzkontakt *m* rolling contact (*IEC 50-441-15-16*)
Wandler *m* transducer (*z. B. Signalwandler*); converter (unit); transformer (*für Strom oder Spannung*)
Wandmontage *f* wall [surface] mounting
Warenzeichen *n* trade mark
Wärmeabführung *f* 1. heat dissipation [removal]; heat sinking; 2. power dissipation (*Verlustabführung in elektrischen Maschinen und Geräten*)
Wärmeableiter *m* heat sink
Wärmeentwicklung *f* heat development, heat generation
Wärmeersatzschaltung *f* thermal equivalent circuit
Wärmekapazität *f* heat [thermal] capacity
Wärmekreislauf *m* heat cycle
Wärmeleitfähigkeit *f* heat [thermal] conductivity
Wärmeleitpaste *f* heat transfer compound, thermo-lubricant
Wärmestau *m* heat concentration
Wärmeübergangswiderstand *m* thermal [heat-transfer] resistance
Wärmewiderstand *m* thermal resistance
Warnlampe *f* warning [alarm] lamp; (panel) indicator lamp, pilot lamp (*an Schalttafeln*)
Warnsignal *n* warning signal; danger signal
Warteschaltung *f* 1. (*Dat*) queueing circuit; 2. (*Nrt*) holding circuit
Wartezustand *m* 1. standby condition (*Bereitschaft*); 2. (*Dat*) wait status, wait(ing) state, acceptor waiting mode; 3. (*Nrt*) camp-on
Wartungsanleitung *f* maintenance instructions
Wartungsdienst *m* maintenance service
wartungsfreundlich easy to maintain [service], maintainable
wasserdicht water-tight, waterproof
wassergekühlt water-cooled
Wasserkraftwerk *n* hydroelectric power plant [station], water power plant
Wattmeter *n* (*Mess*) wattmeter, active power meter
Wattstundenzähler *m* (*Mess*) watt-hour (demand) meter, (active-)energy meter
Wechsel *m* change; alternation
Wechselanteil *m* alternating [pulsating, oscillating] component (*z. B. einer Spannung, eines Stroms*)
Wechselbetrieb *m* (*Nrt*) simplex operation [working], simplex; half-duplex operation
Wechselgröße *f* alternating [oscillating] quantity
Wechselkontakt *m* changeover contact
Wechselpolmaschine *f* alternating flux machine
Wechselrichter *m* (*LE*) inverter, d.c.-to-a.c. inverter [converter], inverted rectifier, rectifier inverter (*IEC 50-811-19-13*)
Wechselrichterkippen *n* through-conduction
Wechselrichterstabilitätsgrenze *f* limit of inverter stability
Wechselschalter *m* change-over switch, double-throw switch; two-way switch (*Installationstechnik*)
Wechselspannung *f* alternating voltage [potential], a.c. [AC] voltage
Wechselspannungskomponente *f* alternating component of voltage, a.c. (voltage) component
Wechselspannungsquelle *f* a.c. (voltage) source
Wechselspannungssteller *m* a.c. (voltage) controller
Wechselspannungsumrichter *m* a.c. voltage converter (*IEC 50-551-01-09*)
Wechselsprechanlage *f* interphone, two-way telephone system, talk-back device
Wechselspulinstrument *n* change coil instrument
Wechselstrom *m* alternating current, a.c., A.C.
Wechselstrom *m*/**mehrphasiger** polyphase alternating current
wechselstrombetrieben a.c.-operated

Wechselstromkommutatormaschine *f* (*MA*) a.c. commutator machine (*IEC 50-411-01-10*)
Wechselstromkreis *m* a.c. circuit
Wechselstromleistung *f* a.c. power
Wechselstrommotor *m* (*MA*) a.c. motor (*IEC 50-411-03-04*)
Wechselstrommotorkondensator *m* a.c. motor capacitor
Wechselstromnetz *n* a.c. mains [network, system]
Wechselstromrelais *n* a.c. relay
Wechselstromsteller *m* electronic a.c. power controller
Wechselstromtechnik *f* a.c. engineering, a.c. technology
Wechselstromumrichter *m* a.c. power converter
Wechselstromverhalten *n* a.c. behaviour
Wechselstromwiderstand *m* a.c. resistance
Wechselstromzähler *m* a.c. meter
Wechselwegschaltung *f* bidirectional connection
Wechselwirkung *f* interaction • **in Wechselwirkung stehen** interact
Wechsler *m* changeover contact element
Weg *m* path; course; route, travel (*IEC 50-441-16-21*)
Wegaufnehmer *m* displacement gauge [pick-up, transducer]
weglaufen *v* drift (*Frequenz*)
Wehnelt-Zylinder *m* Wehnelt cylinder, modulator electrode
Weiche *f* 1. (*Et*) guideway switch (*Magnetschwebetechnik*); switch; 2. (*Et*) point, turnout; (*AE*) switch
Weicheisenanker *m* soft-iron armature, iron-core armature
Weicheisenkern *m* soft-iron core
Weichlöten *n* soft-soldering
weichmagnetisch soft magnetic (*Werkstoff*)
weitergeben *v* 1. pass; 2. (*Nrt*) relay, repeat (*mit Relais*)
Welle *f* 1. wave; 2. (*MA*) shaft (*IEC 50-411-13-06*)
Wellenausbreitung *f* wave propagation
Wellenende *n* (*MA*) shaft end (*IEC 50-411-13-09*)
Wellenform *f* waveform, wave shape
Wellenfortpflanzung *f* wave propagation, transmission of waves
Wellenfront *f* wave front (*z. B. bei Überspannungen*; *IEC 50-731-03-02*)
Wellenlänge *f* wavelength
Wellenleiter *m* 1. waveguide (*Hochfrequenztechnik*); 2. (*Ak*) wave duct
Wellenschalter *m* wave [band] switch, wave(length) changing switch, frequency-range switch (*Frequenzband*); change-tune switch
Wellenwiderstand *m* (characteristic) wave impedance, characteristic impedance (*Wellenleiter*); natural impedance (*z. B. von Übertragungsleitungen*)
Welligkeit *f* ripple; waviness; corrugation
Wendefeldwicklung *f* commutating winding
Wendel *f* (coiled) filament (*Glühlampe*); helix; spiral
Wendelpotenziometer *n* helical potentiometer, spindle(-operated) potentiometer
wenden *v* commutate (*Strom*)
Wendepol *m* (*MA*) commutating pole, interpole, auxiliary pole (*IEC 50-811-14-07*); auxiliary pole
Wendepolwicklung *f* (*MA*) commutating(-field) winding, interpole (auxiliary) winding (*IEC 50-811-14-31*)
Werkstoffprüfgerät *n* (*Mess*) material tester [analyzer], flaw detector
Wert *m* value (*z. B. einer physikalischen Größe*); quantitiy; magnitude; amount (*Betrag*)
Wertigkeit *f* (*Ch*) valence, valency
Westernstecker *m* Western Bell plug, RJ-45 plug (*8polig*, *ISDN-Bus*)
Wheatstone-Brücke *f* (*Mess*) Wheatstone bridge
Wickeldraht *m* wrapping wire (*für Wickelanschlüsse*); winding wire (*für Spulen*)
Wicklung *f* (*MA*) winding (*IEC 50-411-07-01*)
Wicklungsanfang *m* line end
Wicklungsende *n*/**freies** (*MA*) loose lead (*IEC 50-411-11-22*)
Wicklungsinduktivität *f* winding inductance
Wicklungskapazität *f* (inter)winding capacitance, internal capacitance (*Spulen*)
Wicklungskurzschluss *m* winding short circuit, interwinding fault

Wicklungsquerschnitt *m* winding cross section, cross-sectional area of winding
Wicklungssinn *m* sense of winding
Wicklungsverluste *mpl* copper losses, I^2R losses, winding losses
Widerstand *m* 1. resistance (*Größe*); 2. resistor (*Bauteil*)
Widerstand *m***/ohmscher** ohmic [active] resistance
Widerstand *m***/spezifischer** specific resistance, (electrical) resistivity
Widerstandsanlasser *m* rheostatic starter (*IEC 50-441-14-42*)
Widerstandsbelag *m* 1. distributed resistance; 2. (*Hsp*) resistance per unit length
Widerstandsbremsung *f* (*Et*) resistance [rheostatic] braking, dynamic braking (*IEC 50-811-06-26*)
Widerstandsdehnungsmessstreifen *m* (*Mess*) resistance strain gauge
Widerstandsgerade *f* resistance line
Widerstandsoperator *m* impedance operator, vector [complex] impedance
wiederaufladbar rechargeable
Wiedereinschaltsperre *f* (*EE*) reclosing interlock, anti-pumping device (*IEC 50-441-6-48*)
Wiedergabe *f* 1. reproduction; 2. playback (*Platte*, *Magnetband*); display (*optische Anzeige*); restitution (*Telegrafie*)
wiederherstellen *v* 1. restore; 2. repair
wiederholen *v* 1. repeat; 2. (*Dat*) rerun, roll back (*Programm*); refresh (*eine Information*)
wiederkehrend recurrent, recurring
Wiederzündung *f* reignition (*IEC 50-441-17-45*); restriking
Wien-Brücke *f* Wien (capacitance) bridge
willkürlich random; arbitrary
Windgenerator *m* wind-driven (electric) generator, wind (turbine-)generator
Windung *f* 1. turn (*einer Spule*); 2. convolution (*IEC 50-411-08-01*)
Windungsschlussprüfer *m* (*Mess*) interturn short-circuit tester
Windungs(zahlen)verhältnis *n* turns ratio
Winkelgeschwindigkeit *f* angular velocity speed, rate]
Winkellagegeber *m* (*MA*) angle position transducer, angle resolver
Winkelstecker *m* angle entry-plug
Winkelverschiebung *f* angular shift, angular displacement (*bei Gleichlaufantrieben*)
Wipp(en)schalter *m* rocker(-dolly) switch, rocker-actuated switch
Wirbelstrombremse *f* eddy-current brake
Wirbelstromerwärmung *f* eddy-current heating process
Wirbelstromverluste *mpl* eddy losses
Wirkkomponente *f* active [effective, real, in-phase, watt] component
Wirklast *f* resistive [non-inductive] load (*ohmsche Last*)
Wirkleistung *f* active [effective, real, actual, wattful] power, true power [watts]; wattage (*Wattzahl*)
Wirkleistungsfaktor *m* active operational factor
Wirkleitwert *m* (effective) conductance, active admittance (*IEC 50-131-01-30*)
wirklich actual
Wirkungsgrad *m* efficiency (factor)
Wirkungsweise *f* operational [operating] mode, (mode of) action
Wirkwiderstand *m* ohmic resistance (*Gleichstromwiderstand*); active [effective, true] resistance
Wischkontakt *m* wiping [wipe, momentary] contact
Wobbelgenerator *m* sweep generator [oscillator], wobbulator, wobbler
wobbeln *v* sweep, wobble, warble
Wolframfaden *m* tungsten filament
WWW world wide web (*Internet*)

X

X-Ablenkplatten *fpl* X-plates, horizontal plates (*Katodenstrahlröhre*)
x-Achse *f* X axis
X-Band *n* X-band (*Radar*)
Xenonlampe *f* xenon lamp
X-Kern *n* X core, cross core
X-Schnittstelle *f* (*Nrt*) X interface, ISDN X interface (*analoge 8polige Ein-/Ausgabe-Schnittstelle*)
X-Verstärker *m* X-amplifier, horizontal amplifier
XY-Darstellung *f* X-Y presentation

Y

Y-Ablenkplatten *fpl* Y-plates, vertical plates (*Katodenstrahlröhre*)
y-Achse *f* Y axis
Y-Aufhängung *f* stitch catenary suspension
Y-Endstufe *f* vertical final stage
Y-Kanal *m* Y channel (*Oszilloskop*)
Y-Schnittstelle *f* (*Nrt*) Y interface, ISDN Y interface (*digitale Ausgabeschnittstelle am ISDN-Fernsprechapparat*)
Yttriumferrit *m* yttrium ferrite
Y-Verstärker *m* Y-amplifier, vertical, amplifier
Y-Vierpolparameter *m* Y-parameter, admittance parameter

Z

Z-Abschluss *m* match termination
Zacke *f* 1. blip, pip (*Impuls*); spike; peak (*Diagramm*); 2. serration (*Verzahnung*)
Zahl *f* number; figure
Zählader *f* (*Nrt*) meter wire, M-wire; marked wire (*bei Kabeln*)
Zähleingang *m* counting input
Zahleneingabe *f* numerical entry [input]
Zahlensystem *n* number system
Zahlenwert *m* numerical value (*einer physikalischen Größe*)
Zähler *m* 1. counter, counting unit; totalizer; 2. (electric) meter; 3. (*Mess*) integrating meter [instrument], recorder; 4. (*ME*) scaler (*Impulszählung*)
Zähler *m*/**asynchroner** (*Rt*) ripple counter
Zähler *m* **mit Vorwahleinrichtung** predetermining counter (*Digitalmesstechnik*)
Zählerfrequenzmesser *m* (*Mess*) counter frequency meter
Zählerrückstellung *f* counter reset(ting)
Zählerschaltung *f* counter [counting] circuit
Zählerüberlauf *m* counter overflow
Zählervoreinstellung *f* counter preset
Zählimpuls *m* count(ing) impulse, count(ing) pulse; meter [metering] (im)pulse; integrating (im)pulse
Zählpfeil *m* reference arrow
Zählrichtung *f* counting direction, direction of counting
Zahnanker *m* toothed-ring armature
Zangenamperemeter *n* (*Mess*) clamp ammeter
Zangenstrommesser *m* (*Mess*) clip-on ammeter
Zangenstromwandler *m* (*Mess*) clip-on current transformer
Zapfenlager *n* pivot bearing, pillow
Z-Diode *f* Z-diode, voltage-regulator diode, reference [Zener] diode
Z-Dioden-Stabilisierung *f* Z-diode stabilization
Zehnersystem *n* 1. decimal [decade] system; 2. base-ten system (*Filterfrequenzreihe*)
Zeichen *n* 1. sign; mark; signal; symbol; 2. (*Dat, If*) character; label
zeichnen *v* 1. draw; plot; trace; 2. mark
Zeiger *m* 1. indicator; (meter) pointer, needle (*Messgerät*); cursor; 2. phasor (*Zeigerdiagramm*)
Zeigerausschlag *m* pointer [needle] deflection, needle throw; pointer excursion
Zeigerdarstellung *f* vector (phasor) representation
Zeigerdiagramm *n* vector diagram; phasor diagram
Zeigerinstrument *n* (*Mess*) pointer [indicating] instrument
Zeigerspitze *f* pointer tip
Zeigerstellung *f* pointer position
Zeilenablenkfrequenz *f* (*Fs*) line [horizontal] frequency
Zeilenablenkspule *f* (*Fs*) horizontal sweep [scanning] coil
zeitabhängig time-dependent
Zeitablauf *m* lapse (of time)
Zeitablenkfrequenz *f* sweep frequency
Zeitablenkung *f* sweep (*Oszillograph*); time-base deflection
Zeitabstand *m* time interval [spacing]
Zeitachse *f* time axis
Zeitbasis *f* time base
Zeitbegrenzung *f* 1. time limit; 2. (*Nrt*) time-out
Zeitbereich *m* time range; time domain (*Laplace-Transformation*)
Zeitdehnung *f* 1. sweep magnification; time dilatation; 2. extended time scale

Zeitdiagramm *n* time chart, timing chart [diagram]
zeitdiskret discrete-time; sampled-data
Zeitfunktion *f* time-function, waveform, *f*(*t*)
Zeitglied *n* (*Rt*) pulse contracting element
Zeitintervall *n* time interval, (time) period
Zeitkonstante *f* time constant
zeitkritisch time-critical, critical with respect to time
Zeitmarke *f* time mark(er), timing [event] mark
Zeitmaßstab *m* time scale; time base
Zeitmessung *f* (*Mess*) time measurement; timing
Zeitmultiplex *n* 1. (*Nrt*) time(-division) multiplex; 2. (*Dat*) time sharing
Zeitplan *m* (time) schedule, time chart
Zeitraum *m* period (of time), time interval
Zeitrelais *n* timing [time-invariant] relay, time-lag relay, time-delay relay
Zeitschalter *m* time(r) switch, time-limit switch; time-delay switch, TDS
Zeitschaltuhr *f* time switch
Zeitverhalten *n* (*Rt*) time [transient] response (*bei Übergangsvorgängen*); dynamic response [behaviour]
Zeitverlauf *m* time behaviour; (time) waveform (*z. B. eines Wechselsignals*)
Zeitverschiebung *f* time displacement
Zeitverzögerung *f* 1. time delay [lag]; gate-controlled time delay (*beim Einschalten eines Thyristors*); 2. (*Rt*) dead time (*z. B. bei Signalübertragung*)
Zelle *f* 1. cell; element; 2. booth; cubicle (*Schaltanlage*); 3. (*Dat*) storage cell [location]
Zener-Effekt *m* Zener effect
Zentralbus *m* central bus
Zentrale *f* 1. central station; control room; 2. (*Nrt*) (local) exchange; 3. (*Et*) gear centre distance (*IEC 50-811-15-32*)
Zentralkompensation *f* central power-factor compensation, central reactive-power compensation
Zerhacker *m* chopper, d.c.-(to-)a.c. chopper
zerlegen *v* 1. demount, disassemble (*in Einzelteile*); 2. decompose; dissect; disperse (*z. B. Licht*); separate (*z. B. Spektrum*)
Zickzackschaltung *f* 1. zigzag connection (of polyphase circuit); 2. interconnected star
Ziffernanzeige *f* digital display [read-out], numerical [digital] indication
Zimmertemperatur *f* room [ordinary] temperature
Zittern *n* (*Fs, Nrt*) jitter (*z. B. eines Signals*)
Zone *f* belt (*der Wicklung*)
Zone *f*/**neutrale** neutral zone; neutral axis (*bei Gleichstrommaschinen*)
Zone *f*/**tote** (*Rt*) dead zone [band]
Z-Spannung *f* Zener voltage
Zubehör *n* 1. accessory [associated] equipment; 2. fittings; 3. ancillary
Zuerst-rein-zuerst-raus-Speicherorganisation *f* first in first out, FIFO
Zuerst-rein-zuletzt-raus-Speicherorganisation *f* first in last out, FILO (*FILO ist gleichbedeutend mit LIFO*)
Zufallsimpuls *m* random (im)pulse
zuführen *v* feed, supply
Zugangskennung *f* (*Nrt*) access code
Zugbeanspruchung *f* tension [tensile] stress
Zug-Druck-Steckverbinder *m* push-pull connector (*besondere Kopplung bei Steckverbindern*)
zugelassen approved (*z. B. den Schutzbestimmungen entsprechend*)
Zugentlastung *f* 1. pull relief; 2. cord fastener, cord [cable] grip, cable clamp (*Vorrichtung*)
Zugfeder *f* tensioning [pull-off] spring
Zugfestigkeit *f* tensile strength
Zugkontakt *m* pull contact
Zugkraft *f* (*Et*) traction; tractive force [effort] (*z. B. des Magneten; IEC 50-811-11-18*); thrust (*z. B. beim Linearmotor*)
Zugriff *m* (*Dat*) access
Zugschalter *m* pull switch, cord(-operated) switch
zulässig permissible, allowable; tolerable
Zulassung *f* approval
Zuleitung *f* 1. lead, lead-in (wire); 2. (*Nrt*) confluent link; 3. feed [supply] line; 4. feeding, supply
Zuletzt-rein-zuerst-raus-Speicherorganisation *f* last in first out, LIFO, stack (*Kellerspeicher, Stapelspeicher, Stack, auch FILO*)
Zündbedingung *f* ignition condition
Zündelektrode *f* 1. ignition [igniting, starting] electrode, igniter, starter; excitation electrode; 2. (*Hsp*) central electrode

zünden *v* fire; ignite (*z. B. Elektronenröhren*); strike (*Lichtbogen*)
Zündfehler *m* (*LE*) fire failure
Zündimpuls *m* ignition [firing, starting] (im)pulse
Zündkabel *n* ignition cable [lead]; coil lead (*von Zündspule zum Verteiler*); (spark) plug wire (*vom Verteiler zur Zündkerze*)
Zündkennlinie *f* firing [control] characteristics (*Ignitron*); gate characteristic
Zündkreis *m* 1. firing circuit; ignition [starting] circuit; 2. (*Fs*) unblanking circuit
Zündspannung *f* 1. ignition [igniting] voltage (*z. B. in Elektronenröhren*); starting voltage (*z. B. in Gasentladungslampen*); striking voltage [potential] (*z. B. eines Lichtbogens*); 2. (gate) trigger voltage (*Thyristor*); 3. (*Hsp*) breakdown voltage (*Funkenstrecke*)
Zündstrom *m* 1. ignition [starting, firing] current (*z. B. in Elektronenröhren*); arc start(ing) current (*Lichtbogen*); 2. gate trigger current (*Thyristor*); 3. (*Hsp*) breakover current
Zündtransformator *m* ignition transformer
Zündwinkel *m* firing angle
Zündzeit *f* 1. firing time; 2. (*LE*) gate-controlled turn-on time (*Thyristor*)
Zündzeitpunkt *m* firing point; ignition time
Zungenfrequenzmesser *m* (*Mess*) vibrating-reed frequency meter, (tuned-) reed frequency meter, reed gauge
zurückführen *v* (*Rt*) feed back (*z. B. Signale*); return
Zusammenbau *m* assembly, assemblage; mounting
zusammenbrechen *v* break down (*Feld, Verbindung*)
zusammenfügen *v* join; fit together (*Steckverbindung*)
Zusammenschmoren *n* **von Kontakten** scorching of contacts
Zusatz... (*Ku*) auxiliary, AUX (*Bezeichnung v. Anschlüssen, Kanälen an Heimelektronikgeräten*)
Zusatzgeräte *npl* 1. additional [ancillary] equipment; 2. (*Dat*) peripheral equipment, peripherals
Zuschalten *n* switching-on
Zustand *m*/**leitender** conducting condition [state], conductive condition
Zuteilung *f* assignment, allotting (*z. B. von Frequenzbändern*); allocation (*z. B. von Speicherplätzen*); arbitration (*im Bussystem*)
Zuverlässigkeitsprüfung *f* reliability [dependability] test, reliability verification
Zuwachs *m* increment; increase
Zwangsabschaltung *f* forced outage
Zwangskommutierung *f* (*LE*) self-commutation, forced commutation, external commutation (*IEC 50-811-28-20*)
zweiadrig double-wire, two-core, double-conductor (*Kabel*)
Zweiband-Handy *n* (*Km*) dual band mobile, db mobile (*Handy für den Betrieb im D- und E-Netz*)
Zweig *m* branch; leg; arm
Zweigpaar *n* pair of arms (*beim Wechselrichter*)
Zweigstrom *m* (*LE*) arm current, branch current
Zweikanaloszilloskop *n* dual-channel oscilloscope
Zweiphasenmotor *m* two-phase motor
Zweiphasennetz *n* two-phase system, two-phase power supply, two-phase grid
Zweiphasenwechselstrom *m* two-phase alternating current, biphase alternating current
Zweipol *m* two-terminal network, two-port
zweipolig two-pole, double-pole; two-pin (*Stecker*); dipolar
Zweipoltheorie *f* Thévenin's theorem (*Satz von der Ersatzspannungsquelle*); Norton('s) theorem (*Satz von der Ersatzstromquelle*)
Zweipulsbrückenschaltung *f* (*LE*) two-pulse bridge connection
Zweipulsgleichrichter *m* (*LE*) two-phase rectifier
Zweipunktregler *m* (*Rt*) two-position (action) controller, two-step action controller, on-off controller, bang-bang servo
Zweiquadrantenantrieb *m* (*LE*) two-quadrant converter
Zweirampen-A-D-Wandler *m* (*ME*) dual-slope A-D converter
Zweirichtungsthyristortriode *f* (*LE*) bidirectional triode thyristor, triac
Zweiseitenbandmodulation *f* double-sideband modulation
Zweitarifzähler *m* dual-tariff-rate hour meter (*Elektrizitätszähler mit Doppelzählwerk*)

Zweiwattmeterverfahren *n* (*Mess*) two-wattmeter method
Zweiwegelautsprecher *m* two-way (loud)speaker system
Zweiweggleichrichter *m* double-way rectifier, full-wave rectifier
Zwischenfrequenzverstärker *m* intermediate-frequency amplifier
Zwischenkreis *m* 1. intermediate circuit, buffer; 2. (*LE*) link
Zwischenkreisumrichter *m* indirect a.c. converter (*IEC 50-551-01-06*)
Zwischenlage *f* intermediate layer, interlayer, (inter)ply; inner [interconnecting] layer (*gedruckte Schaltung*); coil side separator (*IEC 50-411-09-08*)
Zylinderspule *f* (electric) solenoid
Zylindersymmetrie *f* cylindrical symmetry

Appendix

Anhang

Length units / Längeneinheiten

1 inch (in.)	= 2,54 cm
1 foot (ft.)	= 12 inches = 30,48 cm
1 yard (yd.)	= 3 feet = 91,44 cm
1 mile (m.)	= 1609,34 m
1 fathom (fm.)	= 6 feet = 1,83 m
1 nautical mile (nm.)	= 1852 m
1 Angström (A.)	= $1 \cdot 10^{-10}$ m
1 light year (ly.)	= $9{,}4605 \cdot 10^{15}$ m

Aerea units / Flächenmaße

1 square inch (sq. in.)	= 6,43 cm^2
1 square foot (sq. ft.)	= 144 sq. in. = 929,03 cm^2
1 square yard (sq. y.)	= 0,836 m^2
1 acre (a.)	= 40,47 a = 4046,86 m^2

Volume units / Volumeneinheiten

1 cubic inch (cu. in.)		= 16,387 cm^3
1 cubic foot (cu. ft.)		= 0,028 m^3
1 cubic yard (cu. yd.)		= 0,765 m^3
1 register ton (reg. tn.)		= 2,832 m^3
1 pint (pt.)		= 0,568 Liter
	(AE)	= 0,473 Liter
1 quart (qt.)		= 2 pints = 1,136 Liter
	(AE)	= 0,946 Liter
1 gallon (gal.)		= 4,546 Liter
	(AE)	= 3,785 Liter
1 bushel (bu.)		= 36,36 Liter
	(AE)	= 35,24 Liter

Weights / Gewichte

1 ounce (oz.)	= 28,35 Gramm
1 pound (lb.)	= 16 ounces = 0,453 kg
1 assay ton	= $3{,}267 \cdot 10^{-2}$ kg
(AE)	= $2{,}917 \cdot 10^{-2}$ kg

Conversion of Temperature in °F to °C and vice versa / Umwandlung von Temperatur von °F in °C und umgekehrt

$°F = 32 + 9/5 \times °C$

$°C = 5/9\,(°F - 32)$